ZHIHUI YINGJI YINGYONG YU FAZHAN

智慧应急
应用与发展

中国测绘学会智慧城市工作委员会　组编

中国电力出版社
CHINA ELECTRIC POWER PRESS

图书在版编目（CIP）数据

智慧应急应用与发展 / 中国测绘学会智慧城市工作
委员会组编. -- 北京：中国电力出版社, 2025. 6.
ISBN 978-7-5239-0129-8

Ⅰ. D035-39

中国国家版本馆 CIP 数据核字第 2025UD8509 号

出版发行：中国电力出版社
地　　址：北京市东城区北京站西街 19 号（邮政编码 100005）
网　　址：http://www.cepp.sgcc.com.cn
责任编辑：王晓蕾
责任校对：黄　蓓　郝军燕
装帧设计：张俊霞
责任印制：杨晓东

印　　刷：三河市航远印刷有限公司
版　　次：2025 年 6 月第一版
印　　次：2025 年 6 月北京第一次印刷
开　　本：787 毫米×1092 毫米　16 开本
印　　张：25.5
字　　数：553 千字
定　　价：168.00 元

《智慧应急应用与发展》编委会

《智慧应急应用与发展》编写组

主　编　周成虎　陈新国

副主编　陈向东　康荣学　丁治明　刘　杰　焦建彬　刘克会
　　　　李　强　王　健　习树峰　张　波　李　洁　谢　靖
　　　　武　博　祁继鹏

编写组（按姓氏拼音排序）

鲍久圣　曹凯滨　曹娅琪　陈广强　程　涛　邓　非　丁煜轩　杜博群
樊文有　郭　倩　郭家慧　郭伟超　何文武　胡德秀　黄　俭　黄　悦
黄虎文　姜欣飞　蒋社想　金国庆　靳竺霖　柯　吉　李　刚　李　鹏
李　萍　林秋风　刘长杰　刘成城　刘金樱　刘志强　马月婷　逄增伦
秦　敢　沈　硕　盛中杰　施　明　宋　彬　宋彩虹　孙　剑　孙鹏辉
孙巧志　孙彦景　万　蔚　王　丹　王　东　王少一　温士范　吴必朗
邢学树　闫　伟　杨　松　尹曜华　于菲菲　于庆军　曾　理　曾楷懿
张　兵　张　维　张碧嘉　张立亚　张明振　张天昊　张亿贺　赵明明
朱旭平

《智慧应急应用与发展》编写单位

主编单位

中国测绘学会智慧城市工作委员会

中国科学院软件研究所

应急管理部国家安全科学与工程研究院

中国科学院大学

北京交通大学

深圳市城市公共安全技术研究院有限公司

参编单位（按首字拼音顺序排列）

安徽理工大学

北京飞渡科技有限公司

北京交通大学

长安大学

城乡院（广州）有限公司

东北大学秦皇岛分校

电化学能源消防安全联合创新应急管理部重点实验室（筹）

广联达科技股份有限公司

广州市粤建三和软件股份有限公司

杭州叙简科技股份有限公司

湖北省国土测绘院

江苏天汇空间信息研究院有限公司

煤炭科学技术研究院装备分院

青岛浩海网络科技股份有限公司

沈阳市勘察测绘研究院有限公司

首都医科大学

腾讯科技（深圳）有限公司

天津市测绘院有限公司

武汉天际航信息科技股份有限公司

中国地质大学（武汉）

中国电建集团贵阳勘测设计研究院有限公司

中国矿业大学

中国人民解放军网络空间部队信息工程大学

中国移动通信集团公司

中科智城（广州）信息科技有限公司

序　一

在全球国家治理和社会治理需求日益增长的背景下，面对自然灾害、事故灾难、公共卫生和社会安全等公共安全事件，传统应急响应体系逐渐暴露出其局限性。响应滞后、数据缺失、信息闭塞、指挥不畅等问题严重阻碍了应急工作的深入发展，既无法满足国家应急管理体系的严格标准，也难以有效防范和化解重大安全风险。

当今时代，数字化与智能化正成为发展的浪潮，人工智能、数字孪生、物联网等技术为应急工作的开展带来了历史性的机遇。《智慧应急应用与发展》一书，正是以技术为线索，以应用场景为导向，系统地解析了智慧应急的技术和应急管理体系的发展，为智慧应急场景落地提供了丰富的案例。本书的特点包括：

——技术突破：构建智慧应急管理技术体系，破解技术实践隔阂

新一代信息技术正在重塑传统应急管理的时空边界与能力框架，通过数字化、信息化的创新应用，对地震、公共卫生事件、交通事故、安全生产、自然灾害和医院突发事件的应急管理系统，为"智能感知—智能预测—智能决策—智能处置"提供了全新的能力。例如，利用物联网技术建立的传感器网络可以实时监测环境参数，无人机技术可以快速获取灾区的影像信息，人工智能技术可以辅助决策并提高救援机器人的自主决策能力。

——场景赋能：构建多元应急场景，提升应急管理能力

与应急管理业务场景的深度融合，本书提供了丰富的智慧应急场景实践案例，为技术适配场景提供了方法论指引。

——人才筑基：构建智慧应急知识体系，培养智慧应急人才

智慧应急的可持续发展迫切需要人才支撑，通过全面深入的技术与案例分析，本书为人才培养提供了全面而丰富的知识资源。

智慧应急是统筹发展和安全、构建新安全格局的内在需要。本书不仅展示了技术如何赋能应急管理，更揭示了智慧应急作为应急管理发展的必然趋势，这一点在智慧应急系统的核心特点和带来的革命性变化中得到了充分体现。我们期待本书能够激发各级应急管理部门、科研机构、行业企业共同构建智慧应急新范式，通过大数据和智慧应急平台的深入应用，提升我国的应急管理水平，服务于国家安全。

　　本书内容深入浅出，既可为应急管理领域的专家学者提供研究参考，也可作为应急管理人员、技术人员及相关专业学生的学习和实践宝典。通过阅读本书，读者可以全面了解智慧应急的最新发展动态，掌握其核心技术和应用场景，进而推动智慧应急在实际工作中的广泛应用。同时，本书也为应急管理的未来发展提供了指引，即在数字化、智能化的浪潮中，不断探索和创新，以科技力量筑牢国家安全防线。

中国工程院院士

序　二

当今时代，应急管理作为国家安全与社会发展的基石，其重要性愈发凸显。而测绘地理信息作为国家战略性信息资源，凭借其精准性、实时性与系统性，在智慧应急领域发挥着不可替代的核心作用。

从灾害监测预警到应急响应，测绘技术始终是智慧应急的"感知神经"。通过卫星遥感、无人机测绘、三维激光扫描等先进技术，能够实时捕捉地球表面的动态变化。例如，在洪水灾害频发区域，测绘技术可精准监测河流水位、堤坝形变及周边地形演变，一旦发现异常即刻预警，为群众疏散转移争取宝贵时间，最大限度降低灾害损失。

在应急救援与处置中，测绘地理信息是救援人员的"智慧导航"。高精度地理信息系统（GIS）能够立体化呈现事故现场的地理环境，涵盖地形地貌、建筑物分布、交通网络及地下管线等信息，助力救援队伍快速规划最佳路径、规避危险区域，并精准定位被困人员。以火灾为例，测绘数据可结合火势蔓延模型，为消防人员提供科学的灭火策略与安全保障。

在灾后恢复重建中，测绘技术是科学规划的"基准坐标"。通过全面测绘评估受灾区域，精确测量受灾面积、建筑损毁程度及地形变化，为灾后重建提供精准数据支撑。同时，测绘技术可指导土地平整、建筑选址及基础设施布局，确保重建工作科学、高效推进，助力受灾地区快速恢复生产生活秩序。

测绘与智慧应急的深度融合，推动了应急能力建设与人才培养的创新。一方面，通过测绘技术培训，培育了一批"测绘+应急"复合型人才，他们能够熟练运用地理信息工具，提升应急决策的科学性；另一方面，新兴测绘技术（如无人机测绘、三维建模）的引入，拓展了应急信息获取渠道，显著提升了应急响应的时效性与精准度。

《智慧应急应用与发展》丛书的出版，恰逢其时。它不仅为应急管理人员与测绘技术人员提供了理论与实践指南，更通过系统梳理智慧应急的技术路径与发展趋势，引导行业资源聚焦关键技术突破与重点项目落地，推动智慧应急产业高质量发展。

我们期待以此丛书为纽带，构建更加完善的智慧应急生态体系，持续守护人民生命财产安全，维护社会稳定繁荣。

中国测绘学会理事长

序　三

　　我国是世界上灾害种类最多、灾害损失最为严重的国家之一，2023 年各类灾害造成的直接经济损失为 3454.5 亿元，2024 年这一数字更是攀升至 4011.1 亿元。灾害不仅考验着国家的应急响应速度与能力，更关乎人民的生命财产安全及社会和谐稳定。面对灾害频发态势及其带来的深远影响，社会各界对应急管理体系和应急管理能力现代化的期待日益迫切。

　　我国的应急管理工作正面临"全灾种、大应急"的复杂挑战。随着风险形态逐渐向复合型、链式化演变，构建与现代风险治理需求相匹配的新型应急体系，已成为推进国家应急管理体系和能力现代化的核心议题。传统应急管理方式在响应速度、数据整合及指挥协同方面存在显著的系统性不足。因此，如何借助新一代信息技术，实现应急管理的智能化、高效化，成为摆在我们面前的一项紧迫任务。

　　随着新一代信息技术快速发展，以"智能感知—预测—决策—处置"为主线的信息技术体系，正在重塑应急管理的各个环节。本书系统梳理了智慧应急的理论框架与技术体系，详细阐述了大数据、人工智能、云计算、数字孪生、5G 等技术在提升灾害预警能力、缩短应急响应时间、提升应急处置实效等方面的应用进展。通过"技术+场景"的双轮驱动模式，本书聚焦数据共享壁垒、标准体系滞后等实践难题，为应急管理从"被动响应"向"主动防控"的范式转型，提供了切实可行技术实现路径。

　　作为贯通"政策—技术—场景"的智慧应急专著，本书构建了一个涵盖七大类关键技术、四大类典型应用场景的完整知识体系，收录了多个经过实战检验的典型案例。书中不仅对当前应急管理领域技术创新和成果进行了全面总结，还对智慧应急的未来发展趋势进行了前瞻性探讨，提出了切实可行的发展策略。

通过详细阐述各项关键技术在应急管理中的应用与实践，本书为我们描绘了一幅智慧应急的美好图景，揭示了科技和新质生产力在防灾减灾、保护人民生命财产安全方面所蕴含的巨大潜力和广阔前景。期待本书能够为应急管理领域的专业人士、科研人员以及关注应急管理事业发展的各界人士提供有价值的参考与启示，推动技术创新与实际应用的深度融合，共同提升我国应急管理的智能化水平，为保障人民群众的生命财产安全、保证和促进社会和谐稳定贡献力量。

中国职业安全健康协会党委书记、理事长

目　　录

下 篇

上　篇

第1章 智慧应急概述

1.1 国内外应急管理综述

1.1.1 国外应急管理综述

应急管理对于保障各国人民的生命财产安全、维护社会稳定和促进经济发展具有至关重要的意义。在全球化的今天，自然灾害、突发事故、公共卫生事件等各类突发事件频发，对各国政府和社会提出了严峻的挑战。不同国家由于其地理环境、政治体制、经济发展水平和文化背景等方面的差异，在应急管理方面形成了各自特色的模式和经验。**应急管理是指为了减少灾害的影响而采取的一系列计划和行动，包括对紧急情况的事前预防、事中响应以及事后恢复。**国外的应急管理通常遵循"全灾种""全过程"的管理理念，强调通过跨部门协作来实现有效的应对机制。国际上普遍采用的应急管理框架包括四个主要阶段：缓解（Mitigation）、准备（Preparedness）、响应（Response）和恢复（Recovery）。

国外的应急管理是一个涉及多方面、多层次的复杂系统，特别是发达国家，在长期应对各种灾害和危机的过程中，逐渐形成了较为完善的应急管理体系，为国际社会提供了宝贵的经验和启示。

1. 法规与制度建设

完善的法律法规是应急管理的基础。许多国家都制定了详尽的应急管理法律法规，明确了政府、企业和个人在应急管理中的职责和义务。例如，美国的《斯坦福法案》为应急管理提供了全面的法律框架。这些法律不仅规定了应急响应的程序和措施，还对应急资源的储备、调配和使用等方面进行了详细规定。此外，各国还注重应急预案的编制和演练，确保在灾害发生时能够迅速、有序地应对。

各国政府内部设有专门负责应急管理的部门，如美国联邦紧急事务管理局（FEMA），分为联邦、州和地方三级，英国设立应急管理署等，它们负责制定政策、规划应急响应流程，并在灾难发生时指挥协调救援活动。

2. 风险管理与预防

国外应急管理强调"预防为主、防抗救相结合"的方针。各国政府高度重视风险评估和预警工作，通过建立健全的风险评估机制、加强监测预警能力建设等手段，及时发现并消除潜在的安全隐患。同时，还注重提高公众的防灾减灾意识和自救互救能力，通过宣传教育、培训演练等方式普及应急知识和技能。

日本由于地震等自然灾害频发，高度重视灾害预防工作，比如增强建筑物的抗震设计和基础设施的防灾能力。对民众进行广泛而深入的防灾教育，提高公众的自救互救能力。定期组织地震演习，使民众熟悉应急逃生流程。利用先进的科技手段，如地震预警系统，提前为民众提供灾害警报。

3. 应急响应与救援

在灾害发生时，国外应急管理体系能够迅速启动响应机制，调动各方力量进行救援。各级政府和相关部门按照应急预案的要求迅速集结人员、物资和设备，赶赴灾区开展救援工作。同时，还注重与国际社会的合作与交流，争取国际援助和支持。在救援过程中，注重科学施救、规范操作，确保救援行动的安全和有效。

德国的应急管理整合了消防、医疗、警察等多个部门的资源，形成协同作战的能力。拥有庞大的志愿者队伍，在应急救援中发挥了重要作用。例如在洪水灾害中，志愿者参与疏散群众、分发物资等工作。强调社区在应急管理中的基础作用，提高社区的自我防御和应对能力。

4. 灾后恢复与重建

灾后恢复与重建是应急管理的最后环节，也是最为艰巨的任务之一。国外在灾后恢复与重建方面积累了丰富的经验。他们注重灾后评估工作的开展，为恢复重建提供科学依据；同时加强基础设施的修复和重建工作，提高防灾减灾能力；还注重心理援助和社会救助工作的开展，帮助受灾群众尽快恢复正常生活秩序。

国外的灾后恢复与重建经验表明，科学的规划、完善的法律、充足的资金、公众的参与以及对生态、文化和人的关怀，都是成功重建的关键因素。

总之，国外的应急管理实践为我们提供了许多宝贵的经验和启示：

（1）完善的法律法规是应急管理的基础，确保应急管理工作有法可依。

（2）强化预防和准备工作，能够有效降低灾害损失。

（3）加强公众教育，提高全民的应急意识和应对能力。

（4）建立高效的指挥协调机制，实现多部门、多层级的协同合作。

1.1.2　国内应急管理综述

我国是一个自然灾害频发的国家，加之人口众多、地理环境多样等因素，使得应急管理尤为重要。我国的应急管理体系建设是一个不断发展和完善的过程，它经历了从单一事件应对向综合性、系统性管理的转变。早期，针对特定的自然灾害如洪水、地震等，分别设立了相应的管理部门。随着社会的发展，这种分散的管理模式逐渐暴露出协调不畅、资源难以整合等问题。自 2003 年非典疫情之后，我国开始重视并加强应急管理体系建设。近年来，我国政府高度重视应急管理体系建设，特别是在经历了多次重大灾害之后，如2008年的汶川大地震和2020年的新冠肺炎疫情等，应急管理能力得到了显著提升，逐步建立起了"一案三制"（应急预案、应急体制、应急机制、应急法制）的应急管理框架。

1. 我国应急管理的体系架构

（1）应急管理体制。即统一领导、综合协调、分类管理、分级负责、属地管理为主。在中央层面，成立了应急管理部，负责统筹协调全国的应急管理工作。地方各级政府也相应设立了应急管理机构，形成了上下贯通、协调联动的工作体系。

（2）应急管理机制。包括风险评估机制、监测预警机制、应急决策机制、应急指挥机制、应急联动机制、信息发布机制、灾后恢复重建机制等。通过这些机制的有效运行，提高了应急响应的速度和效率。

（3）应急预案体系。形成了涵盖自然灾害、事故灾难、公共卫生事件和社会安全事件等各类突发事件的应急预案体系。应急预案不断修订完善，提高了针对性和可操作性。

（4）应急管理法制。出台了一系列应急管理相关法律法规，如《中华人民共和国突发事件应对法》等，为应急管理工作提供了法律保障。

2. 我国应急管理的关键领域

（1）自然灾害。包括应对地震、洪水、台风等自然灾害时，迅速启动应急响应机制，组织救援力量，调配物资，最大限度地减少人员伤亡和财产损失。例如，在汶川地震、玉树地震等重大地震灾害中，我国展现出了强大的救援和重建能力。

（2）公共卫生事件。如传染病疫情的防控，2020年新冠肺炎疫情暴发后，中国采取了一系列有力措施，防控和救治两个战场协同作战，有效控制了疫情扩散，为全球疫情防控做出了重要贡献。

（3）社会安全事件。针对恐怖袭击、群体性事件等社会安全问题的应急准备和响应。加强对安全生产事故的预防和处置，强化对社会安全事件的管控和处置，维护了社会的稳定和人民的生命财产安全。

（4）事故灾难。如化学品泄漏、矿山安全事故等，需要建立快速响应机制以减少人员伤亡和财产损失。

（5）突发环境事件应急管理。包括环境污染事故、生态破坏事件等突发环境事件的监测、预警、应急处置和恢复。

（6）城市安全应急管理。包括城市基础设施安全、交通管理、消防安全等方面的应急管理和处置。

3. 应急管理的支撑力量

（1）预警系统。我国建立了较为完善的预警系统，包括地震预警、气象预警等，能够及时向公众发布预警信息。

（2）信息技术应用。利用大数据、云计算、人工智能等现代信息技术，提高应急响应的速度和效率。

（3）物资储备与物流。建立健全应急物资储备体系，确保在灾害发生时能够迅速调拨物资，保障救援工作的顺利开展。

（4）社区应急参与。鼓励社区居民参与到应急管理中来，提高自我防护意识和自救互救能力。加强志愿者队伍建设，发挥其在应急响应中的重要作用。

（5）国际合作。加强与其他国家和国际组织的合作，学习先进经验，共同应对跨国界的灾害风险。在跨国灾害发生时，邻近国家之间会互相派遣救援队伍，共享资源和技术支持，共同应对危机。

4. 挑战与对策

尽管国内应急管理行业取得了长足进步，但仍面临诸多挑战。城市化进程带来的新挑战。

（1）城市人口密集、基础设施复杂，突发事件的连锁反应和次生灾害风险增大。

（2）随着互联网、人工智能等新技术的广泛应用，以及共享经济、平台经济等新业态的发展，带来了新的安全风险和监管难题。

（3）部分公众对应急知识和技能的了解不足，在突发事件面前缺乏自我保护和互助能力。

（4）体制机制有待进一步健全，运行转换不够灵活流畅，应急协同尚需加强。高素质专业化应急管理人才队伍缺乏，难以满足日益复杂的应急管理工作需求。

（5）技术创新和应用水平有待提高，特别是在物联网、云计算、大数据、人工智能等现代科技手段的应用上，还需进一步加大投入和研发力度。

为了应对上述挑战并抓住发展机遇，国内应急管理行业需采取以下措施：

（1）完善体制机制。建立健全应急管理体制机制，打通政府部门壁垒，实现跨区域、跨部门的深度联动。加强应急预案的制定和演练，提高应急响应的效率和准确性。

（2）加强人才队伍建设。注重培养高素质专业化应急管理人才，提升队伍的整体素质和应急能力。加强应急管理人员的培训和教育，提高其应对突发事件的能力和水平。

（3）推动技术创新和应用。加大科技投入，推动物联网、云计算、大数据、人工智能等先进技术在应急管理中的应用。鼓励新技术、新装备的研发和应用，提高应急管理的智能化水平。

（4）加强社会参与。树立协同共治的理念，构建全社会共同参与的工作局面。加强应急科普教育，提高公众的安全意识和应急能力。鼓励社会力量参与应急管理和救援工作，形成政府主导、社会参与的应急管理工作格局。

1.2 应急管理的政策体系

我国的应急管理政策体系中，"一案三制"是一个核心概念，它构成了我国应急管理体制的基础框架。

"一案"指国家突发公共事件应急预案体系。应急预案是针对可能发生的突发事件，为迅速、有序地开展应急行动而预先制定的行动方案。我国已经建立了涵盖自然灾害、事故灾难、公共卫生事件和社会安全事件等各类突发事件的应急预案体系。这些预案明确了应急处置的组织架构、职责分工、应急响应程序、应急保障措施等内容，为突发事件的应对提供了指导和依据。例如，在新冠疫情期间，各级政府依据相关应急预案迅速采取了一系列防控措施。

"三制"分别为应急管理体制、应急管理机制和应急管理法制。

应急管理体制是指建立健全集中统一、坚强有力、政令畅通的指挥机构。我国形成了统一领导、综合协调、分类管理、分级负责、属地管理为主的应急管理体制。例如，应急管理部的成立整合了多个部门的相关职责，有效提升了应急管理的统筹协调能力。

应急管理机制包含了预防与准备机制、监测与预警机制、应急处置与救援机制、善后恢复与重建机制等一系列相互关联的运行机制。例如，在监测与预警机制方面，通过气象、地震等监测系统及时获取相关信息，提前发布预警，为应对灾害争取时间。

应急管理法制是指建立健全应急管理的法律法规体系，为应急管理提供法律保障。我国出台了《中华人民共和国突发事件应对法》等一系列法律法规，明确了各方在应急管理中的权利和义务，规范了应急管理行为。

"一案三制"相互联系、相互支撑，共同构成了我国应急管理的政策体系，为有效预防和应对各类突发事件发挥了重要作用。例如，在应对重大自然灾害时，依据应急预案启动相应的应急管理体制和机制，同时遵循相关法律法规，确保应急处置工作的高效、有序、合法。

1.2.1　政府应急管理体制

应急管理体制是指建立健全集中统一、坚强有力、政令畅通的指挥机构。这一体制确保了在突发事件发生时，能够有条不紊地进行指挥和调度。其作用是通过建立清晰的责任划分和权限配置，保证应急响应的高效性和协同性。组成包括中央应急管理机构（如应急管理部）以及地方各级政府设立的应急管理机构。

1. 我国应急管理体制的发展历程

（1）1950 年成立了中央救灾委员会。

（2）1989 年成立了中国国际减灾十年委员会。

（3）2005 年成立了国务院应急管理办公室。

（4）2006 年《国务院关于全面加强应急管理工作的意见》提出"健全分类管理、分级负责、条块结合、属地为主的应急管理体制"。

（5）2007 年通过的《中华人民共和国突发事件应对法》中将这一体制表述为"统一领导、综合协调、分类管理、分级负责、属地管理为主"，明确了突发事件应对中主体、权力、责任和义务等相关要素配置。

（6）2018 年将国家安全监管总局的职责和国办、公安部、民政部、国土资源部、水利部、农业部、林业局、中国地震局涉及应急管理的职责，以及国家防汛抗旱总指挥部、国家减灾委员会、国务院抗震救灾指挥部、国家森林防火指挥部的职责整合，组建了应急管理部，标志着中国特色应急管理体制的基本形成。

（7）2019 年 10 月 31 日，党的十九届四中全会作出的《中共中央关于坚持和完善中国特色社会主义制度推进国家治理体系和治理能力现代化若干重大问题的决定》，明确将"构建统一指挥、专常兼备、反应灵敏、上下联动的应急管理体制"作为健全公共安全体制机制的一项重要任务加以部署。

（8）2024 年《中华人民共和国突发事件应对法》修订，将应急管理体制重新表述为"国家建立统一指挥、专常兼备、反应灵敏、上下联动的应急管理体制和综合协调、分类管理、分级负责、属地管理为主的工作体系"。

"统一指挥、专常兼备、反应灵敏、上下联动"是本次《中华人民共和国突发事件应对法》依法确立的应急管理体制的核心内涵。

"统一指挥"，指的是党委、政府统筹之下的统一指挥，主要解决的是党政军关系以及政府和部门之间的关系问题；

"专常兼备"，是指应急管理要兼具常备性和专门性的部门或队伍配置，发挥应急管理部门的跨灾种综合应对职能；

"反应灵敏"，是对应急能力提出的新要求，即对突发事件具有敏锐的感知力并灵活、快速地整合应急资源和队伍，对突发事件进行有效应对；

"上下联动"，指的是上下级政府及其部门之间的关系，简单来讲，就是上级和下级一起行动，不能由上级"大包大揽"，也不能交给某一级人民政府独立负责。

2. 应急管理体制的具体内容

（1）组织体制。2018 年组建的应急管理部是国家层面的应急管理机构，负责全国应急管理工作的统一领导和协调。

省、市、县三级政府设立相应的应急管理机构，形成了从中央到地方的垂直管理体系。

（2）功能体制。县级人民政府对本行政区域内突发事件的应对工作负责。涉及两个以上行政区域的突发事件，由有关行政区域共同的上一级人民政府负责，或由各有关行政区域的上一级人民政府共同负责。

1.2.2 应急管理机制

应急管理运行机制是指建立健全监测预警机制、应急信息报告机制、应急决策和协调机制等，包括但不限于风险评估、预警发布、信息收集与分析、应急资源调配等环节。这些机制确保了应急管理工作的有序进行，确保在突发事件发生时能够及时发现、快速上报、准确决策，并协调各方力量进行有效应对。

应急管理机制的主要内容有：

（1）预防与准备机制。包括风险评估和监测预警，对各类潜在风险进行识别和分析，及时发布预警信息；同时制定应急预案，明确应急处置的流程和措施；进行应急资源储备，如物资、设备、资金等；加强人员培训与演练，提高应对突发事件的能力。

（2）应急指挥与协调机制。建立统一的应急领导和指挥体制，确保在突发事件发生时能够迅速、有效地组织和协调各方力量。我国已初步形成统一指挥、专常兼备、反应灵敏、上下联动的中国特色应急管理体制。明确各部门、各单位的职责和分工，加强协同合作，形成工作合力。例如，在应急管理部的统筹协调下，各相关部门根据职责分工承担各自责任，衔接好"防"和"救"的责任链条，确保责任链条无缝对接。

（3）信息报告与发布机制。及时收集、汇总和报告突发事件的相关信息，使上级部门和公众能够了解事件的真实情况。通过权威渠道准确、客观地向社会发布信息，避免谣言和不实信息的传播，维护社会稳定。

（4）应急处置与救援机制。突发事件发生后，迅速启动应急响应，按照预案和指挥体系开展救援行动。包括现场指挥、抢险救援、人员疏散、医疗救治、交通管制等工作，以最大程度减少人员伤亡和财产损失。例如，我国构建了以国家综合性消防救援队伍为主力、以专业救援队伍为协同、以军队应急力量为突击、以社会力量为辅助的中国特色应急救援力量体系。

（5）恢复与重建机制。在突发事件得到控制后，开展善后处理工作，如受灾群众安置、卫生防疫、基础设施修复、生产生活恢复等。同时总结经验教训，对事件进行评估和调查，改进和完善应急管理工作。

（6）监督与评估机制。对政府应急管理工作的全过程进行监督和评估，检查各项措施的落实情况和效果，发现问题及时整改。评估应急管理机制的有效性和适应性，以便进行调整和完善。

（7）法制保障机制。建立健全应急管理的法律法规体系，依法管理应急事务，规范各方在应急管理中的行为。

（8）社会动员与参与机制。充分调动社会各界的积极性和参与度，鼓励企业、社会组织和公众参与应急管理工作。例如推动安全宣传进企业、进农村、进社区、进学校、进家庭，加强公益宣传，普及安全知识，培育安全文化，开展常态化应急疏散演练，支持引导社区居民开展风险隐患排查和治理等。

（9）科技支撑与创新机制。优化整合各类科技资源，推进应急管理科技自主创新，依靠科技提高应急管理的科学化、专业化、智能化、精细化水平。加大先进适用装备的配备力度，加强关键技术研发，提高突发事件响应和处置能力，以信息化推进应急管理现代化。

1.2.3 应急管理法制

应急管理法制是指通过依法行政，使突发公共事件的应急处置逐步走上规范化、制度化和法制化轨道。通过法制建设确保应急管理工作的合法性、权威性和有效性。这包括制定和实施与应急管理相关的法律法规，包括《中华人民共和国突发事件应对法》等，以及与此相关的行政法规、规章等。

应急管理法制中强调法治原则、权力优先原则、人权保障原则、比例原则、信息公开原则等。这些原则和具体法律制度相互配合，共同构成了我国应急管理法制体系，为应急管理工作提供了法律依据和保障，能够规范各方在应急管理中的行为，最大限度地保护公民权利，实现对突发事件的有效应对和处置。

1. 核心法律

宪法上的紧急状态制度：这是建立应急管理法制的宪法基础。

应急管理基本法：为应对各种突发事件提供相对完整、统一的制度框架，如《中华人民共和国突发事件应对法》。它是突发事件应对领域的基础性、综合性法律。该法规定了突发事件的定义、分类、应对原则、应急管理体制、预警与预防、应急响应、处置与救援、恢复与重建等各个环节的法律要求。该法于 2007 年首次通过，后于 2024 年 6 月 28 日由中华人民共和国第十四届全国人民代表大会常务委员会第十次会议修订通过，自 2024 年 11 月 1 日起施行。

2. 应急管理单行法

针对特定领域的突发事件，如某些具有特殊影响的自然灾害、事故灾难等制定的法律。

（1）《中华人民共和国安全生产法》。该法于 2002 年 11 月颁布，旨在加强安全生产工作，防止和减少生产安全事故，保障人民群众的生命和财产安全。此法在 2009 年和 2014 年进行了修改，进一步强化了安全生产责任制度。

（2）《中华人民共和国防震减灾法》。该法最初于 1997 年 12 月颁布，在 2008 年汶川地震后进行了修订，目的是防御和减轻地质地震灾害的影响。

（3）《中华人民共和国消防法》。该法于 2009 年 5 月颁布，确立了预防为主、防消结合的消防工作方针，旨在预防火灾和减少火灾危害。

（4）《中华人民共和国防洪法》。该法确立了全面规划、统筹兼顾、预防为主、综合治理的原则，目的是防御和减轻洪涝灾害的影响。

（5）《中华人民共和国传染病防治法》。该法于 1989 年颁布，旨在预防、控制和消除传染病的发生与流行，保障人体健康和公共卫生。

其他相关法律和条例还有《中华人民共和国矿山安全法》《中华人民共和国煤炭法》《生产安全事故应急条例》《突发公共卫生事件应急条例》等。

3. 其他应急管理制度

除了上述核心法律之外，应急管理法制还包括了大量的行政法规、部门规章和有关法规性文件。这些法规和规章具体规定了应急管理的实施细则和操作规程。

（1）应急准备制度。包括提高全社会危机意识和应急能力；进行风险评估、隐患排查和监控；建立应急预案制度；建立应急救援队伍；做好突发事件应对的资源准备；制定满足应急需要的城乡规划等。

（2）预警级别制度。按照危害程度分为一级、二级、三级和四级，分别用红、橙、黄、蓝色标识。

（3）紧急征用制度。重大突发事件应对中常需进行紧急征用，以补充应急物资、场所、设施设备乃至人员的不足，本质上是对社会资源进行强制性动员的手段。

（4）针对突发事件的风险管理制度。如对高风险活动设定和实施行政许可；开展风险评估和风险区划；实施危险源隐患排查和治理等。行政许可也称行政审批，"放管服"改革将政府对公共风险的监管从以事前为中心转移到以事中、事后为中心，通过失信联合惩戒机制、"黑名单"机制等加强监管。风险评估是根据突发事件的损害后果、发生概率、应急资源等因素确定风险等级的行为；风险区划则是根据评估结果对不同地理空间进行区域划分，设定不同功能并采取差别化防控措施。

1.2.4　应急管理预案

1. 应急预案概述

突发公共事件应急预案体系是应急管理的基础，旨在通过预案明确应对突发事件的策略、程序和方法，确保在突发事件发生时能够快速有效地启动应急响应。通过预案的编制，确保应急响应的标准化、程序化和规范化，提高应对突发事件的能力和效率。

（1）应急预案的特点。

前瞻性：通过对潜在风险的分析和评估，提前规划应对措施，做到未雨绸缪。

系统性：综合考虑突发事件的各个方面，包括应急组织、应急响应程序、资源保障等，形成完整的应急管理体系。

灵活性：能够根据突发事件的实际情况进行调整和优化，适应不同的场景和需求。

实战性：为应急处置提供明确的行动指南，通过定期的演练和培训，确保预案的有效性和可操作性。

（2）应急预案的分类。

国家总体应急预案：作为我国应急预案体系的顶层文件，指导全国范围内的突发事件应对工作。

专项应急预案：针对特定类型的突发事件制定的应急预案。

部门应急预案：由相关部门根据自身职责制定的应急预案。

地方应急预案：由地方各级政府根据本地实际情况制定的应急预案。

中国已建立包含国家总体预案、专项预案、部门预案和地方预案的四级体系。国家层面在 2005 年首次发布《国家突发事件总体应急预案》，并在 2023 年完成最新修订，省级以下地方政府均制定相应层级的应急预案，形成了一个庞大的应急预案体系。其中国家级专项应急预案包括：

《国家自然灾害救助应急预案》：针对地震、洪水、台风等自然灾害制定的应急预案。

《国家防汛抗旱应急预案》：针对水旱灾害制定的应急预案。

《国家地震应急预案》：专门针对地震灾害的应急预案。

《国家突发地质灾害应急预案》：针对滑坡、泥石流等地质灾害制定的预案。

《国家处置重、特大森林火灾应急预案》：针对森林火灾制定的预案。

《国家安全生产事故灾难应急预案》：针对安全生产事故制定的预案。

《国家处置铁路行车事故应急预案》：针对铁路交通事故制定的预案。

《国家突发公共卫生事件应急预案》：针对突发公共卫生事件（如传染病暴发）制定的预案。

（3）应急预案的管理和应用。《突发事件应急预案管理办法》明确了应急预案的制定、评审、发布、演练、修订等各个环节的要求。应急预案需要定期更新并进行实战演练，以确保其有效性。

在多次重大突发事件中，如 2008 年汶川地震、2020 年新冠肺炎疫情等，中国的应急预案体系发挥了重要作用。

（4）应急预案的发展方向。

法治化建设：不断完善相关的法律法规，确保应急管理工作的法治化。

信息化建设：利用大数据、云计算、人工智能等现代信息技术提升应急管理的智能化水平。

社会化动员：加强社区和公众参与应急管理的能力，增强社会的自我防护和自救互救能力。

国际合作：与其他国家和国际组织加强合作，共同应对跨国界的灾害风险。

通过以上内容可以看出，中国的应急预案体系不仅在数量上庞大，而且在内容上非常详尽，旨在通过完善的应急预案来最大限度地减少突发事件造成的损失，并保障人民的生命财产安全。

2. 应急预案的编制

（1）编制原则。应急预案的编制应遵循统一规划、综合协调、分类指导、分级负责、动态管理的组织原则。同时，要紧密结合实际，依据有关法律、法规、规章和标准进行编制。预案内容应遵循以下原则：

以人为本：将保障人民群众生命财产安全作为首要任务。

预防为主：强调通过预防措施减少突发事件的发生概率和影响程度。

分级负责：按照事件的严重程度和影响范围，明确各级政府和部门的责任。

协调联动：注重各部门、各地区之间的协同合作和信息共享。

科学实用：依据科学方法和实际经验，确保预案具有可操作性和实用性。

（2）编制流程。

1）成立编制小组：由相关部门和专业人员组成。

2）风险评估：对可能发生的突发事件进行风险识别、分析和评价。

3）确定应急目标和任务：明确预案要达到的目标和需要完成的任务。

4）制定应急措施：包括组织架构、应急响应流程、资源调配、后期处置等。

5）征求意见：广泛征求相关部门、单位和社会公众的意见。

6）评审和发布：组织专家对预案进行评审，修改完善后发布实施。

7）预案演练：定期组织演练，检验预案的有效性和可操作性。

8）预案更新：根据演练结果和实际经验，定期更新和改进预案。

（3）编制要点。

1）明确应急组织机构及其职责：确保指挥协调顺畅，责任落实到位。

2）细化应急响应程序：包括预警发布、应急启动、现场处置、应急结束等环节。

3）做好应急资源保障：包括物资、设备、人员、资金等方面的准备。

4）注重预案的衔接：与上级预案、同级相关预案以及周边地区预案相互衔接。

（4）应急预案的内容。应急预案应涵盖应急响应的全过程，包括预防、预警、响应、处置、恢复等各个环节。例如，在编制某地洪水灾害应急预案时，首先对当地的地理环境、河流状况、历史洪灾情况进行风险评估，确定可能的受灾区域和程度。然后明确在洪灾发生时，各级政府部门、救援队伍、医疗单位等的职责和任务，制定洪水预警、群众疏散、抢险救援、物资调配等具体的应急措施。在编制过程中，要征求当地居民和相关专家的意见，经过评审和修改后发布实施，并定期进行演练和修订，以确保预案的有效性。

一个完整的应急预案通常包括以下内容：

1）基本情况：涉及组织或地区的背景信息。

2）应急组织架构：明确应急指挥机构、成员职责等。

3）应急响应程序：包括报警、启动预案、指挥调度等。

4）应急资源保障：包括人员、物资、设备等。

5）信息发布与沟通：规定信息发布的渠道和方式。

6）后期恢复与评估：事故后的恢复重建和预案评估改进。

应急预案的内容还应该包括以下关键要素：

1）预案的启动条件：何时启动预案。

2）指挥与协调机制：如何组织指挥和协调各方资源。

3）应急资源管理：如何调配和使用应急资源。

4）信息报告与发布：如何收集、传递和发布信息。

5）应急演练与培训：如何定期组织演练和培训。

6）预案的维护与改进：如何根据实际情况调整和完善预案。

通过这些步骤和内容，中国的应急管理预案体系为应对各类突发事件提供了坚实的制度保障和技术支持。随着实践经验的积累和技术的进步，应急预案也会不断地进行调整和完善。

1.3 智慧应急的概念、特征及政策

1.3.1 智慧应急的概念

智慧应急是指在应急管理领域运用物联网、大数据、云计算、人工智能等现代信息技术和智能化手段，对紧急事件进行有效预测、及时响应、精准处置和高效恢复重建的过程。它依靠科技创新推进应急管理能力的现代化，通过深化科技赋能大数据，实现应急指挥救援、全员协同调度，为应急指挥救援提供完善的决策信息、良好的通信保障以及强有力的执行手段。它不仅仅包括传统应急管理的各个环节，还强调了信息化手段在其中的核心作用，以及跨部门、跨行业的协同合作。智慧应急的目标是构建一个全面、动态、实时、互动的应急管理新体系，涵盖从预防、准备、响应到恢复的全过程。

1.3.2 智慧应急的特征

智慧应急系统具有以下几个核心特征：

（1）信息化。构建信息化平台，实现各类应急信息的快速收集、处理、传输和共享，提高应急管理的信息化水平。智慧应急涵盖了从预防、准备、响应到恢复的全过程，形

成一个闭环的应急管理体系。

（2）智能化。利用大数据分析、人工智能等技术，对灾害风险进行智能评估，提供基于数据驱动的决策支持，使应急管理更加科学和精准。例如，自然语言处理技术可用于分析社交媒体上的信息，快速识别紧急事件；图像识别技术则可用于分析监控视频，自动检测异常行为或情况。

（3）精准化。通过精准监测和预警，实现对灾害的精准识别、定位和应对。动态风险评估模型能够根据新的数据输入实时更新风险评估，从而对威胁进行动态跟踪，确保应急响应的灵活性和有效性。

（4）高效化。优化资源配置和流程设计，提高应急管理的响应速度和处置效率。智慧应急平台能够整合各方资源，实现多部门、多层级的协同工作，打破信息孤岛，提高应急响应的效率。

1.3.3　智慧应急相关政策与标准

1. 国家政策

中国的"十四五"规划明确提出了智慧应急管理系统的建设目标，加强了对智慧应急领域的投入和研究。

国务院发布的《"十四五"国家应急体系规划》强调以信息化推进应急管理现代化，全面提升监测预警能力、监管执法能力、辅助指挥决策能力、救援实战能力和社会动员能力。

国家发展改革委、国家数据局、财政部、自然资源部等部门联合印发的《关于深化智慧城市发展　推进城市全域数字化转型的指导意见》中，也强调了加强城市安全风险态势感知，构建全链条、全环节联动应急处置体系的重要性。

而《应急管理部关于推进应急管理信息化建设的意见》则具体指出了统筹基础设施建设、夯实大数据基础和应用系统集约化建设等发展方向。

2023 年 7 月 19 日全国应急管理科技和信息化工作会议强调，要全面实施智慧应急"星火计划"，加快补齐科技工作短板；加快构建大科技格局，全面夯实科技基础，牢固树立大系统思维，全面统筹设计布局，着力强化大数据应用，全面重塑业务模式，建立完善大装备体系，全面强化实战支撑，深入推进大资源整合，全面汇聚优势资源。

《江西省"智慧应急"巩固提升行动实施方案》提出，要充分发挥信息化的战略性、支撑性、引领性作用，巩固提升以"一朵云、一张图、两张网、三大重点工程"为核心的"智慧应急"建设，强化应急指挥支撑保障，深化"智慧应急"成果推广应用，迭代升级风险感知网络，推进指挥通信网络建设，为防范化解重大安全风险、保障人民群众生命财产安全提供有力支撑。

政府通过财政补贴、税收优惠等政策措施，鼓励企业和科研机构积极参与智慧应急系统的研发和应用。同时，政府还加强与国际社会的合作与交流，共同推动智慧应急技术的发展和应用。

（1）国家标准。

《智慧城市 SOA 标准应用指南》（GB/T 36445—2018）：该标准规定了智慧城市及城市应急平台系统的基本组成、功能要求、接口要求、性能要求以及安全性要求等内容。

《智慧城市技术参考模型》（GB/T 34678—2017）：虽然不是直接针对智慧应急，但此标准提供了智慧城市技术体系的参考模型，对于智慧应急系统的构建也有一定的指导意义。

《智慧城市突发公共卫生事件应急管理平台通用要求》（GB/T 43581—2023）：该标准由市场监管总局（标准委）批准发布，并于 2024 年 7 月 1 日起正式实施。该标准进一步规范了智慧城市应急准备、信息发布、应急处理以及联防联控等平台建设，为智慧城市应急管理提供了重要的技术支撑和规范指导。

（2）行业标准。

《智慧城市智慧应急管理规划导则》：这是 2017 年 1 月 1 日发布的一个行业标准，为智慧应急管理系统的设计和规划提供了指导。

（3）其他相关标准。

《国家信息化发展战略纲要》：虽然不是一个具体的技术标准，但它为智慧应急系统的建设提供了政策指导和支持。

《中华人民共和国突发事件应对法》：该法律虽然没有直接规定技术标准，但它为应急管理提供了法律框架，间接促进了智慧应急标准的发展。

2022 年 8 月 23 日，全国信息技术标准化技术委员会产业互联网标准工作组在江门启动智慧应急系列技术标准研制工作。首批启动的标准化文件包括《产业互联网 智慧应急 基础共性》《产业互联网 智慧应急 应急预警救援指挥信息系统建设》《产业互联网 智慧应急 人才评价》三个标准化文件，旨在进一步发挥标准对互联网与安全应急产业深度融合发展的引领作用。

这些政策和标准的制定，旨在推动智慧应急的发展和应用，提高应急管理的能力和水平，以更好地应对各类突发事件，保障人民生命财产安全和社会稳定。随着技术的不断进步和应用场景的拓展，智慧应急的相关政策和标准也将不断完善和更新。

1.4　国内外智慧应急发展情况

1.4.1　国外智慧应急发展情况

1. 国外智慧应急发展特点

（1）事件驱动模式明显。许多国家应急管理的发展受重大事件的推动。例如，一些国家在经历了重大自然灾害、公共卫生事件或安全事故后，会加强相关领域的智慧应急建设，比如美国的"9·11"事件、日本的"3·11"大地震等。

（2）结合自身特点发展。不同国家会充分结合自身在应急管理体制机制和突发事件类型上的特点，来推动智能应急管理市场化的发展。例如，一些地震多发国家可能会更注重建筑物抗震监测和预警系统的建设；公共卫生体系较为发达的国家，则可能在传染病监测和防控方面的智慧应急系统上有更深入的应用。

北美地区（如美国、加拿大和墨西哥）在技术创新和应用方面处于领先地位，拥有许多先进的科技企业，其智慧应急解决方案在自然灾害应对、公共卫生事件管理等方面有较高的水平。

欧洲地区（如德国、法国、英国、俄罗斯、意大利等）注重应急管理的标准化和规范化，在智慧应急领域的法规政策和技术标准方面较为完善。

亚太地区（除中国外，还包括日本、韩国、印度和东南亚等国家和地区）具有较大的发展潜力，一些国家和地区在积极推进智慧应急体系建设，以应对日益增长的自然灾害和公共安全挑战。

（3）政府和企业协同合作。政府和企业共同推进智能应急管理市场的发展。企业利用其技术和创新能力，为应急管理提供各种解决方案；政府则通过政策引导、资金支持等方式，促进智能应急管理市场的良性发展。

（4）跨领域合作。智慧应急不仅仅是应急管理部门的工作，还包括了消防、医疗、化工等多个领域的交叉合作。具体合作内容包括：

信息共享平台：建立统一的信息共享平台，使各领域能够实时获取和交流事件相关信息，包括事故现场情况、危险物质特性、人员伤亡数据等，为决策提供全面准确的依据。

联合演练：定期组织跨领域的联合演练，模拟各类复杂突发事件场景，锻炼各部门之间的协同作战能力，提高应急响应的默契度和熟练度。

专家团队组建：成立涵盖多个领域的专家团队，在突发事件发生时，能够迅速提供专业的技术支持和决策建议。

（5）技术应用广泛。5G、大数据、区块链、人工智能等技术在国外智慧应急中也得到了广泛应用。例如，利用物联网技术实现对基础设施和环境的实时监测；借助大数据分析来预测灾害风险和优化资源调配；通过人工智能提高应急响应的效率和准确性等。

2. 发展情况

发达国家普遍拥有较强的技术基础，能够较好地应用 5G、大数据、云计算、人工智能等现代信息技术。

物联网技术：国外在智慧应急中广泛应用物联网技术，通过传感器、射频识别（Radio Frequency Identification，RFID）标签等设备实现对应急资源的实时监控和智能调度。例如，在灾害发生时，物联网技术可以迅速收集现场数据，为应急决策提供有力支持。

大数据与人工智能：大数据分析和人工智能技术被用于预测灾害风险、评估灾害损失以及制定科学的应急预案。这些技术能够处理海量数据，发现潜在规律，提高应急响应的精准性和效率。

云计算：云计算平台为智慧应急提供了强大的数据处理和存储能力。通过云计算，应急指挥中心可以快速搭建并高效运行，实现跨地区、跨部门的协同作战。

无人机技术：在国际应急救援中使用无人机进行灾区侦察、物资投送等任务。

移动应用：开发移动应用程序，帮助民众在紧急情况下获得信息和求助。

部分国家的智慧应急发展情况如下。

美国：美国在智慧应急技术应用方面处于领先地位，包括使用无人机、卫星遥感、地理信息系统（GIS）、人工智能等技术。例如，使用大数据分析进行风险评估和资源调配，借助地理信息系统（GIS）进行灾害模拟和应急响应规划。在公共卫生应急方面，利用信息化系统进行疫情监测和防控。此外，一些地方还采用智能交通系统来优化应急救援车辆的通行。美国的智慧应急市场较为成熟，有多家公司提供各类应急产品和服务，如灾害预警系统、应急通信工具等，设有专门的应急管理网站，提供灾害救助与服务的信息。美国加州智能应急响应系统利用大数据和人工智能技术，对加州地区的自然灾害进行实时监测和预警。通过整合各部门资源，实现了快速响应和有效救援。

日本：由于地震等自然灾害频发，日本高度重视智慧应急技术的发展。日本整合各种技术手段，如地震传感器网络、海啸预警系统等，实现灾害监测和预警一体化。能够在地震发生前及时向民众发出警报，减少人员伤亡。同时，利用物联网技术实时监测基础设施的状况，以便在灾害发生后快速进行修复。

新加坡：新加坡结合自身实际情况和对智慧城市的理解，探索出了独特的发展道路。通过有力的政府引导，盘活各方参与者共同建设智慧城市基础设施。在智慧城市建设过程中，注重应急基础设施的智能化改造和升级。通过物联网技术和大数据分析，实现了对城市基础设施的实时监控和预测性维护，提高了城市应对突发事件的能力。例如，在公共交通管理、水资源管理等方面的智慧应急应用较为出色。

总体而言，国外智慧应急在技术应用、市场发展、地区特色等方面都取得了一定成果，并且不断地适应新的挑战和需求进行改进和完善。

1.4.2　国内智慧应急发展情况

1. 政策支持

智慧应急作为应急管理现代化的重要组成部分，被纳入国家信息化规划和战略中。例如，《"十四五"国家信息化规划》明确提出，要通过信息化建设和应用系统智能化升级改造，提高监测预警、监管执法、辅助指挥决策、救援实战和社会动员能力，全面实现依法应急、科学应急、智慧应急。

国家发展改革委等部门联合印发指导意见，如发改数据〔2024〕660号文件，旨在推进城市数字化转型、智慧化发展，构建智慧城市技术架构，系统性变革城市管理流程，全面提升城市全域数字化转型的整体性、系统性、协同性。这些政策为智慧应急行业的发展提供了明确的方向和支持。

（1）政策支持大数据、云计算、物联网、人工智能等先进技术在智慧应急领域的深入应用。通过技术创新和融合，提升应急管理的智能化水平，实现对突发事件的快速响应和高效处置。

（2）政策鼓励加快智慧应急基础设施建设，如应急指挥信息网、应急管理数据中心、智慧应急平台等。这些基础设施的建设为智慧应急提供了坚实的技术支撑和保障。

（3）通过政策引导和市场培育，推动智慧应急产业的快速发展。鼓励企业加大研发投入，提升技术创新能力，开发符合市场需求的新产品、新服务。国内智慧应急政策支持方面的发展情况显示出政府高度重视智慧应急体系建设，并通过一系列政策措施来推动这一领域的发展。

2. 技术产品

国内智慧应急市场的主要产品涵盖了多个领域，这些产品利用先进的技术手段和管理模式，为突发事件应急响应提供高效、智能化的解决方案。以下是一些主要产品及其特点：

（1）智慧应急平台。智慧应急平台主要由大数据平台、人工智能平台、融合通信平台、物联网平台、地理信息平台等平台构成的平台级解决方案。集成了语音、视频、数据等多种通信方式的指挥调度系统，支持多部门协同作战这些平台能够整合各类应急资源，实现信息的快速传递和共享，为应急决策提供有力支持。智慧应急平台还包括数据分析与决策支持系统，包括大数据分析平台，通过收集和分析大量数据，为决策者提供支持。人工智能辅助决策系统，运用机器学习、深度学习等技术，提供智能分析和决策建议。

据互联网数据中心（Internet Data Center，IDC）数据显示，2023 年中国智慧应急平台市场空间达到 15.3 亿元人民币。

（2）监测预警系统。监测预警系统主要包括以下几类：环境监测系统，如空气质量监测站、水质监测仪等，用于实时监测环境变化；自然灾害监测系统，包括地震监测站、洪水预警系统、台风路径预报系统等；火灾报警系统，如烟雾探测器、温度传感器等，用于早期发现火情；城市安全监测系统，包括城市生命线监测、建筑物安全监测等，其中包括各种前端传感器、云端数据接收处理平台等。

（3）应急救援装备。在应急救援领域，涌现出了一批高科技装备，如装备有通信设备、视频监控、应急电源等设施的应急指挥车，可用于现场指挥。供前线工作人员使用的便携式指挥终端，支持现场视频回传等功能。还有用于灾区侦察、搜索被困人员、物资投放等任务的搜救机器人、无人飞行器、救援直升机等搜救装备。消防灭火机器人、巡检机器人、清淤机器人、管道检测机器人、智能心肺复苏仪等机器人和装备能够代替人工完成大量重复性、危险性的工作，提高应急救援效率和安全性，在火灾、地震、洪水等自然灾害的应急救援中发挥了重要作用。

（4）通信系统。

应急通信车：配备卫星通信、微波通信等设备，用于紧急情况下的通信保障。应急卫星电话：用于偏远地区或通信中断情况下的通信。

无人机通信中继：使用无人机作为临时通信中继站，扩大通信覆盖范围。

（5）安全防护装备。

个人防护装备：如防护服、呼吸器、防护眼镜等。

化学防护装备：针对化学品泄漏等情况的专用防护装备。

（6）培训与模拟系统。培训与模拟系统包含应急演练系统和虚拟现实训练系统。

应急演练系统：用于模拟真实情景下的应急演练，通过提供专业的应急服务，提升公众的应急意识和自救互救能力。

虚拟现实训练系统：通过 VR 技术模拟各种应急场景，提供沉浸式培训体验。

（7）公众信息服务系统。

移动应用：为公众提供紧急情况下的信息查询、求助等功能。

信息发布平台：用于发布官方信息、预警信息等。

（8）智慧应急管理系统。智慧应急管理系统包括智慧消防系统、智能交通系统、自然灾害预警系统等。这些系统通过传感器、视频监控、物联网等技术手段，实现火灾自动报警、交通拥堵预测、自然灾害监测预警等功能，广泛应用于城市安全、交通管理、环境保护等领域，为公众提供及时、准确的灾害信息和应急指导。

（9）智慧应急服务。服务内容包括应急咨询、应急培训、应急演练等。

3. 应用实践

2020 年 9 月，应急管理部公布"智慧应急"试点建设名单，确定天津、河北、黑龙江、江苏、安徽、江西、山东、湖北、广东、云南等十个省（直辖市）为建设试点单位。

应急管理部组织推动"智慧应急"试点建设以来，各试点单位坚持问题导向、业务导向，践行集约化建设、融合式发展、扁平化应用的理念，在一年多的时间里取得了积极的应用成效，监测预警、监管执法、辅助指挥决策、救援实战、社会动员等"五大能力"得到显著提升。

湖北省：借鉴防疫"健康码"经验，探索出"应急速达码"。在十堰市张湾区艳湖小区燃气爆炸事故中，该系统第一时间将突发事件的基本信息、地理环境生成"应急速达码"，发送至各支应急救援队伍，使其能快速进入管制区域，一定程度上解决了队伍统筹管理不到位、救援现场混乱、队伍动态不明、任务不清晰等问题，精准掌握救援队伍状态，深度赋能应急指挥业务。

天津市：基于即时通信系统开发出值班助手、警示提醒、灾害助手、危化品信息查询"应急转移码"等系列小应用，辅助做好应急值班值守工作，后续还将在地图导航、智能识别、快速采集等方面深化拓展各类小工具，持续提升应急响应能力。

安徽省：以合肥市为试点，建立全国首个城市生命线工程安全运行监测中心，统筹推进城市生命线安全工程建设，实现了城市安全运行管理工作模式从看不见向看得见、从事后调查处理向事前事中预警、从被动应对向主动防控的根本转变。自系统运行以来，成功预警燃气管网泄漏、沼气浓度超标、供水管网泄漏、路面塌陷等突发险情共 6000多起，合肥市地下管网事故发生起数同比下降 60%、风险排查效率提高 70%。

广东省：加强"短临预警"技术难点攻关，将预警防御信息提前精准发布至乡镇基层和应急责任人，确保转移安置落到实处；全面推广线上执法，利用大数据技术分析企业风险，指导分级分类精准执法。

河北省：接入 4727 个铁塔视频探头，利用视频智能分析技术，实现了对 83%以上森林草原防火区火情的自动监测，及时处置火情 4000 余次；采取省级统建、分级使用的原则，将三等以上尾矿库及在用四等、五等尾矿库全部纳入联网范围，实现全省213座尾矿库监测预警全覆盖；建设重点化工企业监管系统，通过人脸识别、智能化分析模型，对安全生产工作履职尽责情况进行监测识别并上报。

黑龙江省：开展自然灾害综合监测预警系统建设，完善全要素综合监测、综合风险评估、灾害分析预警和灾害态势智能分析等功能，能发布预警信息并形成动态风险评估态势图，还能联动安全生产风险监测预警系统，严防极端恶劣天气导致生产安全事故发生。

江苏省：将前沿AI科技与安责险信息系统无缝对接，凸显出"保险＋科技＋服务"的模式优势。例如，常州市某企业智慧用电设备触发过压预警后，系统自动触发短信提醒至企业安全主管处，企业第一时间响应并修复，有效避免了营业中断等事故的发生，助力企业本质安全水平快速提升。

云南省：开发森林草原防灭火指挥平台，能够自动获取"风云二号"和NOAA极轨卫星数据，建立全真三维数字视图环境，在森林火灾扑救和跟踪北迁亚洲象群中发挥了重要作用，目前已在云南省林草部门、森林消防队伍及该省应急管理厅部署使用。

山东省：开展"电眼工程"试点建设，打造了依托电力大数据精准识别异常行为、靶向开展监管执法的业务模式。该模式不仅在山东全省推广，还为全国"电力助应急"监测系统提供了宝贵经验。

这些试点单位的实践探索为全国"智慧应急"建设提供了可复制、可推广的成熟经验做法，发挥了很好的示范引领作用，有助于推动我国应急管理向数字化、智能化转型升级，提高应对各类灾害事故的能力和水平。

参 考 文 献

［1］张海波，童星. 广义应急管理的理论框架［J］. 中国行政管理，2018（12）：134－141.

［2］Tang L, Fan B, Li C, et al. Empirical evaluation of the environmental emergency management capability of local governments in China［J］. Sustainability, 2022, 14:6760.

［3］Jackman A M, Beruvides M G. Hazard mitigation planning in the united states:Historical perspectives, cultural influences, and current challenges［J］. Journal of Homeland Security and Emergency Management, 2013, 10(2): 329－354.

［4］张新梅，陈国华，张晖，等. 我国应急管理体制的问题及其发展对策的研究［J］. 中国安全科学学报，2006，16（2）：79－84.

［5］钟开斌. "一案三制"：中国应急管理体系建设的基本框架［J］. 中国行政管理，2009（11）：18－24.

［6］张海波. 新时代国家应急管理体制机制的创新发展［J］. 中国应急管理，2019（3）：1－8.

［7］邱佛梅，郑鸿铭. 重大突发事件应急管理效能提升的法治路径［J］. 中国行政管理，2021（6）：155－157.

［8］戴激涛，刘薇. 政府应急处理中的人权保障——以比例原则为视角［J］. 中国行政管理，2008（5）：12－15.

［9］杨思斌，边思扬. 突发公共事件应急管理中公权力与私权利的协调［J］. 行政法学研究，2007（12）：

45－50.

［10］李从东，谢天，刘艺. 云应急——智慧型应急管理新模式［J］. 中国应急管理，2011（5）：6.

［11］Yang J, Hou H, Hu H. Exploring the intelligent emergency management mode of rural natural disasters in the era of digital technology［J］. Sustainability, 2024, 16(6): 2366.

［12］Chen Z, Liu Y. Dynamic risk assessment for urban emergencies using machine learning［J］. IEEE Transactions on Industrial Informatics, 2022, 18(4): 2301－2310.

［13］Ren Y, Li Z. Construction on government emergency management system for urban emergencies in big data era［C］//Proceedings of the 2018 5th International Conference on Education, Management, Arts, Economics and Social Science(ICEMAESS 2018). Amsterdam: Atlantis Press, 2018: 961－965.

［14］McBride S K, Sumy D F, Llenos A L, et al. Latency and geofence testing of wireless emergency alerts intended for the ShakeAlert® earthquake early warning system for the West Coast of the United States of America［J］. Safety Science, 2023, 157: 105898.

［15］Walsh J, Swan A G. Utilization of health care coalitions and resiliency forums in the united states and united kingdom: Different approaches to strengthen emergency preparedness［J］. Disaster Medicine and Public Health Preparedness, 2015, 9(6): 682－689.

［16］陈海靖，刘洋，陈卫军，等. 欧盟公共卫生相关法律体系及管理体制介绍［J］. 中国国境卫生检疫杂志，2022，45（3）：206－209.

［17］Pilone E, Mussini P, Demichela M, et al. Municipal Emergency Plans in Italy: Requirements and drawbacks［J］. Safety Science, 2016, 85: 163－170.

［18］Ofrin R, Bhola A, Buddha N. Turning commitments into actions: Perspectives on emergency preparedness in south-east asia［J］. WHO South-East Asia Journal of Public Health, 2020, 9(1): 5.

［19］Kaku K, Held A. Sentinel asia: A space-based disaster management support system in the asia-pacific region［J］. International Journal of Disaster Risk Reduction, 2013, 6: 1－17.

［20］Magid E, Matsuno F, Suthakorn J, et al. e-ASIA joint research program: Development of an international collaborative informational system for emergency situations management of flood and land slide disaster areas［J］. Artificial Life and Robotics, 2022, 27(4): 613－623.

［21］Liu W, Qian J, Wu S. How to improve smart emergency preparedness for natural disasters?—evidence from the experience of ten pilot provinces in China for smart emergency［J］. Heliyon, 2024, 10(11): e32138.

第2章 关键技术

2.1 大数据技术

2.1.1 技术概述

随着信息技术的迅猛发展和广泛应用，数据的产生速度与规模达到了前所未有的水平，社会正式步入大数据时代。大数据不仅在数据量上远超传统数据，而且在数据生成的速度、类型和复杂性方面也呈现出显著差异。大数据时代的来临，引发了信息技术领域的深刻变革，并在社会生产以及人们日常生活的各个层面产生了深远的影响。为应对这些挑战，大数据技术应运而生，其主要目的是高效地处理、存储、分析和利用这些海量数据，以推动各行各业的创新发展。

"大数据"区别于"小数据"，其具有 4 个主要特征（4V）：体量大（Volume）、类型多（Variety）、速度快（Velocity）、价值密度低（Value）。处理这些"大数据"需要特殊的技术，这些技术能够高效地处理海量的历史数据，并能够实时响应处理动态数据流。从大数据处理的生命周期进行划分，大数据处理核心技术包括数据采集、数据存储与管理、数据分析、数据可视化和数据安全等。大数据技术体系结构图如图 2－1 所示。

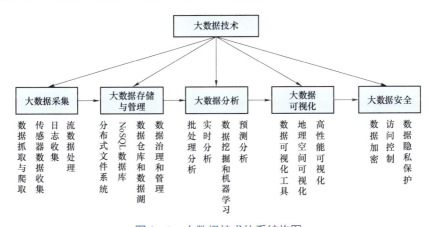

图 2－1　大数据技术体系结构图

21

1. 数据采集

数据采集又称为数据获取，是大数据处理流程的起始环节。在数据大爆炸的互联网时代，被采集的数据丰富且类型多样，包括结构化数据、半结构化数据和非结构化数据。结构化数据通常存储在关系数据库中，遵循固定的格式，而非结构化数据则是指那些没有固定格式、不规则或不完整的数据。数据采集的主要数据源包括互联网数据、日志文件、传感器数据。大数据采集技术是在传统数据采集技术的基础上发展起来的，以适应数据源多样化以及数据量急剧增长的需求。

（1）数据抓取与爬取技术。数据抓取和爬取是获取互联网数据的关键方法，其流程如图2-2所示。利用 Web 抓取工具（例如 Beautiful Soup、Scrapy）和自动化爬虫程序，可以解析网页内容并提取出结构化数据。此外，API 接口也是从社交媒体、开放数据平台等地方获取数据的一种常用方式。在进行数据爬取时，必须遵守目标网站的 robots.txt 文件规定，以确保操作的合法性和合规性。现代爬虫技术不仅需要考虑如何高效地抓取数据，还要应对网站的反爬虫措施，如 IP 封禁、验证码挑战等问题。为了实现高效的数据抓取，通常需要结合分布式爬虫系统、代理 IP 池等技术手段，以此来扩大数据采集的范围并提升采集速度。

图 2-2　数据抓取与爬取流程图

（2）物联网技术。物联网技术（Internet of Things，IOT）是指通过信息传感设备，将各种实体和虚拟物品连接到互联网上，实现智能化管理和控制的技术。物联网技术中的数据采集主要依靠传感器和执行器，通过有线或无线方式实时收集环境信息。这些数据经边缘计算处理后，用于智能决策。数据采集关注实时性、智能化和安全隐私保护，以提升效率和安全。随着技术进步，物联网数据采集将在多个领域发挥重要作用。此外，随着 5G 技术的推广和普及，传感器数据的收集速度和覆盖范围将得到显著提升，这将推动更多实时应用场景的实现。

（3）日志采集技术。系统与应用程序在运行过程中产生的日志数据，构成了大数据领域的一个重要组成部分。日志采集工具，如 Fluentd、Logstash 等，被广泛应用于日志数据的收集、汇总和传输。这些工具通常与数据存储及分析平台，例如 Elasticsearch、Splunk 等紧密集成，从而实现对日志数据的集中化管理和深入分析。现代日志采集系统面临处理大规模数据集的挑战，并且需要在数据生成的第一时间进行有效的处理和存储。为了提升日志数据处理的速度和效率，常常需要融合流数据处理技术和分布式存储系统，以确保数据的实时处理和分析能力。此外，系统还需具备高可用性和可扩展性，以适应不断增长的数据量和复杂多变的数据处理需求。

（4）流数据处理技术。流数据处理技术专注于处理不断产生的数据流。借助 Apache Kafka、Apache Flink 和 Apache Storm 等先进的流处理框架，可以高效地应对实时数据流的挑战，并支持基于事件驱动的数据捕获与分析。这些技术在金融交易监控、社交媒体分析等对实时性要求极高的应用场景中扮演着关键角色。实时数据处理系统必须具备高吞吐量、低延迟以及高可用性的特点，同时能够有效应对数据丢失和重复的问题，确保数据处理的质量和效率。

2. 数据存储与管理

大数据的存储与管理是大数据技术的核心，旨在高效、可靠地存储和管理海量数据。常见的大数据存储与管理技术有以下几类。

（1）分布式文件系统技术。分布式文件系统（如 Hadoop HDFS）是大数据存储的基础，如图2-3所示。它将大数据划分为多个块，分布存储在多个节点上，以实现高可用性和容错性。HDFS 的元数据管理以及数据块冗余机制，有力地确保了数据的可靠存储与高效访问。现代分布式文件系统不仅要考虑数据的存储效率，还需要处理数据的一致性和容错性问题。伴随数据量的持续攀升，分布式文件系统需要拥有更高的扩展性与灵活性。

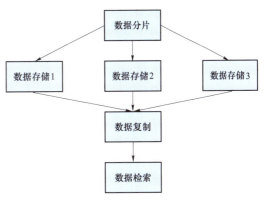

图2-3　分布式文件系统技术

（2）NoSQL 数据库技术。NoSQL 数据库（诸如 MongoDB、Cassandra、HBase 等）是一种非关系型数据库技术，在大数据存储领域得到了广泛应用。与传统的关系型数据库有所不同，NoSQL 数据库支持更为灵活的数据模型以及高扩展性，极为适合处理结构化、半结构化和非结构化数据。Cassandra 与 HBase 基于分布式架构构建，能够提供高可用性与高性能的数据存储及检索服务。在现代，NoSQL 数据库需要妥善处理数据的分片和副本管理等问题，并且要能够在高并发的情形下确保数据的快速读写。

（3）数据仓库和数据湖技术。数据仓库（例如 Amazon Redshift、Google BigQuery）与数据湖（如 Apache Hadoop、Amazon S3）是大数据管理的关键组成部分。数据仓库主要用于存储结构化数据，能够支持复杂的查询和分析操作。而数据湖则用于存储各种类型的原始数据，支持多种数据处理和分析工具的集成，具有更高的灵活性。在现代，数据仓库和数据湖需要妥善处理数据的清洗、转换和加载（Extract-Transform-Load，ETL）过程，并且能够支持多种数据格式和存储模型。

（4）数据治理与管理技术。在大数据环境下，数据治理和管理起着至关重要的作用。元数据管理、数据血缘跟踪以及数据质量监控等技术与工具（如 Apache Atlas、Informatica）被用于确保数据的一致性、准确性以及可追溯性。数据治理框架和流程能够帮助组织有效管理并充分利用数据资产，确保数据符合规范且安全可靠。现代数据治理系统需要妥善处理数据的版本控制和生命周期管理问题，并且能够支持跨部门、跨系统的数据共享与协作。

3. 数据分析

大数据分析技术旨在从海量数据中提取有价值的信息和知识。常见的大数据分析技术包括：

（1）批处理分析技术。批处理分析技术主要用于处理大规模数据集。Apache Hadoop MapReduce 是典型的批处理框架，它通过将计算任务拆解为多个独立的子任务进行并行处理，从而实现对大规模数据的高效分析。Apache Spark 则提供了更为快速的内存计算能力，适用于多种数据处理和分析任务。现代批处理系统需要妥善处理数据的倾斜和失衡问题，并且能够在高负载的情况下依然保持稳定的性能。

（2）实时分析技术。实时分析技术被用于处理和分析实时生成的数据。Apache Kafka、Apache Flink 以及 Apache Storm 等实时处理框架为流数据的实时处理与分析提供支持。Spark Streaming 结合了批处理与流处理的优势，实现高效的实时数据分析。现代实时分析系统需要处理数据的时序一致性问题，并且能够在数据丢失和出现故障的情况下保证数据处理的连续性。

（3）数据挖掘与机器学习技术。数据挖掘和机器学习技术在大数据分析中发挥重要作用。机器学习是从数据中自动分析获得模型，并利用模型对未知数据进行预测，如图 2-4 所示。常用的机器学习框架和工具（如 TensorFlow、PyTorch、Scikit-learn）支持大规模数据的建模和分析。集成学习、深度学习等方法用于从大数据中发现潜在模式和规律，支持预测分析、分类、聚类等任务。现代数据挖掘和机器学习系统需要处理数据的特征提取和选择问题，并能够在高维数据和噪声数据情况下保持良好的性能。

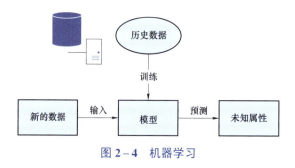

图 2-4　机器学习

（4）预测分析技术。预测分析技术旨在从历史数据中提取模式，进而进行未来预测。时间序列分析、回归分析以及贝叶斯分析等方法在预测分析领域得到广泛应用。大数据平台和工具（如 H2O.ai、RapidMiner）为高效的预测分析模型训练和部署提供有力支持。在现代，预测分析系统需要处理数据的季节性和周期性问题，并且能够在数据不足以及存在噪声的情况下提供准确的预测结果。

4. 数据可视化

大数据可视化技术旨在通过图形化手段展示数据分析结果，帮助用户理解和解释数据。常见的大数据可视化技术包括：

（1）数据可视化工具。数据可视化工具（例如 Tableau、Power BI、D3.js）提供了丰富多样的图表类型以及交互功能，有力地支持大数据的可视化分析。用户能够通过拖拽操作轻松创建数据可视化报表和仪表盘，从而实现数据的直观展示。现代数据可视化工具需要处理大规模数据的渲染和交互问题，并且能够在多终端和多平台上提供一致的用户体验。

（2）地理空间可视化技术。地理空间可视化技术用于展示与地理位置相关的数据。ArcGIS、Google Maps API 等工具支持地理空间数据的可视化分析，帮助用户理解地理数据的分布和趋势。Heatmap、Choropleth Map 等可视化图表常用于展示地理数据。现代地理空间可视化系统需要处理地理数据的坐标转换和投影问题，并能够在高密度数据和动态数据情况下提供流畅的用户体验。

（3）高性能可视化技术。高性能可视化技术旨在处理和展示大规模数据集。WebGL、Deck.gl 等技术利用 GPU 加速，实现大数据的高效渲染和展示。分布式可视化系统（如 Apache Superset）支持海量数据的分布式处理和可视化展示。现代高性能可视化系统需要处理数据的并行计算和负载均衡问题，并能够在高并发和低延迟情况下提供优质的用户体验。

5. 数据安全

大数据安全技术旨在保护大数据的机密性、完整性和可用性，确保数据在存储、传输和处理过程中的安全。常见的大数据安全技术包括：

（1）数据加密技术。数据加密技术用于保护大数据的机密性。在数据存储和传输过程中，采用对称加密算法（如 AES）、非对称加密算法（如 RSA）和哈希算法（如 SHA－256）等加密技术，确保数据不被未授权访问和篡改。现代数据加密系统需要处理密钥管理和加密算法的性能问题，并能够在高频访问和大规模数据情况下提供高效的加密和解密服务。

（2）访问控制技术。访问控制技术用于限制对大数据资源的访问权限。基于角色的访问控制（Role－Based Access Control，RBAC）、基于属性的访问控制（Attribute－Based Access Contro，ABAC）等机制用于定义和管理用户权限，确保只有授权用户才能访问和操作数据。Kerberos、LDAP 等身份认证和授权工具广泛应用于大数据平台中。现代访问控制系统需要处理多层次权限和动态权限管理问题，并能够在复杂的用户和资源关系下提供灵活的权限控制。

（3）数据隐私保护技术。数据隐私保护技术旨在保护用户隐私和敏感数据。数据脱敏、匿名化、差分隐私等技术用于在数据分析和共享过程中保护个人隐私。GDPR、CCPA 等法律法规对数据隐私保护提出了严格要求，企业需遵守相关法规，确保数据合规。现代数据隐私保护系统需要处理数据的合规审计和隐私计算问题，并能够在数据共享和跨境传输情况下提供有效的隐私保护。

2.1.2　智慧应急应用

1. 政务大数据应用

在当今数字化浪潮席卷全球的背景下，政务大数据应用正逐渐成为推动政府治理现代化、提升公共服务水平的关键力量。政务大数据即政府在履行职责过程中产生或获取的海量数据资源，涵盖了经济、社会、民生等各个领域。通过对这些数据的有效整合、分析和应用，政府能够更加科学、高效地决策，更好地为人民服务。

（1）政务大数据决策支持方面的应用。政府决策的科学性和准确性对于国家的发展和人民的福祉至关重要。政务大数据为政府决策提供了强大的数据支持。通过对经济运行数据、社会舆情数据、环境监测数据等多源数据的分析，政府能够及时了解经济社会发展的动态，准确把握社会热点和民生需求，从而制定出更加科学合理的政策。例如，在城市规划中，政府可以利用大数据分析人口流动、交通流量、资源分布等信息，优化城市布局，提高城市的承载能力和运行效率。

（2）政务大数据在公共服务优化方面的应用。政务大数据的应用能够极大地提升公共服务的质量和效率。在教育领域，政府可以通过分析学生的学习成绩、家庭背景、兴趣爱好等数据，为学生提供个性化的教育服务，实现因材施教。在医疗领域，整合电子病历、医疗影像、健康监测等数据，有助于提高医疗诊断的准确性，优化医疗资源的配置，为患者提供更加便捷、高效的医疗服务。在社会保障领域，利用大数据分析就业形势、贫困状况、养老需求等信息，能够精准地实施社会保障政策，确保弱势群体得到及时有效的救助。

（3）政务大数据在社会治理创新方面的应用。社会治理是政府的重要职责之一。政务大数据为社会治理创新提供了新的思路和方法。通过对社会治安数据、安全生产数据、食品药品监管数据等的分析，政府能够及时发现和处理各种安全隐患，维护社会稳定。同时，大数据还可以用于舆情监测和应急管理，帮助政府在突发事件发生时迅速做出反应，采取有效的应对措施。例如，在自然灾害预警和救援中，政府可以利用大数据分析气象数据、地理信息、人口分布等信息，提前做好灾害防范和应急救援准备，最大限度地减少灾害损失。

2. 城市大数据应用

在当今科技飞速发展的时代，城市大数据应用正逐渐成为推动城市发展和提升城市管理水平的强大引擎。城市大数据是指在城市运行和发展过程中产生的海量、多源、异构的数据，涵盖了城市的各个领域和层面。通过对这些数据的有效收集、整合、分析和应用，城市能够实现更加智能化、高效化和可持续化的发展。

（1）城市大数据在交通管理方面的应用。交通拥堵一直是城市发展面临的难题之一。可以通过收集和分析交通流量、路况信息、车辆位置等数据，为交通管理部门提供实时的交通状况监测和预测。基于这些数据，交通管理部门可以优化交通信号控制、调整道路规划、合理安排公交线路，从而提高交通效率，缓解交通拥堵。此外，城市大数据还可以为出行者提供个性化的交通信息服务，如实时路况查询、最佳路线推荐等，方便市民出行。

（2）城市大数据在公共安全方面的应用。公共安全是城市发展的重要保障。城市大数据可以整合视频监控、报警信息、人口流动等数据，实现对城市公共安全的全方位监测和预警。通过分析这些数据，公安机关可以及时发现犯罪线索、预测犯罪趋势，提高打击犯罪的效率和精准度。同时，城市大数据还可以用于突发事件的应急管理，如地震、火灾、洪水等自然灾害和公共卫生事件。通过对灾害数据的实时监测和分析，政府可以迅速启动应急预案，组织救援力量，最大限度地减少灾害损失。

（3）城市大数据在城市规划和建设方面的应用。城市规划和建设是城市发展的基础。可以收集和分析城市的地理信息、人口分布、经济发展等数据，为城市规划和建设提供科学依据。通过对这些数据的分析，城市规划者可以合理确定城市的功能分区、交通布局、公共设施建设等，提高城市的承载能力和宜居性。此外，城市大数据还可以用于城市建设项目的管理和监督，确保项目的质量和进度。

（4）城市大数据在环境保护方面的应用。环境保护是城市可持续发展的重要任务。可以收集和分析空气质量、水质、噪声污染等环境数据，为环境保护部门提供实时的环境状况监测和预警。基于这些数据，环境保护部门可以采取有效的治理措施，如加强污染企业监管、推广清洁能源、开展环境修复等，改善城市环境质量。同时，城市大数据还可以用于公众环境教育，提高市民的环保意识。

2.1.3 发展趋势

1. AI 与大数据深度融合

在当今数字化时代，大数据技术的发展日新月异，其中 AI 与大数据的深度融合正成为引领未来的关键趋势之一。

（1）机器学习推动大数据分析迈向新高度。机器学习作为 AI 的核心领域之一，与大数据的结合为数据分析带来了革命性的变化。通过对海量数据的学习和训练，机器学习算法能够自动发现数据中的隐藏模式、趋势和关联，为决策提供更精准的依据。在金融行业，机器学习算法可以分析大量的交易数据、市场行情数据和客户行为数据，预测市场走势、识别风险因素，帮助金融机构制定更科学的投资策略和风险管理方案。例如，通过对历史交易数据的分析，建立交易预测模型，提前预判市场波动，为投资者提供及时的交易建议。在医疗领域，大数据与机器学习的融合为疾病诊断和治疗提供了新的思路。利用电子病历、医学影像数据和基因数据等多源大数据，机器学习算法可以辅助医生进行疾病诊断、制定治疗方案和预测疾病发展趋势。例如，通过对大量医学影像数据的学习，训练出能够自动识别病变的人工智能诊断系统，提高疾病诊断的准确性和效率。

（2）生成式人工智能重塑大数据应用场景。生成式人工智能，如生成对抗网络（Generative Adversarial Networks，GAN）和变分自编码器（Variational Autoencoder，VAE）等技术，为大数据应用带来了新的可能性。这些技术可以根据给定的数据分布生成新的数据样本，为数据扩充、模拟实验和创意设计等提供了有力工具。在图像和视频处理领域，生成式人工智能可以生成逼真的图像和视频内容，为影视制作、广告设计和虚拟现实等应用提供丰富的素材。例如，利用生成式人工智能技术可以生成虚拟的场景和角色，为电影制作节省大量的时间和成本。

2. 实时与流式处理

实时与流式处理是大数据分析技术的关键发展趋势之一，它强调对数据进行实时或近实时的处理和分析，进而能够满足现代业务对即时数据洞察和快速反应的需求。实时数据处理指的是在数据生成的瞬间即刻进行处理，而流式处理则是指对不断流入的数据流进行持续的处理和分析。两者结合，能够在数据产生的同时快速提取有价值的信息，从而做出及时的决策。

（1）实时与流式处理优势。首先，通过实时数据处理，企业能够迅速响应市场变化和客户需求，提高竞争力。例如，金融机构可以实时监控交易，及时检测并防止欺诈行为。实时处理还可以帮助企业在突发事件中做出快速反应，减少损失。其次，流式处理允许数据分析系统持续接收和处理数据流，确保分析结果始终是最新的。这在动态环境中尤为重要，如社交媒体分析和实时营销，能够根据最新的用户行为和市场趋势，调整策略和内容。最后，流式处理技术如 Apache Kafka、Apache Flink 和 Apache Spark Streaming，可以高效地处理大量数据流，确保系统的稳定性和可靠性。这些技术支持高吞吐量和低延迟的数据处理，满足大规模数据处理的需求。

（2）实时与流式处理关键技术。消息队列系统如 Apache Kafka 负责在数据生成与处理之间传递数据，确保数据流的连续性和可靠性。Kafka 以其高吞吐量、低延迟和水平扩展能力而著称，适用于各种实时数据处理场景。流式处理框架如 Apache Flink 和 Apache Spark Streaming 提供了强大的工具集来处理和分析数据流，支持复杂的流式计算任务。这些框架具备容错机制，能够处理数据流中的异常情况，并在必要时进行恢复。内存计算技术如 Apache Ignite 和 Hazelcast 可以加速数据处理，降低延迟。这些技术通过在内存中存储和计算数据，避免了磁盘 I/O 的瓶颈，从而提高了数据处理的速度。

（3）实时与流式处理应用场景。在金融交易领域，实时监控交易活动能够快速检测异常行为和潜在欺诈，保障交易的安全性。在 IoT 领域，实时处理来自传感器的数据用于设备监控、维护和优化，通过及时检测和解决问题，提高设备的可靠性和寿命。在智慧城市中，实时数据分析用于交通管理、公共安全和环境监测，提高城市运营效率。例如，通过实时交通数据分析，可以优化交通信号灯的设置，减少拥堵，提升出行效率。在电子商务领域，实时个性化推荐和动态定价可以根据用户行为和市场变化调整策略，从而提升用户体验和销售额。通过实时分析用户的浏览和购买行为，电商平台能够在合适的时机推送个性化的商品推荐，提高转化率。

3. 边缘计算与隐私保护

在大数据分析技术不断演进的当下，边缘计算与隐私保护正逐渐成为另一关键发展趋势，为数据处理和应用带来全新的变革与保障。

（1）边缘计算的崛起与优势。边缘计算作为一种新兴的计算模式，将计算和数据存储推向更靠近数据源的边缘设备。这一模式在大数据分析中展现出诸多显著优势。首先，边缘计算大大降低了数据传输的延迟。在工业自动化领域，传感器产生的大量实时数据可以在边缘设备上进行快速处理，无需将数据传输到遥远的数据中心，从而实现对生产过程的实时监控和精准控制。例如，在汽车制造工厂中，边缘计算可以对生产线上的传感器数据进行即时分析，及时发现生产中的问题，提高生产效率和产品质量。其次，边缘计算提高了系统的可靠性和稳定性。在一些偏远地区或网络不稳定的环境中，边缘计算可以独立运行，不受网络中断的影响，确保数据处理的连续性。例如，在智能电网中，边缘计算设备可以在电网边缘对电力数据进行分析和处理，即使在网络故障的情况下，也能保证电网的稳定运行。此外，边缘计算还可以减少网络带宽的压力。通过在边缘设备上进行数据处理和过滤，只将关键数据传输到中心服务器，有效降低了数据传输量，节省了网络资源。例如，在智能安防系统中，摄像头可以在边缘设备上进行视频分析，只将异常事件的视频片段传输到服务器，减少了网络传输的负担。

（2）隐私保护的重要性与挑战。随着大数据的广泛应用，隐私保护成为人们日益关注的焦点。在大数据分析中，大量的个人数据和敏感信息被收集和处理，如何确保这些数据的安全和隐私成为关键挑战。首先，数据的收集和存储环节可能存在隐私泄露的风险。如果数据存储在不安全的服务器上，或者被未经授权的人员访问，就可能导致个人隐私的泄露。例如，一些医疗数据如果被泄露，可能会对患者的个人隐私和健康造成严重威胁。其次，数据的分析和使用过程也可能侵犯个人隐私。一些大数据分析算法可能会揭示个人的敏感信息，或者被用于不恰当的目的。例如，通过对用户的购物记录进行分析，可能会推断出用户的个人喜好、收入水平等敏感信息。此外，法律法规的不完善也给隐私保护带来了困难。目前，虽然有一些关于数据隐私保护的法律法规，但在实际执行中还存在一些问题，需要进一步完善和加强监管。

（3）边缘计算与隐私保护的融合。为了应对隐私保护的挑战，边缘计算与隐私保护技术的融合成为一种有效的解决方案。边缘计算可以在数据产生的源头进行处理，减少数据传输到中心服务器的风险，从而更好地保护用户的隐私。例如，在智能家居领域，边缘计算设备可以在家庭内部对用户的生活数据进行处理，只将必要的信息上传到云端，避免了个人生活数据的泄露。同时，一些隐私保护技术，如加密技术、匿名化技术等，可以在边缘计算中得到更好的应用。通过对数据进行加密处理，可以确保数据在传输和存储过程中的安全；通过匿名化技术，可以去除数据中的个人标识信息，保护用户的隐私。例如，在移动医疗领域，边缘计算设备可以对患者的医疗数据进行加密和匿名化处理，然后上传到云端进行分析，既保证了数据的安全性，又保护了患者的隐私。

4. 多模态数据分析

在当今大数据时代，多模态数据分析正逐渐成为大数据分析技术中的一项至关重要的发展趋势，为我们深入理解复杂的现实世界提供了强大的工具和新的视角。

（1）多模态数据的丰富内涵。多模态数据是指包含多种不同数据类型或模态的信息集合。这些模态可以包括文本、图像、音频、视频、传感器数据等。例如，在社交媒体平台上，用户发布的内容可能包括文字描述、图片、视频等多种模态的数据；在智能交通系统中，车辆的行驶数据、道路的监控视频以及交通传感器采集的数据等共同构成了多模态数据。多模态数据的丰富性为我们提供了更全面、更深入地了解事物的机会。

（2）多模态数据分析的独特优势。多模态数据分析具有许多独特的优势。首先，它能够综合利用不同模态的数据，提供更全面的信息。不同模态的数据往往从不同的角度反映了事物的特征，通过整合这些信息，可以获得更准确、更丰富的认识。例如，在医疗诊断中，结合患者的病历文本、医学影像和生理信号等多模态数据，可以提高疾病诊断的准确性和可靠性。其次，多模态数据分析可以挖掘不同模态之间的关联和互补性。不同模态的数据之间可能存在着潜在的联系，通过分析这些联系，可以发现新的知识和规律。例如，在电影推荐系统中，结合电影的剧情文本描述、海报图像以及用户的评论音频等多模态数据，可以更好地理解用户的兴趣偏好，提供更精准的推荐服务。此外，多模态数据分析还可以提高数据分析的鲁棒性和适应性。当一种模态的数据受到干扰或缺失时，可以利用其他模态的数据进行补充和修复，从而保证数据分析的稳定性和可靠性。例如，在语音识别系统中，当音频信号受到噪声干扰时，可以结合唇语图像等多模态信息提高语音识别的准确率。

（3）多模态数据分析的关键技术。在实现多模态数据分析的过程中，一些关键技术发挥了重要作用。数据融合技术是其中之一，它包括特征级融合和决策级融合。特征级融合将来自不同模态的数据特征结合在一起，形成统一的特征向量，用于模型训练。而决策级融合则是在各个模态上独立做出预测或决策，然后将这些结果进行综合，以获得最终的决策。这两种方法都有助于提高分析的准确性和可靠性。另一个关键技术是深度学习，尤其是多模态神经网络。深度学习模型能够处理和学习来自不同数据模态的复杂关系。例如，卷积神经网络（Convolutional Neural Networks，CNN）专门处理图像数据，而循环神经网络（Recurrent Neural Network，RNN）则适用于处理文本数据，通过结合这两种网络，可以实现对多模态数据的有效学习和分析。此外，跨模态检索技术也是多模态数据分析中的重要工具。跨模态检索系统能够在不同数据模态之间进行有效的查询和匹配，例如，根据图像检索相关的文本描述，从而实现不同数据模态之间的信息互联。

（4）多模态数据分析的挑战。尽管多模态数据分析具有巨大的潜力，但也面临着一些关键的技术挑战。首先，多模态数据的融合是一个难题。不同模态的数据具有不同的特征表示和数据结构，如何有效地将这些数据融合在一起，是多模态数据分析的关键问题之一。目前，研究人员提出了多种多模态数据融合方法，如早期融合、晚期融合和混合融合等，但这些方法在不同的应用场景中都存在着一定的局限性。其次，多模态数据的表示学习也是一个挑战。如何将不同模态的数据表示在一个统一的特征空间中，以便进行有效的分析和处理，是多模态数据分析的核心问题之一。目前，深度学习技术在多模态数据表示学习方面取得了一些进展，但仍然需要进一步探索更加有效的方法和模型。此外，多模态数据分析还面临着计算复杂度高、数据标注困难等问题。多模态数据的处理需要大量的计算资源和时间，同时，对多模态数据进行标注也需要专业的知识和技能，这给多模态数据分析的实际应用带来了一定的困难。

2.2 人工智能技术

2.2.1 技术概述

1. 人工智能的定义

人工智能（Artificial Intelligence，AI）是研究开发能够模拟、延伸和扩展人类智能的理论、方法、技术及应用系统的一门学科，研究目的是构建能够模仿甚至超越人类智能的能力，涵盖推理、知识、计划、学习、交流、感知、移动、移物、使用工具和操控机械等多个方面。这一目标推动着智能机器在不同领域展示出多样化的技能。例如，智能机器能够听（如语音识别、机器翻译等）、看（如图像识别、文字识别等）、说（如语音合成、人机对话等）、思考（如人机对弈、定理证明等）、学习（如机器学习、知识表示等）以及行动（如机器人、自动驾驶汽车等）。

人工智能不仅仅是模拟人类的智能行为，它还能够通过数据驱动的方法，从过去的经验中学习，并随着时间的推移做出越来越准确的分类或预测。人工智能的应用正在不断扩展，并在各个领域中发挥着至关重要的作用。例如，在医疗领域，人工智能能够分析患者的病历和症状，辅助医生诊断疾病并推荐治疗方案；在金融领域，人工智能可以通过分析市场数据和交易历史，预测市场走势并优化投资策略；在智慧应急领域，人工智能能够通过分析实时监控数据和历史灾害信息，迅速判断可能的灾害类型和严重程度，优化应急响应措施，提高救援效率。

2. 人工智能的组成

作为计算机科学的一个领域，人工智能由数据、算法和算力三个关键要素组成，如图 2-5 所示。其中，数据是人工智能的基础，决定了人工智能系统的知识来源；算法是人工智能的核心，体现了人工智能系统的智慧；算力是人工智能的保障，支撑着人工智能系统的高效运行。每一个要素都使用不同的方法来执行特定的角色，它们相互依存、相互促进，为人工智能的发展提供了坚实的基础。

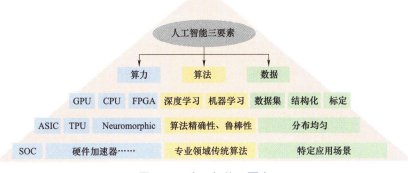

图 2-5　人工智能三要素

（1）数据：人工智能的基石。数据是指通过观察、实验或采集而得到的事实或信息的集合。它可以是结构化的，如数据库中的表格数据；也可以是非结构化的，如文本、图片、音频和视频等多媒体数据。数据就像是人工智能的"知识库"，它为人工智能提供了学习和理解世界的基础。

1）数据质量。高质量的数据是训练有效人工智能模型的必要条件。数据质量包括准确性、完整性、一致性等多个方面。就像我们在学习时，错误的信息会导致误解，错误的数据也会让人工智能"误入歧途"。

2）数据规模。大规模的数据有助于提高人工智能模型的泛化能力，使其能够捕捉到更复杂的特征和模式。对于人工智能来说，更多的数据意味着它可以更全面地学习，从而提高其预测和决策的能力。

3）数据多样性。数据多样性指的是数据集中包含多种不同类型、来源和特征的数据。数据多样性可以帮助机器学习模型更全面地理解和学习数据之间的关系，提高模型的泛化能力和准确性。

4）数据处理。为了使数据能够更好地服务于人工智能模型，数据处理是不可或缺的环节。数据处理包括数据清洗、数据标注、数据增强等步骤，目的是提高数据的质量，为算法提供更可靠的信息来源。

（2）算法：人工智能的智慧。算法是指解决问题或实现特定目标的一系列规则和步骤，它决定了人工智能模型如何从输入数据中学习，并生成相应的输出。算法的设计与优化是提高人工智能性能的关键。有了好的算法，人工智能就能更快地学习和做出更准确的决策。

根据学习范式，人工智能算法可以分为监督学习、无监督学习、半监督学习和强化学习等。

1）监督学习。通过输入数据和对应的标签进行学习，适用于有明确标签的数据集。监督学习常见的方法包括分类、回归和序列标注，如决策树、线性回归和循环网络等算法。

2）无监督学习。仅通过输入数据进行学习，寻找数据内部的潜在结构或模式。无监督学习常见的方法主要有聚类、降维、异常检测和生成模型，如 K 均值聚类、主成分分析和自编码器等算法。

3）半监督学习。结合监督学习和无监督学习，部分数据有标签，部分数据无标签。半监督学习常用算法包括自训练、直推学习和生成式模型等算法。

4）强化学习。通过与环境的交互，学习达到目标的最优策略。强化学习的常用算法有 Q‑learning、Deep Q‑Network（DQN）和策略梯度等。

不同的算法可以实现不同的功能，通过不断改进算法，我们可以提高人工智能系统的能力，使其更加智能和灵活。

（3）算力：人工智能的动力。算力是指人工智能系统处理数据和执行计算的能力，包括 CPU、GPU、TPU 等硬件资源，它直接影响到人工智能模型训练和推理的效率。

1）实现复杂模型。现代人工智能，特别是深度学习技术，依赖于复杂的神经网络模型，这些模型包含数百万甚至数十亿的参数。高算力使得这些大型模型的训练成为可能，只有足够的算力才能使模型在合理的时间范围内完成对海量数据的学习。

2）缩短训练时间。强大的算力可以大幅缩短模型的训练时间。在算力较低的条件下，训练一个复杂的深度学习模型可能需要几周甚至几个月。随着算力的提升，相同的训练任务可以在几天、几小时乃至更短时间内完成。

3）提高模型性能。充足的算力能够允许进行更多次的模型迭代和参数优化，提升模型的预测精度，进而在实际应用中取得更好的效果。通过探索更复杂的模型架构，可以提高人工智能系统的效率和准确性。

此外，可以通过硬件升级、分布式计算和算法优化等方法提升算力。例如，高性能的 CPU、内存和存储可以显著提高数据处理速度；将任务分散到多台计算机上并行处理可以增强系统的可靠性和可扩展性；使用高效数据结构和并行算法可以提升算力的利用率。

3. 人工智能的分类

人工智能是一个广泛的学科，涵盖了机器学习、自然语言处理、知识图谱、语音识别、计算机视觉和人机交互等多个子领域。机器学习是实现人工智能的重要手段，通过算法和数据训练模型，使模型能够自动完成任务。自然语言处理是机器学习的一个应用方向，专门处理文本和语音等自然语言数据。知识图谱通过构建复杂的知识网络来支持推理和决策。语音识别和计算机视觉分别处理声音和图像数据，进一步拓宽了人工智能的应用范围。人机交互则专注于改善人与机器之间的互动体验，使人工智能技术更为用户友好和实用。

尽管这些概念在定义和应用上有所不同，但它们在实际应用中往往相互交织，共同推动着人工智能技术的发展。例如，在智能问答系统中，自然语言处理用于理解和生成自然语言，机器学习用于训练和优化模型，而知识图谱则提供了系统所需的背景知识和语义支持。以下将对人工智能的典型技术进行详细介绍。

（1）机器学习。机器学习（Machine Learning，ML）是一门涉及统计学、系统辨识、逼近理论、神经网络、优化理论、计算机科学、脑科学等诸多领域的交叉学科，研究计算机怎样模拟或实现人类的学习行为，以获取新的知识或技能，重新组织已有的知识结构使之不断改善自身的性能，是人工智能技术的核心。基于数据的机器学习是现代智能技术中的重要方法之一，研究从观测数据（样本）出发寻找规律，利用这些规律对未来数据或无法观测的数据进行预测。根据学习目标、学习方法以及算法的不同，机器学习存在不同的分类方法。根据学习目标将机器学习分为生成式模型和判别式模型。根据学习方法可以将机器学习分为传统机器学习和深度学习。

（2）自然语言处理。自然语言处理（Natural Language Processing，NLP）是计算机科学、人工智能、语言学关注计算机和人类（自然）语言之间的相互作用的领域。自然语言处理是指计算机拥有的人类般的文本处理的能力，涉及的领域主要包括机器翻译、语义理解和问答系统等。机器翻译技术是指利用计算机技术实现从一种自然语言到另外一种自然语言的翻译过程。基于深度神经网络的机器翻译在日常口语等一些场景的成功应用已经显现出了巨大的潜力。随着上下文语境表征和知识逻辑推理能力的发展，自然语言知识图谱不断扩充，机器翻译将会在多轮对话翻译及篇章翻译等领域取得更大进展。语义理解技术是指利用计算机技术实现对文本篇章的理解，并回答与篇章相关问题的过程。语义理解更注重对上下文的理解以及对答案精准程度的把控。随着人工智能大模型的快速发展，语义理解相关数据集和对应的神经网络模型层出不穷，将在智能客服、产品自动问答等相关领域发挥重要作用，进一步提高问答与对话系统的精度。

（3）知识图谱。知识图谱（Knowledge Graph）本质上是结构化的语义知识库，是一种由节点和边组成的图数据结构，以符号形式描述物理世界中的概念及其相互关系，其基本组成单位是"实体—关系—实体"三元组，以及实体及其相关"属性—值"对。不同实体之间通过关系相互联结，构成网状的知识结构。在知识图谱中，每个节点表示现实世界的"实体"，每条边为实体与实体之间的"关系"。通俗地讲，知识图谱就是把所有不同种类的信息连接在一起而得到的一个关系网络，提供了从"关系"的角度去分析问题的能力。

知识图谱可用于反欺诈、不一致性验证、组团欺诈等公共安全保障领域，需要用到异常分析、静态分析、动态分析等数据挖掘方法。此外，知识图谱在搜索引擎、可视化展示和精准营销方面有较大优势，已成为业界的热门工具。但是，知识图谱的发展还有很大的挑战，如数据的噪声问题，即数据本身有错误或者数据存在冗余。随着知识图谱应用的不断深入，还有一系列关键技术需要突破。

（4）语音识别。语音识别技术（Speech Recognition）就是让机器通过识别和理解过程把语音信号转变为相应的文本或命令的高新技术。语音识别技术主要包括特征提取技术、模式匹配准则及模型训练技术三个方面。特征提取从语音信号中提取代表性特征，模式匹配通过比较特征参数与预存模型找到最相似的模式，模型训练利用大量语音数据优化识别模型。此外，语音识别还涉及声学模型和语言模型，用于描述声音单位特征和词语序列的概率分布。解码算法则用于从特征参数中找到最可能的词序列。随着技术进步，语音识别广泛应用于智能助手、车联网、智能翻译、智能家居、自动驾驶等领域。

（5）计算机视觉。人类视觉系统包含眼球（接收光信号）、视网膜（将光信号转换为电信号并传输到大脑）和大脑皮层（提取电信号中的有效特征，引导人做出反应）。为了让机器像人一样"看懂"图像，需模拟人类视觉系统的过程。首先，用摄像头模拟"眼球"获取图像信息；然后，用数字图像处理技术模拟"视网膜"将模拟图像转换为数字图像，使计算机能够处理和识别；最后，用计算机视觉技术模拟"大脑皮层"，通过设计算法提取图像特征，进行识别、检测等任务。

机器模拟人类视觉系统的过程被称为机器视觉，而计算机视觉（Computer Vision，CV）则专注于解决机器如何"看"的问题。计算机视觉技术应用广泛，包括图像分类、目标检测、图像分割、人脸检测与识别等。图像分类用于将图像分为预定义的类别；目标检测用于识别和定位图像中的特定对象；图像分割用于将图像划分为多个有意义的区域；人脸检测与识别用于识别和验证人脸在图像中的存在和身份。随着计算机视觉技术的发展，其在自动驾驶、医疗影像分析、安防监控和虚拟现实等领域的应用越来越广泛和深入。

（6）人机交互。人机交互（Human–Computer Interaction，HCI）主要研究人和计算机之间的信息交换，主要包括人到计算机和计算机到人的两部分信息交换，是人工智能领域重要的外围技术。人机交互是与认知心理学、人机工程学、多媒体技术、虚拟现实技术等密切相关的综合学科。传统的人与计算机之间的信息交换主要依靠交互设备进行，主要包括键盘、鼠标、操纵杆、数据服装、眼动跟踪器、位置跟踪器、数据手套、压力笔等输入设备，以及打印机、绘图仪、显示器、头盔式显示器、音箱等输出设备。人机交互技术除了传统的基本交互和图形交互外，还包括语音交互、情感交互、体感交互及脑机交互等技术。

2.2.2　智慧应急应用

1. 智慧医疗应急

人工智能在医疗应急救援中的应用包括智能辅助诊断平台（智能诊断中心）、智能调配应用系统（智能指挥中心）和标准化数据云平台（智能数据中心）。例如，在四川省上线的 5G 城市医疗应急救援系统中，利用人工智能技术实现了车辆精准调配和行驶。该系统能根据病人病情的紧急程度、道路拥堵状况和周边医院特色专长等要素自动选择车辆行驶路径，实现车辆精准调配，提高车辆运行效率。

医疗应急救援中应用人工智能技术的三大方向如下：

（1）辅助应急诊疗的智能辅助诊断平台（智能诊断中心）建设。各类自然灾害的应急医疗救援中，面对各种创伤和器官组织伤害，各种多发伤情况的出现，要通过人工及时准确地判断伤情的发展趋势，并第一时间协调多方，及时传递信息并采取有效的应对措施，仍然有相当大的困难。人工智能技术可以通过对以往积累的海量医疗救治信息集进行无监督学习，挖掘数据资源中有价值的信息，并进行抽象表示，描述发展规律，建立认识和预估模型，从而能够有效"筛除"大量重复、冗余的信息，并根据现有数据进行特征分析，及时判断伤者的病情，预判未来病情发展，快速传递信息，辅助远程专家做出最佳预判和诊疗方案，不至于错过应急救治的黄金 30min。

（2）负责调配指挥的智能调配应用系统（智能指挥中心）建设。该中心以信息交换平台为核心，对所有参与单元的信息进行无阻塞、快捷的点到点和点到多点、多点到多点的信息交换，实现指挥调度指令和信息的快速上传下达。应急指挥调度系统将有效利用现有的各种信息资源，实现完成需要指挥的、多个部门（科室）协同应对的综合指挥调度。建立联动指挥、预案管理、辅助决策、资源接入和信息发布等机制，实现跨部门（科室）的现场协同救援。人工智能技术能够模拟参谋助手的角色，通过深度学习构建救援分析模型，对大量信息进行分类、挖掘，通过专家系统对重要信息的分析、推理，准确预测情势发展，并根据任务轻重缓急进行排序，对任务进行聚类分析，对配置资源（人、物资、设备等）的需求进行定量计算。该中心通过人工智能技术合理掌控应急处置的进度、强度，优化资源配置，根据管理者意图提出处置方案，为管理者决策提供支撑和依据。

（3）辅助分析救援数据的标准化数据云平台（智能数据中心）。在应急处置过程中和处置结束后，伤亡情况、应急救援资源配置情况和环境情况等，将会形成大量救援数据信息，而管理者需要及时从中有效地提炼出有价值的信息，以此来进一步分析判断，明确下一步救援的重点，合理调配使用各种资源。此时，人工智能作为高速反应且信息综合处理能力强大的一种辅助分析工具，将发挥重要的作用。同时，应急救援是一项复杂的活动，及时做好救援效果的评价，能够从中掌握救援规律、修正救援活动中的偏差、确保未来救援效果。这些需求可以通过搜索推理技术从大量的数据信息中学习目标特征，对目标进行描述，按照一定规则、算法识别现有对象，并建立相互之间的联系，提升目标识别分类的准确性；同时利用机器学习技术，从过去实践积累的海量数据信息中挖掘生成应急救援效果评价原始模型，根据数据对救援处置细节标准进行关联性识别和量化设置，再输入新数据进行模拟实验，由此可以检验应急处置的效果，并对未来的救援产生深远的影响。

目前，人工智能在医疗应急救援中的应用还非常有限。未来人工智能在医疗中的应用发展趋势主要有三个：可穿戴设备、语音识别和影像识别。这三大发展趋势将对医疗应急救援产生重要的影响：患者通过可穿戴设备和通信网络，第一时间向医疗机构传输生命体征等信息；救援医务人员通过语音输入，第一时间将患者伤情记录储存，并实时变化更新；通过便携式 B 超等检查仪器，医务人员在运送患者的同时同步传输医学影像，并通过人工智能辅助诊断，如对于脑、心胸、骨创伤、呼吸衰竭、消化道出血等提前做出相应的预判，有助于患者第一时间得到有效救治。这些应用均将使应急救援的时间、效率、救治成功率等关键要素产生质的提升和飞跃。

2. 智慧煤矿应急

（1）借助数据分析，提供决策支持。矿山应急救援由专业人员组成应急救援队伍，需要根据实际情况进行不同救援与抢险等工作。煤矿矿山的应急救援工作需要对生产过程中出现的各种灾害事故进行快速与妥善的处理，例如火灾、爆炸或者井下水灾等不同类型事故。人工智能技术应用可以实现矿山事故数据快速分析，为救援资源调度与使用带来帮助。同时，依托数据挖掘与决策支持系统帮助指挥员作出准确判断并完成决策制定。在应用过程中，通过人工智能实现矿山环境变化监测，为决策支持系统提供最新信息。指挥员会根据情报与警报对煤矿矿山事故发生情况与可能发展趋势进行全面了解。同时，系统及时获取传感器与监控设备传递的信息，例如环境温度、气体浓度等重要数据，再借助人工智能算法完成数据快速分析与精准预测，帮助指挥员制定针对性应对措施，降低事故危害性扩大的可能性。此外，煤矿矿山应急救援工作开展还会使用数据分析技术实现救援资源的合理调度，提升救援效率与资源利用率。例如根据决策支持系统了解事故类型、地点与规模，根据数据分析技术结果自动完成救援人员与装备分析，结合历史数据分析与模型构建，提前做好救援路径与时间规划，辅助指挥员制定应急救援决策。

（2）建立信息系统，加强日常管理。基于人工智能技术应用，煤矿矿山应急救援管理系统呈现信息化与智能化，能够实现煤矿矿山应急救援队伍日常管理工作创新，将应急救援工作水平提升，保证在最快、最有效的方式下完成煤矿矿山突发事故救援。具体而言，一是运用人工智能技术完成应急救援管理信息系统建设，系统会对当前应急救援队伍结构进行分析，根据分析结果提出针对性优化措施与调整方案，提升应急救援队伍结构的科学性与合理性。二是对日常训练计划内容与形式加以分析，结合训练结果对应急救援人员训练情况进行科学评估，基于新时期煤矿矿山应急救援新理念落实与新技术应用，及时优化训练计划。三是分析人工智能统计以往发生的矿山灾害事件，通过数据分析与整理等技术，帮助完成应急救援档案整理，为日后救援工作开展提供有价值参考。利用机器学习、数据分析算法完成矿山生产数据分析，对设备故障等较为关键的指标进行预测，做好历史数据学习，完成模型建立，以此来辅助救援，为应急救援决策的制定提供数据支持。四是基于应急救援管理信息系统的建立与应用，自动生成应急救援工作日志，为工作计划制定带来帮助。此外，对现有技术装备进行维修与保养，引入先进技术装备，为应急救援工作开展提供装备与技术支持。

（3）运用识别技术，实现精准定位。在煤矿矿山应急救援工作开展过程中，人工智能技术应用极具适用性，其中，人脸识别技术与身份验证技术尤为关键，因为在大部分煤矿矿山事故中，被困人员的位置与身份情况往往是救援工作开展的关键，决定应急救援方案的优化方向。在煤矿矿山事故发生后，救援人员会通过无人机设备或者监控摄像头了解事故现场作业人员情况，此时，人脸识别技术应用可以对事故现场人脸图像进行精准捕捉。例如，在识别过程中借助人员类检测算法，对单人经过、多人徘徊的情况进行记录，也可以在多人顺序经过和并行经过的场景中做好人员自动识别，生成带有标记框的视频文件，对视频中的人数进行自动统计与记录。救援人员可以结合事前记录的人员信息确定被困人员身份与数量，制定针对性的应急救援措施。在此基础上，还可以使用身份验证技术，实现多技术融合，增强人工智能技术应用效果。例如煤矿矿山有部分事故发生在地下，救援人员无法精准确定被困人员位置，但可以借助人脸识别与身份验证技术帮助救援人员确定被困人员活动范围，找出被困人员位置，高效、准确开展救援行动，提高救援效率。

（4）使用智能设备，完成环境侦察。煤矿矿山井下火灾与爆炸会使整个矿井设施与地下巷道遭到不同程度的破坏，甚至给周围环境带来影响，产生有毒与有害气体。因此，需要应急救援人员借助人工智能技术做好周围环境侦察，使用智能机器携带救援设备与传感器完成危险区域检查，及时获取事故位置及周围气体样本，并快速监测与分析。智能设备能够为应急救援人员生命安全提供保障，也可以提升灾害事故侦察效率，满足高温、黑暗与浓烟等环境下的侦察要求。指挥员会根据侦察情况做好应急救援抢险方案制定。同时，借助人工智能技术能够对煤矿矿山事故发生位置进行持续与动态监测，获得现场图像、红外热像、烟雾、声音与温度等信息；借助智能识别技术完成对矿井事故严重程度的精准判断，了解环境受限情况，做好重点区域的连续监控与智能分析，同步开展危险性评估，更好应对可能发生的各种情况。例如，某煤矿突发井下火灾事故，借助人脸识别与身份验证技术得知其中 11 人被困，其他人员已安全升井。指挥员随之运用人工智能技术开展救援工作，选择使用两台探测机器人，使其进入火灾区域对周围气体浓度与温度数据进行收集并分析，同时使用应急救援管理信息系统快速分析该煤矿火灾情况。考虑到黄金救援时间宝贵，又紧急调派两台探测机器人与灭火机器人配合完成抢险，最终成功解救被困人员，并将伤亡情况减少。运用人工智能技术与智能机器人为救援人员与被困人员的安全保驾护航。

3. 智慧交通应急

人工智能在交通应急中的应用主要基于其在数据处理、模式识别和决策支持等方面的优势，具体如图 2－6 所示。智慧交通应急系统通过接收交通数据，如监控视频、车辆信息等，利用人工智能技术进行数据分析和处理。其中，深度学习是人工智能在交通应急中的重要技术手段之一，其通过构建深层神经网络模型，实现对交通拥堵的自动识别和分类。例如，利用卷积神经网络可以对交通监控视频中的车辆行驶轨迹进行提取和分析，实现对路障的自动检测。机器学习技术可以通过对大量数据的学习，实现对交通行为的模式识别和预测，从而为应急响应决策提供有效支持。

图 2-6　智慧交通应急

（1）多源数据实时接入。GPS 和移动应用提供了更为动态和全面的数据。这些数据不仅包括车辆位置和速度，还可以包括用户报告的实时事件，如交通事故、路障等。这类数据特别适用于机器学习算法，如神经网络和决策树，用于更复杂的交通模式识别和预测。实际应用中，利用 AI 大模型中的数据融合技术将来自不同源的数据进行集成，以构建更为全面和准确的交通模型。卡尔曼滤波可以用于整合来自地面传感器和 GPS 的数据，见式（2-1）。

$$\begin{cases} x_t = Ax_{t-1} + B\mu_t + \omega_t \\ z_t = Hx_t + \mu_t \end{cases} \quad (2-1)$$

式中：x_t 为状态向量；z_t 为观测向量；μ_t 和 ω_t 为过程和观测噪声；A、B、H 表示转换矩阵。

（2）监测城市交通运行。基于人工智能的方法如支持向量机、决策树和随机森林等广泛应用于交通流量预测。这些方法能够处理更复杂的非线性关系，且可以容易地整合其他类型的数据，如天气、节假日等。AI 大模型中的深度学习，尤其是循环神经网络和长短时记忆网络也开始应用于交通流量预测。这些网络模型特别适用于处理具有时序依赖性的交通数据，可以更好地处理交通流量的高度动态性和复杂性，并且能适应不断变化的交通环境。例如，在某城市进行的一项研究中，利用 LSTM 模型对主要道路交通流量进行准确预测，准确率提高了 15% 以上，有效缓解了交通拥堵问题。

借助于人工智能和机器学习的先进技术，如多源数据、传感器数据、车载 GPS 数据和社交媒体数据，能更有效地进行实时交通流量估计。例如，基于卡尔曼滤波的实时流量估计模型可以用于生成高精度的交通流量地图。AI 大模型中的机器学习算法，例如决策树和支持向量机，能够自动检测和分类不同类型的交通拥堵。同时，如卷积神经网络和循环神经网络的深度学习方法也可用于实时识别交通模式，例如车道变更和紧急制动等情况。

（3）机器学习专家经验。智能路由推荐系统通过实时分析交通状况和预测未来的交通流量，为驾驶者提供最优的行车路线。这些系统使用各种 AI 大模型中的算法和机器学习模型，Dijkstra 算法、A*搜索算法以及神经网络时间序列预测模型。通过将实时交通数据与预测模型融合，这些系统能够考虑到即将出现的交通拥堵和其他可能影响旅行时间的因素。这些系统还可以分析用户行为和偏好，以便推荐更符合个人习惯的路线。

（4）人工智能辅助决策。为了提高交通执法的决策水平和效率，可以设计和实现一个智能化的交通执法决策支持系统。该系统可以基于人工智能技术，结合交通违法行为的识别与分析结果，为执法人员提供实时的决策建议和支持。具体而言，系统可以通过对交通违法行为数据的分析，生成交通违法行为的热点图和趋势图，帮助执法部门合理安排执法资源，优化执法布局。交通执法决策支持系统还可以结合人工智能算法，对执法过程进行智能化监控和评估。例如，可以利用图像识别技术，实时监测执法现场的情况，提醒执法人员注意安全和规范执法行为。通过设计和实现一个智能化的交通执法决策支持系统，可以提高执法决策的科学性和准确性，促进交通执法工作的规范化和标准化。

2.2.3　发展趋势

随着大模型等人工智能技术的快速涌现，智慧应急应用的新技术与新方法将会进入快速迭代的阶段。可以预见，在不久的将来，智慧应急应用的理论与方法将更加深入地融入各个环节，指导和推动我国新时代智慧应急应用的发展，实现智慧应急应用的现代化。

1. 助力自主知识建构

人工智能技术赋能应急管理现代化，不仅要解决当前和未来应急管理实践中的难点问题，还要在解决这些问题的过程中实现新的理论认知。在 20 世纪 60 年代和 80 年代，美国和欧洲分别兴起了灾害社会学和危机政治学两大跨学科研究范式。2003 年非典型肺炎疫情之后，中国以公共管理为主体的应急管理学蓬勃发展。作为一种新的跨学科研究范式，应急管理学依托丰富的应急管理实践，展现了形成中国自主知识体系的可能。

如今，人工智能为应急管理现代化提供了强大的技术支撑。通过机器学习和预测建模等手段，人工智能技术不仅提高了应急管理的效率和精确度，还在实践中不断丰富和完善应急管理的理论框架。这种基于中国经验和先进技术手段的知识构建，不仅能够有效解决中国的应急管理问题，还为全球风险治理提供了独特的中国智慧和思想启示。因此，人工智能技术支撑的应急管理现代化战略研究，必须置于加快形成中国应急管理自主知识体系的大背景下。通过理论与实践结合，既为应急问题提供解释力，也为全球风险治理提供基于中国实践的思想启示。

2. 推进学科交叉融合

应急管理是典型的交叉学科领域，以公共管理为主体学科，形成了"政治–社会""组织–制度""工程–技术"等三大研究传统，不仅涉及政治学、社会学、经济学、管理学、传播学、心理学、人类学、情报学、法学等社会科学的诸多分支学科，还与人文学科、自然科学、工程科学形成了交叉。在国家安全学一级学科设立之后，应急管理学成为国家安全学的重要支撑，进一步强化了其交叉学科的特征。

人工智能技术支撑的应急管理现代化，必然推动应急管理学与计算机、人工智能、通信工程等学科的交叉融合，为应急管理知识体系的多学科、跨学科发展提供新的动力。如果说应急管理学与地理学、安全科学与工程的交叉融合是局部性的，主要体现在自然灾害和安全生产等分支领域，则其与计算机、人工智能、通信工程等学科的交叉融合是全局性的，体现在应急管理体系各个分支领域。这也要求更大范围、更深层次的学科交叉融合，培育和发展计算应急管理、智慧应急管理等新兴领域，为发展中国特色哲学社会科学学科体系、学术体系、话语体系提供助力。

3. 引领人工智能技术创新

面向应急管理，人工智能技术已经在监测预警、监管执法、辅助指挥决策、救援实战和社会动员等关键环节发挥了重要的作用。同时，应急管理本身的问题复杂性，以及不断涌现的新问题，对人工智能技术的应用和发展提出了新的需求。例如，无人机在复杂环境（如沟壑、山林、电线等）下的适应性不足，航时过短，无法超视距完成装备投送任务，需要进一步提升技术性能。此外，重大灾害事故动力学演化规律、致灾机理不明，多灾种、灾害链应急预案理论体系与实践经验缺乏，需要加强自然灾害应急知识图谱、事故事理图谱的构建，推进灾害早期监测预警计算模型和高性能计算技术的研发。

推进应急管理现代化催生的技术需求，为人工智能技术的应用提供了新的场景和挑战，有助于推动人工智能技术实现跨越式发展。目前，以生成式人工智能技术为代表的人工智能技术虽然暂时满足了我国应急管理事业在现代化发展过程中对数字化的要求，但未来还会有更先进的人工智能技术参与到我国应急管理的现代化建设中。

4. 促进应急管理现代化发展

人工智能技术未来在全过程应急管理中的应用前景是广泛且可观的。人工智能技术基于各类庞大的基础数据库与机器学习算法，同时依托现代化的算力保障，能够帮助应急管理人员解决许多体系内部繁杂琐碎的工作，从而显著提高工作效率。此外，人工智能技术的应用可以减少应急管理部门对非专业技术人员的编制需求，吸引更多具有专业应急管理教育背景的人员加入，进一步提升应急管理体系的专业化水平。

在人工智能技术的参与下，应急管理事业实现了流程化、系统化、全局化和战略化的全面提升。人工智能技术通过大数据分析、预测建模和实时监控等手段，优化了应急管理的各个环节，使决策更加科学高效。同时，人工智能还能够在应急预案的制定、风险评估和资源调配等方面发挥重要作用，从而增强应急管理的整体响应能力。

总体而言，人工智能技术的应用不仅促进了应急管理系统的现代化发展，还推动了应急管理工作的全面升级。未来，随着人工智能技术的不断进步，其在应急管理领域的应用将更加深入和广泛，助力我国应急管理事业迈向新的高度。

2.3 物联网技术

2.3.1 技术概述

IoT 是通过各种信息传感设备及系统（传感器网络、RFID、红外感应器、条码与二维码、全球定位系统、激光扫描器等）和其他基于物物通信模式的短距离无线传感器网络，按约定的协议，把各种物体通过各种接入网与互联网连接起来所形成的一个巨大的智能网络。通过这一网络可以进行信息交换、传递和通信，进而实现对物体的智能化识别、定位、跟踪、监控和管理。物联网的本质是互联网的延伸，在人与人通信的基础上，更加强调人与物、物与物的交互。

1. 物联网的概念、结构和基本要求

（1）物联网概念与特征。物联网的概念最早是由美国麻省理工学院 Auto – ID 中心 Ashton 教授于 1999 年在研究射频识别时提出的，当时叫作传感网。随着相关技术和应用的不断发展，物联网的内涵也在不断扩展。

和互联网相比，物联网具有以下几个特点：

1）全面感知。物联网是各种感知技术的广泛应用，涵盖海量的多源异构传感器。每个单独的传感器都是一个信息源，不同类别的传感器所捕获的信息内容、格式不尽相同。

2）可靠传输。物联网是一种基于互联网的泛在网络，其技术的重要基础和核心仍是互联网，通过各种有线网络、无线网络与互联网融合，将物体的信息实时准确地传递出去。但是，物联网上的传感器定时采集的信息数量极其庞大，形成了海量信息，在传输过程中，为了保障数据的正确性和及时性，必须采用更有效的技术手段以适应各种异构网络和协议环境。

3）智能处理。物联网不仅具有强大的感知能力，其本身也具有一定的智能处理能力。通过将传感器和智能处理相结合，利用云计算、模式识别等各种智能技术，物联网可以对传感器获得的海量数据进行分析、加工和处理，提取有意义的数据以适应不同用户的不同需求，甚至发现新的应用领域和应用模式。

（2）物联网结构。物联网结构描述了通用物联网服务，是物联网中设备实体的功能、行为和角色的一种结构化表现，是为物联网开发者和执行者的目标应用提供可重复使用的结构。根据信息生成、传输、处理和应用的过程，可以把物联网从结构上分为感知层、传输层、支撑层、应用层四层，如图 2 – 7 所示。

图 2-7　物联网结构

1）感知层。感知层是物联网的基础，是物理世界和信息世界的衔接层，主要用于采集物理世界中发生的物理事件和数据，包括各类物理量、标识、音视频数据等。物联网的数据采集涉及传感器、RFID、多媒体信息采集、二维码和实时定位等技术，如温度感应器、声音感应器、图像采集卡、震动感应器、压力感应器、RFID 读写器、二维码识读器等。

2）传输层。传输层的主要功能是直接通过互联网、移动通信网（如 5G、无线接入网、无线局域网等）、卫星通信网等基础网络设施，对来自感知层的信息进行接入和传输。通过将分散的、利用多种感知手段所采集的信息汇聚到传输网络中，最后将所感知的信息汇聚到应用层，可以使物联网具备强大的协同感知能力。

3）支撑层。支撑层主要是在高性能网络计算环境下，将网络内大量或海量信息资源整合，为上层的服务管理和大规模行业应用建立一个高效、可靠和可信的平台。

突发事件的高度不确定性使得决策者需要根据事态的实时发展，几乎以同步的方式对决策进行动态调整。以物联网为基础的多域信息数据感知和"数据-智慧"决策模式，能够使应急管理的决策系统具有应急决策的应变能力，实现决策方案的即时动态调整。

4）应用层。应用层主要将物联网技术与行业系统相结合，将感知数据处理封装，以服务的方式提供给用户，实现广泛的物物互联的应用解决方案。

为了更好地提供准确的信息服务，在应用层必须结合不同行业的专业知识和业务模型，集成和整合各类用户应用需求，结合行业应用模型（如水灾预测、环境污染预测等），构建面向行业实际应用的综合管理平台，以便完成更加精细和准确的智能化信息管理。例如，当对自然灾害、环境污染等进行检测和预警时，需要相关生态、环保等各种学科领域的专门知识和行业专家的经验。

（3）加入物联网设备的基本要求。

1）具有感知能力。物联网中的"物"与一般物体的不同在于其具有自主表达能力，即能够将它周围的情况及自身的状态明确地表达出来，并作为物联网处理和传递的信息。传感器技术是使物体具有感知能力的重要技术之一，嵌入物体中的各类传感设备是物体的重要感知器官。通过传感器网络，物体及其周围的环境情况被实时采集，并利用无线网络将这些采集到的信息传递出去，实现自主表达。

2）具有通信能力。具有感知能力的物体不仅要有感知和表达能力，还要能够把它的感知告诉人或其他物体，这就需要物体具有一定的通信能力。无论物联网是构建在局域网还是互联网之上，若要实现通信，参与通信的终端就必须具有收发数据的能力，即在物体上要有数据发送器和接收器。对于收发的数据，物体还必须能够暂时存储，以保证信息处理的顺利进行。在与网络中其他终端进行通信的过程中，通信双方遵循统一的通信协议是通信工作的基础。

3）能够被识别。在网络通信中，通信双方必须在网络中具有唯一标识，以便通信过程中能够对发送方和接收方正确识别，确保数据的正确发送和接收。接入物联网的物体是通信的参与者，因此，这些物体必须具有可被识别的编码。在组建物联网时，需要给具有感知能力的物体进行标识认定。当所有的物体都具有可被标识的编号之后，就能够通过无线网络或互联网随时掌握具有不同编号物体目前所处的位置，读取物体传递出来的信息，并将信息传送给中央处理设备。利用中央处理设备的计算能力和数据分析能力，可以明确接下来对物体的操作，将相应的控制信息发送回指定编号的物体。

4）可以被控制。物联网中的物体都具有智能性，除了利用各种感知技术使物体可以表达它们自身的情况和周围环境的相关信息外，它们还需要能够完成双向的信息交流，即除了发送传感信息和标签信息外，还能够作为通信的接收方接收由控制设备发送给它们的控制信息，并按照控制指令完成相应的操作。为了对控制信息进行识别并遵照信息执行动作，物联网中的物体需要嵌入基本的数据处理单元，并安装简单的操作系统和具有针对性功能的应用软件，通过硬件与软件的协同工作最终实现人物互联或物物互联。

2. 物联网的感知层

感知层是物联网结构的基石，由各种采集和控制模块组成。传感器技术、无线传感器网络（Wireless Sensor Network，WSN）、嵌入式技术等是感知层涉及的主要技术。

（1）传感器技术。传感器技术是一类通过物理、化学或生物敏感元件，将环境或对象中的特定参数（如温度、压力等）转换为可量化电信号或其他标准化数据形式的前沿技术。传感器技术是关于传感器设计、制造、应用及优化的理论与技术体系，是半导体技术、测量技术、计算机技术、信息处理技术、微电子学、光学、声学、精密机械、仿生学和材料科学等众多学科相互交叉的、综合性和高新技术密集型的前沿研究领域之一，是现代新技术革命和信息社会的重要基础。

传感器是传感器技术的具体实现手段和物质载体，能感受规定的被测量，并按照一定的规律将其转换成可用输出信号的器件或装置。从广义上讲，传感器是获取和转换信息的装置。

1）传感器的构成和分类。通常传感器由敏感元件和转换元件组成。其中，敏感元件是指传感器中能直接感受或响应被测量的部分，而转换元件是指传感器中将敏感元件感受或响应的被测量转换成适合于传输或测量的电信号的部分。

按照不同的用途，传感器可分为很多种类，在应急管理中应用比较多的传感器有音视频传感器、力敏传感器、位移传感器、加速度传感器、振动传感器、热敏传感器、湿敏传感器、气敏传感器等。

2）传感器性能指标。传感器在稳态信号作用下，其输入/输出关系称为静态特性。

衡量传感器静态特性的重要指标是线性度、灵敏度、重复性、迟滞、分辨率和漂移等。

线性度定义为在全量程范围内，实际特性曲线与拟合直线之间的最大偏差值与满量程输出值之比，表示的是其输出量与输入量之间的实际关系曲线偏离直线的程度，又称为非线性误差。实际使用中，几乎每一种传感器都存在非线性。因此，在使用传感器时，必须对传感器输出特性进行线性处理。

传感器的灵敏度是其在稳态下输出增量与输入增量的比值。

重复性表示传感器在按同一方向做全量程多次测试时，所得特性不一致性的程度。多次按相同输入条件测试的输出特性曲线越重合，其重复性越好，误差也越小。

传感器输出特性的不重复性主要由传感器机械部分的磨损、间隙、松动、部件的内摩擦、积尘以及辅助电路老化和漂移等原因引起。

迟滞特性表明传感器在正向（输入量增大）行程和反向（输入量减小）行程期间，输出输入特性曲线不重合的程度。

传感器的分辨率是在规定测量范围内所能检测输入量的最小变化量。

传感器的漂移是指在外界的干扰下，输出量发生与输入量无关的、不需要的变化。漂移包括时间漂移和温度漂移。时间漂移是指在规定的条件下，零点或灵敏度随时间的缓慢变化；温度漂移是由于环境温度变化而引起的零点或灵敏度的漂移。

（2）无线传感器网络。无线传感器网络是物联网的关键技术，是通过在检测区域内部署大量微型传感器节点，再通过无线通信方式形成的一个自组织网络系统。它集分布式信息采集、信息传输和信息处理技术于一体，其目的是协作感知、采集和处理网络覆盖区域中感知对象的信息，实现数据的采集量化、处理融合和传输应用。无线传感器网络具有成本低、功耗小、微型化和组网方式、铺设方式灵活及适合移动目标等优点。

1）网络体系结构。无线传感器网络通常包括传感器节点、汇聚节点和管理节点。大量传感器节点随机部署在监测区域内部或附近，能够通过自组织方式构成网络。

传感器节点通常是一个微型的嵌入式系统，它的处理能力、存储能力和通信能力相对较弱，通过携带能量有限的电池供电。从网络功能上看，每个传感器节点兼顾传统网络节点的终端和路由器的双重功能，除了进行本地信息收集和数据处理外，还要对其他节点转发来的数据进行存储、管理和融合等处理，同时与其他节点协作完成一些特定任务。

汇聚节点连接传感器网络与互联网等外部网络，实现协议栈之间的通信协议转换，同时发布管理节点的检测任务并把收集的数据转发到外部网络上。它的处理能力、存储能力和通信能力相对较强。

管理节点用于动态地管理整个无线传感器网络，通常为运行网络管理软件的计算机或手持终端设备等。无线传感器网络的所有者可以通过管理节点访问无线传感器网络的资源。

2）无线传感器网络拓扑结构。无线传感器网络拓扑结构是组织无线传感器节点的组网技术，有多种形态和组网方式。按照其组网形态和方式来看，有集中式、分布式和混合式。如果按照节点功能及结构层次来看，无线传感器网络通常分为平面网络结构、分级网络结构、混合网络结构和 Mesh 网络结构。

如图 2-8（a）所示，平面网络结构是 WSN 中最简单的一种拓扑结构，所有节点为对等结构，具有完全一致的功能特性，一般不存在传输瓶颈。这种网络拓扑结构简单、易维护、具有较好的健壮性。由于没有中心管理节点，当节点较多时，在节点组织、路由建立、控制维护等方面开销较大，造成总体能量损耗较大。

分级网络结构是平面网络结构的一种扩展拓扑结构，也叫作层次网络结构，如图 2-8（b）所示。网络分为上层和下层两个部分：上层为中心骨干节点，下层为一般传感器节点。通常网络存在一个或多个骨干节点，骨干节点之间或一般传感器节点之间采用平面网络结构。这种网络拓扑结构扩展性好，便于集中管理，可以降低系统建设成本，提高网络覆盖率和可靠性，但是集中管理开销大，硬件成本高，一般传感器节点之间不能直接通信。

混合网络结构是平面网络结构和分级网络结构的一种混合拓扑结构，如图 2-8（c）所示。这种网络拓扑结构和分级网络结构不同的是一般传感器节点之间可以直接通信，可不需要通过骨干节点来转发数据。同分级网络结构相比较，这种结构支持的功能更加强大，但所需硬件成本更高。

Mesh 网络结构是一种新型的 WSN 结构，如图 2-8（d）所示。不同于完全连接的网络结构，Mesh 网络通常只允许最邻近节点通信，网络内部的节点一般都是相同的，因此 Mesh 网络也称为对等网。Mesh 网络结构最大的优点就是所有节点都是对等的地位，且具有相同的计算和通信传输功能。

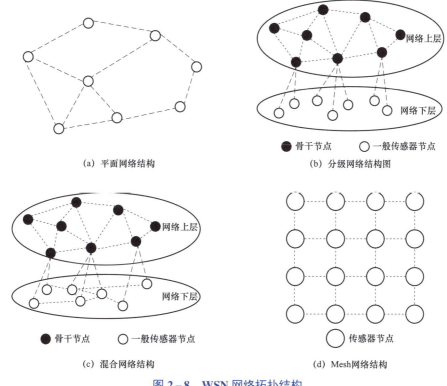

(a) 平面网络结构

(b) 分级网络结构图

● 骨干节点　○ 一般传感器节点

(c) 混合网络结构

● 骨干节点　○ 一般传感器节点

(d) Mesh网络结构

○ 传感器节点

图 2-8　WSN 网络拓扑结构

3）无线传感器网络的特点。

a. 网络规模大。大部分无线传感器网络的节点分布在很大的地理区域内，覆盖范围很大并且部署密集，有些应用下传感器节点的数量可能达到几百万个，在单位面积内可能存在大量的传感器节点。

传感器网络的大规模性具有如下优点：通过不同空间视角获得的信息具有更大的信噪比。通过分布式处理大量的采集信息能够提高监测的精确度，降低对单个节点传感器的精度要求。大量冗余节点的存在使系统具有很强的容错性能，大量节点能够扩大覆盖的监测区域，减少盲区。

b. 自组织。在 WSN 应用中，通常情况下传感器节点被放置在没有基础设施的地方。传感器节点的位置不能预先精确设定，节点之间的相互邻居关系预先不知道，这就要求传感器节点具有自组织的能力，能够自动进行配置和管理，通过拓扑控制机制和网络协议自动形成转发监测数据的多跳无线网络系统。

在 WSN 使用过程中，部分传感器节点由于能量耗尽或环境因素造成失效，也可能有一些节点为了弥补失效节点、增加监测精度而补充到网络中，传感器网络中的节点个数动态地增加或减少，从而使网络的拓扑结构随之动态地变化。

c. 动态性。网络的拓扑结构可能因为很多因素的改变而变化，如环境因素、新节点的加入离开或已有节点失效等，而且对于很多野外架设无线传感器网络，为更好地节省能源，延长生存时间，其节点具有休眠功能。这就要求网络协议具有足够的灵活性，能适应节点周期性睡眠特性。

d. 可靠性。WSN 特别适合部署在环境恶劣或人类不宜到达的区域，传感器节点往往采用随机部署，节点的维护可能性很小。这些都要求传感器节点坚固、不易损坏，能够适应各种恶劣环境条件，具有强壮性和容错性。

（3）射频识别技术。

1）概念。射频识别（Radio Frequency Identification，RFID）技术是一种非接触式的自动识别技术，它通过射频信号自动识别目标对象并获取相关数据，识别过程无须人工干预，可工作于各种恶劣环境。RFID 技术可识别高速运动物体，并可同时识别多个标签，操作快捷方便。RFID 技术与互联网、通信等技术相结合，可实现全球范围内物体跟踪与信息共享。

在电磁波频率低于 100kHz 时，电磁波会被地表吸收，不能形成有效的传输；当电磁波频率高于 100kHz 时，电磁波才可以在空气中传播，并经大气层外缘的电离层反射，形成远距离传输能力。具有远距离传输能力的高频电磁波称为射频（Radio Frequency，RF）。

一些信号（例如由图像转换成的视频信号等）的频率在几赫兹到几兆赫之间，在空间中激发电磁波的能力很差，需要把它们加载到频率更高的信号上，形成射频信号进行传播。

2）系统组成。RFID 系统基本上由三部分组成：电子标签、读写器、天线。

a. 电子标签。电子标签又称射频卡或应答器，属于非接触的数据载体，由耦合元件及芯片组成。电子标签中存储着被识别物体的相关信息，每个电子标签都具有唯一的电子编码，附着在物体上用来标识目标对象。电子标签主要包括射频模块和控制模块两个部分。射频模块通过标签内置的天线来完成与读写器之间的射频通信，控制模块内有一个存储器，它存储着标签内的所有数据信息，并且部分信息可以通过与读写器之间的数据交换来进行实时修改。

b. 读写器。读写器主要负责与电子标签的双向通信，同时接收来自主机系统的控制指令。读写器的频率决定了 RFID 系统工作的频段，其功率决定了射频识别的有效距离。低频系统的工作频率一般小于 30MHz，其基本特点是电子标签的成本较低、标签内保存的数据量较少、阅读距离较短、电子标签外形多样、阅读天线方向性不强等。高频系统的工作频率一般大于 400MHz，其基本特点是电子标签及读写器成本均较高、标签内保存的数据量较大、阅读距离较远，适应物体高速运动性能好，外形一般为卡状，阅读天线及电子标签天线均有较强的方向性。

c. 天线。天线是能够将接收到的电磁波转换为电流信号，或者将电流信号转换为电磁波发射出去的装置。RFID 系统中，读写器通过天线发射能量，形成电磁场，并且通过电磁场来对标签进行识别。读写器的天线可以内置也可以外置，天线设计对读写器的工作性能来说非常重要，因为对无源标签来说，工作能量完全由读写器的天线提供。

3）工作原理。RFID 系统的基本工作原理如下：标签进入磁场后，接收到读写器发出的射频信号，产生感应电流获得能量，然后发送出存储在芯片中的信息，或者是主动发送信息（限于有源标签），读写器读取标签信息，进行解码后送至中央信息系统进行数据处理。

（4）嵌入式技术。物联网是嵌入式智能终端的网络化形式，嵌入式系统是物联网应用的基础，因此物联网也称为基于互联网的嵌入式系统。

嵌入式技术是计算机技术的一种应用，主要针对具体的应用特点设计专用的嵌入式系统。嵌入式系统以应用为中心，软硬件可裁剪，是适应应用系统对功能、可靠性、成本、体积、功耗等严格综合需要的计算机系统。

3. 物联网的传输层

物联网传输层是物联网架构中承上启下的关键组成部分，它连接感知层和应用层，为物联网数据提供稳定可靠的传输通道。传输层的主要通信技术包括无线传输技术和有线传输技术，其中，无线传输技术是物联网传输层的核心发展方向。

物联网的无线通信技术有很多，主要分为两类：一类是 ZigBee、Wi-Fi、蓝牙等近距离通信技术；另一类是以低功耗广域网（Low-Power Wide-Area Network，LPWAN）为代表的长距离无线通信，即广域网通信技术。

近距离无线通信通常指的是 100m 以内的通信，比较受关注的包括蓝牙、Wi-Fi、ZigBee、超宽带（Ultra Wide Band，UWB）、近场无线通信（Near Field Communication，NFC）等。

近距离无线通信技术以其丰富的技术种类和优越的技术特点，满足了物物互联的应用需求，逐渐成为物联网架构体系的主要支撑技术。同时，物联网的发展也为近距离无线通信技术的发展提供了丰富的应用场景，极大地促进了近距离无线通信技术与行业应用的融合。

广域网通信技术又可分为两类：一类是工作于未授权频谱的 LoRa、SigFox 等技术；

另一类是工作于授权频谱下，3GPP 支持的 2/3/4/5G 蜂窝通信技术，如 EC–GSM、LTE Cat–m、NB–IoT 等。其中最常见的为 NB–IoT 和 LoRa。

几种通信技术对比如图 2–9 所示。

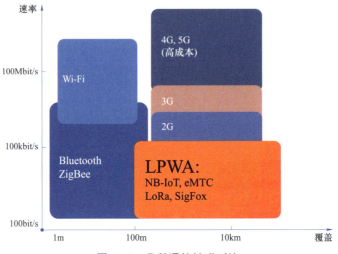

图 2–9　几种通信技术对比

（1）蓝牙。蓝牙（Bluetooth）是一个开放性的低成本、短距离无线通信技术标准，也是目前国际上通用的一种公开的无线通信技术规范。它可同时传输语音和数据，具有抗干扰能力强、模块体积小、功耗低、便于集成等特点。

在蓝牙这项无线技术诞生后，蓝牙技术的创建者们希望这项无线技术能够为不同工业领域之间的协调工作，例如计算机、手机和汽车行业之间的工作，实现方便通用的数据传输过程。

随着蓝牙技术的不断发展和深入，其版本也不断升级（见表 2–1），应用也随之不断拓展，从手机、笔记本、耳机等手持终端扩展到汽车、医疗、工业控制、办公应用、电子商务等行业。

表 2–1　　　　　　　　　　　蓝 牙 的 版 本

蓝牙版本	发布日期	传输速度	有效范围
1.1	2001	748–810kbit/s	10m
1.2	2003	748–810kbit/s	10m
2.0	2004	1.8–2.1Mbit/s	10m
2.1	2007.08	1.8–2.1Mbit/s	10m
3.0	2009.04	24Mbit/s	10m
4.0	2010.07	24Mbit/s	100m
4.1	2013.12	24Mbit/s	100m
4.2	2014.12	24Mbit/s	100m
5.0	2016.06	24Mbit/s	300m
5.1	2019.01	48Mbit/s	300m

（2）ZigBee。ZigBee 技术是一种近距离、低复杂度、低功耗、低数据速率、低成本的双向无线通信技术，可以嵌入各种设备中，同时支持地理定位功能。传输范围一般介于 10～100m 之间，但可以继续增加。

由于蜜蜂（bee）是靠飞翔和"嗡嗡"（zig）地抖动翅膀的"舞蹈"来与同伴传递花粉所在方位和远近信息的，即蜜蜂依靠着这样的方式构成了群体中的通信"网络"，因此 ZigBee 的发明者们利用蜜蜂的这种行为来形象地描述这种无线信息传输技术。

ZigBee 技术具有以下特点：

低功耗：在低耗电待机模式下，2 节 5 号干电池可支持 1 个节点工作 6～24 个月，甚至更长（同等情况下，相比之下蓝牙可以工作数周、Wi-Fi 可以工作数小时）；

低成本：通过大幅简化协议可以使成本很低（不足蓝牙的 1/10）；

低速率：ZigBee 工作在 250kbit/s 的通信速率，满足低速率传输数据的应用需求；

短时延：ZigBee 的响应速度较快，一般从睡眠转入工作状态只需 15ms，节点连接进入网络只需 30ms，进一步节省了电能（对比：蓝牙需要 3～10s、Wi-Fi 需要 3s）；

高容量：一个主节点最多可管理 254 个子节点，同时主节点还可由上一层网络节点管理，最多可组成 65000 个节点的大网；

高安全：ZigBee 提供了三级安全模式。

基于 Zigbee 技术的传感器网络应用非常广泛，包括智能家庭、工业控制、自动抄表、医疗监护、电信应用和仓储物流系统应用等。

（3）Wi-Fi。Wi-Fi 是一组在 IEEE 802.11 标准上定义的无线网络技术，由 Wi-Fi 联盟制定，已经成为人们日常生活中访问互联网的一种重要方式。Wi-Fi 通过无线电波连接网络，常见设备是无线路由器，在无线路由器信号覆盖的有效范围内都可以采用 Wi-Fi 连接方式上网，如果无线路由器连接了网络，则被称作"热点"（Hotspot）。

（4）LoRa。LoRa 最早由美国 Semtech 公司采用和推广。为大力推广 LoRa 技术，Semtech 在 2015 年 2 月联合 Actility、思科和 IBM 等多家厂商共同发起创立国际 LoRa 联盟（LoRa Alliance），以扩张其技术生态。目前，LoRa 联盟在全球拥有超过 500 个会员，并在全球超过 157 个国家部署了 LoRa 或 LoRaWAN。

LoRa 采用了窄带扩频技术，抗干扰能力强，大大提高了接收灵敏度，在一定程度上奠定了 LoRa 技术的远距离和低功耗性能的基础。

作为 LPWAN 技术之一，LoRa 具备长距离、低功耗、低成本、易于部署、标准化等特点。LoRa 是一种非运营商网络的长距离通信解决方案。

LoRa 技术应用领域广泛，尤其在要求低功耗、远距离、大量连接的物联网应用中。

智能抄表是 LoRa 最早进行大规模商业应用的领域。由于是水表、燃气表等所处环境比较偏僻，抄表环境复杂，设备分散，通过有线抄表布线难度大且成本高，无线抄表可以很好地解决该问题。

（5）窄带物联网。窄带物联网（Narrow-Band Internet of Things，NB-IoT）是一种可与蜂窝网融合演进的低成本电信级高可靠、高安全广域物联网技术，可以直接部署于电信网络。

窄带物联网具有以下特性：

海量连接能力：在同一基站的情况下，NB–IoT 可以比现有无线技术提供 50～100 倍的接入数。一个扇区能够支持 10 万个连接，设备成本低，设备功耗低，网络架构得到优化。

覆盖广：在同样的频段下，NB–IoT 可比普通网络增益提升 20db，相当于覆盖面积扩大了 100 倍。

功耗低：可超长待机，其终端模块待机时间可长达 10 年之久。

成本低：LoRa 属于非运营商网络的长距离通信解决方案，NB–IoT 是运营商网络的长距离通信解决方案，即 NB–IoT 和 LoRa 不同，不需要重新建网。

NB–IoT 是我国主推的物联网技术标准，上层有政府的产业政策支持，中间有三大运营商的全力投入，底层有华为的技术加持。2019 年底，我国已实现全国主要城市、乡镇以上区域的连续覆盖。

4. 物联网的应用层

（1）物联网中间件。随着计算机技术的迅速发展，应用程序的规模不断扩大，使得许多应用程序需要在分布式异构网络平台上运行。这种分布异构环境中，通常存在多种硬件系统平台（个人机、移动终端、各种接入设备等）、系统软件（如操作系统、数据库、语言编译器等）、不同的网络协议和网络体系结构连接等，如何集成这些系统是一个非常现实而困难的问题。

为了解决分布异构问题，人们提出了中间件的概念。中间件是一种独立的系统软件或服务程序，起着承上启下的作用，处于系统的中间位置，主要用于连接两个独立应用程序或独立系统。应用系统可以借助中间件在不同的技术之间共享资源。

物联网中的同一个信息采集设备所采集的信息可能要供给多个应用系统，不同的应用系统之间的数据需要通过中间件来实现相互共享和互通。物联网的感知层采集到的原始信息也可以通过中间件进行预处理，将提取的有用信息传输给应用系统以减轻应用系统压力。

（2）物联网云边端平台。随着物联网的广泛应用，其收集的数据往往不断累积，快速增长。一方面，终端设备相关技术的不断发展使其数据采集能力也随之增强，例如，安全监控拍摄的画面分辨率升至 1080P 甚至 4K，红外、结构光等信号采集设备的运行频率不断提高，温度、湿度、空气质量、烟雾成分等传感器的精度与敏感度不断增强，使得设备端产生的数据规模出现快速增长态势。另一方面，新型应用不断涌现，导致需要采集的数据种类日益增多。例如智慧应急系统对安全相关设备的全天候监测与分析、自动驾驶应用智能车辆对周遭环境的信息处理与行车决策的生成、工业物联网应用智能工厂对生产车间机床设备的运行侦测与预警等。

与传统应用不同，越来越多的新型应用需要对持续产生的流式数据进行低延迟、快速响应的实时处理，以保障系统的顺利运行。这使得物联网已经不能仅仅满足于设备互联，而需要真正地从以往低资源、低计算密度的模式，发展成为具备高效、实时数据处理能力的大数据管理系统。

对于传统云计算模式而言，物联网通常将网络边缘的结构化、非结构化数据（如数值、文本、音频以及视频）直接上传至位于网络中心的数据仓库，由云端应用利用大规模的计算资源进行处理。这种模式虽然实现了云平台资源按需取用，具有集约化成本降低等优势，但面临处理延迟高、网络传输开销大、设备能源消耗高、隐私安全性差等问题。

边缘计算是在网络边缘执行计算的一种计算模型，其基本理念是将设备端计算任务卸载至更加接近数据产生源（设备本身）的计算资源（边缘平台）上运行。处于网络外围的边缘平台与中心化的云平台呈互补关系，二者相互结合，形成层次化的云–边–端三层协同平台。

2.3.2　智慧应急应用

1. 基于物联网技术的智慧应急平台

物联网技术应用通过采集监测监控数据，对数据进行展示、查询、分析、挖掘，并结合分级预警、信息发布、协同处置、应急指挥、闭环管理等手段，可实现应急管理领域的数字化实时感知、智能化快速预警、自动化及时处置，为企业、行业、城市的安全管控提供重要的辅助决策支撑。基于物联网技术的智慧应急平台包括以下四层结构。

（1）感知层。在智慧应急平台的感知层配置传感器、ARM 终端、单片机、DTU 通信组件、红外探测器、无人机、RFID 设备、摄像头等硬件设备。其中，传感器包括温度传感器、液位传感器、压力传感器、湿度传感器等，用于实时监测温度、空气、压力、湿度、液位等各项指标。感知层采用标准数据接入方式，自动采集重点行业作业环境、生产装置、人员行为、工艺流程等数据，实现对重大危险源和事故隐患的自动感知与预测预警。

（2）数据层。智慧应急平台的数据层运用大数据分析与挖掘技术，对业务数据、基础数据和对接数据进行分类处理，便于数据资源查询与调用。其中，业务数据包括危险源数据、隐患数据、许可数据、执法数据、监管数据、事故数据、物资信息、文档数据、特种设备数据、风险数据、网络舆情数据、救援队伍信息、避难场所信息等；基础数据包括知识信息、模型信息和空间信息；对接数据包括国土、气象、交通、消防等相关部门的数据。

（3）支撑层。智慧应急平台的支撑层包括领域框架服务、基础服务和工具集。其中领域框架服务包括权限管理、工作流引擎、业务支持系统、内容管理、用户管理等方面；基础服务包括流程服务、安全服务、GIS 服务、数据资源池服务等方面；工具集包括前台展现、后台业务开发、运行管理、安全管理等功能。

（4）应用层。智慧应急平台的应用层提供电脑端与手机端操作，平台与医疗系统、消防系统、气象系统、无人机系统、急救车监控系统以及指挥中心联动。当发生应急事件时，平台借助物联网技术获取应急救援设备信息，确定救援设备的分布位置，对救援设备进行远程调度，实现联合救援。

2. 基于物联网等信息通信技术的智慧应急系统

《"十四五"国家应急体系规划》指出："坚持预防为主，健全风险防范化解机制，做到关口前移、重心下移，强化灾害事故风险评估、隐患排查、监测预警，综合运用人防物防技防等手段，真正把问题解决在萌芽之时、成灾之前。"

为了实现以上这些要求，必须引入物联网、大数据、人工智能等新一代信息技术，加快应急管理体系的数字化改造，建设具有即时感知、反应迅速、智能应对能力的应急管理模式，建设与大国应急管理能力相适应的应急管理信息化体系。

突发事件最重要的特征之一是事件的不确定性，由此导致的需求的极大不确定性给应急管理带来极大挑战。因此，实现智慧应急的基础是应急管理的数字化转型。数字化转型通过对信息的充分利用，可大幅提高应对不确定性和多样化需求的能力。物联网技术的使用能够打通不同层级与不同行业之间的数据壁垒，提高全过程应急管理的处置能力，构建全新的数字应急体系，促进相关业务流程的全面优化，推进处理模式从传统人工处理向"数据驱动、智能管理"转变，实现数据采集、数据流转、任务推送、处置结果反馈等内部流程的高效联动，进而实现从单个节点安全到整体本质安全、从局部应急到全局应急的转变。

以物联网技术为基础的智慧应急总体结构如图 2-10 所示。

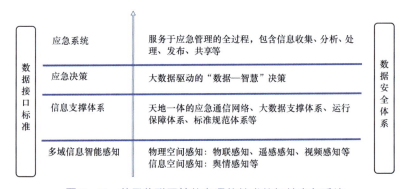

图 2-10　基于物联网等信息通信技术的智慧应急系统

下面分别叙述各部分功能。

（1）多域信息智能感知。在数字经济发展过程中，数据起着核心和关键作用，展现出巨大的价值和潜能。因此，应急信息感知是应急体系建设的重要基础。

多域信息智能感知模块是一个全域覆盖的信息感知网络，是获取应急数据的最主要手段。"全域覆盖"的全域一般包含物理域、信息域，也称为物理空间和信息空间。

物理空间信息感知方法是通过物联感知、遥感感知、视频感知等途径，汇集各地、各部门的多源异构感知信息，构建全覆盖的感知网络，实现对城市安全、自然灾害、安全生产、区域风险隐患、应急救援等全天候、全方位、立体化、无盲区动态监测，为多维度全面分析风险信息提供数据源。多源异构信息的汇聚与融合，可拓宽决策者视野，提升决策者的风险感知能力。物理感知的基础是物联网和各种传感器，技术支撑主要有传感器技术、射频识别技术、二维码技术、ZigBee 技术、NB-loT 技术、LoRa 技术等。

智慧应急系统信息空间感知主要指舆情感知。互联网时代以来，社交网络信息传播影响力逐步增大，2018 年起，社交媒体广告占比开始超过传统电视媒体广告。社交媒体信息传播的门槛低、把关弱，导致虚假信息滋生蔓延。信息空间的感知主要是使用人工智能相关技术，对网络空间的文字、图像、视频等蕴含的内容进行分析，在此基础上，实时感知舆情，对舆论走向进行预测和导控。

（2）信息支撑体系。应急信息支撑体系是应急系统的基本保障，包括天地一体的应急通信网络、大数据支撑体系、运行保障体系、标准规范体系等。它能够满足精细治理、分类组织、精准服务、安全可控的数据资源管理要求，保障应急管理信息系统稳定、可靠、高效地运行。同时，还能够为智慧应急系统本身提供多层次、全维度的安全防护。

应急通信是应急信息支撑体系的基础，指在通信网络和设施遭受破坏的情况下，国际、国家、地区或本地间的临时紧急通信。应急通信主要聚焦于"三断"（断电、断路、断网）极端条件下的通信保障，解决"看不见、听不到、连不通"的问题。可以集成卫星通信、北斗短报文、短波、超短波、公网等多种手段，解决大灾情况下"信息传不出、人进不去"的实战难题。

（3）应急决策。传统应急决策往往依靠一些历史经验及个人主观分析。在信息化技术高度发展的今天，物联网、区块链、云计算、人工智能等新一代信息技术充分交叉融合，逐渐形成了集数据驱动和模型驱动为一体的新型决策范式——数字化技术支撑的"数据—智慧"决策模式。

风险的准确预判与精准识别是决策方案是否能够成功实施的基础，基于数字化技术的"数据—智能"决策模式能够对海量实时数据进行迅速分析，在监控参数达到预先设定的触发阈值时，发出告警信号，同时，为应急决策者提供实操性很强的即时应对方案，为突发事件决策者提供支持和保障。

对于大多数突发事件，因果逻辑不易查找。此时，可以通过大数据的相关关系查找出影响突发事件的关键要素。通过对这些要素的干预和控制，对突发事件进行处理。

（4）应急系统。应急管理的各个阶段根据事件类型不同有着不同的功能要求。应急系统是一个由信息技术支撑的综合体系，服务于应急管理的全过程，包括预防、准备、响应和恢复阶段，集信息收集、分析、处理、发布、共享等功能于一体，是应急管理体系的信息中枢、指挥决策系统的支撑平台、资源动员保障的引导平台以及整个应急准备体系的整合平台。

2.3.3　发展趋势

当前，物联网整体上仍处于加速发展阶段，物联网产业链上下游企业资源投入力度仍在不断加大。产业链的上游指的是芯片、电子元器件、核心算法等技术门槛高的环节；产业链中游指的是基于上游的产品开发出的终端产品与方案环节，上接核心器件，下接行业用户，因此需要理解市场需求，服务客户；产业链下游一般指的是行业用户，比如企业、政府机构等，主要应用在智能感知、POS 机、工业路由器、资产追踪、汽车、远程信息处理、医疗健康和家居领域产品。工业物联网是工业互联网中的基础，它连接了设备层和网络层，为平台层、软件层和应用层奠定基础。总体上，工业物联网涵盖了云计算、网络、边缘计算和终端，全面打通了工业互联网中的关键数据流。

在应急管理领域，物联网技术具有广阔的发展前景。

（1）多灾种、全过程的灾害风险研判分析。在监测预警领域，尤其是自然灾害综合风险监测预警，针对地质、地震、台风、洪涝、海洋、干旱、水文、森林草原火灾等常见自然灾害之间的相互机理、多灾种研判模型的研究和应用依然不足，因此，多灾害的耦合链生灾害分析、全过程的灾害预警分析和事件灾害模拟推演将在物联网技术中真正发挥作用。

（2）可视化技术在监测预警领域的应用。与建筑信息模型（Building Information Modeling，BIM）、地理信息系统（Geographic Information Systems，GIS）等技术相结合，整合城市地上地下、室内室外、历史现状未来多维多尺度空间数据和物联感知数据，构建三维数字空间的城市信息有机综合体，可以广泛应用于各行业数字孪生应用构建。随着可视化技术的进一步成熟、成本的进一步降低，通过精细化的高级别可视化技术深入应用，可以对企业、城市的安全管理起到重要辅助作用。

（3）大数据分析及 AI 智能预警。数据即资源，在物联网技术应用发展中，会产生大量有效的实时、历史监测数据。为了解决数据孤岛、重复建设、应用不足等问题，应急管理部、国家矿山局等部门逐步推动建设了矿山安全生产风险物联网技术、危险化学品安全生产风险物联网技术等应用，一定程度上实现了数据的高效应用。在未来发展中，随着汇聚的数据更加全面和交叉融合，借助数据挖掘、机器学习算法、智能识别分析、知识图谱等技术，可以通过进一步结合场景需求构建算法模型，实现数据深度分析应用。

2.4 云计算技术

2.4.1 技术概述

1. 云计算的定义与形态

（1）定义与特征。云计算作为一种革命性的信息技术服务模式，其核心在于通过网络以按需、易扩展的方式获得所需的服务、资源和应用。云计算的基本概念涵盖了四个关键特征：按需服务、资源池化、快速弹性以及广泛网络接入。

1）按需服务。用户可以根据实际需求，随时获取计算资源、存储资源和软件服务，无须提前购买或维护昂贵的硬件设备。这种服务模式极大地降低了用户的初期投资成本和运维复杂度。

2）资源池化。云计算将计算资源、存储资源和网络资源封装成一个独立的虚拟环境，即资源池。用户无须关心资源的物理位置和具体配置，只需通过虚拟层访问所需的资源。资源池化实现了资源的动态分配和高效利用。

3）快速弹性。云计算平台能够根据用户需求的变化快速调整资源分配，实现资源的自动扩缩容。这种快速弹性的能力确保系统在高负载情况下仍能稳定运行，同时避免了资源的浪费。

4）广泛网络接入。用户可以通过各种终端设备（如电脑、手机、平板等）和多种网络（如互联网、移动网络等）随时随地访问云计算服务。这种广泛的网络接入能力为用户提供了极大的便利性和灵活性。

（2）服务形态。云计算的服务形态主要分为三种：IaaS（基础设施即服务）、PaaS（平台即服务）和 SaaS（软件即服务）。每种服务形态都有其独特的优势和适用场景，在城市应急管理中发挥着重要作用。

1）IaaS（基础设施即服务）：提供计算资源、存储资源和网络资源等基础设施服务。用户可以在此基础上部署和运行自己的操作系统、应用程序等。IaaS 适用于需要高度灵活性和控制权的场景，如政府单位在应急管理中快速搭建临时数据中心或测试环境。

2）PaaS（平台即服务）：提供应用程序的开发、测试和部署环境，以及数据库、中间件等必要的平台服务。用户无须关注底层基础设施的复杂性，只需专注于应用程序的开发和部署。PaaS 适用于需要快速迭代和灵活开发的应用场景，如政府单位在应急管理中快速开发并部署应急指挥系统。

3）SaaS（软件即服务）：提供已经开发好的软件应用程序，用户可以通过网络直接访问和使用。SaaS 无须用户安装和维护软件，只需支付一定的服务费用即可。SaaS 适用于需要快速部署和广泛使用的应用场景，如政府单位在应急管理中使用现成的灾害预警系统和应急通信平台。

在部署模型方面，云计算主要包括公有云、私有云和混合云三种形式。

1）公有云：由第三方服务提供商拥有并管理计算资源和服务，用户通过互联网访问和使用。公有云具有成本低、灵活性强等优势，但可能存在数据安全和隐私保护的问题。在政府单位使用公有云进行应急管理时，需要特别关注数据的安全性和合规性。

2）私有云：允许企业或组织拥有并管理自己的计算资源和服务，通常采用虚拟化技术将计算资源、存储资源和网络资源封装成一个独立的虚拟环境。私有云提供了更高的安全性和可控性，但成本较高且需要专业的运维团队。政府部门在应急管理中可以选择部署私有云来保障关键业务系统的安全和稳定。

3）混合云：结合公有云和私有云的优势，将敏感或关键的业务系统部署在私有云中，而将非关键或可公开的业务系统部署在公有云中。混合云实现了资源的灵活配置和成本的有效控制，同时兼顾了安全性和灵活性。政府单位在应急管理中可以根据实际需求选择合适的混合云策略来优化资源配置和降低运维成本。

2. 核心技术介绍

（1）虚拟化技术。虚拟化技术是云计算的核心技术之一，它通过在一台物理机上运行多个虚拟机（VM）来实现资源的有效利用和隔离。虚拟化技术将计算资源、存储资源和网络资源封装成一个独立的虚拟环境，每个虚拟机都拥有自己独立的操作系统和应用程序，相互之间互不干扰。

虚拟化技术带来了以下几个方面的优势：

1）资源利用率提高。通过虚拟化技术，可以将一台物理机的资源分配给多个虚拟机使用，从而提高资源的利用率和整体性能。

2）成本降低。虚拟化技术减少了物理设备的数量和维护成本，同时简化了运维流程和管理复杂度。

3）灵活性和可扩展性增强。虚拟化技术使得资源的配置和扩展变得更加灵活和便捷，可以根据实际需求快速调整资源分配。

4）安全性和隔离性提升。虚拟化技术通过为每个虚拟机提供独立的虚拟环境，实现了资源的有效隔离和保护，提高了系统的安全性和稳定性。

在政府单位使用云计算进行应急管理时，虚拟化技术可以帮助政府单位构建高效、安全、可扩展的云平台环境，为应急指挥和决策支持提供强有力的技术支撑。

（2）分布式计算与存储。分布式计算与存储是云计算的另一个关键技术领域。分布式计算通过将大规模的计算任务拆分成多个小任务，并在多个计算节点上并行处理，从而显著提高计算效率和数据处理能力。分布式存储则通过将数据分散存储在多个存储节点上，实现数据的高可用性、可扩展性和容错性。

在应急管理场景中，分布式计算框架如 Hadoop、Spark 等能够处理海量数据，支持复杂的数据分析和预测模型。这些框架通过并行计算技术，能够在短时间内完成大规模数据的处理和分析，为灾害预警、风险评估和应急决策提供科学依据。例如，在灾害预警系统中，可以利用分布式计算框架对气象、地质、水文等多源数据进行实时分析和挖掘，及时发现潜在的灾害风险，并提前采取应对措施。

分布式存储系统如 HDFS（Hadoop Distributed File System）和 NoSQL 数据库等，为应急管理中的大数据存储提供了高效、可扩展的解决方案。这些系统通过数据分片和冗余存储技术，确保数据的高可用性和容错性，即使在部分存储节点发生故障时，也能保证数据的完整性和访问性。此外，分布式存储系统还支持数据的高效检索和访问，为应急响应和决策支持提供快速的数据支持。

（3）网络安全技术。在云计算环境下，数据安全与隐私保护是至关重要的问题。网络安全机制是保障云服务安全性的重要手段，包括加密技术、身份验证和访问控制等多个方面。

加密技术是保护数据传输和存储安全的重要手段。在数据传输过程中，可以采用 SSL/TLS 等协议对数据进行加密，确保数据在传输过程中不被窃取或篡改。在数据存储方面，可以对敏感数据进行加密存储，防止数据在存储过程中被非法访问或泄露。

身份验证和访问控制是确保云服务合法使用的重要措施。通过身份验证技术，可以验证用户的身份和权限，防止未经授权的用户访问云服务。访问控制技术则根据用户的权限和角色，限制其对云服务的访问范围和操作权限，确保云服务的合法性和安全性。

（4）微服务与云原生技术。微服务架构和云原生技术是当前云计算领域的热门话题，它们为云服务的开发和部署带来了全新的思路和方法。

微服务架构将大型应用程序拆分成多个小型、独立的服务单元，每个服务单元都运行在自己的进程中，并通过轻量级的通信机制进行交互。微服务架构提高了系统的可扩展性、可维护性和灵活性，使得系统能够更快速地响应业务需求的变化。在应急管理场景中，微服务架构可以帮助政府单位构建灵活、可扩展的应急指挥系统，支持多部门、多系统的协同工作。

云原生技术是一种利用云计算平台的特性来构建和运行应用程序的技术体系。它强调应用程序应该与云平台的底层基础设施紧密集成，充分利用云平台提供的弹性伸缩、自动化部署、持续集成和持续交付等能力。云原生技术通过容器化（如 Docker）、服务网格（如 Istio）、持续部署（如 Kubernetes）等技术手段，优化了资源配置，提高了系统响应速度，并降低了运维成本。

3. 云计算架构与设计

（1）前端交互设计。前端交互设计是云服务用户体验的重要组成部分。在应急管理场景中，前端交互设计需要遵循简洁、直观、易用的原则，确保用户能够快速地访问和管理云服务。通过优化用户界面和交互流程，可以提高用户的工作效率和满意度。同时，前端交互设计还需要考虑跨平台、跨设备的兼容性问题，确保用户可以在不同的终端设备上获得一致的使用体验。

（2）后端服务层构建。后端服务层是云服务架构的核心部分，它负责处理用户的请求、调用底层资源，并返回处理结果。在应急管理场景中，后端服务层需要支持高并发、低延迟的访问请求，并具备高可用性和容错性。通过采用微服务架构和容器化技术，可以实现服务的快速部署和灵活扩展。同时，通过引入服务治理和监控机制，可以确保服务的稳定性和可靠性。

（3）数据中心与存储优化。数据中心是云服务运行的基础设施之一，其布局和性能直接影响到云服务的稳定性和效率。在应急管理场景中，数据中心需要具备高可用性和可扩展性，以应对突发的高负载和大规模数据处理需求。通过优化数据中心的布局和资源配置，可以提高数据处理效率和存储容量。同时，通过引入分布式存储和缓存技术，可以进一步提高数据存储和访问的性能。

2.4.2　智慧应急应用

在当今快速变化的城市环境中，城市应急管理面临着前所未有的挑战与机遇。随着云计算技术的不断成熟与普及，特别是在云计算领域的广泛应用，为构建高效、智能的城市应急管理休系提供了强大的技术支持。云计算作为政府数字化转型的重要基础设施，其安全性、可靠性及高效性为城市应急管理注入了新的活力，使得灾害预警、应急通信、资源调配及决策支持等各个环节实现了质的飞跃。

1. 紧急通信与信息传播系统

（1）高效应急广播核心系统。紧急通信是城市应急管理中不可或缺的一环。基于云计算的高效应急广播核心系统，利用云计算稳定且强大的技术平台，搭建起覆盖全市的紧急信息快速传播架构。该系统能够在灾害发生时迅速启动，通过广播、电视、手机短信等多种渠道向市民发布紧急预警信息和救援指令，确保市民在最短时间内准确接收到关键信息，采取必要的防护措施或按照指示进行疏散。

云计算在应急广播系统中的应用，不仅提升了信息传播的效率和准确性，还实现了对广播资源的统一管理和调度。通过云平台的智能化管理功能，可以根据灾害类型和影响范围灵活调整广播内容和覆盖范围，实现精准传播。

（2）社交媒体集成与深度分析平台。在信息时代，社交媒体已成为公众获取信息、表达情绪的重要渠道。借助云计算的海量数据处理优势，可以全面收集和深入剖析社交媒体中的海量信息，为决策者提供宝贵的参考依据。该平台通过集成各大社交媒体平台的数据接口，实时抓取与灾害相关的信息和公众情绪变化，运用自然语言处理、情感分析等技术手段进行深度分析，帮助决策者精准把握公众情绪和需求变化，从而科学指导应急响应策略的制定和实施。

同时，该平台还能够监测网络谣言和不实信息的传播情况，及时辟谣并发布权威信息，维护社会稳定和公众信心。

（3）实时信息更新与精准智能推送服务。在灾害应急管理中，信息的及时性和针对性至关重要。基于云计算的实时信息更新与精准智能推送服务，结合先进的移动通信技术和云计算的实时数据处理效能，为市民量身定制并推送个性化的紧急信息。该系统能够根据市民的地理位置、年龄、性别等特征信息以及灾害类型和影响程度等因素进行智能分析和匹配，实现信息的精准推送。同时，通过实时更新信息内容和频率，确保市民能够及时获取最新的救援进展、安全避难指南以及其他关键信息。

云计算平台的强大计算能力和大数据分析技术，使得这一推送服务不仅具备高度的实时性，还能够在信息传播过程中进行动态优化，以适应灾害现场的不断变化。例如，在洪水灾害中，系统可以根据水位实时数据的变化，动态调整避难所的位置和路线信息，并通过手机短信、App 推送等多种方式向受影响的市民发送预警和救援指引。

此外，该系统还具备双向互动功能，允许市民通过指定的渠道反馈自身情况或报告新的灾害信息，为应急管理部门提供更加全面和准确的灾害现场情况，有助于更加科学地制定和调整应急响应策略。

2. 应急资源调配与智能管理

（1）基于云计算的应急物资智能高效供应链。在灾害应对过程中，应急物资的及时调配和有效管理至关重要。基于云计算的应急物资智能高效供应链系统，通过全面整合物资库存、供应商和运输等关键信息，利用智能算法实现物资的精准调度、高效配送和实时跟踪。该系统能够自动根据灾害需求预测和现有库存情况，智能生成物资调配计划，并通过云计算平台与物流企业的系统对接，实现物资的快速出库、装载和运输。

同时，该系统还具备实时跟踪功能，能够监控物资的运输状态和位置信息，确保物资能够迅速且准确地到达需求地点。通过云计算平台的可视化界面，应急管理部门可以清晰地看到物资的调配情况和运输路线，随时掌握应急资源的动态变化，为决策提供更加科学的依据。

（2）依托云计算的救援力量动态灵活调度。救援力量的快速响应和高效协同是减少灾害损失的关键。依托云计算强大的指挥中心功能，救援力量动态灵活调度系统能够根据灾害实际情况和救援资源分布状况，运用智能算法动态分配救援任务，确保救援力量的高效利用。该系统能够实时接收来自灾害现场的反馈信息，并结合地图数据和实时路况信息，为救援队伍规划最优的救援路线和方案。

同时，云计算平台还提供了多种通信手段，如视频会议、即时通信等，确保救援队伍之间以及救援队伍与指挥中心之间的信息畅通无阻。这不仅提高了救援行动的协同效率，还能够在紧急情况下迅速调整救援策略，应对突发的复杂情况。

（3）利用云计算的交通管制与智能优化路径规划。在灾害应急响应中，交通管制的合理实施和救援路径的智能优化对于保障救援通道的畅通无阻至关重要。利用云计算的实时数据处理能力，可以实时监测交通流量和路况信息，结合智能算法对交通信号进行动态调整和优化，以确保救援车辆能够顺利通行。同时，系统还能够根据灾害现场的实际情况和救援需求，为救援车辆规划最优的行驶路线，避开拥堵路段和危险区域，为应急救援工作争取宝贵时间。

此外，云计算平台还可以与交通管理部门的系统对接，实现交通信息的共享和协同管理。通过云计算平台的可视化界面，交通管理部门可以清晰地看到各条道路的交通状况和救援车辆的行驶轨迹，随时调整交通管制措施和路线规划方案，确保救援通道的畅通无阻。

3. 应急救援装备管理系统

（1）基于云计算的救援装备智能库存管理。救援装备是应急救援工作的物质基础。云计算通过虚拟化技术整合了救援装备的库存信息，形成了全面、准确的库存数据库。分布式计算能力的支持，使得系统能够实时监控库存变化，及时预警库存不足或过剩的情况。借助弹性伸缩能力，系统能够根据实际需求动态调整库存空间和管理成本，提高救援装备的使用效率。

（2）依托云计算的救援装备调配与跟踪系统。在紧急救援过程中，救援装备的及时调配至关重要。云计算利用微服务架构实现了救援装备调配的灵活和高效。系统能够根据事件现场的需求和装备库存情况，自动生成最优的调配方案，并通过跨部门协同与信息共享机制，确保装备能够及时送达。分布式存储技术的应用，使得装备调配记录得以完整保存，为后续的审计和追溯提供了可靠依据。

（3）基于云计算的救援装备维护与更新系统。救援装备的维护与更新是保障其性能和使用寿命的重要环节。云计算利用大数据分析技术，能够预测装备的维护需求，提前制定维护计划，减少因装备故障导致的救援延误。通过云原生架构的部署，系统能够确保救援装备在维护过程中保持高可用性，不会因为单点故障而影响整体运作。同时，云计算的弹性伸缩能力使得系统能够根据维护工作量的大小动态调整资源，既保证了维护效率，又避免了资源的浪费。

在救援装备更新方面，云计算同样发挥了重要作用。系统通过整合市场信息和装备性能数据，为决策者提供科学的更新建议。利用云计算的跨部门协同功能，可以确保更新计划的顺利执行，包括资金申请、采购流程、装备验收等环节的无缝衔接。此外，云计算还支持装备更新后的性能评估和效果跟踪，为未来的装备选型和管理提供参考。

4. 应急舆情监测与引导系统

（1）基于云计算的舆情实时监测平台。在应急管理中，舆情监测是了解公众情绪、掌握舆论动态的重要手段。云计算利用分布式计算能力，能够实时收集和分析来自社交媒体、新闻网站、论坛等多个渠道的网络舆情信息。通过弹性伸缩机制，系统能够灵活应对舆情爆发时的数据处理需求，确保信息的及时性和准确性。同时，云计算提供的数据可视化工具，将复杂的舆情数据转化为直观的图表和报告，帮助决策者快速把握舆情走向。

（2）依托云计算的舆情分析与引导。舆情分析是舆情监测的深化和升华。云计算利用大数据分析技术，深入挖掘舆情背后的公众诉求、情绪变化和关注焦点，为决策者提供有价值的参考信息。通过微服务架构，系统能够实现对舆情信息的精准分类和快速响应。在舆情引导方面，云计算支持精准推送引导信息，通过跨部门协同与信息共享机制，确保引导信息的及时性和针对性。此外，系统还能够对引导效果进行评估，为优化引导策略提供数据支持。

（3）基于云计算的舆情应对策略评估。舆情应对策略的评估和优化是提升应急管理水平的关键环节。云计算利用云原生架构的可靠性和分布式存储的容量优势，保存了大量的舆情应对数据。通过大数据分析技术，系统能够对这些数据进行深入挖掘和分析，评估不同应对策略的效果和适用性。同时，系统还能够根据评估结果自动调整应对策略库，为未来的舆情应对提供更加科学、有效的方案。

5. 城市生命线应急保障系统

城市生命线，如燃气、供水、供热等基础设施，直接关系到市民的日常生活与城市的安全运行。在应急情况下，这些系统的稳定与否直接决定了应急响应的效率和效果。云计算凭借其独特的优势，为城市生命线的应急保障提供了强有力的技术支持。

（1）基于云计算的燃气供应应急监控。燃气供应的安全稳定是城市运行的重要保障。通过云计算的虚拟化技术，可以高效整合分布在城市各处的燃气管道监测数据，包括压力、流量、温度等关键指标。这些数据在云端进行实时分析，利用分布式计算的能力，快速识别并预警潜在的异常情况。一旦发现异常，基于微服务架构的系统能够迅速响应，自动触发应急预案，如调整供气压力、关闭危险区域的阀门等，有效保障燃气供应的安全。

（2）依托云计算的供水系统应急调度平台。面对突发性的供水需求变化或水源污染等紧急情况，供水系统的应急调度显得尤为重要。云计算的弹性伸缩能力在此发挥关键作用。平台能够根据实时监测的供水需求和水源状况，动态调整供水调度策略，确保水资源的合理分配。同时，云原生架构的应用保证了平台在高并发、高负载情况下的稳定运行，为应急调度提供坚实的技术支撑。

（3）基于云计算的城市供热应急管理。城市供热系统同样关乎民生福祉。在冬季严寒时节，供热系统的稳定运行尤为关键。云计算的分布式存储技术用于保存供热设备的运行数据和用户反馈信息，这些数据经过大数据分析处理，能够提前预测故障隐患，为预防性维护提供依据。一旦发生供热故障，系统能够迅速定位问题所在，并通过跨部门协同与信息共享机制，快速调动维修力量，及时解决供热问题，保障市民温暖过冬。

6. 公共卫生应急物资管理系统

在公共卫生事件发生时，医疗物资的高效管理和快速调配是控制疫情蔓延、保障人民健康的关键。云计算为公共卫生应急物资管理提供了强大的技术支持。

（1）基于云计算的医疗物资库存监控系统。系统利用云计算的虚拟化技术整合医疗机构的物资库存数据，通过分布式计算实时更新库存信息。微服务架构的应用使得系统能够灵活应对库存数据的频繁变动，实现精准调配。在物资短缺的情况下，系统能够自动触发预警机制，提醒相关部门及时采购和调配物资。

（2）依托云计算的医疗物资生产调度平台。面对突发的公共卫生事件，医疗物资的生产调度显得尤为重要。云计算的弹性伸缩能力使得平台能够根据实际需求快速调整生产计划，确保物资供应的充足性。云原生架构的应用保障了平台的高效运行，即使在高峰期也能保持稳定的输出能力。

（3）基于云计算的公共卫生应急物资捐赠管理系统。在公共卫生事件发生时，社会各界会纷纷伸出援手，捐赠医疗物资。云计算的分布式存储技术用于保存捐赠信息，包括捐赠者、捐赠物资种类、数量、接收单位等详细信息。这些信息通过大数据分析，可以合理规划捐赠物资的分配，确保最需要的地方能够及时获得援助。

利用云计算平台，还可以实现捐赠流程的透明化。捐赠者可以通过平台实时查询捐赠物资的流转情况，了解物资是否已安全送达指定地点并被有效使用。同时，接收单位也可以通过平台反馈物资的使用情况，形成闭环管理，提升公众对捐赠活动的信任度和满意度。

此外，基于云计算的公共卫生应急物资捐赠管理系统还能够促进跨部门的协同合作。在应急响应中，医疗、民政、交通等多个部门需要紧密配合，确保捐赠物资能够顺畅流转。云计算平台通过信息共享和流程整合，打破了部门壁垒，实现了数据的无缝对接和资源的优化配置，为应急响应提供了有力的支持。

综上所述，基于云计算的城市应急管理应用场景涵盖了城市生命线应急保障、应急物流配送管理、公共卫生应急物资管理和城市应急指挥协调等多个方面。云计算以其独特的优势为城市应急管理体系注入了新的活力，提升了应急响应的效率和效果，为城市的公共安全和社会稳定提供了坚实的保障。未来，随着云计算技术的不断发展和云计算应用的持续深化，城市应急管理体系将更加智能化、精细化、协同化，为城市的可持续发展贡献更大的力量。

2.4.3 发展趋势

1. 云计算技术的未来演进

在云计算技术的未来演进中，前沿技术的创新融合将为城市应急管理带来前所未有的变革。云计算作为政府单位的主要云服务平台，将在数据处理、分析和决策支持等方面展现出更强的能力，其中边缘计算、量子计算与 AI 技术的深度融合尤为关键。

（1）云计算技术的创新趋势。

1）边缘计算与云计算的深度融合。随着物联网设备的普及和智慧城市的建设，海量数据需要实时处理和快速响应。边缘计算通过将计算任务和数据存储从中心节点推向网络边缘，能够显著降低数据传输延迟，提高处理效率。云计算与边缘计算的结合，将使城市应急管理系统在边缘节点就能完成初步的数据分析和预警，为应急响应争取宝贵时间。例如，在交通监控、环境监测等场景中，边缘计算能够即时分析传感器数据，一旦发现异常情况立即触发预警，并通过云计算将信息快速传递给相关部门。

2）量子计算与 AI 的协同作用。量子计算以其强大的计算能力，有望在未来解决传统计算机难以处理的复杂问题，如大规模数据集的优化、模式识别等。在云计算平台上，量子计算可以与 AI 技术深度融合，形成更为强大的数据处理和分析能力。在应急管理中，这种融合将促进更精准的灾害预测、更优化的资源调配和更快速的决策支持。例如，利用量子计算加速 AI 算法的训练和优化，可以显著提高灾害预测模型的准确性和效率。

（2）云安全技术的前沿进展。

1）零信任架构。零信任架构（ZTA）是一种基于"永不信任、始终验证"原则的安全模型，其核心理念是不默认信任任何用户、设备或系统，无论其位于网络边界内外。该架构通过严格的最小权限控制、持续的身份验证与动态授权机制，确保每一次访问请求都经过安全评估。在云计算平台上，零信任架构的应用将极大地提升数据保护水平，防止内部威胁和外部攻击。通过细粒度的访问控制和动态的安全策略调整，保障了应急管理系统在复杂多变的网络环境下的安全性与稳定性。

2）区块链技术的数据保护。区块链技术以其去中心化、不可篡改的特性，在数据保护领域展现出巨大潜力。在云计算平台上，区块链技术可以被用于构建可信的数据共享和交换机制，确保应急数据的真实性、完整性和可追溯性。通过区块链技术，不同部门之间的应急数据可以实现安全共享，提高应急响应的协同效率。同时，区块链还可以用于记录应急资源的分配和使用情况，为灾后恢复和审计提供可靠依据。

（3）数据安全与隐私保护。随着云计算在应急管理中的广泛应用，数据安全与隐私保护成为一个重要的挑战与关注方向。政府单位需要确保存储在云中的敏感数据不被非法访问、泄露或篡改。为此，需要采取一系列的安全措施，包括数据加密、访问控制、身份认证、安全审计等。同时，还需要与云服务提供商紧密合作，共同制定和执行严格的数据安全政策和标准，确保数据在传输、存储和处理过程中的安全性。

（4）法规遵从与合规性。未来，随着云计算架构下应急管理日益普及，政府单位还需要关注法规遵从和合规性问题。不同国家和地区对于数据保护、隐私安全等方面有不同的法律法规要求。政府单位需要确保自己的云计算平台和服务符合相关法律法规的要求，避免因违规操作而引发的法律风险和声誉损失。为此，需要加强与法律专家的合作，及时了解和掌握相关法律法规的最新动态，确保云计算平台的合规性。

2. 云计算在城市应急管理中的角色变迁

随着云计算技术的不断演进，云计算在城市应急管理中的角色也将发生深刻变化，从简单的数据存储和传输平台转变为智能化决策支持系统和韧性体系建设的重要基石。

（1）云计算在智能化决策支持系统中的深化应用。

1）实时数据分析与决策支持。云计算通过整合城市各类应急数据资源，构建实时数据分析平台，为应急管理提供强大的数据支持。利用大数据分析和 AI 算法，云计算可以对城市运行状态进行实时监测和评估，及时发现潜在风险并预警。在应急响应阶段，云计算可以快速生成应急方案和资源调配计划，为决策者提供科学依据。此外，云计算还可以通过历史数据分析和趋势预测，为城市应急管理提供长期规划和优化建议。

2）精准预测与智能决策模型。结合 AI 技术，云计算可以构建更加精准的预测模型和智能决策系统。通过机器学习算法和深度学习技术，云计算可以对历史灾害数据进行深度挖掘和分析，发现灾害发生的规律和趋势。基于这些规律和趋势，云计算可以生成更加精准的灾害预测报告和风险评估报告。同时，云计算还可以根据实时数据和预测结果动态调整应急响应策略和资源配置方案，实现智能化决策。

（2）基于云计算的城市韧性体系的完善与拓展。

1）资源储备与优化配置。云计算可以通过数字化手段对城市应急资源进行全面盘点和动态管理。通过物联网技术和区块链技术，云计算可以实时掌握应急物资的数量、分布和使用情况，为资源调配提供准确依据。同时，云计算还可以根据历史数据和实时预测结果优化资源配置方案，确保在灾害发生时能够迅速调集足够的资源支持应急响应和恢复重建工作。

2）应急响应机制的优化。云计算可以推动城市应急响应机制的优化和升级。通过构建基于云计算的应急指挥平台，政府可以实现对各类应急资源的统一调度和指挥。同时，云计算还可以为应急队伍提供实时通信、信息共享和协同作战的能力支持，提高应急响应的效率和协同性。此外，云计算还可以根据灾害类型和严重程度动态调整应急响应级别和措施，确保应急管理工作的科学性和有效性。

3. 云计算驱动的智慧城市应急管理新范式

随着云计算技术的不断发展和应用深化，云计算将引领智慧城市应急管理向更高效、更精准、更人性化的方向发展。新的应急管理范式将更加注重流程优化、资源整合和协同创新，形成全社会共同参与的应急管理生态。

（1）云计算引领的高效能应急管理服务模式创新。在云计算的引领下，城市应急管理服务模式将经历深刻的变革，实现流程优化、资源整合和协同创新。具体而言，这种创新体现在以下几个方面：

1）流程优化。云计算通过数字化手段重构应急管理流程，实现流程的标准化、自动化和智能化。通过构建统一的应急管理平台，政府可以整合各部门、各层级的应急资源和信息，形成统一的指挥调度体系。在应急响应过程中，云计算能够自动触发预设的应急流程，减少人为干预和决策延迟，提高应急响应的速度和效率。

2）资源整合。云计算作为城市应急管理的数据中心和调度中心，能够全面整合各类应急资源，包括人力、物力、财力等。通过物联网、区块链等手段，云计算可以实时掌握应急资源的分布和使用情况，实现资源的优化配置和动态调度。在灾害发生时，云计算能够迅速调集足够的资源支持应急响应和恢复重建工作，确保应急管理工作的顺利进行。

3）协同创新。云计算为政府、企业、社会组织等多元应急管理主体提供了协同创新的平台。通过云计算，不同主体可以共享应急数据、资源和经验，形成优势互补、协同作战的应急管理网络。

（2）面向未来的智慧城市应急管理生态系统构建。云计算在整合多元应急管理主体、促进跨部门跨区域协作和形成全社会共同参与的应急管理生态中发挥着关键作用。未来，云计算将引领智慧城市应急管理生态系统的构建，推动应急管理向更加智能化、精细化、协同化的方向发展。

1）多元主体协同。云计算将政府、企业、社会组织、公众等多元应急管理主体紧密联系在一起，形成协同作战的应急管理网络。通过云计算，各方可以共同参与应急管理的规划、准备、响应和恢复等各个阶段，实现资源共享和优势互补。同时，云计算还可以为各方提供实时通信、信息共享和协同决策的支持，提高应急响应的协同性和整体效能。

2）跨部门跨区域协作。云计算打破了传统应急管理中部门壁垒和地域限制，实现了跨部门、跨区域的协作与联动。通过云计算，不同部门和地区可以共享应急数据、资源和经验，形成统一的指挥调度体系。在灾害发生时，各部门和地区可以迅速响应、协同作战，共同应对灾害挑战。同时，云计算还可以为跨区域应急响应提供技术支持和保障，确保应急管理工作的顺利进行。

3）全社会共同参与。云计算通过构建开放、透明的应急管理平台，鼓励全社会共同参与应急管理工作。公众可以通过云计算了解灾害信息、学习应急知识、参与应急演练等活动；企业可以基于云计算提供的技术支持和服务参与应急响应和恢复重建工作；社会组织可以发挥自身优势为应急管理工作提供支持和帮助。通过全社会的共同努力和协作，可以形成更加完善、更加高效的应急管理生态体系。

综上所述，未来云计算在城市应急管理中的应用将呈现出更加智能化、精细化、协同化的趋势。同时，云计算还将推动全社会共同参与应急管理工作，形成更加完善、更加高效的应急管理生态体系，为城市的公共安全和社会稳定提供有力保障。

2.5 数字孪生技术

2.5.1 技术概述

1. 数字孪生的定义

数字孪生（Digital Twin），最早被称为"镜像空间模型"（Mirrored Spaces Model），是一种超越现实的概念，可以被视为一个或多个重要的、彼此依赖的数字映射系统。通过创建一个物理实体或过程的数据化映射，数字孪生能够实时监控和模拟其性能，从而优化系统的可靠性、可用性和总体效能。因此它具有实时监控、便于创新、测量和预测精确度高、经验数字化、提高性能以及加快生产时间等特点。

数字孪生概念模型最早在 2003 年由密歇根大学迈克尔·格雷夫斯（Michael Grieves）教授提出。2011 年 3 月，美国空军研究实验室结构力学部门的一次演讲中首次明确提到了数字孪生这个名词。从 2014 年开始，工业产品和设备变得更智能，数字孪生覆盖整个产品生命周期，形态和概念不断丰富。2015 年，研究机构和企业纷纷启动数字孪生相关研究，以实现物理工厂与虚拟工厂的交互融合，推动智能制造。2021 年，中兴通讯发布了"中兴开物 AR 点云数字孪生平台"。利用点云算法快速构建数字化现实世界模型，并统一管理接口能力并对外开放。

数字孪生技术以建模仿真为核心，并集成了物联网、云计算、边缘计算及大数据技术，其体系架构包括数据保障层、建模计算层、功能模块层和沉浸式体验层四个层面。随着数字孪生概念的丰富，数字孪生的应用范围也随之扩大，车间、教学、物流、医疗、仓库等方面都有数字孪生技术的运用。未来，数字孪生将趋向于拟实化、全生命周期化和集成化。然而，虚拟模型的构建和数据准确性的提升仍是其面临的主要技术挑战。

数字孪生，可以直观地认为是物理世界中虚拟的镜像对象。数字孪生是具有数据链接的特定物理实体或过程的数字化表达，该数据链接可以保证物理状态和虚拟状态之间的同速率收敛，并提供物理实体或流程过程的整个生命周期的集成视图，有助于优化整体性能。

数字孪生结合了设计工具、仿真工具、物联网技术和虚拟现实技术，同时也支持大数据分析和机器学习技术，使用户能够评估当前状态、诊断问题，并预测未来趋势。此外，数字孪生还可以保存专家经验，形成智能诊断和判决，从而提高设备故障诊断的准确性和自动化水平。

由于数字孪生具备虚实融合与实时交互、迭代运行与优化，以及全要素、全流程、全业务数据驱动等特点，因此它被应用到产品生命周期各个阶段，包括产品设计、制造、服务与运维等。

2. 工作原理

数字孪生的基本特征是虚实映射。通过对物理实体构建数字孪生模型，实现物理模型和数字孪生模型的双向映射。构建数字孪生模型需要通过对数字孪生模型的分析和优化，来改善其对应的物理实体的性能和运行效率。

数字孪生的工作原理是创建一个或一系列和物理对象完全等价的虚拟模型，虚拟模型通过对物理对象进行实时性的仿真，从而能够监测整个物理对象当前的实时运行状况，甚至根据从物理对象中采集的实时运行数据来完善和优化虚拟模型的实时仿真分析算法，从而得出物理对象的后续运行方式及改进计划。

3. 体系架构

（1）数据保障层。数据保障层支撑着整个数字孪生技术体系的运作，包括高性能传感器数据采集、高速数据传输以及全生命周期的数据管理。高性能传感技术可以获得充分、准确的数据源，高带宽光纤技术可使海量数据传输满足系统实时跟随性能要求，分布式云服务器存储可为全生命周期数据的存储和管理提供平台保障，以满足大数据分析与计算的数据查询和检索速度要求。

（2）建模计算层。建模计算层是数字孪生技术体系中最核心的一层，是数字孪生解决方案中上层功能和应用的前提和基础。这一层包含的数字建模、大数据与 AI，以及云边融合计算等相关技术，它们均为构建数字孪生技术体系的中坚力量。

（3）功能模块层。功能模块层主要包括描述及呈现、诊断及分析、双向交互、辅助决策、优化及进化等模块化功能。该层是数字孪生业务能力的核心支撑，针对不同的行业和应用场景，数字孪生的侧重功能也不同。

（4）沉浸式体验层。沉浸式体验层主要是为使用者提供良好的人机交互使用环境，让使用者能够获得身临其境的技术体验，从而迅速了解和掌握复杂系统的特性和功能，并能通过语音和肢体动作访问功能层提供的信息，获得分析和决策方面的信息支持。

沉浸式体验层是直接面向用户的层级，以用户可用性和交互友好性为主要参考指标。沉浸式体验层通过集成多种先进技术，实现多尺度、多物理场集群仿真，利用高保真建模和仿真技术及状态深度感知和自感知技术构建目标系统的虚拟实时任务孪生体，持续预测系统健康、剩余使用寿命和任务执行成功率。

4. 优势特点

（1）便于创新。数字孪生通过设计工具、仿真工具、物联网和虚拟现实等各种数字化的手段，将物理设备的各种属性映射到虚拟空间中，形成可拆解、可复制，可转移、可修改，可删除，可重复操作的数字镜像，这极大地加速了操作人员对物理实体的了解，原本因物理条件限制而必须依赖真实物理实体才能完成的操作，现在因这些限制的突破，更能激发人们去探索新的途径以优化设计、制造和服务。

（2）精确测量。对于很多无法直接采集到测量值的指标，传统测量方法往往无能为力。而数字孪生技术可以借助物联网和大数据技术，通过采集有限的物理传感器指标的直接数据，并借助大样本库，通过机器学习推测出一些原本无法直接测量的指标。

（3）精准预测。数字孪生可以结合物联网的数据采集、大数据的处理和人工智能的建模分析，实现对当前状态的评估，对过去发生问题的诊断，以及对未来趋势的预测，并提供分析的结果，模拟各种可能性，提供更全面的决策支持。

（4）经验数字化。在传统的工业设计、制造和服务领域，经验往往是一种模糊而很难把握的形态，很难将其作为精准判决的依据。而数字孪生的一大关键进步，是可以通过数字化的手段，将原先无法保存的专家经验数字化，并提供保存、复制、修改和转移的功能。

（5）提高性能。通过数字孪生提供的实时信息和见解，可以优化设备、工厂或设施的性能。问题可以在出现时进行处理，从而确保系统在高峰期工作并缩短停机时间。

（6）提高性能。数字孪生的虚拟性质意味着可以远程监控和控制设施。远程监控还意味着检查具有潜在危险的工业设备所需的人员更少。

（7）缩短生产时间。数字孪生通过构建数字副本，可以缩短产品和设施的生产时间。通过运行场景，可以看到产品或设施对故障的反应，并在实际生产之前进行必要的更改。

5. 技术能力

（1）数据采集与整合能力。

1）多源数据集成。

传感器集成：应急数字孪生系统能够集成各类应急相关的传感器，如火灾探测器、地震传感器、水质监测传感器等。在火灾应急场景中，通过在建筑物内安装火灾探测器，可以实时采集火灾发生的位置、温度等信息。对于地震应急，可集成地震传感器以获取地震强度和震源位置等数据。

物联网（IoT）连接：利用物联网技术，数字孪生可以连接大量的应急物联网设备，如应急广播设备、智能救援设备等。

2）数据清洗与预处理。由于应急数据可能来自不同的数据源，其数据格式和量纲可能不同。支持对这些数据进行标准化处理，将数据转换为统一的格式和量纲，以便后续分析和应用。

3）数据融合。数字孪生可以融合多种模态的应急数据，如将图像数据（如监控摄像头拍摄的现场画面）、声音数据（如火灾警报声）和数值型数据（如温度、压力等）进行融合。在自然灾害应急中，融合地理信息系统（GIS）数据和实时监测的动态数据，如洪水水位数据、山体滑坡位移数据等，为应急决策提供更全面的依据。

（2）建模与仿真能力。

1）物理建模。数字孪生支持对应急场景中的物理实体进行精确建模。例如，在建筑火灾应急中，模型可以准确描述建筑物的结构、材料的燃烧特性等物理属性。对于地震应急，数字孪生模型可以模拟建筑物在地震作用下的力学性能变化。

对于涉及多个物理场相互作用的应急场景，如火灾中的热传递、流体流动和固体结构变形等，数字孪生可以构建多物理场模型进行模拟。

2）行为建模。数字孪生支持模拟应急场景中物理实体的动态行为。在人员疏散应急中，可以模拟人员的疏散轨迹、速度等动态行为。对于应急救援设备，通过行为建模可以在虚拟环境中测试不同的操作方案，优化救援流程。

数字孪生还可以对应急场景中的逻辑和控制关系进行建模。例如，在应急指挥系统中建模各个部门之间的协调配合关系，以及应急设备的启动顺序等。

3）仿真与优化。数字孪生系统具备实时仿真的能力，能够根据实时采集的数据对应急场景的状态进行实时模拟。在洪水应急中，数字孪生模型可以实时仿真洪水的流动路径和水位变化，为防洪决策提供支持。

通过在数字孪生模型中进行仿真实验，可以对应急方案的设计参数和执行参数进行优化。例如在地震应急中，利用数字孪生模型对避难场所的布局和容量进行优化。

（3）可视化与交互能力。

1）三维可视化。数字孪生系统支持创建高度逼真的应急场景三维虚拟模型。在火灾应急中，用户可以看到火灾发生的位置、建筑物的结构和内部布局等，方便消防人员进行灭火和救援。对于地震应急，三维可视化可以展示地震破坏的程度和范围。

除了静态的三维模型展示，数字孪生还可以实现动态可视化。在洪水应急中，可以动态展示洪水的水位变化和水流速度等情况。

2）交互操作。数字孪生系统提供友好的用户交互界面，用户可以通过鼠标、键盘、触摸屏等设备与数字孪生模型进行交互。例如在应急指挥中，用户可以通过交互界面调整救援资源的分配和部署，即时看到这些变化对应急效果的影响。

借助网络技术，数字孪生可以实现远程交互与控制。在远程应急救援场景中，技术人员可以通过网络连接到应急设备的数字孪生模型，远程操作虚拟模型进行故障诊断和维修，提高应急响应的效率。

（4）分析预测能力。

1）状态监测与故障诊断。基于数字孪生模型，能够实时监测应急场景中物理实体的状态。在火灾应急中，实时监测火灾的蔓延情况、消防设备的运行状态等。一旦发现异常，及时发出警报。

可以通过分析采集的数据和数字孪生模型的模拟结果进行故障诊断。例如，在应急通信系统中，通过分析通信设备的运行数据和信号强度等信息，利用故障诊断算法，可以准确判断通信是否存在故障以及故障的位置和原因。

2）预测性维护与性能预测。通过对应急设备运行数据的分析和数字孪生模型的预测能力，可以实现预测性维护。例如，对于消防车，根据其历史运行数据和当前的状态，数字孪生模型可以预测消防车的剩余使用寿命，提前安排维护计划，确保在应急时刻能够正常运行。

数字孪生还可以预测应急场景中物理实体的性能变化。在自然灾害应急中，根据历史数据和当前的气象条件等因素，预测洪水的水位变化趋势、山体滑坡的可能性等，为应急决策提供支持。

2.5.2 智慧应急应用

数字孪生作为智慧应急的核心技术之一，通过对物理实体的数字化建模和实时数据驱动的仿真分析，为应急管理提供了全新的视角和手段。它不仅能够实现对突发事件的提前预警和精准预测，还能够在应急处置过程中提供科学的决策支持和高效的资源调配，从而显著提高应急管理的科学性、精准性和时效性。

1. 数字孪生城市生命线

城市安全是现代社会管理的重要组成部分，智慧应急在其中扮演着至关重要的角色。结合新一代物联网、大数据、人工智能、城市信息模型等信息化技术，打造城市生命线数字孪生全要素场景平台，构建泛在的物联设施体系，以多源融合技术为手段创建城市生命线综合管理数据底板。以数字孪生支撑城市生命线全过程、全要素协同治理，充分挖掘利用数据资源，完善实时监控、模拟仿真、事故预警等功能，以提高城市生命线安全水平和综合承载能力，实现城市生命线安全管理由"以治为主"向"以防为主"转变，由"被动应付"向"主动监管"转变。

（1）燃气热力。构建燃气热力数字底座，集成管网运行与安全状态、应急资源分布并决策，应用智能算法识别用户异常行为，减少经济损失与安全事故，实现管道运营技术升级。在燃气站场、地下管网、应急模拟、管线入户等方面通过智能感知、智能应急、风险研判、智能巡检等功能为城市燃气热力的管理和治安防控提供科学决策依据，打造"城市燃气大脑"。

（2）给水排水。利用新一代信息技术，以基础设施为依托，采集给水排水设计数据，构建物联感知体系，搭建数值模型，建成智慧化业务应用系统，在管线拓扑、供水演进、排水场站、监测预警、水污染模拟、淹没分析、海绵城市、空间分析等方面打造"一平台"，提供一站式服务，实现"四化"，推动治水转变，为治水提质提供动力，保证工程效益。

（3）桥梁运行。运用数字孪生技术进一步保障桥梁运行安全。通过构建大桥运行数字体征、布设结构安全数据感知点、设置交通感知设备等措施，形成了"物联成网""数联共享""智联融通"的大桥神经元感知体系。在桥梁档案、视频监控、巡检养护、交通感知、应急指挥、灾害模拟、预测性维护、健康监测等方面实现了对桥梁结构和交通流量的实时监测和预警，为桥梁的安全运行提供了有力保障。

（4）地下市政设施。通过数字化建模与实时数据驱动的仿真分析，不仅能够实现对地下管网、隧道、综合管廊等关键设施的全面感知与实时监测预警，还能通过模拟分析进行精准的故障诊断与维护，从而显著提升运维效率。数字孪生体作为地下市政设施的"镜像"，在运维管理、智能监测、资产管理、智能巡检、调度指挥、预警诊断、应急培训及能耗管理等多个维度发挥着核心作用，可以有效增强城市基础设施的安全保障能力，促进各类资源的优化配置，为城市安全、高效、韧性运行提供坚实支撑。

2. 城市安全应急管控

基于数字孪生底座，通过集成各个应急安全业务数据，可以实现数据全贯通、隐患全闭环、执法全记录、灾害全预防、应急全保障，主要包括安全事件应急指挥、城市内涝应急指挥、自然灾害应急指挥、消防安全应急指挥、危化品生产安全应急指挥等。

（1）应急指挥调度。基于数字孪生服务城市安全应急预警防治，打造"城市安全应急调度一张图"，包括"城市交通一张图""城市管理一张图""环境保护一张图""人口密度一张图""城市生命线一张图"。通过城市运行监测、事件智能识别、事件智慧分拨、应急指挥调度、综合监管与评价，可实现实时物联感知和立体化时空分析决策，为安全事件预警及重大事故的快速响应提供现场空间信息支撑。

（2）城市自然灾害应急指挥。一是结合激光点云、遥感技术、无人机巡检技术、物联网技术等对城市重点区域老旧房屋坍塌、建筑火灾、重点车辆运输风险等进行安全隐患排查和风险感知，实现对城市灾害易发多发频发地区和高危行业领域的全方位、立体化、无盲区动态监测。二是采用三维重建技术、遥感信息智能提取与挖掘技术等，实现对灾害现场的建筑物快速还原，构建数字孪生场景，语义化融合汇聚多源信息，为指挥人员科学研判提供数据支撑。三是基于数字孪生平台提供的三维渲染可视、空间量测分析、协同标绘作业、模拟仿真推理等工具，对城市灾区建筑进行风险评估。并通过大数据、知识图谱等技术，将城市灾区数据进行融合汇聚推理，产生地灾知识图谱。

（3）消防安全应急、防汛应急指挥。利用数字孪生技术，打造"消防应急一张图"，更加科学地疏散人员和调配救援资源，提高风险防控能力和城市整体应急能力。在消防应急管理方面，主要包括实景三维场景全域硬件设施统一管理，应急事件 GPS 快速定位及三维场景导航，应急事件及时推送至所关联的应急资源，远程实现应急指挥及时、联动调度管理，应急预案实施（警务、消防、医疗逃生等资源计划）等。在防汛指挥管理方面，基于数字孪生服务，对城市内涝安全状态进行监测预警、动态仿真，掌握城市内涝实时运行态势，提高风险防控能力，科学疏散人员和调配救援资源，提升城市整体应急能力，主要包括"应急防汛管理一张图"、防汛安全状态监测预警、三维场景汇流仿真、防汛应急指挥调度等。

（4）危化品安全风险监测。基于三维模型提供的高仿真场景和精准位置数据，接入物联感知数据，充分发挥风险场景监测预警作用，通过监测数据接入、形成可视化一张图、风险研判、风险智能分析、实时监控视频接入查询等流程管理，实现对化工园区重点危化品、重大危险源及周边应急救援资源数据的可视化，打造"智慧应急一张图"，对城市危险源进行监管监控，为城市危险源应急救援提供支持。

3. 化工园区火灾和矿山安全应急

对于化工园区而言，建立生产设施、储存罐区、管道等的数字孪生模型是应对火灾的关键举措。当化工园区不幸发生火灾时，这个数字孪生模型立即启动，开始模拟火灾蔓延趋势以及有毒气体扩散范围。凭借其高精度的模拟能力，能够为消防救援人员提供最佳的灭火和救援路线。消防人员可以根据这些路线，迅速而安全地抵达火灾现场核心区域，展开灭火行动。同时，通过对火灾情况的分析，还能合理调配消防资源。比如，根据火势大小和蔓延方向，精准地安排消防车、灭火泡沫、干粉等消防物资的投放位置和数量，确保消防资源得到最有效的利用，最大限度地降低火灾带来的损失和危害，保护化工园区的人员安全和财产安全，以及周边环境不受严重污染。

在矿山安全应急方面，针对矿山的地质结构、通风系统、运输通道等建立数字孪生模型具有重大意义。当矿难发生时，这个模型能够准确掌握被困人员位置。通过对井下人员定位系统数据的整合以及对矿山结构的模拟分析，快速确定被困人员的具体位置，为救援行动提供关键的目标指引。同时，还能规划救援通道。根据矿山的实际情况，结合地质条件、通风状况等因素，找到最安全、最快捷的救援通道，确保救援人员能够顺利进入井下进行救援作业。此外，在救援过程中，数字孪生模型还能实时监测救援通道的安全性，及时发现可能出现的坍塌、瓦斯泄漏等危险情况，保障救援工作的安全高效进行，为被困矿工争取更多的生存机会。

4. 数字孪生智慧应急管理平台

（1）某市三维可视化燃气应急指挥项目。为加快某市燃气行业的数字化、智慧化发展，依据《某市新型智慧城市建设总体方案》和《某市"智慧燃气"顶层架构设计（征求意见稿）》要求，某市三维可视化燃气应急指挥项目应运而生，旨在推进全市燃气行业的数字化转型工作，为行业持续升级打下坚实的数字化基础。

三维可视化燃气应急指挥项目利用某市可视化城市空间数字平台，倾斜摄影三维模型和建筑物单体建模、城市燃气管线系统叠加燃气管网数据，管理者可直观看到管线设施在城市的分布情况，如调压箱、截止阀等。通过全新三维视角，可以清晰动态地掌握某区地下燃气管网路口、隐蔽工程、管道占压等情况。应用混合现实技术，道路施工人员通过佩戴手持终端或者 AR/MR 等设备，可直观看到各种管线的精确位置及地下埋深情况，有效地对各类道路开挖施工进行预防性管控。以第三方施工导致管道破裂的突发事故为例，当发生报警事件时，系统自动定位事件地点，同时分析受事故影响范围内的有关情况。受到停输供气影响的住户范围通过黄色区域直观显示，并根据楼房数据统计出受影响楼栋 41 栋，4928 家企业及住户，7783 人。系统还能分析事件周边医院、消防、道路等详细信息，查询事件详情信息，制定处置预案，安排抢修队及应急路线。结合管网路由数据及报警信息，自动判断需紧急关闭的上/下游截断阀名称及对应地理位置，工作人员可以此进行紧急关闭，阻断泄漏与回流，从而控制事态发展。

城市燃气业务结合城市空间数字平台应用，将大幅提升社会公共应急处置效率，为城市公共安全提供可靠保障。

（2）某市智慧东站一体化管理平台项目。某市东站位于某新城片区，2020 年 3 月，某市住建委要求打造 BIM 数据中心，某市智慧东站一体化管理平台便应运而生。它是以 CIM 平台为核心，结合 BIM＋GIS＋IoT 技术，面向工程全生命周期的协同管理平台，实现数字东站与现实东站的虚实交互、协同生长。

某市智慧东站一体化管理平台包含可视化分析、运行监管、应急推演三大板块。

可视化分析板块可对不同场景进行控制操作，实现场景漫游，如站内、公园、景观大道等场景的预览。通过方案对比，利用大数据精准计算和分析评估，辅助方案择优而用，为用户提供可视化的依据。天气模拟不仅可实现光照与时间的真实变化，还可实现晴天、雾天、雨天与雪天等天气的任意切换，并可实时调节每种天气的数据指标，便于用户清晰查看和选择；夜景模拟可实现夜晚场景的高清呈现；测量功能可进行距离和面积的精准测量；信息查询功能可查询 BIM 构件的所有附带属性；时空回溯，即地理实体的时间、空间属性以及与之相关的变化过程的历史再现；监控视频可及时获取路口、公交站、车库出入口等关键位置的基本信息，实现被动安防为主动预防，事后追责变事前预警，降低安全隐患。这些功能与东站的规划类数据、全专业的 BIM 数据统一集成在一张图上，方便用户从整体上把控东站的总体态势。

运行监管板块基于 CIM 平台可实现园区规、建、管一体化全生命周期管理。在园区规划方面，通过规划用地数据分析，形成规划一张图，为项目的设计提供总体依据；在园区建设方面，通过接入施工现场的数据，对现场多方面信息进行汇总分析，实现项目的安全持续推进；在运营管理方面，利用三维可视化场景，使各方面数据更具备空间感和现实联系，为管理者的工作提供直接高效的可视化依据。

应急推演板块具备应急事件中多系统联动功能，可完成管理者对于应急预案的模拟演练，实现智慧东站平台平时监管、战时指挥的总体目标。

该平台通过数字孪生东站模拟推演，以及在感知设备、智慧驾驶、无障碍设施、环境管理上的智能化运维，真正实现虚拟与现实的互通互动。

2.5.3　发展趋势

在当今复杂多变的社会环境中，突发事件的频繁发生对应急管理提出了更高的要求。数字孪生作为一项创新技术，正逐渐成为智慧应急领域的关键驱动力，为提升应急管理的效率和效果带来了新的机遇。随着技术的不断进步和应用的深入拓展，数字孪生赋能智慧应急呈现出一系列令人瞩目的发展趋势。

1. 技术应用层

（1）深度融合的多模态数据感知与集成。未来，数字孪生赋能智慧应急将实现更广泛、更深入的多模态数据感知与集成。这不仅包括传统的物理传感器数据，如温度、湿度、压力、风速等，还将涵盖视频监控、卫星遥感、无人机巡检、社交媒体等多样化的数据来源。通过物联网技术，各种设备和设施将实时向数字孪生系统传输数据，形成一个全面、实时、动态的感知网络。同时，利用大数据处理技术，对多源异构数据进行快速清洗、融合和分析，提取有价值的信息，为应急决策提供更准确、更全面的依据。

（2）更强大的智能分析与预测能力。随着人工智能和机器学习技术的不断发展，数字孪生系统将具备更强大的智能分析与预测能力。通过对历史应急事件数据的学习和挖掘，建立起精准的预测模型，能够提前预测突发事件的发生概率、发展趋势和可能造成的影响。同时，利用实时数据进行动态修正和优化预测结果，为应急管理提供前瞻性的决策支持。

（3）精细化的应急场景模拟与演练。数字孪生技术将为应急场景模拟与演练提供更加精细化的支持。通过构建高保真的虚拟应急场景，模拟各种突发事件的发生过程和应对措施，让应急人员在虚拟环境中进行实战演练，提高其应对突发事件的能力和协同配合水平。此外，利用虚拟现实（VR）和增强现实（AR）技术，为应急人员提供沉浸式的体验，增强演练的真实感和效果。

（4）高效的跨部门协同与资源优化配置。数字孪生系统将打破部门之间的信息壁垒，实现高效的跨部门协同与资源优化配置。通过建立统一的应急管理平台，整合各部门的资源和数据，实现信息共享和协同决策。在突发事件发生时，能够快速调动各方资源，形成合力，提高应急响应的效率和效果。

（5）实时动态的应急决策支持。数字孪生系统将为应急决策提供实时动态的支持。通过对突发事件的实时监测和分析，快速生成多种应急决策方案，并根据实际情况进行动态调整和优化。同时，利用可视化技术，将复杂的数据分析结果以直观、易懂的方式呈现给决策者，帮助其快速做出准确的决策。

（6）全生命周期的应急管理。数字孪生赋能智慧应急将涵盖应急管理的全生命周期，包括预防、准备、响应和恢复等阶段。在预防阶段，通过对潜在风险的分析和评估，提前采取防范措施，降低突发事件的发生概率；在准备阶段，制定完善的应急预案，储备充足的物资和装备，开展培训和演练，提高应急响应能力；在响应阶段，实时监测突发事件的发展态势，快速做出决策，组织实施救援行动；在恢复阶段，评估损失，制定恢复计划，加快恢复重建工作。

（7）强调跨部门、跨区域的协同联动。未来的智慧应急将更加注重跨部门、跨区域的协同联动，以应对日益复杂和严峻的突发事件挑战。在现代社会中，突发事件往往具有跨领域、跨部门的特点，需要多个部门和机构共同协作才能有效地进行应对。数字孪生平台将成为整合各方资源和信息的重要载体，为跨部门、跨区域的协同联动提供有力支撑。

数字孪生平台可以实现不同部门之间的数据共享和信息交流，打破信息孤岛，提高应急管理的效率和协同性。例如，在自然灾害应急中，气象、水利、交通等部门可以通过数字孪生平台实时共享气象数据、水文数据、路况信息等，共同制定应急方案，协同开展救援行动。在公共卫生事件中，卫生、疾控、公安等部门可以通过数字孪生平台共享疫情信息、人员流动数据、社会治安情况等，共同做好疫情防控和社会稳定工作。此外，数字孪生平台还可以实现跨区域的协同联动，在重大突发事件发生时，不同地区的应急管理部门可以通过平台进行信息交流和资源调配，共同应对灾害挑战。

2. AI+数字孪生层面

（1）与人工智能、大数据等技术深度融合。在未来的发展进程中，数字孪生必将与人工智能、大数据等前沿技术实现更为深入的融合，从而开启智慧应急管理的全新篇章。人工智能作为一种具有强大学习和推理能力的技术，将与数字孪生紧密结合，为应急管理带来前所未有的智能升级。例如，通过运用先进的人工智能算法对数字孪生模型进行持续优化，能够不断提升模型的准确性和适应性。在面对复杂多变的应急场景时，经过优化的数字孪生模型可以更加精准地模拟事件的发展趋势和可能结果，为决策制定者提供高度可靠的参考依据。同时，人工智能还可以实现对大量数据的快速分析和处理，从海量的信息中提取出关键特征和潜在模式，进一步提高预测精度。

大数据分析在数字孪生赋能智慧应急中也将发挥举足轻重的作用。随着各类传感器和监测设备的广泛应用，大量的数据不断产生，这些数据蕴含着丰富的信息和潜在的风险与规律。通过大数据分析技术，可以对这些数据进行深入挖掘，揭示出事件发生的潜在因素、发展趋势以及可能产生的影响。例如，在自然灾害预警方面，大数据分析可以整合气象数据、地理信息、历史灾害数据等多源数据，从中发现灾害发生的规律和趋势，提前为应急管理部门提供预警信息，使其有足够的时间做好应对准备。此外，大数据分析还可以为应急管理提供更全面的信息支持，帮助决策者了解事件的全貌和各个环节的动态变化，从而制定出更加科学合理的应急方案。

（2）基于 AI 分析模型。通过人工智能大模型引领数字孪生领域 3D-AIGC 创新，解决数字孪生建设成本高、速度慢、自动化程度低等痛点问题，有序提升数据的信息量和可计算性，为智慧应急持续创造价值。运用 AI 大模型技术进行城市内外部三维模型重建优化，解决原始数据质量差、优化成本高，模型体量大、无法适配多终端类型以及场景语义不能计算提取等问题，为二维场景优化带来革命性突破，解决数字孪生城市建设和运营的行业痛点问题。

未来，智慧应急将"城市数据""AI 技术""业务过程"紧密融合，以精细化智慧应急新思路，形成在"人、地、事、物、情"全时域、全空间、全业务的数字孪生、AI 感知、智慧管控。通过"数据引擎＋渲染引擎＋AI 引擎"三核驱动，打造"数据、技术、业务"三位一体的数字孪生能力体系。

通过数字孪生 AIGC 运营服务中心，能够构建城市场景更新和对城市生命线建模。城市场景更新具备语义化能力，能显著提升城市安全场景的真实性，同时降低成本，并提高更新频率。城市生命线建模实现自动化，大幅提升了各类管线模型的生成速度。通过生命线安全 AI 监测分析中心，能够构建具备可计算能力的 AI 分析模型，对城市生命线安全开展诊断分析。

2.6 通信技术

2.6.1 技术概述

通信技术是社会经济发展的重要推动力。传输信息量的增长、传播范围的扩大、传输速率的提高、信息更新频率的加快等，每一个层面能力的进步，都会为经济社会的进一步演化和发展提供可能。近年来，极端天气气候事件呈现频发、广发、强发、并发的趋势，我国灾害应对工作面临的挑战更加复杂艰巨，应急管理工作需要反应更迅捷、触达更深入、治理更高效、保障更可靠。充分开发通信技术进步带来的潜力，支撑全灾种统筹应对、全过程统一管理、全天候积极防范、全力量有效协调，无疑是提升应急管理工作效能、完善"大安全、大应急"框架的重要一环。以下对应急领域具有较大影响的通信技术做简单介绍。

1. 第五代移动通信技术（5G）

第五代移动通信技术（5G）是目前商用的最新一代移动通信技术。5G 在 4G 的基础上，在传输速率、时延、连接数量、能耗等方面进一步提升系统性能。5G 不是单一的技术演进，它整合了新型无线接入技术和现有无线接入技术（WLAN、4G、3G、2G 等），通过融合多种技术来满足不同需求，形成了一个融合网络。在 5G 的发展愿景中，将不再局限于提供更优质的上网服务，而是致力于构建一个无所不包的无线网络，它能够将物理世界中有数字化需求的物体进行连接，进而实现万物互联，推动构建信息社会。

5G 网络具有支持多样化业务需求和业务特征的能力，其超大宽带、超低时延、海量连接、超高可靠性等特性，使其能够适应不同应用场景的业务需求，为用户提供灵活、多样化的通信服务。根据国际电信联盟（ITU）的定义，5G 主要有三类典型的应用场景：

（1）增强移动宽带（EMBB）。智能终端用户上网峰值速率理论可达 10～20Gbit/s，峰值速率和体验速率均超过 4G 10 倍以上。这是在现有移动通信能力的基础上，对于用户体验等性能的进一步提升，追求人与物同在网络中的极致通信体验。在更大信息容量的保障下，可以实现多维度信息的全面承载，为更趋近现实的沉浸式实时交互提供有力支撑，为虚拟现实、视频直播及分享、随时随地接入等具有大带宽需求的应用提供支持，如 8K 超清视频、全息投影等，将突破传统视频服务体验的限制，进一步向声情并茂和身临其境迈进。

（2）海量大连接（MMTC）。5G 网络可支持每平方千米 100 万个连接同时在线，大量相邻设备同时享受顺畅的通信连接，将支持更大规模、更高密度的万物互联和全局优化。在海量连接能力的支持下，人与物实现高密度连接，将推动现有信息化、智能化设施由单点的智能功能向全局资源的智能调度和系统演进，为智能家居、智慧乡村、智慧城市、智能工厂、数字政府、智慧社会的多样场景提供广泛支撑，为虚拟现实、远程诊疗、智能无人驾驶、智慧化公共服务等万物互联的场景提供更多想象空间。

（3）高可靠低时延（URLLC）。空口时延低至 1ms，为用户提供毫秒级的时延可靠性保证。在超低时延触达的加持下，网络中的人与物可实现实时交互，对需要精细控制和实时反应的生产生活场景提供有力支撑，为在线医疗手术、远程设施设备控制、车路联网协同及智能驾驶、工业互联网等需要高速稳定信息传输的场景筑牢技术基础。

5G 为无数行业带来巨大发展空间。商用以来，5G 仍在加速融入千行百业的进程中，通信信息技术由以往的消费侧、局部领域向生产侧、生产生活全局渗透，已然呈现出千姿百态的样貌，正成为新一代的"通用技术"，加速了以数字化、网络化、智能化为核心特征的新工业革命和新技术革命的到来。据第 53 次《中国互联网络发展状况统计报告》统计，截至 2023 年年底，5G 应用已融入 97 个国民经济大类中的 71 个，覆盖了钢铁、电力、矿山等重要行业和有关领域，形成了一大批丰富多彩的应用场景。以 5G 为代表的新一代信息技术的快速发展和深度融合，将推动数字经济成为未来主要的经济模式，催生更多新业态、新模式，成为引领高质量发展的新引擎。

2. 窄带无线通信

窄带通信是一种具有较低带宽的通信技术，它可以满足远距离、低速率和低能耗的联网应用场景的需求。相对于宽带网络通信，窄带通信传输数据较慢，但具有投资成本低、网络架构较简单、功耗低等优势，在某些特殊的行业应用场景中具有独特的优势。

在物联监测感知场景中，监测设备获取的信息常常以类别单一、更新频率较低、存储容量需求低的形式出现。如气象环境场景中的温湿度和污染物监测、农业生产场景的土壤墒情、水利水务场景中的流向流速和河湖水位、基础设施场景中各类管线和道路健康状况、民生服务场景中的水电燃气等表显数据等，均是类别单一且性质难以发生变化的信息，不需要提供复杂的记录和呈现方式，甚至部分信息的更新频率都是很低的，这类数据存储所需的容量也相应较低。在这些场景下，窄带物联网为物联监测感知提供了高效便捷的选择。

在复杂的外部环境中，如偏远山区、隧道、密集高层建筑等地，传统通信手段的覆盖常常受到环境限制，造成信号衰减甚至失效，对相关人员的通信、物联感知设备的连接造成极大障碍。在这些场景中，想要完成传统通信手段的覆盖，往往需要大量的建设成本，而建成后的通信资源往往又得不到足够的应用，容易造成大量浪费。这类场景可以应用窄带无线通信的频段穿透力与长距离传输特性，进行无线通信能力的覆盖，将疏离的通信节点连接起来，在恶劣自然环境或特殊物理空间内实现通信信号的覆盖，使相关人员或设备设施始终保持在线，能够及时获取及传递所需的信息。与其他通信网络相比，基于窄带通信搭建的无线自组织网络，具有带宽有限、传输通道简单、链路易改变、节点的可移动性以及由此带来的网络拓扑的动态性等特点，可以作为应急状态下的保底语音通信网络。

3. 卫星通信

卫星通信是利用人造地球卫星作为中继站转发无线电波，在两个或多个终端之间进行的通信。卫星通信系统与地面通信基础设施相对独立，网络架构相对简洁。卫星通信网通信距离远、服务范围广、通信质量好，不受地理条件限制，通信成本与通信距离无关，具有广域覆盖、随遇接入的特点，可以作为有线和无线通信网络的延伸和扩展，主要应用在公网和有线信号无法覆盖的条件下，解决现场"最后一公里"的音视频通信、数据传输等应用难题。

经过多年发展，卫星通信除了其自身相对独立的通信系统，还发展出卫星互联网的新样态。卫星互联网是指基于卫星通信技术接入互联网，通过一定数量的卫星组网，形成具备实时信息传输能力的星座系统，通过卫星为地面、空中和海上的用户与设备提供网络接入服务，可向终端用户提供以宽带互联网接入为主的通信服务。卫星互联网作为通过卫星实现全球联网的通信系统，标志着卫星通信迈入与地面通信网络深度融合的新阶段，卫星互联网也将逐渐发展为融合新一代信息通信技术、赋能千行百业的新型基础设施。卫星互联网将与地面通信网络进一步融合，向形成空天地海一体、全域立体覆盖的网络体系发展，在数字生活、数字社会、智慧乡村及智慧城市等领域催生出更多创新应用场景，为个人、行业、社会提供更加广泛、极致、丰富的服务。新需求、新场景、新技术的出现也将对卫星互联网产业在标准、技术、算力、安全连接、应用、服务能力等各方面提出更高要求。

2.6.2　智慧应急应用

1. 融合通信

随着应急管理工作的要求不断提高，传统应急通信、指挥调度的信息技术手段日益难以满足"全灾种、大应急"的实战需求。特别是在重特大灾害救援任务中，救援队伍跨部门、跨区域调派，队伍种类多、调动人员及物资数量大，且携带的通信装备往往制式各异，多队伍协同指挥通信无法实现，严重制约了救援效率。构建统一的指挥信息化系统和指挥通信体系，是重塑应急指挥救援体系的关键环节。通过构建融合通信、网络管理等能力，使复杂多样的信息设备和基础设施协同发挥效用，为科学指挥、精准调度、高效救援提供强大的信息化支撑，推动救援模式向智能化、综合化转变。

通过建设融合通信服务系统和与之相对应的网络管理系统，构建针对应急救援现场和指挥中心的完整信息化支撑平台，推动多品种、多型号通信终端的异构融合，可以实现多类型、多通道应急通信网络的集中管理，从而更高效地完成救援队伍的统一指挥调度，有效提升重特大灾害和复杂条件下应急通信保障、指挥决策、力量调度、协同救援效能，打造"单兵数字化、战场网络化、指挥可视化、救援智能化"的新型应急救援模式。

融合通信系统通过 IT 信息技术应用与传统通信业务的整合，将计算机网络与传统通信网络融合为一个网络平台，实现众多应用服务融合一体的新通信模式。它提供不受时间、空间限制的融合语音，提供视频等多媒体通信和丰富的增值业务，为指挥救援提供统一接入、融合交换和应用服务，打造横向互联互通、纵向多层分级、管理分权分域的组网能力。

融合通信系统部署需充分考虑可扩展性，面对负荷变化调整系统自身的容量。系统也应充分考虑可靠性，利用各服务模块的独立部署，并通过隔离等技术提升系统的可靠性。系统应同时支持数据库主备切换、业务应用热备服务等能力，充分保障系统的稳定性。

在指挥中心一侧，融合通信系统无论设备位置远近，都能将设备统一管理起来。融合通信系统一体化集成语音、视频、即时消息、短信、对讲、会议等多媒体通信能力，将语音业务、在线状态、实时通信（即时消息、视频和应用共享）等能力服务融为一体，推动异构通信网络间业务互通与资源综合调度。综合化、数字化、智能化的信息通信融合，向最终用户（指挥中心）提供综合的高附加值信息服务，包括语音、数据、视频等多种形式融合，支撑视频回传、数据传输、音视频会议、呼叫中心、即时通信等众多应用服务。

融合通信系统可同时安装部署在智能手机、移动执法仪、布控球等多种移动终端上，实现本设备的语音通话、视频通话、图像/视频回传、定位、轨迹显示等功能，辅助指挥中心快速、全面地掌握现场信息。

融合通信是技术上多源异构设备的融合，也是紧紧嵌入应急指挥救援体系的天然一环。它可以囊括超短波、常规网、集群网、有线公网、有线专网、无线公网等多元网络的设备，也可以实现视频通信、视频会议、视频/监控调度。作为应急指挥救援体系的一环，它还能够与其他专用平台整合集成。

2. 极端条件下的应急通信保障

（1）现场自组网。自组网设备运输到救援现场，或搭载于无人机平台上使用，用于建立自组网现场（或空中）中继通信节点，提供高质量稳定传输通道，扩展地面网络覆盖范围，实现现场网络和后方指挥链条网络的无缝连接，满足现场音视频信息的传输需求。与传统蜂窝运营商网络结构不同，无线自组网是一种节点对等的点对点通信网络，每个节点都可以与一个或多个对等节点进行通信。无线自组网通信技术不依赖于预设的基础通信设施，具有随时组网、快速展开、无中心、自组织、自愈合、抗毁性强等特点，即便面临复杂的灾害环境也可以第一时间快速建立起应急通信。

无人机机载自组网基站可以利用自组网的特性实现无人机之间的相互通信和信息共享，并实现与地面终端的通信，达到广域覆盖、高可靠性和快速部署的效果，提高应急响应效率。宽带自组网可以提供稳定、持续的大容量网络带宽支撑，满足现场数据、音视频的实时传输通信。窄带基站用于解决电力中断、地面物理损坏或其他恶劣环境条件下的灾害现场无线语音对讲通信服务。无人机机载自组网基站具有自组织和自修复的特性，可以在复杂的地形和恶劣的天气条件下提供稳定的通信链路，保证信息传输，实现救援人员在较远的距离互相通信，传递救援指令和协调作战任务等。相较于传统通信方式，无人机机载自组网基站的建网成本较低，无人机具有灵活飞行和快速响应的能力，可以在多样化的场景中快速部署和使用，可与卫星、移动通信等多路融合传输。同时，无人机机载自组网基站也具有灵活的网络拓扑结构，可以适应不同的应急场景需求。无人机机载自组网基站还可以根据需要扩展网络规模和增加节点数量，提高网络的覆盖范围和通信能力，这使得无人机机载自组网基站在应对大规模灾害时具有更强的适用性。

（2）应急卫星通信。卫星通信具有覆盖面广、容量大、不受地理环境和气候条件限制、信道稳定、通信质量好等特点，作为指挥通信网络的延伸和扩展，主要应用在无公网和有线信号覆盖的条件下，解决现场"最后一公里"音视频、数据等多媒体业务的实时回传。卫星通信系统作为应急通信手段，用于建立卫星地面站与卫星通信车和卫星便携站以及其他地面站之间高速数字通信链路，实现实时的图像、话音和数据的传输，保障指挥员对灾害救援现场图像和各类信息的实时掌控，为指挥救援队伍及时有效地指挥决策提供强有力支持。

在应急救援现场，卫星便携站通过自动寻星入网，在申请到卫星信道资源后，与相关卫星固定站建立双向数据连接，为应急救援现场的指挥、调度和辅助决策提供通信保障。

机载卫通设备搭载于无人机救援平台上，建立卫星通信链路，全程保障救援现场重要信息实时回传后方指挥部、无人机远程控制及公网恢复中继功能。作为无人机测控和远程数据回传链路，可接入应急指挥有关通信链路、运营商核心网或互联网，并联动光电吊舱等载荷开展业务数据传输。

便携式卫星通信系统有其独有的优点，特别是对距离的不敏感性，可以灵活方便地大范围直跳连接卫星覆盖范围内的任意站点，与所在地域复杂地形状况无关，既适合在综合性大城市的复杂地理、地形、电磁环境中使用，也适合在山地、草原、沙漠及偏远地区等其他通信方式建设不足的地域使用。因此卫星通信系统在应急通信系统建设过程中具备不可替代的作用，是应急通信系统建设中非常重要的组成部分。

3. 网联无人机

应急指挥救援无人化、智能化装备的应用，是社会治理和公共安全领域信息化、网络化、智能化发展的具体表现。近年来，以网联无人机为先行和代表的无人装备应用，是通信技术发展推动应急管理业务流程优化和再造的重要成果，以极小的通信资源的增长，大大提升了应急管理工作中通信的覆盖能力和可靠水平，有力地提升了应急指挥救援工作效能。

在自然灾害发生时，无人机可适用于救援的各阶段，通过无人机搭载光电吊舱、三维建模载荷、公网基站、PDT 基站、自组网基站、卫通、人员搜救载荷等设备，执行灾害现场的侦察任务、集群建模任务，实时掌握救灾进度，将目标区域视频、图像数据实时回传，利用目标定位功能精准跟随锁定现场关键目标，为各级应急指挥中心指挥员提供空中灾情数据，实现空天地一体化协同指挥，为应急救援各阶段提供有力保障。

无人机只需要以单一终端在网络中占用极低的通信资源，却为大范围的应急通信保障提供了广阔空间。面对自然灾害，若发生通信中断的情况，形成救援人员无法了解前线最新进展的困难问题，将严重影响灾害救援工作。通过无人机技术，指挥救援队伍可以实现公网的定向恢复，迅速建立应急通信网络，为救援工作提供坚实的通信保障基础。无人机通过建设空中通信骨干枢纽节点，化身成为空中基站，可以与地面宽窄带的固定网络设施、自组网设备等相配合，恢复公、专网通信，构建起空天地一体化应急通信网络，快速实现窄带语音广域互通、宽带视频远距离传输等，打通"断路断网断电"极端条件下的救援生命线，为现场指挥调度、视频会商提供强力的保障。通过搭配机载卫通设备，运用空中信道传播模型及空对地连续覆盖算法，无人机可以实现对地连续无线信号覆盖，打造具备高拓展性和强稳定性的应急通信保障网络，实现更大范围的应急通信覆盖，并实时侦察、回传现场高清图像、视频数据。

无人机机载通信基站在应急行业的主要应用场景包括：

1）地震救援。地震发生后，灾区内的通信基础设施往往遭受严重破坏，导致地面通信中断。此时，无人机机载公网基站可以迅速部署到灾区，为救援队伍提供稳定的通信服务，保障救援工作的顺利进行。

2）抗洪抢险。洪水暴发时，灾区内的通信设施常常面临淹没、损坏的风险。无人机机载公网基站可以在灾区上空提供稳定的通信服务，确保抢险救灾工作的顺利进行。

3）森林火灾。森林火灾往往发生在偏远地区，地面基站难以覆盖到受灾区域。无人机机载公网基站可以快速部署到受灾区域上空，为救援队伍提供可靠的通信服务。

4）城市应急救援。在城市发生突发事件时，无人机机载公网基站可以快速部署到现场周边，为应急管理部门和救援队伍提供及时的通信支持。

除通信保障功能外，通过搭载不同功能的载荷，无人机还可以为灾害救援、决策辅助、现场态势感知等工作提供特别的支持。

（1）目标识别探测。光电吊舱是无人机侦察中的重要载荷，它通常由高精度的光学镜头、先进的传感器和图像处理系统组成。光电吊舱载荷搭载于无人机平台上，提供被侦察区域的高清图像、视频数据，具备可见光和热成像视频图像增强功能，可昼夜对目标进行搜索、探测、识别，对目标进行精准定位、持续跟踪、激光测距，并实时给出目标位置信息，依托机载网络链路将数据实时回传。

通过无人机搭载光电吊舱实现灾害现场目标识别、探测和跟踪的功能，可以在夜间或低能见度条件下捕捉目标的热量分布，实现在恶劣环境中的目标探测和识别；可以提供高分辨率的图像数据，用于对目标进行视觉识别和定位；同时可提供目标距离和高程信息，有助于更精确地确定目标位置。在灾害现场，无人机搭载光电吊舱可以通过实时传输数据至指挥中心，让救援人员及时获取目标信息，快速响应和部署救援行动。利用自动化目标识别和跟踪算法，无人机还可以实现对目标的自动追踪，提高了监测效率和准确性。

（2）现场三维建模。无人机通过配备摄影相机等多种成像设备，可以实时拍摄目标区域的图像、视频并回传影像数据。无人机通过搭载遥感传感器，如激光雷达、热红外传感器等，可以获取地表地物的高精度三维数据、地形地貌信息和热量分布等遥感数据。无人机搭载的数据链路能够实现实时数据传输至地面控制中心，并能够将数据进行存储，以便后续的数据分析和处理。将原始数据转换成统一的格式并进行标准化处理后，获取的信息可以适应不同数据处理软件和系统的需求，方便后续的数据分析和应用。对于大规模数据采集，可以进行数据压缩和存储管理，以节约存储空间和提高数据传输效率。采集到的大量图像数据可以进行预处理，包括去除镜头畸变、色彩校正、图像配准等操作，提高后续处理的准确性。利用摄影测量数据，结合三维重建算法，对采集的数据进行处理，可以生成高质量的三维模型，包括地形地貌、建筑物和植被等。该应用同时支持在飞行过程中进行实时数据处理，及时生成三维模型。

（3）辅助视频指挥调度。无人机搭载的摄像头或摄像设备通过航空拍摄，实时捕捉飞行过程中的画面，将视频画面传输到地面控制站或其他终端用户的显示设备上。地面控制站或其他终端用户可以通过显示设备实时观看无人机航空拍摄的视频画面，了解飞行区域的实时情况，远程监控现场实况，及时作出决策，同时也可在需要时给予飞行员指挥和支持。

（4）人员搜救。无人机可以覆盖大范围的区域，搭载人员搜救载荷，快速搜索可能的被困区域，缩短搜索时间，提高搜救效率。无人机能够飞越复杂的地形，对于山区、森林区等难以到达的区域具有独特的优势，有助于找到隐藏在复杂地形中的被困人员。搭载传感器和摄像设备的无人机可提供高清晰度的图像和视频，帮助救援人员更好地了解现场情况，指导救援行动。

2.6.3 发展趋势

随着 5G、网联无人机、卫星互联网、6G 等通信技术的发展，应急管理工作应用新兴通信技术的能力，将与其新工具、新方法的形成同步演进，共同构成智慧应急体系的重要组成部分，助力应急管理工作现代化建设。

1. 推动行业认知更新

通信技术赋能应急管理工作，不仅可以解决应急管理实践中的困难，还可以对应急管理行业的知识积累和认知更新起到推动作用。网联无人机（含其载荷）、卫星通信技术在近年灾害应对中的丰富应用实践，极大地丰富了应急管理行业经验及知识积累，提高了公众对应急管理工作的关注度和认知水平。以网联无人机、卫星互联网等新型通信平台为代表，通信技术为完善现场指挥救援能力创造了新的巨大空间，推动应急指挥通信保障从地面走向空天地一体化的阶段，应急管理工作整体实践的视野也不再局限于地面。

新兴通信技术仍有发掘的潜能。5G 将继续深入融合千行百业并发挥引擎作用，6G 将在技术研究中逐渐形成驱动力，卫星互联网进入与地面网络深度融合的新阶段。通信技术的发展不仅带来新业务实践的平台，也是调整组织结构的契机。新实践的落地和新组织的成形，都为行业知识更新提出了新的要求。通信技术的发展，仍将是应急管理行业认知更新的不竭源泉。

2. 行业实践与通信技术的协同演化

应急管理工作虽然复杂多样，但已有相当实践积累。在经济社会发展产生的安全需求驱动下，应急管理以业务实践为中心，以风险隐患识别及应对为核心关切，具有其独特的行业发展模式。

以通信技术为基础的信息化建设，已经将应急管理带入新的发展阶段。安全生产、自然灾害领域的监测感知设备已经数不胜数，各类信息系统不断产出新的成果，为应急指挥救援配套设备和系统已经是每一个应急管理责任单位的迫切需求。现今信息化浪潮方兴未艾，"智慧社会""数字中国"不断深入发展，应急管理工作将获得新的发展动力，也有了新的改革发展需求。通信技术应用的进步，将持续延伸行业实践的触达范围，扩展行业感知和认知的能力边界，深化行业应对和改造现实的能力水平，极大地改变应急管理工作的实践形式和评价标准。在这个阶段中，应急管理行业自身业务实践的发展仍然重要，但通信技术发展对行业的影响将愈发直接，行业发展将从以自身实践为中心，转向业务实践与通信技术双轮融合驱动。

空天地一体化、无人便携化通信链路的需求仍在快速增长，通过卫星等设备在灾难现场快速恢复网络通信的能力仍在起步阶段，救灾画面实时回传与现场探测的覆盖范围和深入程度尚有巨大提升空间，带宽保障、结构设计与快速响应的质量始终需要进步，特殊行业异地灾备、数据保护与恢复也将成为未来行业化应急通信领域的重要增长点。应急管理工作自身的特殊性、综合性、复杂性，以及伴随着经济社会发展不断涌现的新安全需求，对通信技术的应用广度和深度提出了更高要求。创新行业应用成为通信技术发展的一个重要驱动，应急管理工作对安全需求的持续关注、对安全保障的不懈追求，将与其他领域一样，对通信技术发展发挥特殊的推动作用。

智慧应急是应急管理体系和能力现代化建设的重要组成部分，将是信息社会条件下应急管理工作的主要形态。智慧应急范围覆盖基础设施、应急指挥、监测预警、智能支撑保障、监管执法等各方面，以信息化创新工作模式、改造提升业务流程为主线，以信息技术与业务深度融合为目标。低时延、大带宽、高可靠的空天地一体化应急指挥通信网络是提高应急指挥救援效能的重要保障，全地形、全空间的立体连接、泛在连接、智慧连接是实现高效监测预警和风险感知的有力支撑。在国家规划中，应急指挥通信畅通和感知全域覆盖都是智慧应急建设的建设目标。在通信技术的不断深入发展和应用中，以智慧应急为主要形态的应急管理体系和能力现代化事业将呈现出全新的面貌。

2.7 无人机遥感技术

2.7.1 技术概述

1. 无人机遥感的定义

无人机遥感（Unmanned Aerial Vehicle Remote Sensing，UAVRS），即将无人机与遥感技术结合，以无人驾驶飞行器（Unmanned Aerial Vehicle，UAV）作为平台载体，通过搭载相机、光谱成像仪、激光雷达扫描仪等各种遥感传感器，从中低空以一定角度和高度采集地面信息，获取高分辨率光学影像、视频、激光雷达点云等数据的一种技术。

传统的空天遥感数据的获取方式丰富多样，但其也存在一定的限制。例如：卫星遥感平台受到轨道的约束和云层的影响，拍摄时间固定，无法满足高时效性的应急观测需求。航空遥感平台会受到天气环境的约束，在恶劣天气环境下，载人飞机往往无法升空作业等。无人机遥感与传统的以卫星为平台的航天遥感和有人机遥感相比，具有高时效、高时空分辨率、云下低空飞行、高机动性，不需要机场基础设施和专业飞行员等优势，填补了空天摄影测量对局部地区高精度数据获取能力不足的空白，已经逐步发展成为遥感家族中的重要成员之一。

无人机遥感是在低空范围内对待测物体进行拍摄的低空摄影测量技术，可以获取高分辨率影像（厘米或亚厘米级），特别是在小区域和飞行困难地区高分辨率影像快速获取方面具有明显优势，适合小区域范围的应急或高频次遥感调查，可广泛应用于大比例尺测图、精细化三维重建、灾害应急处理、国土资源监察、自然资源调查、文物保护等方面的测绘业务。

2. 无人机遥感系统

无人机遥感系统是基于无线电技术的一种无人飞行平台，通过遥控、遥测、图像传输等技术可实现无人驾驶和自主控制，通常由无人机平台、载荷设备、控制系统、数据处理平台及其他附属设备等组成。在实际应用中，根据不同的任务需求，可以选择合适的无人机平台和任务载荷。无人机遥感技术系统通常由无人机平台、载荷设备、控制系统及数据处理平台组成，其工作流程如图2－11所示。

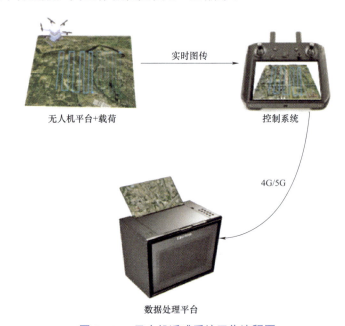

图2－11　无人机遥感系统工作流程图

（1）无人机平台。无人机平台的主要功能是搭载飞行控制系统和载荷设备执行低空飞行任务。无人机平台种类繁多、特点鲜明，根据结构分类，通常可以分为固定翼无人机、多旋翼无人机、复合翼无人机等。

1）固定翼无人机。固定翼无人机一般通过机头或机尾的牵引力平飞，利用机翼的设计产生压强升空，起飞方式有手抛、橡皮筋弹射、起落架辅助等，降落方式有机腹滑行、空中开伞或拉网辅助降落等，如图2－12所示。

固定翼无人机优点较多，如具备较高的稳定性和可靠性，能够在恶劣天气条件下工

82

作；飞行速度快，搭载灵活，能搭载多种载荷组合，适用于不同的应用需求；载荷重量大，可以长时间航行，可覆盖更大的航摄区域等。其缺点同样明显：起降需较长跑道，不适用于狭窄或不平坦的地形；机身结构复杂，维护难度大；无法悬停；相对于多旋翼无人机，成本较高。

图 2-12　固定翼无人机示意图

2）多旋翼无人机。多旋翼无人机是一种具有三个及以上旋翼轴的无人驾驶旋翼飞行器，常见的多旋翼无人机有四旋翼、六旋翼、八旋翼等，如图 2-13 所示。

多旋翼最大的特点是具有多对旋翼，通过每个轴上的电动机转动，带动旋翼，从而产生升推力。旋翼的总距固定，通过改变不同旋翼之间的相对转速，改变单轴推进力的大小，从而控制飞行器的运动轨迹。一般可以分为四个方向的运行，分别为升降、俯仰、前后和偏航。多旋翼无人机作为航拍机，具备体积小、重量轻、结构紧凑、噪声小、操控性强、可垂直起降和悬停等优点，主要适用于低空、低速、有垂直起降和悬停要求的任务类型。

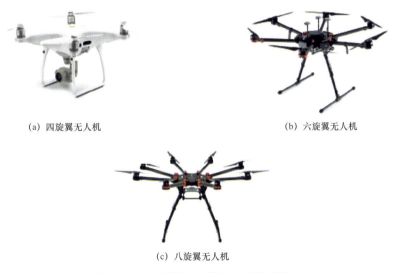

(a) 四旋翼无人机　　　　　　　　　　　　(b) 六旋翼无人机

(c) 八旋翼无人机

图 2-13　多类别多旋翼无人机示意图

3）复合翼无人机。复合翼无人机在现有的固定翼无人机平台上增加了多旋翼动力部分（见图2-14），在充分保证固定翼无人机优点的基础上，解决了固定翼无人机最大的难点—起降方式，因为采用了旋翼机垂直起降，起降地点、降落精度、起飞空域等难点均得到了解决。复合翼无人机因此具备固定翼与旋翼无人机这两种无人机的优势：飞行速度快、飞行高度高、飞行时间长、垂直起降、悬停等。目前固定翼无人机逐渐被复合翼无人机代替。

图2-14　复合翼无人机示意图

（2）载荷设备。无人机低空遥感一般采用非测量相机、轻小型机载激光雷达、倾斜摄影相机及视频传感器等作为载荷设备。载荷设备的性能越好，所采集数据的精度越高、质量越好。实际作业中，需综合考虑成本、无人机起飞质量及续航时间等因素，根据不同类型的遥感任务，灵活选用相应的机载遥感设备。

（3）控制系统。无人机控制系统主要包含飞行控制系统、数据传输系统和地面监控系统等。控制系统的各子系统间互相匹配使用，通过无线传输模块实现对无人机和载荷设备的状态监控，同步记录飞行平台执行任务时的位置和姿态等参数信息。在智慧应急场景应用中，无人机能够在远距离范围内执行任务，高速、稳定的通信系统将采集地面信息及时传递给数据处理平台。

（4）数据处理平台及其他附属设备。数据处理平台及其他附属设备，包括数据处理软件平台、多节点计算集群等。主要功能是通过无人机平台与地面站的实时数据传输、遥控信号的双向交互，实时获取无人机遥感采集的地面数据，实现边飞边处理，支持实时拼图、快速建模、全动态视频融合，实现灾害现场实景三维立体数据场景的高效还原，并提供三维量测、智能标绘、空间分析、定制化智能 AI 识别等功能，将时效性与智能性集成到数据处理平台内，提高无人机遥感系统的整体效率。目前国内外主流的无人机遥感处理软件有 Smart3D、DP Smart、pix4D、Photoscan 等，这些软件都可以实现空三加密、密集匹配、点云生成、三维重建等工作。

2.7.2　智慧应急应用

1. 智慧应急测绘应用

应急测绘的关键在于"急、难、险"，因此，快速、有效获取灾害现场情况，调查摸底灾区范围面积、灾情程度等，对于指挥决策、生命救援至关重要，是重大自然灾害抢险救灾的首要问题。

无人机遥感技术能在有限的时间、空间内，以有限的资源提升无人机遥感作业能力，能够在短时间内快速响应，快速获取现势性强、高分辨率的遥感影像数据，现场处理生成数字正射影像（Digital Ortho Map，DOM）以及实景三维模型成果，对于精细的灾害现场调查和测量工作非常重要，为抢险救援工作提供测绘保障。

因此，基于无人机低空遥感的智慧应急应用从快速响应、数据快速获取、数据高效处理及发布等几个方面着手。当应急事件发生后，根据应急响应级别制定无人机应急响应方案，快速响应开展无人机遥感技术系统工作。现场无人机作业开展灾情影像实时传输和灾情影像获取工作，通过实时图传系统将实时飞行采集数据传给地面数据处理平台，开展实时拼图、快速建模、全动态视频融合，实现灾害现场实景三维场景的高效还原并发布，最大限度地提升工作效率，方便后方指挥部开展指挥决策工作，为灾害处置、恢复和灾后重建争取时间。

（1）快速响应航线规划。无人机遥感作业每个环节都需要人工设定飞行参数，参数的设定直接影响飞行的生存概率与产出的图像质量，所以预规划与实时规划是无人机作业阶段的重要研究内容。

1）航摄方案制定。明确航测任务选取的无人机、飞行参数、任务范围、天气情况、飞行安全等信息，制定无人机航摄任务书。

区域规划：确定无人机摄区工作范围，可提前在地图平台上了解地形地貌，了解飞行条件、起降场地。

飞行平台选择：根据航测范围大小、影像重叠率、地面分辨率等技术要求，确定无人机参数，包括续航时间、载荷类型，选择合适的航飞无人机。

相机选择：一般根据成果要求选择合适的航拍相机。常用的有：正射相机、倾斜摄影相机。相机主要考虑以下几个关键参数：分辨率、焦距、像元尺寸、像幅大小、镜头质量。

航高设计：要充分顾及地形起伏、飞行安全和影像的有效分辨率。在地形起伏比较大的测区，为了保证成图分辨率，一般考虑对测区进行分区飞行。分区内的地形高差不应大于 1/6 航高。无人机航空摄影测量的重叠度一般较高，通常采用航向重叠度大于75%，旁向重叠度大于60%。

2）航线规划。航迹规划是根据航摄任务书中设计好的航飞参数，对无人机的飞行路径进行规划的过程，通过无人机遥感控制系统的飞控软件来设计飞行航迹，如图 2－15 所示。

航线生成后，测区列表右侧显示出测区信息预览，包括作业面积、任务飞行里程、相对航高、航线间距、航点最低/最高海拔、地面平均高程、地面最高点、航点平均海拔、航点数等信息。用户可以根据具体情况适当修改，包括飞行高度、航带宽度/数量、预转弯阈值、影像重叠率、转弯半径等，也可以拖动测区多边形顶点，重新生成新测区航线。如果航测项目区域较大，周期较长，单一架次无法完成外业数据的采集，需要进行多架次航飞，在软件中可以选择一个或多个测区，按照设置的参数进行架次划分。

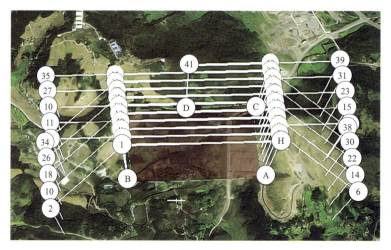

图 2-15　航线设计示意图

（2）应急数据快速获取。航迹规划完成之后，可以进行无人机航摄的实施工作。飞控软件加载并上传航线后，进行飞行检查、机务检查、遥控器检查、磁罗盘检查、飞行任务检查、应急参数检查等相关检查，检查完毕，确认设备正常工作后，执行任务起飞。

起飞后，将按照设定流程、规划的航线完成自主飞行。飞行过程中，根据需要和具体情况，可以通过任务指令对飞机进行控制操作，包括起飞操控、飞行模式切换、视距内飞行监控、视距外飞行监控、任务设备指令控制和降落阶段操控等。在智慧应急场景应用中，无人机实时图传系统将采集影像数据传递给地面数据处理平台。

最后，进行飞行质量检查。检查无人机拍摄的照片数量、重叠度、分辨率是否满足要求，此外还需检查航摄成果是否缺漏，是否完全包含整个测区。查看影像是否过曝或曝光不足，照片有无模糊、拖影的情况，如果大量出现这些问题，需要考虑检查相机镜头是否存在问题，排除问题后再重新进行航飞。

（3）应急数据高效处理。地面数据处理平台及其他附属设备，以天际航应急处理工具箱为例，包括了数据处理软件平台、多节点计算集群，通过先进的算法和多节点计算集群的高效处理，实现边飞边处理，支持实时拼图、快速建模、全动态视频生成、地物智能识别等，实现灾害现场实景三维模型的快速生成，在较大程度上缩短了数据处理的时间，提高了工作效率。

注：以下效果图均来自天际航应急处理工具箱。

1）实时拼图。无人机遥感系统采集的序列影像或者视频数据，通过实时图像传输给地面数据处理平台后，快速三维重建软件自动组织工程、进行参数设置，自动化地构建快拼处理任务，边飞边建，秒级延迟，实现正射影像的实时生成，拼接成果可实时更新查看，如图 2-16 所示。

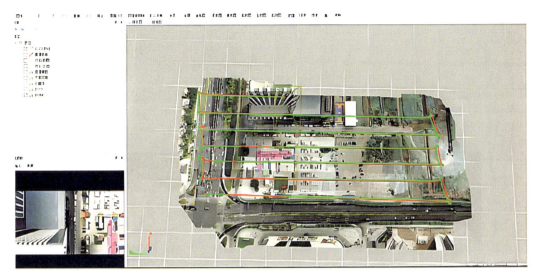

图 2-16　实时拼图

2）快速建模。快速实景三维建模系统采用基于运动恢复结构算法等摄影测量定向法，结合序列影像以及高精度 POS 信息，通过特征提取、特征匹配、精化匹配点对、光束法平差等步骤，实现初始的多视影像联合定向。在定向完成后，通过密集匹配算法，将完成定向的序列影像转换为三维密集点云数据，并同步显示在三维场景中。由于采用惯序输出的方式输出定向参数，因此生成的密集点云是按照拍摄顺序依序生成。

a. 密集匹配。在进行三维重建的过程中，密集匹配是非常重要的一环，其核心是通过对一组或多组影像中逐像素寻找尽可能多的同名点，并估计它们的视差的技术，通过密集匹配和视差估计，可以生成深度图，可以帮助确定物体的形状、大小和位置，从而反推出每一个像素点对应的三维坐标，如图 2-17 所示。

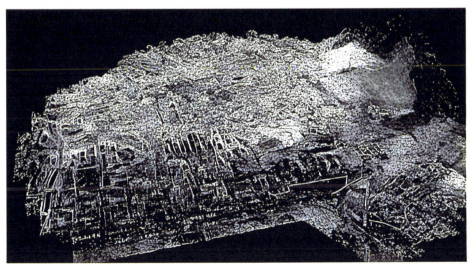

图 2-17　密集匹配生成点云

b. 网格重建。网格重建是一种将点云数据转换为由不规则三角面片组成的三维模型的过程。采用网格均匀分布的多条件约束改进泊松方程进行曲面重建，引入点集分布约束、形状约束和稀疏约束等多条件约束，在构网的同时对顶点的位置和网格形状进行均匀分布优化；利用局部特征保持的建筑物构筑物特征提取方法，对提取的特征线以及面片进行主成分分析确定模型轮廓特征线，通过特征线、面拓扑关系构建结构化精细几何模型，如图2-18所示。

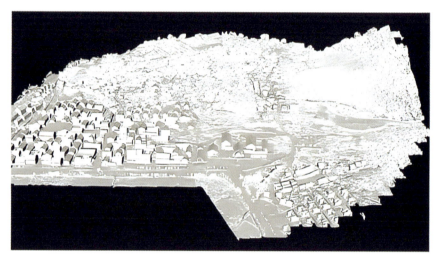

图2-18 网格构建

c. 纹理贴图。纹理映射是将二维图片上的纹理坐标映射到三维模型上，以此来增强网格的视觉展示效果，利用视点相关的纹理映射方法，将纹理映射问题转换为一个马尔可夫随机场问题，进而借助图割方法求解最优能量函数。通过纹理色彩不连续性补偿技术在纹理接缝处优化处理，去除光照强度不连续性，得到全局连续一致的纹理，如图2-19所示。

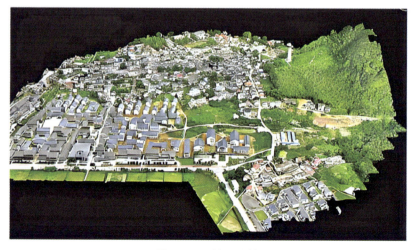

图2-19 纹理映射

88

地面数据处理平台支持多种传感器数据，包括可见光、红外等序列影像数据、视频数据。通过集成三维实时建模算法，可自动化进行三维重建，通过多节点计算引擎，渐进式输出高精度 3D 实景模型。快速实景三维建模如图 2-20 所示。

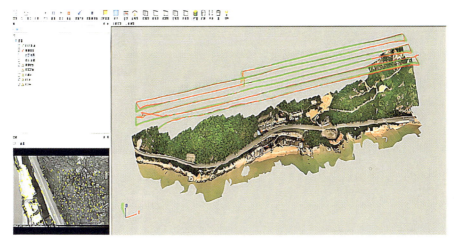

图 2-20   快速实景三维建模

3）视频定向融合。全动态视频是指将视频流和相关元数据组合成一个视频文件。无人机遥感系统采集的视频定向后生成全动态视频，可以与应急现场实景三维数据进行联动，使视频具备地理空间感知、空间联动、空间分析等特性，视频的视场域、飞行航线、相机中心点都可以实时显示在三维底座上，也可以在视频上进行距离、面积测量，地物标绘，关键帧影像融合至底图，叠加播放等操作，产生的成果同步到三维模型上进行联动，如图 2-21 所示。

图 2-21   全动态视频融合

4）关键目标 AI 识别。地面数据处理平台可集成 AI 智能计算模块，实现对应急灾害现场关键目标的智能识别，包括但不限于人员、车辆、建筑、道路、水体、植被等类型，并提供工程管理、样本标注、模型训练、模型推理等功能，通过强大算法库支撑，提高智能识别准确率。用户可以根据需要，定制目标识别模型，实现重点目标的高精度定位、跟踪，如图2-22所示。

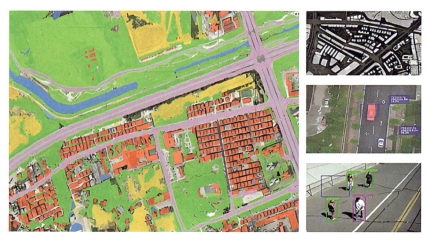

图2-22 AI识别、定位、跟踪

（4）综合态势展示。地面数据处理平台，通过先进的算法和多节点计算集群高效处理快速构建的实景三维数据底座、数字正射影像、数字表面模型、定向影像视频、智能目标识别结果等多种数据，快速发布，在"一张图"内融合展示，构建一个立体直观的应急灾害现场，能够全方位展示灾区真实三维效果，如图2-23所示，为灾害评估提供了高精度数据基础。并提供三维测量、智能标绘、空间分析、多期数据对比等功能，可以辅助全方位分析灾害的影响范围和确定风险等级，使得对灾害影响范围、方向和程度进行全面分析成为可能。

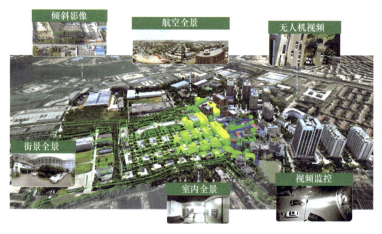

图2-23 全要素实景三维数据综合展示示意图

因此，通过多源成果数据综合态势一张图展示，为应急灾害监测与评估提供了高效、精准的手段，便于指挥中心快速掌握目标区域现状，为降低灾害风险和提高应对能力提供了科学支持。

2. 地震灾害应急应用

无人机遥感在重大自然灾害突发后开展大面积的应急调查、快速评估、次生灾害预警等领域具有优势，一般采用相对大型、复杂和专业的无人机遥感系统和有人机协作，快速采集灾害区域遥感影像数据，利用计算集群后处理获取，在重大自然灾害（如汶川地震、玉树地震、芦山地震、鲁甸地震等）中已有重要应用。例如在汶川地震中，利用无人机航空遥感系统，采用低空（相对高差200m）云下飞行方式，获取了受灾区域高分辨率影像和视频数据，航测影像立即提供给现场指挥部，为评价灾区受灾情况，制定救灾方案提供科学依据。之后利用多架无人机获取受灾地区的多源高分率航空遥感数据，开展了灾后地质灾害信息快速勘测中信息提取研究，可快速确定滑坡、泥石流等地质灾害体的空间位置，对于及时快速了解灾区的房屋、道路等损毁程度与空间分布，以及地震次生灾害如滑坡、崩塌以及由此而形成的堰塞湖的分布状况与动态变化等，发挥了重要作用。后期采用低空无人机及直升机为平台，开展了基于无人机的地震灾区遥感影像获取与处理工作研究，以获取唐家山堰塞湖区域及灾区其他堰塞湖实时高分辨率光学影像数据，和其他同期多源空间信息数据进行集成，构建了地震应急三维可视化遥感影像管理系统，为抗震救灾提供了直观可靠的实时灾情信息和分析手段。

3. 山体滑坡应急应用

绝大多数自然灾害都属于中小型单体灾害，单体灾害一般规模较小，常位于地形高差较大的山谷斜坡，人眼可视范围有限，很多灾害区域无法涉足，且局部气象条件变化迅速。鉴于此，采用更为简单灵活的小型无人机遥感航测系统，将大大提高单体灾害应急处置效率，实现在数小时内根据应急调查结果确定应急处置方案。例如某区域突发高位垮塌，采用无人机遥感系统开展高精度倾斜航摄作业，完成地面分辨率5cm的倾斜摄影数据采集，利用高性能便携式工作站，完成了灾区高精度的数字正射影像（DOM）、实景三维模型制作。通过与历史资料以及高精度三维模型分析对比（见图2-24），将对灾情的评判、危险区的预测和应急建议汇报给现场指挥部，为现场抢险工作提供了重要决策依据。

图2-24 山体滑坡前后分析对比

4. 森林防火应急应用

无人机遥感航测系统具备高度灵活性和实时性，可搭载红外热成像仪、高清摄像机等多种传感器对森林进行实时巡查监测。借助无人机高空视角、实时图像传输的优势，巡查人员能全面看到林区内各类动态信息，及时发现林区内火点、烟点等火灾隐患，提前预警，从而避免火灾的蔓延。相对于传统的人工巡查和卫星遥感监测，无人机遥感具备更高的时空分辨率和实时性，能够显著提高火情监测的准确性和时效性，这对森林火灾的防控工作具有重要意义。

在火灾发生时，无人机遥感可在火场上空进行快速勘察，红外热成像镜头能穿透烟雾直接获取火情现场信息（见图 2-25），通过实时传输火场范围、火势蔓延方向等信息，第一时间为指挥部门提供制定火灾救援策略提供信息支撑，为保护森林资源和人民群众生命财产安全提供科技助力。

图 2-25　火灾现场监测

火灾过后，无人机遥感航测系统可快速对受灾区域进行航拍，获取高清影像，对灾害现场进行实景三维建模，能帮助相关部门全面了解受灾情况，制定合理的救助措施和重建规划，为灾后评估和重建工作提供有力支持，最大限度地减轻火灾对受灾群众的影响。也可以监测火灾遗留的隐患，如滑坡、泥石流等次生灾害，提前预警并采取防范措施。

2.7.3　发展趋势

我国是世界上自然灾害最为严重的国家之一，灾害种类多，分布地域广，发生频率高，造成损失重。如何建立高效的智慧应急现场态势感知系统，降低受灾人员的生命财产损失，维护社会秩序的稳定，对于推动我国应急管理现代化建设有现实而深远的意义。

现代测绘技术和地理信息是准确掌握灾情险情和突发事件的重要手段，是科学决策和指挥、有效组织和实施减灾救灾的基础依据，在自然灾害和突发事件应急处理中的作用和地位日益凸显甚至不可或缺。从十多年来的应急测绘保障服务的实践来看，利用无人机遥感技术在汶川特大地震、玉树强烈地震、舟曲特大山洪泥石流等重大自然灾害中快速响应，及时提供灾害区域基础地理信息，为防灾减灾的指挥决策和灾后重建中发挥了重要的服务保障作用。因此，大力发展无人机遥感技术，加强测绘应急能力建设，做好各类自然灾害和突发事件的测绘保障服务，是应急管理现代化建设不可或缺的重要环节。

1. 多源遥感数据融合

随着无人机遥感技术、传感器平台的发展，无人机遥感系统可以获取包括高分辨率可见光影像、红外影像、多光谱和高光谱影像、视频、激光雷达点云在内的多源化遥感数据。其采集方式由传统的单一视角、单一传感器、单时相和单尺度向多视角采集成像、多模态协同、多时相融合和多尺度联动等方向发展。

与单一传感器观测数据相比，多源多模态遥感影像数据具有冗余性、互补性和合作性的特点，在同一环境或对象下，通过多源多模态数据的融合，可以提供更丰富的高质量信息，来满足智慧应急各种应用需求。

多源遥感数据处理特征主要体现在三个方面：多特征匹配、多源控制和分布式并行计算。传统数字摄影测量中的影像匹配主要考虑影像间的特征点提取，主要通过基于局部灰度的算法进行匹配，无法适用于存在显著几何变形的多视角多尺度影像、存在显著非线性辐射差异的异源多模态影像和数据差异较大的多源数据联合处理等情况。因此，基于线特征或 SIFT 特征匹配、基于方向梯度直方图匹配、基于相位相关扩展算法的频率域匹配和点、线、面等多种特征耦合配准方法发展迅速。

随着遥感数据展现出多源异构和海量增长的特性，对遥感数据处理系统的存储、处理和分析能力提出了前所未有的挑战。传统的摄影测量系统，尤其是基于单机单核的作业模式，在计算效率和存储扩展性方面已难以满足高精度、高时效的现代遥感应用需求。因此，遥感数据处理技术正在经历深刻的变革，逐步向多核并行计算、异构计算以及实时处理的方向演进。在这样的背景下，云计算凭借其庞大的规模、可靠的弹性资源调度、强大的数据安全保障能力、可无限拓展的存储规模以及高性能的分布式处理能力，已经成为解决海量遥感大数据高效、实时处理难题的关键途径和理想平台。

2. 智能遥感

智能遥感是一种融合人工智能（AI）、深度学习、大数据等先进技术与传统遥感技术的新型技术体系，旨在通过智能化手段提升遥感数据的处理效率、解释精度和应用广度。

数字摄影测量与人工智能技术密切相关，人工智能发展过程中衍生的机器视觉和机器学习技术已经广泛应用于测绘遥感相关领域。伴随着遥感影像与计算机技术的不断发展，目视解译逐渐向人机交互遥感解译发展。人机交互遥感解译是目视解译结合遥感影像、地理信息系统的一种解译方式，主要利用地理信息系统提供的可视化交互环境、项目分类与专题解译数据、空间分析模型及数值计算工具进行应急灾害的解译工作。

在现代应急管理过程中，通过智能遥感技术，可快速分析处理从灾害区域各种来源收集的大量数据，包括无人机遥感影像、卫星图像、气象站和历史记录等，并识别人类可能不清楚的重要模式和关系，实现灾害的实时监测、预警，并根据预警警报向相关部门和应急响应人员发出自动警报，进行资源分配调度。也可以模拟各类灾害场景，为决策者提供科学、精准的应急方案，大大缩短从预警到行动的响应时间。

灾害应急救援过程中，通过智能遥感技术，可以分析识别无人机遥感采集的受灾地区的高分辨率图像和视频，使用算法准确识别和分类建筑、基础设施和其他关键资产的损坏情况，进行灾害的快速损害评估。灾害救援时被掩埋人员的识别、灾害区域范围内人员的流动情况等，可以通过搜索推理技术从大量的数据信息中学习目标特征，对目标进行描述，按照一定规则、算法识别现有对象，并建立相互之间的联系，提升目标识别分类的准确性，确保及时识别、搜寻、跟踪与监测到关键目标。

灾害应急处置过程中，基于智能遥感技术可以对以往积累的海量灾害信息进行无监督学习，挖掘数据资源中有价值的信息，并进行抽象表示，发现灾情发展规律，建立认识和预测灾害的模型，从而能够有效"筛除"大量的重复、冗余的信息，并根据现有灾情数据进行特征分析，预测灾情后续发展，为管理者决策提供支撑。

基于无人机遥感技术、人工智能技术的灾害应急决策辅助体系以无人机为载体获取动态监测数据，结合人工智能计算，实现了信息采集、数据处理及监测预警、定位跟踪等功能，提高公共安全管理部门和应急救援部门的技术装备水平和救援效率，加强多部门的协同合作，从而更好地实现灾害监测及应急救援的辅助决策支持，提高事故应急响应速度、救援能力和决策指挥水平。

参 考 文 献

[1] Cavanillas J M, Curry E, Wahlster W. New horizons for a data-driven economy: a roadmap for usage and exploitation of big data in Europe [M]. Cham: Springer Publishing Company, Incorporated, 2016.

[2] Chen M, Mao S, Zhang Y, et al. Big data: related technologies, challenges and future prospects [M]. Cham: Springer International Publishing, 2014.

[3] 常志军，钱力，谢靖，等. 基于分布式技术的科技文献大数据平台的建设研究 [J]. 数据分析与知识发现，2021，5（3）：69－77.

[4] R. Nair L, D. Shetty S. Research in big data and analytics: An overview [J]. International Journal of Computer Applications, 2014, 108(14): 19－23.

[5] Kadhim Jawad W, M. Al-Bakry A. Big data analytics: A survey [J]. Iraqi Journal for Computers and Informatics, 2022, 49(1): 41－51.

[6] Antony Prakash A. Impact of big data analytics in recent trends[J]. International Journal of Science and Research(IJSR), 2024, 13(2): 68－73.

[7] Zheng T, Chen G, Wang X, et al. Real-time intelligent big data processing: technology, platform, and applications [J]. Science China Information Sciences, 2019, 62(8): 82101.

[8] 张佳乐，赵彦超，陈兵，等. 边缘计算数据安全与隐私保护研究综述 [J]. 通信学报，2018，39（3）：1－21.

[9] Wang C, Yuan Z, Zhou P, et al. The security and privacy of mobile-edge computing%3A an artificial

intelligence perspective［J］. IEEE Internet of Things Journal, 2023, 10(24): 22008－22032.

［10］任泽裕，王振超，柯尊旺，等. 多模态数据融合综述［J］. 计算机工程与应用，2021，57（18）：49－64.

［11］Gupta I, Nagpal G. Artificial intelligence and expert systems［M］. Dulles, Virginia: Mercury Learning and Information, 2020.

［12］郑纬民. 处理人工智能应用的高性能计算机的架构和评测［J］. 重庆邮电大学学报（自然科学版），2021，33（2）：171－175.

［13］Bajwa A. Ai-based emergency response systems: A systematic literature review on smart infrastructure safety［J］. American Journal of Advanced Technology and Engineering Solutions, 2025, 1(1): 174－200.

［14］Madakam S, Ramaswamy R, Tripathi S. Internet of Things(IoT): A Literature Review［J］. Journal of Computer and Communications, 2015, 03(05): 164－173.

［15］Alghofaili Y, Albattah A, Alrajeh N, et al. Secure cloud infrastructure: A survey on issues, current solutions, and open challenges［J］. Applied Sciences, 2021, 11(19): 1－16.

［16］Fuller A, Fan Z, Day C, et al. Digital Twin: Enabling Technologies, Challenges and Open Research［J］. IEEE Access, 2020, 8: 108952－108971.

［17］Zhang Z, Zhu L. A Review on Unmanned Aerial Vehicle Remote Sensing: Platforms, Sensors, Data Processing Methods, and Applications［J］. Drones, 2023, 7(6): 398.

第3章 总 体 框 架

3.1 总体架构

智慧应急系统的总体架构是指为了应对突发事件（如自然灾害、事故灾难、公共卫生事件和社会安全事件等）而构建的一种智能化、系统化、集成化的应急管理体系。它依托于大数据、人工智能、物联网、云计算等现代信息技术，构建了一个全面感知、实时监测、快速响应、精准预警和高效协同的应急管理、应急指挥体系，涵盖从信息采集、风险分析、决策支持到应急响应的完整流程，以确保信息在各层级和各环节中顺畅流动，以实现高效协同的应急管理目标，全面提升应急管理和响应的效率与质量，并最终提高公共安全水平和社会韧性。

3.1.1 四横四纵架构

应急管理部于 2018 年发布了《应急管理信息化发展战略规划框架》，确立了应急管理信息化发展的"四横四纵"总体架构。该架构将感知网络、通信网络、数据支撑、标准规范等体系融合进一个统一的框架，从而实现从信息采集到应急响应的全流程覆盖和管理。规划的目标是通过横向技术体系与纵向运行机制的协同作用，构建一个全面、高效、智能的应急管理体系，以提高应急管理的能力和水平。

1. 四横

"四横"部分包括"两网络"及"两体系"，构成了智慧应急的关键技术支撑体系：

（1）全域覆盖的感知网络。该网络通过多种传感设备（如环境传感器、摄像头、卫星监测设备、无人机等）进行实时、全面的应急信息采集。感知网络覆盖地面、空中、地下等全域空间，可对潜在自然灾害发生区域、高危行业领域进行持续监测，为智慧应急系统提供全面、动态的风险监测数据，从而形成智慧应急系统的全域感知能力。

（2）天地一体的应急通信网络。应急通信网络整合了卫星通信、地面移动通信、有线网络、自组织网络等多种通信手段，形成天地一体、全天候、高韧性的应急通信网络，为智慧应急系统的数据、指令、情报传输提供快速、可靠的数据传输网络，从而使智慧

96

应急系统的数据传输网络具备广域覆盖能力、高抗毁能力。

（3）先进强大的大数据支撑体系。通过建设应急管理数据中心、应急管理业务云，形成高性能、弹性可扩展、广泛兼容的云计算服务能力。建立全域汇聚、全维度融合的大规模数据治理体系，实现数据资源的精细化管控、分类化组织、精准化服务和安全化运营，全面满足现代化应急管理对数据资源的管理要求。

（4）智慧协同的业务应用体系。基于人工智能技术、现代信息技术，构建应急管理"智慧大脑"，形成一体化的应急管理大数据应用平台，为用户提供集成化、统一化的应用服务入口。通过模型构建平台、应用构建平台和应用发布平台等关键技术组件，为上层业务应用层的监督管理、监测预警、指挥救援、决策支持、政务管理等核心业务应用提供关键能力支撑，全面满足日常管理、突发事件应对等不同场景下的全流程业务需求。

2. 四纵

"四纵"部分包括"两体系"及"两机制"，覆盖应急管理的组织、机制和标准规范，确保系统各方面协同运作，为实现高效应急管理的保障体系、规范体系、工作机制、创新机制提供支撑。

（1）运行保障体系。通过建立多层次、全方位的安全防护体系，为应急管理系统提供全面而立体的安全防控保障。同时，通过制定科学、完善的运维管理制度和快速响应机制，形成智能化、科学化的运维管理体系，确保信息传输网络及应急管理系统安全、稳定、高效地运行。

（2）标准规范体系。建设严谨全面的标准规范体系。建设涵盖数据格式、设备接口、通信协议、流程规则等方面的标准规范，形成相互联系、相互补充的标准规范体系。通过统一的标准体系，有效促进跨部门和跨系统的协作，保障应急管理各环节信息无缝衔接，提升信息共享的效率和系统的兼容性。

（3）信息化工作机制。建立统一完备的信息化工作机制。在应急管理部的统一规划下，建立统一领导、多级分工的信息化工作领导体系，确保地方各级机构分工明确、协同高效。通过建立和完善信息化建设项目的协调机制、管理机制、考核机制，保障信息化建设的顺利推进和高效运行。

（4）科技力量汇集机制。建立创新多元的科技力量汇集机制。通过与学术机构及研究机构的紧密合作，培育出专业的研究团队，并建立一套针对应急管理信息化的专业人才培养体系。致力于强化先进技术的研发、整合与集成创新，构建一个开放的"政产学研用"协同创新机制及产业生态系统，以调动社会各方力量，共同致力于应急管理信息化建设。

3.1.2 逻辑架构

智慧应急系统的总体架构是一个多层次、综合性的体系，旨在通过现代信息技术和智能化手段，实现对应急管理全过程的高效管理和快速响应。其主要可划分为数据感知层、ICT 基础设施层、大数据支撑层、智慧应用层（见图 3－1）。

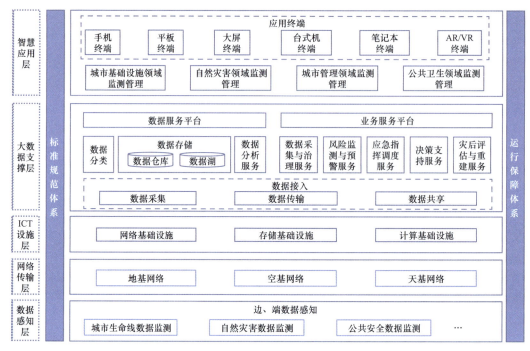

图 3–1　智慧应急系统总体架构图

1. 数据感知层

数据感知层作为智慧应急系统的基础构件，主要负责风险相关数据采集及感知。通过多种类型的传感器和边、端侧数据处理设备，实现对环境与设施状态的实时监测，捕获关键风险指标。该层的输出为系统的早期识别与预警机制提供了数据支撑，是实现及时响应的前提。数据感知层的效能直接影响到系统的预防能力和应急效率。

2. ICT 基础设施层

ICT 基础设施层是智慧应急系统的底层支撑，包括计算、存储、网络和通信等硬件及基础软件资源，通过云计算、物联网、5G 通信、大数据存储和网络安全等技术，为上层应用提供资源保障，实现数据传输、数据处理与存储。

3. 大数据支撑层

大数据支撑层是智慧应急管理系统的核心，负责数据汇集、数据治理、数据服务，该层集成了多种数据通信、数据治理组件，汇集来自数据感知层的海量风险感知数据，并进行数据治理，通过数据服务平台、业务服务平台，为应急管理应用提供数据服务。

（1）数据服务平台。提供数据的深度处理和分析服务，依托大数据、人工智能、云计算等技术，实现对多源异构数据的存储、处理、分析和管理，为风险监测、风险预警、决策制定和应急响应提供关键性的数据支持及智能化支持。

（2）业务服务平台。是智慧应急系统中的一个关键集成化服务中枢，它负责协调和管理整个系统的运行。该平台具备动态管理和优化应急响应流程的功能，提供实时数据处理、资源调度、决策支持和用户交互等核心服务。它通过模块化设计和高效的性能优化，确保了在高负荷条件下的稳定性和响应速度，使其能够高效、灵活地应对各种紧急情况。

4. 智慧应用层

智慧应用层面向应急管理的监督管理、监测预警、指挥救援、决策支持、政务管理业务领域，依托大数据分析、人工智能、数字孪生、自动化决策等技术，提供灾害预警、应急指挥、资源调度、态势感知和辅助决策等智能化应用服务。其围绕智慧应急管理的领域业务需求，将大数据支撑层所提供的数据服务、业务服务转化为应用解决方案，提升应急管理的效率和质量。

5. 运行保障体系

智慧应急系统的运行保障体系是一套综合性的技术管理体系、标准规范体系，其主要目的在于维护系统运行的高效性、稳定性和安全性。该体系通过一系列措施，全面覆盖了数据安全、网络安全、系统安全及物理安全等多个关键领域。它旨在通过技术防护和管理控制，确保信息的完整性、机密性和可用性，同时抵御外部威胁和内部风险。运行保障体系还强调对系统可靠性的持续提升，通过实施系统监控、风险评估和应急响应计划，增强系统对于潜在故障和攻击的预防和恢复能力。

3.2 数据感知层

数据感知层负责信息的感知及传输。数据感知层利用传感器进行数据采集，结合智能处理模型及算法提取关键数据信息，依托地基、天基、空基等数据通信网络，进行数据信息的采集、传输及汇集。

数据感知层在智慧应急系统中扮演着至关重要的角色，是智慧应急系统的数据基石。它处于整个系统框架的最底层，通过各类传感器及终端设备，获取、收集和来自各种环境和设施的实时数据，为系统提供关键的风险监测数据及信息。这种感知能力使得智慧应急系统能够及时识别潜在的自然灾害、城市基础设施故障和公共安全事件，从而实现早期预警和快速响应。

3.2.1 基本要求

智能感知技术（Intelligent Perception Technology）是指通过各种传感器和技术手段，收集和分析环境中的数据，从而对周围环境进行实时感知和理解的过程。通过物联网、云计算、大数据、人工智能、自动控制、移动互联网、机器人化装备等技术，可以对环境、物体和人体的信息进行感知、识别和理解。它是智慧应急系统的基础，通过智能感知，可以实现对突发事件的早期发现、准确判断和快速响应。

智能感知是智慧应急系统的基础，需要具备高精度、高实时性和多源数据融合的能力，涉及实时性、准确性、稳定性等要求。

（1）实时性是指智能感知系统能够在最短的时间内对环境变化作出反应，并将数据实时传输到应急指挥中心。高实时性的要求确保系统能够快速发现和响应突发事件，避免因延迟导致的严重后果。在智慧应急系统中，实时性至关重要。在地震监测中，传感器需要在几秒钟内检测到地震波并发出警报，以便人们能够及时采取避险措施。

（2）准确性是指智能感知系统能够精确地检测和分析环境中的变化，并提供高质量的数据支持。高准确性的要求确保系统能够正确识别和评估各种风险，从而为应急决策提供可靠的依据。提高智能感知系统准确性的关键在于建立有效的数据准确性测量框架，利用机器学习等先进技术进行数据分析和预测，设计支持信息相关性判定的系统，以及采用基于数据仓库的决策支持系统等信息处理技术。这些方法和技术的应用能够显著提升智慧应急系统的准确性，为应急决策提供可靠的依据。

（3）稳定性是指智能感知系统能够在各种环境条件下持续、可靠地运行，不受外界干扰影响。高稳定性的要求确保系统能够在极端天气、复杂地形和其他不利条件下仍然正常工作。在城市基础设施监测中，传感器需要长期稳定运行，监测桥梁、隧道等关键设施的健康状态，及时发现并预警潜在的结构性问题，保障公共安全。智慧应急系统中传感器和数据传输设备的稳定性是确保系统能够在各种环境条件下正常工作的关键。通过采用自动化测试系统、基于物联网的操作系统设计、智能化稳定平台技术以及多传感器数据融合等方法，可以有效提高系统的稳定性和可靠性。

综上所述，数据感知层的实时性、准确性和稳定性是智慧应急系统高效运行的基本要求。通过不断提升这些技术特性，智慧应急系统能够更好地应对各种突发事件，提供更可靠的预警和响应措施，从而提升智慧应急系统的整体性能和应急响应能力。

3.2.2 逻辑架构

智慧应急系统采用"云－边－端"架构，在数据感知层逻辑架构主要涉及边侧和端侧。

图 3－2　数据感知层的架构图

边缘设备是位于网络层级边缘的智能计算设备，主要包括边缘计算设备、边缘网络设备、边缘存储设备、边缘控制设备，它们部署在通信网络的边缘，靠近数据源端。这些设备通常具备一定的计算和数据处理能力，能够对端侧传来的数据进行处理、分析、存储和转发。通过这种方式，边缘设备能够减少传输延迟、提升响应速度，降低通信所需的带宽，并减轻云端的处理负担。

端侧设备指的是部署在前端的智能硬件，主要包括数据采集设备、执行与控制设备、数据通信设备、智能终端设备，例如传感器、摄像头、无人机以及移动终端等。这些设备负责实时收集环境数据、监控现场状况，并将收集到的数据传输至云端或边缘计算节点，以便进行处理和分析。

端侧的数据采集设备具备数据采集模块，用于实时捕捉自然灾害、城市基础设施状态和公共安全事件等关键数据，部分具有高性能计算能力的数据采集设备还具备对原始数据的清洗、整合和初步分析能力，可以为智慧应急系统提供高质量的数据源输入。端侧的数据采集设备是实现实时监测和预警的关键组成部分，涉及环境监测传感器、地震监测传感器、水文监测传感器、气象监测传感器、气体监测传感器、结构健康监测传感器、视频监控设备、声音传感器、红外热像仪、WSAN、UW-ASN、土壤和植被监测传感器等。这些设备能够覆盖从地面到水下、从城市到自然环境的广泛监测需求，为灾害预警、事故预防、资源管理等提供精确的数据支持。

数据感知层主要依赖端侧数据采集设备的数据采集模块进行数据采集及感知。其数据获取涉及从环境或对象中收集信息并将其转换为可处理的数据格式的过程。这一过程不仅包括高精度的传感器信号采集，还涉及传感器网络技术、边缘计算、多源数据融合等多个关键技术领域。

3.3 网络传输层

网络传输层是智慧应急系统中至关重要的通信和数据传输枢纽，它借助无线网络、卫星通信、物联网等先进技术，构筑了一个全面覆盖、无缝连接、全天候运行的信息传输网络。该层负责将数据感知层收集的数据传输至大数据支撑层，并确保应用层下达的控制指令能够传递至感知层。此外，网络传输层还支持跨区域的信息共享与协同作业，为状态监测、灾害预警、资源调配以及决策指挥提供了不可或缺的通信基础设施。

3.3.1 基本要求

网络传输层需具备良好的可靠性、极低的延迟性、全面的安全性、灵活的扩展性以及广泛的兼容性，以确保在极端条件下应急管理系统的稳定运行。

（1）良好的可靠性。网络传输层需要具备良好的可靠性，确保在极端条件（如自然灾害或人为破坏）下仍能保持稳定运行，持续传输数据。为此，网络需采用冗余设计、快速故障检测与恢复机制，以及高效的错误检测与纠正技术，从而保障关键数据的可靠传输。

（2）较低的延迟性。在紧急情况下，实时通信和数据传输对快速响应和决策至关重要。网络传输层需提供低延迟的数据传输服务，确保指令、信息和数据能够迅速传递至各个节点和终端设备。这需要网络具备高效的路由选择算法、合理的带宽分配策略以及优化的协议栈设计，以最大限度地减少数据传输过程中的延迟。

（3）全面的安全性。应急数据通常包含敏感信息，如地理位置和救援方案等。网络传输层必须配备完善的安全保障措施，包括数据加密、身份认证和访问控制等技术，以防止数据泄露、篡改和未授权访问，确保数据的安全性和隐私性。

（4）灵活的扩展性。随着智慧应急系统的发展和应用范围的扩大，网络传输层需具备良好的扩展性，能够灵活适应网络规模的增长以及新设备和应用的接入。这要求网络架构设计合理，支持模块化扩展和升级，以满足不断变化的应用场景和业务需求。

（5）广泛的兼容性。智慧应急系统通常需要整合多种通信技术和网络设备，因此网络传输层需具备良好的兼容性，能够实现不同通信技术之间的无缝连接和协同工作。具体而言，需支持无线网络、卫星通信、物联网等多种网络的协同运行，构建无缝连接的信息传输网络，确保跨区域通信和数据传输的连续性和一致性。

3.3.2 逻辑架构

网络传输层可根据网络节点的主要部署位置及组网方式，分为地基、空基、天基三个层次。

（1）地基网络即地面通信网络，是由地面通信设施构建的网络体系。其接入节点、交换节点、路由节点主要分布在地面，具备广泛的覆盖范围、高带宽和稳定性。然而，这些网络节点易受地形环境限制和影响，且对自然灾害较为敏感。关键技术包括光纤通信、无线宽带技术、4G/5G 移动通信技术以及窄带物联网通信技术等。

（2）空基网络是利用无人机、飞艇等空中平台搭载通信设备所构建的网络系统，能够实现对特定区域的快速覆盖和灵活。空基网络一般采用无人机通信技术、浮空器通信技术、自组网技术，具有机动性强、部署灵活、覆盖范围广等特点。在智慧应急系统中，空基网络可以作为地基网络的补充和延伸，共同构建一个空地一体化的通信网络体系，能够在复杂地形或紧急情况下提供临时通信保障。

（3）天基网络指的是通过在太空平台上部署通信设备（如卫星）所构建的卫星通信网络。它主要由地球同步轨道（GEO）、中轨道（MEO）、低轨道（LEO）卫星通信系统组成。天基网络能够为偏远地区、海洋、空中等难以触及的区域提供通信服务，实现全球范围的覆盖。它具有覆盖范围广泛、不受地理条件限制以及抗毁性强等显著特点。在自然灾害等极端情况下，当地基网络通信中断时，天基网络依然能够提供稳定的通信链路，为救援指挥调度提供可靠的通信保障。

3.4 ICT 基础设施层

3.4.1 基本要求

ICT 基础设施层是现代智慧应急系统的基础性设施，需要具备高可靠性、高可扩展性、高安全性、高可用性和高连通性。

在可靠性方面，ICT 基础设施层采用分布式冗余部署、故障快速恢复等技术手段，可以有效提高系统的可靠性，减少服务中断风险。同时，高安全性设计应始终贯穿 ICT 基础设施层建设，通过加密传输技术、访问控制、安全审计等措施，从而有效保护应急数据免受威胁。高可用性要求系统具备强大的容错和恢复能力。在遭遇硬件故障、软件错误或自然灾害等突发事件时，能够实施有效的数据备份与恢复策略。高可扩展性在应急管理中的重要性体现在其能够为系统预留未来发展空间，便于根据实际需求灵活调整资源配置，持续满足应急管理的动态变化。高连通性不仅需要满足网络覆盖的广泛性与深度，还需要具备高带宽的能力，以应对大规模数据传输与处理的需求。

1. 高可靠性

在现代信息与通信技术（ICT）的基础设施层架构中，高可靠性是确保业务连续性和服务质量的关键因素。对于任何组织而言，ICT 基础设施层的高可靠性意味着系统即使面临单点故障带来的风险，还包括在面对各种极端挑战时能够无缝切换和稳定运行，从而避免服务中断和数据丢失。

（1）冗余设计。为实现服务的连续性和性能的稳定，首要采用的策略是冗余设计。冗余设计的基本思想是在系统中引入额外的组件或路径来部署多余的资源，如使用双网卡热备冗余机制，可以在网络通信中提高可靠性；采用双活数据中心的冗余设计实现方式，它允许在任一台主存储基础设备出现故障时，另一台主存储能够自动快速接管业务，实现零停机实时迁移；网络设备的双主控热备冗余设计可以提高分布式交换机的高可靠性等。有效的冗余设计可以通过多种方式实现，包括但不限于双网卡热备、双活数据中心架构和网络设备的双主控热备冗余设计，这些策略不仅可以提高系统的可靠性，还可以在一定程度上降低成本。

（2）备份机制。完善的数据备份和恢复机制也是智慧应急系统中不可或缺的一环。通过定期执行数据备份和恢复演练，采用高效的备份和恢复策略，以及利用现代技术如云计算，可以确保在断电、断网等极端情况下，导致数据丢失或损坏时，能够快速、准确地恢复数据，从而减少对业务的影响并保障业务的连续性。其中，全量备份、增量备份和差异备份是三种基本的备份方式，它们各有优缺点，并且可以根据数据的重要性和恢复时间目标（RTO）灵活调整。

（3）实时监控预警。利用先进的监控和管理工具对 ICT 基础设施进行实时监控和预警，也是提升系统可靠性的重要手段。监控工具对于智慧应急系统的健康至关重要，它们可以检测问题、确保组件的可用性，并测量这些组件使用的资源，通过自动化流程进行初步处理或通知管理人员，从而在问题扩大前进行干预，避免单点故障演变为系统性问题。

2. 高可扩展性

高可扩展性是现代智慧应急系统设计中的核心要素之一，它确保了系统能够随着业务的发展和需求的增长而灵活扩展，以应对未来可能的大规模应急需求。随着技术的发展，尤其是云计算、网络功能虚拟化（NFV）、软件定义网络（SDN）等技术的应用，ICT 基础设施的可扩展性已经得到了显著提升。

（1）数据中心网络架构。设计数据中心网络架构是确保实现卓越吞吐量与高度可扩展性的核心要素。以 XDCent 所提出的常量度数数据中心网络互联方案为例，该设计不仅维持了网络的高吞吐性能，还实现了系统规模的无缝、持续扩展，在硬件架构层面实现可扩展性的潜力与优势。

（2）电信网络架构。电信网络架构的持续演进进一步凸显了 ICT（信息与通信技术）服务技术架构的核心地位。借助先进的光纤宽带接入网络，并深度融合云计算、网络功能虚拟化（NFV）以及软件定义网络（SDN）技术，能够构建出更高级的LSN（一种新型ICT服务技术架构）。这一架构不仅极大地增强了网络的可扩展性和稳定性，还为新兴的ICT应用服务场景提供了强有力的支撑，推动了服务创新与升级。

（3）存储架构。在考虑存储容量的可扩展性时，应应业务产生的数据种类繁多、规模庞大，需要一个能够快速增加存储容量以满足数据存储和备份需求的灵活存储架构。故系统应设计有灵活的存储架构，如采用分布式存储系统，可以满足存储按需在线扩容的需求，实现数据的分布式和副本化存储，极大地改进了数据存储的安全性、可扩展性和存储性能；云存储系统将网络中大量的、类型不同的存储设备集合起来一起工作，共同对外提供数据存储和业务访问功能，并且可以通过网络访问，使得数据存储和管理更加灵活和方便。

3. 高安全性

在智慧应急系统中，ICT基础设施层的高安全性是确保应急响应效率和数据保护质量的关键。鉴于该应急系统的敏感性和重要性，必须采取一系列严格的安全措施来确保数据的安全性和系统的稳定运行。

（1）数据加密。首先，数据加密作为守护数据安全的核心技术，其关键机制在于将原始信息转化为难以直接解读的密文形式，抵御未经授权的窥探与数据泄露风险。在构建高效应急响应体系的过程中，采用诸如AES（高级加密标准）这样的国际领先加密算法，或是我国自主研发的国密SM系列算法对敏感数据进行深度加密处理，已成为维护数据机密性与完整性的关键策略。它们不仅能有效防范信息在传输和共享过程中的泄露风险，还确保了即便数据被截获，也无法轻易被未授权者解析和利用，从而极大地提升了整体系统的安全性与可靠性。

（2）访问控制。访问控制作为保障信息系统安全不可或缺的一环，其核心作用在于通过精心设定的规则来限制对敏感数据及关键资源的访问权限，从而有效抵御非法访问企图与权限滥用行为。通过采用多因素认证、最小权限原则和基于角色的访问控制（RBAC）等方法，简化权限管理，并且可以通过更改角色来灵活地调整用户的访问权限，从而进一步降低安全风险，防止恶意用户或内部人员的不当操作。

（3）入侵检测。入侵检测系统（IDS）与入侵防御系统（IPS）在网络安全架构中占据着举足轻重的地位，它们犹如网络安全的双保险，专注于实时监控、深度分析网络流量与系统日志，旨在第一时间洞察并拦截潜藏的安全隐患与恶意威胁。通过战略性地部署IDS与IPS，组织能够显著提升其网络防御的敏捷性与有效性，实时监测和分析网络流量和系统日志，及时发现并阻止潜在的安全威胁。同时，部署的IDS和IPS还应建立应急响应机制，一旦发现安全事件，能够迅速启动应急预案，进行处理和恢复工作。

4. 高可用性

系统的高可用性是现代应急管理体系中的关键要素，它直接关系到在紧急事件发生时系统能否迅速恢复服务，从而极大程度地缩减应急响应的滞后时间。

（1）冗余设计。在构建高可用性系统的过程中，无论是硬件架构还是软件逻辑层面，冗余设计都占据着举足轻重的地位。通过融合服务器池、看门狗保护机制以及负载均衡技术等多元化策略，能够显著提升系统的稳定性和可用性，有效缓解因单点故障而引发的服务中断风险。

（2）容错和恢复。高可用性要求系统具备强大的容错和恢复能力。在遭遇硬件故障、软件错误或断电、断网等突发事件时，系统能够自动检测故障，快速定位问题，并实施有效的数据备份与恢复策略。具体措施包括数据的备份与恢复、服务重启、资源重新分配等，确保系统有能够快速恢复正常运行的能力。

（3）监控与预警。高可用性系统的设计和实施需要综合考虑实时监控、预警机制的建立以及应急响应机制的部署。通过部署全面的实时动态监测与预警系统，建立应急响应机制，可以确保在问题发生时能够迅速启动应急预案，组织专业人员进行处置和恢复工作，从而提高系统的可用性和稳定性。

5. 高连通性

在应急管理体系的架构中，网络基础设施扮演着至关重要的角色，它不仅是信息传递的基础，更是推动应急响应实现迅捷与高效的关键驱动力。为了保障应急信息能够及时、精确地传达至所需之处，必须给予网络覆盖的广泛性与宽带质量的卓越性以极高的关注与重视，以确保在关键时刻，信息能够畅通无阻，为应急行动提供强有力的支持。

（1）网络覆盖全面。网络基础设施应全面覆盖所有关键区域和节点。通过实现无缝的网络覆盖，可以确保在任何紧急情况下，信息都能畅通无阻地传递至各个角落，为决策者提供全面的现场信息支持。同时，有效的跨机构通信对于在紧急情况下实现有效决策至关重要。这要求在灾难发生前就建立强大的通信系统，以确保在灾难发生时能够进行有效的跨机构协调。

（2）带宽容量足够。提供足够的带宽是保障智慧应急系统信息传递质量的核心。在应急响应的过程中，高清视频传输、实时数据监测、大规模数据传输等需求激增，这对网络带宽提出了极高的要求。因此，网络基础设施必须具备足够的带宽容量，以支持这些高负荷的信息传输任务。通过采用先进的 5G 网络技术、优化网络架构以及合理配置网络资源，不仅可以提高应急通信网络的性能和可靠性，还可以确保在部分区域断网的紧急情况下，网络带宽依然能够满足整体应急信息传递的需求。

3.4.2 逻辑架构

ICT 基础设施层的逻辑架构大致可以划分为三个层次：网络基础设施、存储基础设施、计算基础设施。它们之间相互依赖、相互支撑，共同构成了 ICT 系统的基石（见图 3–3）。

1. 网络基础设施

ICT 的网络基础设施是云平台中专门负责与终端设备及边缘节点进行数据交互的网络数据接入设施，主要用于设备数据的接收、协议转换以及初步处理。它支持异构网络的统一接入，并为上层应用提供标准化的数据输入。该模块由网络接口、协议转换和数据传输等核心组件构成，通过多种网络协议和接口技术，确保不同类型的通信网络能够安全、稳定地接入云平台，实现数据的高效上传、下载以及远程控制功能。网络基础设施主要包括网络设备和服务器。

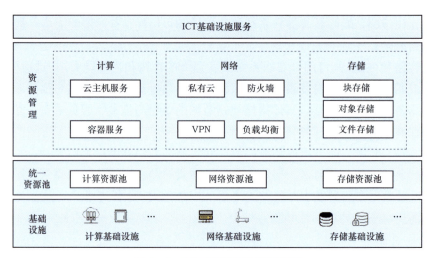

图 3-3 ICT 基础设施层架构图

（1）网络设备。网络设备主要包括路由器、交换机和防火墙等，负责构建稳定、可靠、安全的网络架构，支持各种网络协议和通信方式，确保数据的快速、准确传输。其中，路由器作为网络系统中的一个非常实用的设备，能够连接多个网络或网段，将不同网络之间的数据翻译成网络信号，从而实现高速的网络信息传递。

（2）服务器。服务器不仅是数据存储与处理的核心枢纽，还深刻影响着网络层的功能实现。这些服务器可以是物理服务器，也可以是高度灵活、基于虚拟化技术构建的虚拟服务器。它们的主要职责在于托管各类应用程序和服务，为网络用户提供一个稳定、高效的数据处理与交互平台。通过服务器，数据得以集中存储与管理，不仅提升了数据的安全性与可访问性，还促进了数据的共享与协同工作。此外，服务器还具备强大的处理能力，能够迅速响应来自客户端的请求，执行复杂的计算任务，并将处理结果返回给请求者。

2. 存储基础设施

存储基础设施承担着数据持久化存储与高效访问的重任，主要包括存储设备、存储软件、存储控制器以及监控管理工具。

（1）存储设备。存储设备构成了存储模块的核心基石，其主要职责在于执行实际的数据存储与读取任务。这些设备在形态上可分为两大类：物理设备与虚拟设备。物理设备包括硬盘驱动器（HDD）、固态驱动器（SSD）以及光盘驱动器等类型，它们以实体形态存在；而虚拟设备则主要指云端存储服务，它们依托于互联网提供数据存储解决方案。

（2）存储软件。存储软件是一类专门用于管理和维护存储设备中数据的软件集合，其涵盖了多个关键组件，如文件系统、数据库管理系统以及备份与恢复工具等。这些软件不仅确保数据的结构化存储与访问，还提供了丰富的管理功能。此外，存储软件还承担着数据保护的重要职责，通过内置的数据加密功能，确保敏感信息在存储过程中的安全性，防止未授权访问。

（3）存储控制器。存储控制器是连接存储设备和计算机系统的接口，负责数据的传输和管理。它可以是独立的硬件设备，也可以是集成在主板或其他设备上的芯片。

（4）监控管理工具。监控管理工具用于实时监控和管理存储系统的性能和安全状态。这些工具可以提供性能分析、故障诊断、资源分配和安全警报等功能。

3. 计算基础设施

计算基础设施层是云计算架构中的基础组成部分，它为用户提供了必要的硬件资源和软件环境，以支持各种云服务的运行。计算基础设施层包括三个主要部分：软件设施、物理环境和基础硬件设施。

（1）在计算基础设施的架构中，软件设施不仅涵盖了基础性的软件组件，如操作系统与数据库管理系统，确保系统稳定运行与数据管理，还涵盖了针对特定应用场景精心设计的软件解决方案。基于虚拟化技术，可以在同一物理硬件平台能够构建出多个独立的虚拟环境，极大地提升了资源的使用效率与配置的灵活性，允许用户按需调配资源。

（2）物理环境构成了计算基础设施的实体基石，涵盖了一系列实际的物理设备与设施，诸如服务器群、存储阵列以及错综复杂的网络硬件等。这些物理组件不仅是数据流转与处理的物理载体，更是支撑起整个信息系统实时运作的物质保障。对于物理环境的设计与维护工作，直接关系到系统运行的稳定性和整体性能的优化。

（3）基础硬件设施是构建数据处理与存储能力的核心物理要素，涵盖了从中央处理器（CPU）到内存、硬盘乃至网络接口等关键组件。这些设施不仅是执行计算任务的基石，其性能表现更是直接决定了整个系统响应的敏捷度与数据处理能力的强弱。现代处理器以其更高的能效比和更强的运算能力，为数据处理提供了更为强大的动力支持；而大容量、高速度的存储设备，则有效缓解了数据膨胀带来的存储压力，确保了数据的快速访问与高效利用。这些技术上的进步，正是为了满足日益增长的数据处理需求，推动应急信息系统向更高效、更智能的方向发展。

3.5 数据服务平台

数据服务平台是智慧应急系统的核心资源，需要满足数据的可信度、数据标准化、数据共享的要求，涉及数据质量、安全性、标准化等。数据服务平台的主要框架包含数据汇集一体化平台以及数据服务中台，整体架构图如图 3-4 所示。

图 3-4 展示了数据汇集一体化平台以及数据服务中台的组成以及关联关系，业务服务中台基于数据汇集与共享的数据总线，对数据进行更高层面的处理、聚合、建模，从而为上层应用提供辅助。数据基础层由数据采集、数据分类、数据存储、数据仓库与数据湖组成，同时通过数据处理平台对数据进行智能化处理与转化，从而满足不同数据载体的要求。通过可靠与完善的数据基础层，可以将数据进行集成、匹配、共享，从而通过更高层次的数据访问与管理机制，提供给各个平台进行共享，实现了完善且全面的数据一体化管理平台。

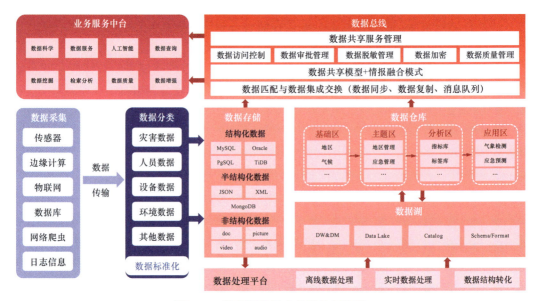

图 3-4　数据服务平台的整体架构图

3.5.1　基本要求

智慧应急系统的核心资源——数据类与数据内容，需要通过建立和完善数据质量评估体系、实施数据标准化措施以及构建有效的数据共享机制来满足其核心要求。对于数据服务平台，需要构建大规模数据的采集、传输、分类、管理、共享一体化数据汇集平台，满足数据可信化、数据标准化、数据共享化，从而较好地支撑智慧应急的上层业务。

1. 数据可信化

数据的可信度是智慧应急系统能够有效运作的基础，包含了数据的质量、数据治理等内容。高质量数据对于大数据环境下的应急信息系统具有重要作用，需要设计并构建应急信息质量评估体系来筛选出高质量的应急数据。此外，大数据时代应急数据质量治理也需要充分利用与大数据特点相适应的治理措施，通过建立大数据治理的机制和标准，以及采用全生命周期的质量管控方法等来促进数据治理，从而提高数据的可信度。

2. 数据标准化

数据标准化是实现数据共享和提高数据利用效率的关键。面向数据服务的应急数据标准化方法需要构建实体、事件、任务的标准化对象，从而为实现数据资源的共享交换、抽取分发、异构聚合提供支持。

3. 数据共享化

数据共享是智慧应急系统高效运作的重要保障。面对大数据场景与突发事件的特性，基于企业架构（Enterprise Architecture，EA）的政府应急信息资源规划极为重要，需要基于EA建立信息资源规划的总体框架和流程，从而解决信息共享、系统集成和业务协同问题。此外，在大数据背景下通过"大数据驱动+应急信息协同"的方法，可以优化大数据驱动的应急信息协同的各项环节，促进高效的应急信息协同。

3.5.2 逻辑架构

数据服务平台中的数据处理可分为以下几个阶段：采集、传输、分类、存储和共享。首先，通过采集各类数据，并利用高效的数据传输手段，可以将各种应急数据集中起来。其次，对收集到的数据进行标准化处理，以便支持数据分类，将数据细分为灾害数据、人员数据、设备数据、环境数据等类别，从而实现有针对性的存储和分析。此外，通过构建可靠的分布式存储集群，可以支持应急数据的持续增长和智能分析。同时，通过建立有效的数据共享机制，促进数据的流通与协作，全方位地支撑上层的数据分析和智能业务，为智能应急管理提供坚实的数据基础。

1. 数据采集

针对多元化的数据，现有的采集方法包含网络爬虫技术、日志采集、数据库同步、API 接口调用、传感器数据采集等。利用这些技术从现有的各个平台中获取海量的各类实时数据。其中，Web 数据采集系统利用网络爬虫程序从互联网上抓取数据，经过数据清洗、分类、分析和挖掘，提取其数据价值；日志采集能够应对各类平台不断增长的日志信息量，采用流式数据挖掘技术，实现动态提醒与预警功能；数据库同步是指在不同数据库或不同数据库实例之间保持数据一致性的过程，这一过程确保数据在各个数据库中都是最新和准确的，避免了数据的不一致，通常应用于分布式系统、灾备系统、多数据中心和跨地域的数据管理等场景；API 接口调用利用预定义的接口协议，通过 HTTP 请求从目标系统获取数据，可以高效地从不同的数据源采集实时或定期更新的数据，实现自动化的数据收集和整合，用于分析、监控或进一步处理；传感器采集通过采集传感器数据（通常包括时间、位置、环境和行为等信息），实现实时数据分析和动态信息展示，广泛应用于智能交通、环境监控和灾难预警等领域。

通过结合现有的采集方法，构建了可扩展的多元化数据采集模块，同时保证了数据的全面与完整性，从而为后续的应急分析与预防提供全面、准确的信息支持。

在大数据技术中实现应急数据的实时采集和传输，需要综合考虑多种技术和策略，数据采集模块主要包含以下内容：

（1）利用移动基站和边缘计算。传统的基于云中心的大数据分析方法在自然灾害场景下难以保证，因为通信基础设施可能被破坏。使用如 NTT 开发的可移动信息通信技术资源单元（MDRU）等移动基站，可以在边缘站点处理数据，减少数据传输时间，从而实现近实时的大数据分析。

（2）物联网技术的应用。通过构建物联网驱动的突发事件网络舆情验证机制和情报源，结合 ZigBee 协议的物联网情报采集实现方法，可以有效地进行突发事件情报的实时采集。此外，基于 Flume、Kafka 和 Storm 的大数据处理框架能够支持实时分析。

（3）网络应急资源的实时调度。通过引入信誉因子到资源调度中，对调度决策可以进行后期修正，从而提高网络应急资源处理效率。通过基于改进的贝叶斯方法可以实现在大数据情况下的网络应急资源的实时调度，从而提升网络资源利用率。

（4）基于爬虫的数据整理。通过爬虫技术，可以及时获取与处理各类网站的应急舆情相关数据，可以丰富应急数据的来源与完整性。

2. 数据传输

大数据在传输过程中面临着数据量过大、网络带宽不足、数据安全性和完整性受到威胁等问题，数据传输需要满足安全性、高效性、可扩展性的需求。首先对于数据传输的两端，要采用加密算法，对传输数据进行端到端的加密保护，以防止数据在传输过程中被窃取、篡改。另外，需要通过压缩算法、多线程技术与断点续传技术来支撑传输的高效性，节省传输的时间、带宽和资源。还要对多种数据、多平台、多环境提供通用的传输支持，提供扩展性。需要集成现有成熟的传输协议如 TCP、UDP、FTP，以及大数据传输技术等来支持复杂的数据传输需求。通过结合先进的数据压缩与数据加密算法，利用合适的数据传输协议，构建了高效的数据传输模块，提高数据的传输效率与安全性。

3. 数据分类

数据分类对于整理数据、提高数据的利用率具有重要意义，系统对于应急数据进行了详细的划分与定义，从而规范化数据的分类。

灾害数据的主要特征包含灾害类型、灾害发生时间、灾害地点、灾害规模、影响范围、历史记录等。其中灾害类型包含地震、洪水、火灾、飓风、滑坡等；灾害发生时间需要精确到秒的时间戳；灾害地点包含地理坐标、城市名称、区域代码等；灾害规模涉及地震震级、洪水水位、受灾面积等；影响范围涵盖受灾区域的大小、波及人口、基础设施损毁情况等；历史记录包含了历史上同类灾害发生的频率和强度。

人员数据的主要特征包含受灾人员、救援人员、志愿者信息、人员分布、健康状况等。其中受灾人员包含受灾人口数量、受伤人数、失踪人数、死亡人数等；救援人员涵盖参与救援的人员名单、所属单位、专业技能、联系方式等；志愿者信息包含志愿者的基本信息、分配任务、参与时间等；人员分布是指受灾区域内人员的实时分布、人员流动情况；健康状况包含受灾人员和救援人员的健康状况监测，疫病防控信息。

设备数据的主要特征包含救援设备、通信设备、监测设备、后勤设备等。其中救援设备包含救援车辆、挖掘机、无人机、救生设备等的数量、型号、状态、位置；通信设备涵盖了应急通信设备的分布、使用情况、信号覆盖范围；监测设备包含环境监测传感器、摄像头、无人机等设备的实时数据；后勤设备是指供水、供电设备的状态，食物、药品等物资的库存情况。

环境数据的主要特征包含气象数据、地理数据、环境质量、交通状况等。其中气象数据包含了温度、湿度、风速、降雨量等气象参数的实时监测数据；地理数据涵盖了地形图、地质构造图、交通图等地理信息；环境质量涉及空气质量、水质、土壤污染等环境监测数据；交通状况包含了道路通行情况、交通拥堵信息、交通工具的运行状态。

其他数据主要涉及社会资源，如医疗资源、避难所、食品和水的供应情况；经济数据，如灾害对当地经济的影响，重建所需的资金和资源估算；政策法规，例如应急响应的法律法规、政策指引等文件；媒体和公众信息，包含了新闻报道、社交媒体动态、公众反馈、社会舆情等信息。

通过建立详细的数据分类与特征，对数据进行了有效的划分以便针对性地对数据进行处理、分析与共享，通过对这些数据的系统分类和整合，可以为智慧应急系统提供全面、准确的信息支持，提升应急决策和指挥的科学性和时效性。

4. 数据存储与管理

由于大数据的数据规模庞大，数据类型多样，包含了结构化、半结构化以及非结构化的数据，同时与传统数据库不同，难以预先确定模式（Schema），面向大数据。因此，数据的存储及管理模式需要从以计算为中心，转变到以数据处理为中心，对于数据管理需要以数据思维为核心。从技术层面来看，数据管理涉及数据平台、数据库、数据仓库、查询语言、统计与机器学习以及日志处理等多种技术及工具。数据存储与管理模块主要通过综合这些平台工具，构建分布式的高效数据存储与管理平台，从而充分整合数据资源，为上层应用提供坚实的数据存储及管理机制。

5. 数据共享

数据共享（Data Sharing）是指不同用户之间可以直接进行数据交换的行为，包括但不限于计算机支持的协作工作、企业间的大数据管理、个人信息保护、云存储中的多用户数据共享，以及基于数据交换共享技术的数据管理与应用等。目前，数据共享的方式主要分为两种：点对点通信（Peer-to-Peer Communication）和中央服务器通信（Centralized Server Communication）。点对点通信是指当两个设备互相连接时，就可以进行数据共享，这种方式存在泄露风险和传输成本的问题。中央服务器通信是指在中央服务器上统一存储数据，多个设备访问中央服务器的数据，这种方式解决了信息泄露风险和传输成本的问题，但存在单点故障、数据完整性难以保证的问题。

数据共享模块主要包含了数据访问控制、数据共享审批管控、数据脱敏以及数据加密功能。数据访问控制是对平台的各项功能进行控制，以保证数据访问权限的有效性与精确性。数据共享审批管控是对数据的共享设置审批，完整地控制数据流转的生命周期，使得数据的共享可控。数据脱敏是指对敏感数据进行脱敏处理，减少数据共享存在的敏感性问题。数据加密则是对数据文件实施安全保护，使得数据在端到端保持完整性和安全性。

在智慧应急系统中实现数据共享的有效策略包括以下几个方面：

（1）建立多方参与的信息共享模型。针对应急救援相关信息存在共享不及时、不积极带来严重问题，基于多方博弈模型构建支付矩阵和复制动态方程来分析不同场景下的信息共享稳定性，从而建立合理的激励机制，从而提高应急救援队伍、高危企业以及政府监管部门之间的信息共享意愿。

（2）实施访问控制模型以实现受控信息共享。根据研究，通过引入管理政策增强模型的灵活性，可以在紧急情况下实现及时和受控的信息共享，可以提升信息共享的效率和可扩展性。

（3）采用结构化数据匹配技术。通过开发查询写入时的模式与被查询数据源的模式之间的匹配，解决因查询与数据源架构不兼容而导致的查询失败问题，从而允许用户在不知道数据源的组织方式的情况下也能查询数据源。

（4）情报融合模式的探索。跨部门的应急管理情报交换和共享需要建立在有效的情报融合模式基础之上，需要满足多主体协同、资源优化配置并且适应动态变化的特性，建立符合大数据背景的应急情报融合机制。

6. 数据服务

现有数据处理形式分为对静态数据的批量处理、对流式数据的处理、实时交互计算以及对图数据的综合处理。对于各类数据的管理，需要构建统一的数据服务平台。

数据服务往往以湖仓一体化为主导，整合了数据仓库和数据湖，解决了传统数据仓库和数据湖在数据处理、存储和分析上的局限性，提供了更加全面、高效的数据治理方案。

数据仓库是一种大型、集中式存储系统，专门用于存储和管理企业的结构化数据。它通常按照特定的数据模型进行组织，支持复杂的查询和分析操作。数据仓库的优势在于其规范的数据存储和管理方式，以及高效的查询性能。然而，数据仓库在处理非结构化和半结构化数据时存在局限性，扩展性也较差。

数据湖是一种集中式存储系统，能够存储各种类型的数据，包括结构化、非结构化和半结构化数据。数据湖具有极高的灵活性和可扩展性，可以低成本地存储大量数据。然而，数据湖在数据治理和查询性能上存在挑战。由于缺乏统一的规范和管理，数据治理变得复杂。同时，由于数据湖中的数据类型多样，查询性能往往不如数据仓库。

湖仓一体则是一种新型的开放式架构，它将数据仓库的高性能和管理能力与数据湖的灵活性融合在一起。这种架构打通了数据仓库和数据湖，实现了数据间的共享。底层支持多种数据类型并存，使得企业能够更加灵活地处理和分析数据。同时，还支持实时查询和分析，这对于需要快速响应应急事件尤为重要。上层可以通过统一封装的接口进行访问。湖仓一体能够同时支持实时查询和分析，为企业的数据治理带来了更多便利性。湖仓一体的出现，解决了数据仓库和数据湖之间的割裂问题，实现了数据管理的统一和高效。在技术实现方面，湖仓一体架构通常依赖于开放的数据格式，如 Apache Parquet，以及先进的数据管理功能，如机器学习和数据分析。

数据服务通过结合成熟的湖仓一体方案以及目前成熟的大语言模型（Large Language Model，LLM）与最新人工智能相关技术，将异构数据进行充分整合，进一步提供基于湖仓一体化的数据治理、数据整合、数据计算引擎，从而实现数据服务，为上层应用提供坚实的数据基础。

3.6 业务服务平台

3.6.1 基本要求

业务服务平台的基本要求包括实时性、智能化、协同性、可持续性和信息共享。它能够实时收集和处理数据，确保突发事件时的快速响应；通过大数据和人工智能提升决策的准确性；支持跨部门、跨地域的高效协作；在设计上注重可持续发展，确保长期稳定运行；并具备强大的信息共享能力，推动多部门间的数据互通，以优化应急管理效果。

1. 实时性

系统需要能够及时收集和处理数据，确保在突发事件发生时可以迅速响应。通过实时的数据采集、监控和分析，平台能够迅速生成应急预警信息，并支持快速调度应急资源，确保应急行动的及时性与有效性。

2. 智能化

通过整合大数据分析、人工智能技术和智能化工具，平台能够提升决策的科学性和准确性。

3. 协同性

智慧应急平台必须具备强大的协同性，支持不同组织和部门之间的有效沟通与合作。平台能够整合多部门、跨地域、跨行业的信息，实现资源共享和协同作战，从而提升整体应急能力，确保在灾害发生时各部门的紧密协作。

4. 可持续性

系统不仅需要在应对突发事件时高效运行，还应考虑其长期的可持续发展。可持续性要求平台在设计和运营中兼顾环境、经济和社会效益，确保系统能够在未来的各种挑战下保持稳定运行并持续发挥作用。

5. 信息共享

平台需要具备强大的信息整合与共享能力。通过整合各类数据资源（如地理信息、气象信息、人口流动信息等），平台能够实现多部门、跨地域、跨行业的信息共享，确保应急信息的广泛可及性，为各级应急管理决策提供有力支持。

3.6.2 逻辑架构

智能应急响应平台的业务服务平台整体架构如图 3-5 所示。在数据接入层，通过数据采集、数据传输、数据共享服务，获取包括传感器、视频监控、GIS 数据等多种数据源，提供应急响应所需的基础数据。业务服务层包含数据采集与治理、风险监测与预警、应急指挥调度、决策支持和灾后评估与重建共 5 个关键业务模块，这些模块通过对数据层提供的数据的处理和分析，支撑整个应急流程。

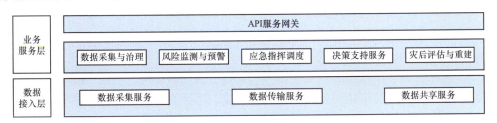

图 3-5 业务服务平台整体架构图

1. 数据采集与治理服务

数据采集与治理服务是智慧应急平台的基础组件，负责对来自各种来源的数据进行采集、存储、处理和维护。数据管理的高效性和准确性直接影响到整个系统的性能和可靠性。数据采集与治理服务包含数据采集、数据存储、数据处理、数据维护和数据安全几个部分。

（1）数据采集。数据采集是数据管理的起点，涉及从多种不同的数据源获取信息。这些数据源可能包括传感器网络、监控视频、天气预报系统、社交媒体、地理信息系统（GIS）以及其他相关的应急数据来源。数据采集系统需要具备多源数据融合能力，确保能够及时、准确地获取所需数据。同时，数据采集过程中需要考虑到数据的实时性和时效性，尤其是在应急事件发生时，数据的及时性至关重要。

（2）数据存储。数据存储是数据管理的重要环节，涉及对海量数据的有效管理和高效存取。智慧应急平台的数据存储系统需要具备大规模数据处理能力，支持结构化和非结构化数据的存储。采用分布式数据库和云存储技术，可以提升系统的扩展性和可靠性。同时，为了保障数据的安全性，数据存储系统需要具备多层次的安全防护机制，包括数据加密、访问控制和备份恢复等。

（3）数据处理。数据处理包括数据的清洗、整合、转换和分析。数据清洗是确保数据质量的关键步骤，涉及去除数据中的噪声、冗余和错误信息。数据整合是将来自不同来源的数据进行统一格式化处理，确保数据的一致性和可用性。数据转换是根据具体应用需求，将数据转换为适合分析和决策的格式。数据分析则是对数据进行深度挖掘，提取有价值的信息和模式，为应急决策提供支持。

（4）数据维护。数据维护是确保数据采集与治理系统长期稳定运行的重要环节，涉及数据的更新、监控和优化。数据更新是根据实时数据的变化，对数据库进行及时更新，确保数据的时效性。数据监控是对数据管理系统的运行状态进行实时监控，及时发现和解决潜在问题。数据优化是通过不断改进数据处理和存储技术，提升系统的性能和效率。

（5）数据安全。数据安全是数据采集与治理服务的核心要求，涉及数据的机密性、完整性和可用性。机密性是通过数据加密和访问控制技术，确保数据在传输和存储过程中的保密性。完整性是通过数据校验和版本控制技术，确保数据在传输和存储过程中的准确性和一致性。可用性是通过数据备份和灾难恢复技术，确保数据在发生意外情况时能够及时恢复和可用。

2. 风险监测与预警服务

风险监测与预警服务是业务服务平台中的关键功能，旨在通过持续的风险监控与智能预警，确保在灾害发生前后能够及时识别和应对潜在的风险。这项服务包括风险监测、智能预警以及风险评估与响应三个主要部分。

（1）风险监测。风险监测是预警服务的基础，通过对环境、气候、地质等多个领域的持续监控，及时捕捉可能引发灾害的异常情况。这些监控数据源自传感器网络、卫星遥感、气象数据以及地质监测系统，确保对潜在风险的全面覆盖和实时监测。风险监测服务的实时性和广覆盖性，使其能够在灾害萌芽阶段就发现潜在的威胁，为后续的预警提供可靠的依据。

（2）智能预警。即利用大数据分析和人工智能技术，对收集到的监测数据进行深度分析和处理，生成准确的风险预测和预警信息。智能预警系统通过机器学习算法和预测模型，分析历史数据和实时数据之间的关联，识别潜在风险的变化趋势，预测可能的灾害发生时间、地点和影响范围。智能预警的精准性和及时性，能够帮助决策者提前采取预防措施，减少灾害的潜在影响。

（3）风险评估与响应。在智能预警之后，风险评估与响应环节确保预警信息被迅速转化为行动。系统会根据预警级别，启动相应的应急预案，并协调相关部门和资源做好应对准备。与此同时，持续评估预警的准确性和风险的发展状况，调整应急响应措施，确保预警和响应的有效性。

通过风险监测与预警服务，业务服务平台能够在灾害发生前提供准确、及时的预警信息，帮助相关部门和人员提前应对潜在风险，降低灾害对城市和居民的影响，提高应急管理的整体效能。

3. 应急指挥调度服务

应急指挥调度服务是智慧应急平台的核心功能之一，负责在应急事件发生时对各类应急资源进行指挥和调度。通过高效的指挥调度系统，可以确保应急响应的及时性和协调性，提高应急管理的整体效果。应急指挥调度服务包含事件上报、任务分配、进度监控、资源调度、协同指挥、通信保障、应急预案和事后评估等。

（1）事件上报。事件上报是应急指挥调度的起点，涉及对各类应急事件的及时上报和记录。通过多种渠道（如电话、短信、网络等），确保应急事件能够被快速上报和处理。在事件上报过程中，需要提供详细的事件信息，包括事件类型、发生地点、影响范围和紧急程度等，以便于后续的指挥调度和决策。

（2）任务分配。任务分配是应急指挥调度的核心环节，涉及对各类应急任务的分配和管理。通过任务管理工具，可以实时跟踪和管理各个任务的进展情况，确保任务的及时完成和协同。在任务分配过程中，需要充分考虑各部门和人员的职责和能力，确保任务的合理分配和高效执行。

（3）进度监控。进度监控是应急指挥调度的重要环节，涉及对各类应急任务的进展情况进行实时监控和评估。通过监控工具，可以实时获取各个任务的状态和进展信息，及时发现和解决潜在问题。在应急事件处理中，进度监控可以提供关键的决策支持信息，帮助管理人员快速了解整体情况和关键环节。

（4）资源调度。资源调度是应急指挥调度的核心功能，涉及对各类应急资源的管理和调配。通过资源管理系统，可以实时监控和调度应急物资、人员、设备等资源，确保资源的高效利用和及时到位。在资源调度过程中，需要充分考虑各类应急需求和资源的实际情况，确保资源的合理调配和高效利用。

（5）协同指挥。协同指挥是应急指挥调度的重要组成部分，涉及多个部门和人员之间的协同和配合。通过即时通信和协同办公工具，可以实现跨部门和跨地域的实时协同，提高应急响应的整体效率和效果。在应急事件处理中，协同指挥可以提高信息的共享和沟通效率，确保各部门之间的紧密协作和配合。

（6）通信保障。通信保障是应急指挥调度的基础设施，涉及对各类应急通信设备和网络的管理和维护。通过高效的通信保障系统，确保应急事件中的信息传递和指挥调度的顺畅进行。在应急事件处理中，通信保障可以提供稳定和可靠的通信支持，确保各类应急任务的及时执行和协调。

（7）应急预案。应急预案是应急指挥调度的重要组成部分，涉及对各类应急事件的预先规划和准备。通过应急预案管理系统，可以制定和管理各类应急预案，确保应急事件发生时能够快速响应和处理。在应急事件处理中，应急预案可以提供科学和系统的应急措施和方案，确保应急响应的高效和有序。

（8）事后评估。事后评估是应急指挥调度的持续改进过程，涉及对应急事件处理过程和结果的评估和分析。通过对历史数据和应急结果的分析，发现和改进应急指挥调度中的问题和不足，提高应急管理的整体效果和效率。在应急事件的处置过程中，事后评估能够为管理人员提供宝贵的反馈与改进意见，从而不断优化应急响应的效果与效率。

4. 决策支持服务

决策支持服务是智慧应急平台的核心功能之一，负责提供基于数据分析和模型的决策支持，帮助应急管理人员快速做出科学的决策。通过强大的数据分析和建模工具，决策支持服务可以提供实时的灾情评估、预测和决策建议。决策支持服务包含数据分析、模型构建、决策建议、可视化工具、实时数据等。

（1）数据分析。数据分析是决策支持的基础，通过对大量数据的分析和挖掘，提取有价值的信息和模式。数据分析可以包括统计分析、机器学习和数据挖掘等方法，帮助识别潜在的风险和问题。在应急管理中，数据分析可以提供实时的灾情评估和预测，帮助管理人员快速了解和判断当前形势。

（2）模型构建。模型构建是决策支持的重要环节，通过建立数学模型和计算模型，模拟和预测应急事件的发展和影响。模型构建可以包括灾害模型、传播模型和资源调度模型等，帮助管理人员了解不同决策方案的潜在影响和效果。在模型构建过程中，需要结合实际数据和经验，确保模型的准确性和可靠性。

（3）决策建议。决策建议是决策支持的核心，通过对数据和模型的分析，提供具体的决策建议和行动方案。决策建议可以包括应急措施的选择、资源的调度和分配、人员的部署和任务分配等。在应急事件处理中，决策建议可以帮助管理人员快速做出科学的决策，提高应急响应的效率和效果。

（4）可视化工具。可视化工具是决策支持的重要组成部分，通过图表、地图和仪表盘等形式，将复杂的数据和分析结果直观地展示给用户。可视化工具可以帮助管理人员快速理解和分析数据，提高决策的科学性和精准性。在应急管理中，可视化工具可以提供实时的灾情监控和预测，帮助管理人员快速判断和响应。

（5）实时数据。实时数据是决策支持的关键，确保决策依据的时效性和准确性。通过传感器网络、监控视频和实时通信等技术，获取和处理实时数据，确保决策支持系统能够及时响应应急需求。在应急事件处理中，实时数据可以提供最新的灾情信息和发展动态，帮助管理人员快速调整和优化决策。

（6）数据整合。数据整合是决策支持的基础，涉及对来自不同来源的数据进行整合和处理。通过多源数据融合技术，将不同类型和格式的数据统一处理，确保数据的一致性和可用性。在应急管理中，数据整合可以提供全面和准确的灾情信息，帮助管理人员做出科学的决策。

（7）决策评估。决策评估是决策支持的持续改进过程，通过对决策结果的评估和分析，发现和改进决策过程中的问题和不足。通过对历史数据和决策结果的分析，优化和改进决策模型和方法，提高决策的科学性和可靠性。

5. 灾后评估与重建服务

灾后评估与重建服务是业务服务平台的重要组成部分，旨在通过科学、系统的方法对突发事件的影响进行全面评估，并为灾后恢复和重建工作提供指导。该服务包括灾害损失评估、重建规划制定、资源调度与协调以及重建效果的持续监测与反馈。

（1）灾害损失评估。灾害损失评估是灾后重建的起点。通过对灾区的实地勘测、遥感影像分析、相关数据的收集与整合，全面评估灾害对基础设施、环境、经济和人口的影响。这些评估结果为后续的重建工作提供了可靠的数据支撑，确保重建计划的科学性与合理性。

（2）重建规划制定。重建规划的制定依据评估结果进行。重建规划不仅包括受损基础设施的修复，还涵盖对整个城市功能的恢复和优化。重建过程中，综合考虑经济发展、社会稳定、生态保护等多方面因素，制定可持续的重建方案，以提升城市的抗灾能力和发展韧性。

（3）资源调度与协调。在重建实施阶段，资源调度与协调至关重要。通过高效的指挥调度系统，确保各类资源（如人力、物资、资金等）的合理配置和高效利用。同时，注重多部门、多领域之间的协同合作，确保重建工作顺利推进，并能够在遇到新的挑战时灵活调整策略。

（4）重建效果的持续监测与反馈。重建效果的持续监测与反馈是灾后重建服务的重要环节。通过对重建过程和效果的实时监测，及时发现问题并加以调整，确保重建目标的达成。此外，持续的反馈机制有助于总结经验，优化未来的灾后评估与重建策略，提高应对类似灾害的能力。

通过上述四个环节，灾后评估与重建服务能够为灾区提供全面的恢复指导，确保灾后重建工作的科学性、有效性和可持续性，助力城市的快速恢复与长远发展。

6. API 服务网关

API 服务网关是智慧应急平台的重要组成部分，作为系统的入口，负责处理所有外部请求和内部服务的路由。API 服务网关不仅提供统一的认证和权限管理，还确保系统的安全性和稳定性。通过 API 服务网关，外部系统可以方便地接入业务服务平台，实现数据和功能的互通。API 网关包含请求路由、认证和权限管理、数据转换和处理、负载均衡、日志和监控、缓存管理、服务编排和安全防护几个部分。

（1）请求路由。请求路由是 API 服务网关的核心功能，负责将外部请求正确地路由到相应的内部服务。通过智能路由算法，API 服务网关可以根据请求的类型、来源和目的地，将请求高效地分发到相应的服务节点。在请求路由过程中，API 服务网关需要确保请求的准确性和及时性，避免请求丢失和延迟。

（2）认证和权限管理。认证和权限管理是 API 服务网关的重要组成部分，确保系统的安全性和数据的机密性。通过统一的认证和授权机制，API 服务网关可以对外部请求进行身份验证和权限检查，确保只有合法的用户和请求才能访问系统。在认证和权限管理过程中，API 服务网关需要支持多种认证方式（如用户名/密码、OAuth、JWT 等），并提供灵活的权限配置和管理功能。

（3）数据转换和处理。数据转换和处理是 API 服务网关的关键功能，负责对请求和响应的数据进行格式转换和处理。通过数据转换和处理功能，API 服务网关可以将不同格式的数据进行统一处理，确保数据的一致性和兼容性。在数据转换和处理过程中，API 服务网关需要支持多种数据格式（如 JSON、XML、CSV 等），并提供灵活的数据转换和处理规则。

（4）负载均衡。负载均衡是 API 服务网关的重要功能，负责将请求均匀分配到不同的服务节点，确保系统的高可用性和性能。通过负载均衡算法，API 服务网关可以根据服务节点的负载情况，动态调整请求的分配策略，提高系统的响应速度和稳定性。在负载均衡过程中，API 服务网关需要支持多种负载均衡算法（如轮询、最小连接数、加权轮询等），并提供灵活的负载均衡配置和管理功能。

（5）日志和监控。日志和监控是 API 服务网关的重要组成部分，负责对请求和响应的日志记录和监控。通过日志和监控功能，API 服务网关可以实时跟踪和记录每个请求的详细信息，及时发现和解决系统中的问题。在日志和监控过程中，API 服务网关需要提供全面的日志记录和监控指标（如请求数量、响应时间、错误率等），并支持灵活的日志查询和分析功能。

（6）缓存管理。缓存管理是 API 服务网关的关键功能，负责对常用数据进行缓存，减少请求的处理时间和系统的负载。通过缓存管理功能，API 服务网关可以将频繁访问的数据进行缓存，提高系统的响应速度和性能。在缓存管理过程中，API 服务网关需要支持多种缓存策略（如时间驱动缓存、LRU 缓存等），并提供灵活的缓存配置和管理功能。

（7）服务编排。服务编排是 API 服务网关的重要组成部分，负责对多个服务的调用进行协调和编排。通过服务编排功能，API 服务网关可以将多个服务的调用组合成一个完整的业务流程，提高系统的灵活性和可扩展性。在服务编排过程中，API 服务网关需要支持灵活的服务编排规则和策略，并提供全面的服务编排管理和监控功能。

（8）安全防护。安全防护是 API 服务网关的重要功能，负责对系统的安全进行全面防护和管理。通过安全防护功能，API 服务网关可以对请求进行过滤和检查，防止恶意攻击和数据泄露。在安全防护过程中，API 服务网关需要支持多种安全防护措施，如 IP 黑名单、限流、分布式拒绝服务攻击（Distributed Denial of Service，DDoS）防护等，并提供灵活的安全配置和管理功能。

3.7　智慧应用层

3.7.1　基本要求

智慧应用（Smart Applications）是指集成了人工智能、区块链、云计算、物联网和大数据等智能技术的应用程序。这些集成了智能技术的应用程序能够对海量数据进行处理和分析，并依据认知架构和上下文感知技术来提供个性化和智能化的决策和服务。

智慧应用应具备数据分析、灾害预测、实时监测、应急处置和决策支持等关键功能。因此，这些应用需要具备高智能化、高自动化和高可视化的特点，以确保其有效性和效率。

高智能化要求智慧应用具有一定的预测灾害事件发生的能力，并能够利用智能技术在处理具有不确定性、系统性和耦合性特征的突发事件时，快速响应并做出精准决策。

例如，智慧应用能够利用大数据分析等技术来高效地处理和分析庞大的实时数据。在应急事件发生前，能够通过智能算法对应急事件进行预测。在事件发生时，能够通过采用云计算、边缘计算和终端设备的协同工作模式，实现快速的实时数据处理，并提供即时的决策支持。这种具有高智能化的应用程序能够对突发事件做出快速且精准的响应，并能够根据历史数据预测灾害发生的可能性，有效减小了灾害事件带来的损失。

高自动化要求智慧应用能够在减少人为干预的前提下，做到对数据的自动化汇集与突发事件的全过程自动化管理，即在事前、事发、事中与事后构成完整的风险预防与处理的智能化管理闭环，如图 3-6 所示。

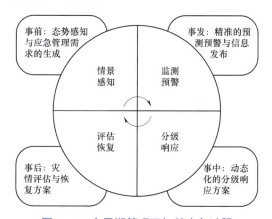

图 3-6 全周期管理下智慧应急过程

（图源自：迈向智慧应急：组织愿景、运作过程与发展路径）

高可视化是指智慧应用能够利用地理信息系统（GIS）、虚拟现实（VR）和三维可视化等技术对灾害现场进行实时的全方位场景展示与灾情数据的实时展示。通过高可视化的技术，指挥人员可以实时了解灾情发展动态，从而做出更加准确的决策。

3.7.2 逻辑架构

智慧应急系统的整体架构以"统一服务层"作为入口和基础支撑，通过"智慧应用层"实现核心功能，构建了"前端服务－智能应用"的协同体系。统一服务层整合了应急信息门户网、互联网政府门户、指挥信息网门户、电子政务外网门户以及电子政务内网门户等多个服务入口，为不同类型的用户提供统一的信息服务和数据共享服务。智慧应用层构成了智慧应急体系的核心，它涵盖了监督管理、监测预警、指挥救援、决策支持和政务管理等关键子系统，贯穿应急管理的"事前、事发、事中、事后"各个环节，共同构筑了一个全面、高效、智能的应急管理体系。智慧应用层架构如图3-7所示。

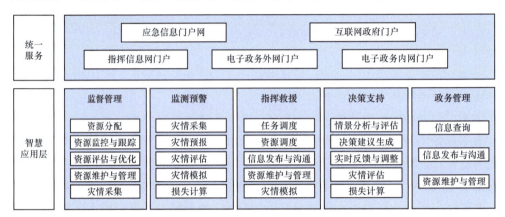

图3-7　智慧应用层架构图

1. 监督管理

监督管理子系统是整个应急管理体系的基础，承担着日常的监督、管理和维护职责，确保应急管理工作能够顺利、高效地进行。它不仅涉及应急资源的管理和分配，还负责对各类应急工作的标准化、规范化实施进行监督，从而确保应急管理体系的各个部分协调运作。

在应急管理的日常运行中，监督管理子系统的核心任务是确保资源调配的合理性与可持续性。无论是物资、设备还是人力资源，都需要通过监督管理层进行合理配置与实时监控，以保证这些资源能够在紧急情况下得到快速、有效的利用。它通过科学的资源分配机制和技术手段，确保不同级别的应急响应需求都能得到及时满足。同时，监督管理层还负责对资源的维护和保养，确保在灾害发生时，各类应急资源能够处于良好状态并迅速投入使用。

除此之外，监督管理子系统还对整个应急系统的日常运行进行监控，包括制定和执行相关法规、标准和规程，保证应急预案、应急人员、应急设施等能够在日常管理中达到合格标准。通过这些机制，监督管理层为整个应急管理体系提供了坚实的基础，使应急工作能够做到有条不紊、井然有序。

监督管理子系统通常可以划分为资源分配模块、资源监控与跟踪模块、资源评估与优化模块、资源维护与管理模块和灾情采集模块。

（1）资源分配模块。其主要功能是依据资源调度的决策和决策之间的优先级进行资源的实际分配。该模块处理包括人员、设备和物资在内的资源配置，以确保资源能够满足应急需求。资源分配系统执行资源分配计划，并根据优先级算法调整资源分配的先后顺序。

（2）资源监控与跟踪模块。负责实时监控资源的使用状态和位置，确保资源在使用过程中的有效性和安全性。该模块利用传感器网、GPS定位技术和远程监控设备，提供

120

资源的实时数据、状态更新与实际使用情况，同时利用数据可视化工具如 GIS 系统，帮助展示资源的实时状态和分布，以便进行直观的监控和分析。

（3）资源评估与优化模块。对资源使用情况进行评估，并基于评估结果进行资源配置的优化。该模块利用 GIS、模拟仿真、物联网等技术，分析资源使用的效果和效率，并生成报告和数据分析。通过应用优化模型，保障多点调度的合理分配，优化资源配置和使用效率。同时，通过对资源使用数据进行分析，发现问题并生成优化建议，支持基于数据的决策。

（4）资源维护与管理模块。其主要功能是负责资源的维护和保养，确保资源在应急情况下可以迅速以及高效地调用。该模块使用 GIS 技术、物联网技术以及监控设备实时监测资源的分布和数量，记录和管理资源的维护情况，跟踪保养记录和维修进度，以便在应急事件发生时可以快速将各类资源投入救援。

（5）灾情采集模块。其主要功能是收集多源数据并进行整合与处理。这个模块通过各种传感器实时监测灾害相关的环境变化，并利用 GPS、物联网（IoT）技术实现对采集到的数据进行实时传输。

2. 监测预警

监测预警子系统在应急管理体系中起着关键作用，主要负责对灾情和风险进行实时监控，并通过数据分析和技术手段对潜在的灾害进行预测和预警。其核心任务是利用监测设备和算法模型，持续收集和分析来自多源渠道的数据，涵盖自然灾害和人为灾害等多种类型，准确评估灾害发生的可能性、时间、地点及影响范围。监测预警子系统通过预警信息的及时发布，提前为应急指挥和决策提供关键信息支持，从而为应急响应争取宝贵的时间。同时，该子系统不仅在灾害前期提供预警，还在灾害发生过程中进行动态追踪，确保应急行动的持续优化与调整。通过技术与数据的深度结合，监测预警子系统大幅提升了灾害预防与应急管理的效率，有效减少了灾害对社会和经济的冲击。

监测预警子系统可分为灾情采集模块、灾情预报模块、灾情评估模块、灾情模拟模块和损失计算模块。

（1）灾情采集模块。其负责从多源渠道收集灾情数据，传递给预警系统进行分析（与监督管理子系统共享）。

（2）灾情预报模块。其基本功能是进行灾情的预报，该系统使用统计模型、机器学习、时间序列分析和气象预报算法进行短期或长期的灾害预报，预测灾害发生的可能性、发生时间和影响范围。

（3）灾情评估模块。其功能是利用智能预测与评估算法与各种传统灾害评估方法（如基于历史灾情统计资料的评估方法、基于承灾体易损性的评估方法）相结合，以评估灾害发生后的实际影响。该模块结合历史数据和实时数据，利用数据挖掘与分析以及模型评估与优化技术生成综合评估报告，并动态更新灾害影响评估，以做到实时动态评估。

（4）灾情模拟模块。即利用数值模拟与仿真技术、虚拟现实（VR）技术和地理信息系统（GIS）等技术模拟灾害场景，以分析灾害场景（如洪水、地震、火灾等）的动态演变规律，为制订应急预案提供背景和依据，从而为实现灾情评估的科学化、系统化、定量化奠定了基础，并支持灾害应急演练和培训。

（5）损失计算模块。主要使用经济模型以及数据统计与分析对灾害造成的经济损失进行评估，对人员伤亡数量进行预测，提供损失评估报告，为灾后重建提供依据，为救援工作提供数据支持，并动态更新损失计算结果。

3. 指挥救援

指挥救援子系统是应急管理体系中在灾害发生后立即启动的核心操作子系统，承担着整个应急救援行动的具体执行任务。其主要职责包括任务的快速分配、应急资源的协调调度以及各级救援行动的统一指挥，确保救援工作能够在第一时间迅速展开。作为应急响应的枢纽，指挥救援子系统通过有效的资源配置与任务分配，协调不同部门和救援力量的协同作战，确保各类资源，如人员、设备、物资等，能够高效地投入灾害救援中去。同时，指挥救援子系统通过实时监控灾害现场的动态变化，不断调整救援方案，确保行动的灵活性和有效性。其运作不仅依赖于先进的技术手段和信息系统，还依赖于跨部门的协同合作与信息共享。指挥救援子系统的高效运作是确保灾害应对及时性、有效性和整体救援成功的关键所在，它直接关系到灾害损失的最小化以及救援行动的成效。

指挥救援子系统可分为任务调度模块、资源调度模块、信息发布与沟通模块和灾情模拟模块。

（1）任务调度模块。根据决策建议生成模块的指令，进行具体任务的分配和调度，确保各项任务能够及时、有序地展开。该系统利用融合通信技术保障任务可以同时下达不同的部门，实现跨部门的统一指挥。

（2）资源调度模块。依据任务调度模块的具体任务需求进行资源的分配和管理，确保每项任务所需的人员、设备、物资等各类资源都能得到合理有效的配置。该模块利用GIS技术实现对各类资源的定位与监控，并依据实时监控信息，生成反馈信息，从而动态地对各类资源的分配进行优化。

（3）信息发布与沟通模块。负责汇集多源信息，并保障信息的上传下达与协同会商。该系统借助移动通信、卫星通信、GIS以及多种基于Web的服务，保证了信息与各种调度决策的快速与准确传达。

（4）灾情模拟模块。在实际救援中动态模拟灾害的发展，帮助调整救援方案（与监测预警子系统共享）。

4. 决策支持

决策支持子系统在应急管理体系中专门为应急指挥和管理提供科学、精准的决策依据。该子系统依托于先进的数据分析、模拟仿真和优化算法等技术手段，综合分析灾害风险、资源分配、行动方案等多维数据，帮助管理层制定出最优的应急预案和应对策略。通过决策支持子系统，决策者能够有效获取关于灾害发生的最新信息，并基于科学的推理与模型生成可靠的方案，从而提升应急行动的效率与精确度。此外，决策支持子系统还具备动态调整的能力，能够根据实时变化的灾害信息进行决策优化，确保应急行动能够灵活应对复杂多变的灾情。

决策支持子系统包含情景分析与评估模块、决策建议生成模块、实时反馈与调整模块、灾情评估模块和损失计算模块。

（1）情景分析与评估模块。该模块主要负责对当前应急情境进行分析和评估，并把握当前情景的发展态势，以理解各种潜在风险和影响。通过基于情景推理（Scenario-Based Reasoning，SBR）的方法，将"情景－应对"的处理方式引入应急决策支持，减小了决策者的主观认知所带来的偏差，提高了决策的准确性。这一模块为决策提供了基础数据。

（2）决策建议生成模块。该模块为应急事件生成具体的决策。这一模块基于情景分析和评估的结果，利用决策支持系统（DSS）提供的建议和优化方案，结合线性规划和整数规划等优化算法，确定最优的资源配置和行动策略。

（3）实时反馈与调整模块。其确保系统能够根据实际情况和反馈信息进行实时评估与动态决策调整。这一模块利用实时监控系统跟踪应急响应过程中的实际情况，收集灾害现场的地理参数、环境参数和人员位置等信息，对决策进行实时的调整。这一模块能够确保应急措施能够根据最新的数据和情况进行优化。

（4）灾情评估模块。利用历史和实时数据进行灾害影响的综合评估，为决策者提供科学依据（与监测预警子系统共享）。

（5）损失计算模块。为决策提供灾害损失估算数据，帮助制定灾后恢复和资源分配策略（与监测预警子系统共享）。

5. 政务管理

政务管理子系统是对整个应急管理系统的统筹与协调，包括日常行政事务、政策制定、人员管理、资金使用等。它保障了应急管理系统的长效运行，支持其他业务子系统的执行和实施。

政务管理子系统包含信息查询模块、信息发布与沟通模块和资源维护与管理模块。

（1）信息查询模块。其通过对各种信息的整合来提供灾害信息的查询功能，包括历史灾害数据和当前灾情信息。该模块使用数据可视化与灾情可视化技术，使指挥人员能够方便地理解和分析数据与灾情，信息查询模块支持多维度、多层次的信息检索，以实现对数据的准确查询。

（2）信息发布与沟通模块。该模块能够确保政务管理中各个部门和层级之间的信息共享和沟通畅通（与指挥救援子系统共享）。

（3）资源维护与管理模块。该模块管理应急资源的行政记录、调配计划和维护保养情况（与监督管理子系统共享）。

3.8 运行保障体系

该系统通过将标准规范体系与安全防护系统、容灾备份系统、实时监控系统等模块相结合，并采取一系列技术和管理措施，包括数据安全、网络安全、系统安全和物理安全等方面，形成了一个全面的运行保障体系。这一体系不仅提升了智慧应急系统的稳定性、可靠性和安全性，也为系统的高效运行提供了有力的支持，确保在紧急情况下能够快速、有效地响应和处理突发事件。

3.8.1 基本要求

（1）稳定的网络环境。安全、有效的网络环境是实现智慧应急系统的重要保障。为了保证系统能快速、准确地进行数据的收发，要求网络环境需要具有较高的带宽和较小的时延。此外，网络环境应该具备容错和冗余机制，以应对网络故障或中断的情况。

（2）高效的数据处理能力。智慧应急系统通常需要处理来自传感器、监测设备、用户反馈等多个信息源的数据信息，而且对于这些数据信息的处理需求通常是海量、实时的，因此高效强大的数据处理能力是必不可少的。

（3）完善的安全性。数据的安全性和隐私保护是智慧应急系统的重要保障。为了避免系统面临网络安全风险，系统需要具备完善的安全机制，包括数据加密、访问控制和身份认证等，以防止数据泄露和恶意攻击。

（4）可靠的设备和基础设施。硬件设备和基础设施是智慧应急系统的基础保障，从物理属性角度来说应具备防水、防尘和抗震等特性，以应对各种恶劣环境。同时，系统应该具备定期维护和故障检测的机制，以确保设备的正常运转。

（5）实时监控和预警功能。系统应具备实时监控和预警功能，能够对潜在的风险和异常情况进行快速响应。实时监控是为了帮助系统及时发现并采取相应措施解决问题，而预警功能是在问题发生前就采取相应的干预措施，以避免问题的发生。

（6）应急响应机制。在发生紧急情况时，系统应具备有效的应急响应机制，包括自动化的应急流程和人工干预的支持。应急响应机制应当具备对各方资源进行协调统筹的能力，使问题得到迅速有效解决。

（7）用户友好的界面。智慧应急系统的用户界面应简洁直观，便于使用和管理。尤其在紧急情况下，使用者需要快速获取信息并执行对应操作，因此系统的界面设计应以用户体验为中心，注重操作的简便性和直观性。

（8）培训和演练。为了确保该体系在实际应用中能发挥其应有的作用，相关人员应接受系统操作和应急响应的培训。通过定期进行应急演练可以帮助发现系统中的潜在问题，优化应急响应流程，提升应急响应处理的效率。

3.8.2 逻辑架构

为满足以上基本要求，系统设计了主要包括安全防护系统、容灾备份系统和实时监控系统等的运行保障体系（见图3-8）。安全防护系统确保数据和系统的安全性，防止潜在的安全威胁；容灾备份系统保障数据的完整性和系统的恢复能力，减少系统故障带来的影响；实时监控系统提供实时的状态监测和问题预警，优化系统性能，确保应急响应的及时性和有效性。

通过这三个模块以及安全保障、应急培训与演练、应急资源保障等因素的综合作用，能够为智慧应急系统提供全方位的保障，提升系统在紧急情况下的表现和可靠性。

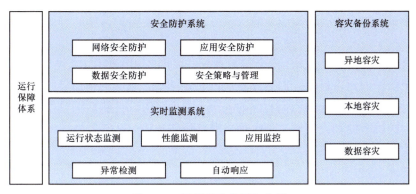

图 3－8　运行保障体系架构图

1. 安全防护系统

安全防护系统是运行保障体系的核心，主要负责防止针对智慧应急系统的多种手段的网络入侵等外部攻击，以及如信息泄露等内部威胁，旨在保护系统的网络安全、数据安全及相关资源免受未经授权访问、篡改、破坏，通过实施各种策略、技术和程序来确保信息的机密性、完整性和可用性。

安全防护系统的逻辑架构主要包括以下几个层次和组成部分，每个层次针对不同的安全需求，形成一个综合的安全防护体系。

（1）网络安全防护。在网络边界设置防火墙，既能防止外部威胁进入内部网络，同时也可以保护内部数据不被外部访问。防火墙可以根据预设的安全规则决定是否允许外部访问通过，控制进出网络的流量，从而阻止未经授权的访问和潜在的恶意攻击。

而入侵检测系统（IDS）以及入侵防御系统（IPS）部署在内部，用于监测和分析网络活动，检测识别潜在的恶意行为或攻击模式，并向管理员发出警报。

对于远程用户和内部网络之间的通信安全，可以通过划分网络区域（如内部网络、外部网络和 DMZ 区），限制不同区域间的通信，减少潜在的攻击面。使用虚拟专用网络（VPN）加密远程访问连接。

（2）应用安全防护。为保证操作系统和应用程序安全，应定期更新操作系统和应用程序的安全补丁，修复已知的安全漏洞。利用现有的工具和框架如 OWASP ZAP、Skipfish等可以提高安全漏洞扫描的效率，使用工具检测主机和应用程序的安全漏洞，有针对性地进行安全测试，并对已知问题采取修复措施。

（3）数据安全防护。对数据进行加密操作，在网络传输过程中进行加密（如TLS/SSL），防止数据被窃取或篡改。在存储过程中进行加密（如 AES），保护静态数据不被未经授权的访问。

对系统用户采用访问控制和权限管理，实施基于角色的访问控制（RBAC），确保用户仅能访问其被授权可以访问的资源和数据。

（4）安全策略和管理。制定和实施公司级的安全政策和标准，包括日常操作和维护过程中的安全管理、安全培训等，确保符合相关的法规和行业标准，如 GDPR、HIPAA等。定期为员工提供安全意识培训，加强对安全威胁和实践的认识。并通过定期进行安全演练和测试，如渗透测试和应急响应演练，检验安全防护措施的有效性，减少潜在的安全风险。

通过这些逻辑架构的层次，安全防护系统可以形成一个多层次、全方位的防护体系。从网络安全防护的角度提供了对外部威胁的初步防御，确保网络边界的安全；应用安全防护措施保障了操作系统和应用程序的安全，防止恶意软件和漏洞攻击；数据安全防护保护了数据的机密性和完整性，防止数据泄露和非法访问；安全策略和管理确保了安全措施的有效实施和持续改进。

2. 容灾备份系统

容灾备份系统是智慧应急系统在灾难情况下保持业务连续性的关键组件，旨在确保发生硬件故障、自然灾害或其他突发事件时，数据和业务能够持续运行或快速恢复，从而最小化系统所受的影响。

（1）异地容灾。异地容灾指在地理位置上相对独立且风险较低的区域建立一个独立的数据中心，对智慧应急系统的重要数据和系统进行备份，以防止本地灾难导致的数据丢失。此措施可以提供更高的数据安全性和可用性，在灾难发生时迅速启用异地备份恢复系统运行。

（2）本地容灾。本地容灾是指在同一个地理位置（如同一城市或同一建筑物内）建立备份系统，设置备用服务器。这种备份方式响应速度快，并且由于数据传输距离近而延迟低，但需额外措施来保障在本地发生灾难的情况下，备份系统仍能保护数据和业务连续性。

（3）数据容灾。数据容灾更关注保护关键数据的安全性和完整性，主要方式是通过赋值和同步技术来确保数据在不同位置的多个副本保持一致。

数据快照是一种常用的快速备份和恢复数据的方法，通过创建存储卷的时间点快照，记录该时间点的数据状态。快照是存储卷在某一时刻的精确副本，可用于快速恢复数据到快照创建时的状态。定期创建快照，如每小时、每天等，确保有最新的数据状态可供恢复。利用增量快照技术，即只记录自上次快照以来的变化数据，节省存储空间，提高快照创建和恢复速度。使用自动化工具管理快照的创建和删除，确保备份策略的有效执行和存储资源的高效利用。

云备份与恢复是利用云存储服务进行数据备份和恢复，以实现高可用性和灵活性。通过将数据备份到云端，利用云服务的弹性和可靠性，快速恢复数据和系统，使用备份自动化工具，定期将数据备份到云端，减少人工干预和错误。利用云服务的弹性计算资源，通过云计算技术实现数据的安全性和连续性，在发生灾难时能够快速启动云端恢复实例，迅速恢复业务。基于混合云的数据容灾备份机制也常被实际应用于提高数据安全服务的可靠性。

（4）灾难恢复演练与应急预案。根据可能发生的各种突发事件，制定出具体可行的演练方案，确定好演练整体流程包括灾难响应流程、责任人和恢复步骤，尽可能模拟真实紧急情况，通过定期演练来验证应急预案的可行性以及恢复流程的有效性，确保在灾难发生时能够有序地进行系统和数据的恢复操作，提高整体团队的应急响应能力和协作水平。

通过以上方法，智慧应急系统的容灾备份系统能够实现快速恢复，确保在突发灾难发生时，数据和系统能够迅速恢复，保证业务的连续性和数据的安全性。这些措施共同构建了一个全面、高效的容灾备份体系，为智慧应急系统的稳定运行提供了坚实保障。

3. 实时监测系统

实时监测系统通过实时监控智慧应急系统的运行状态，实现复杂和高效的数据处理与分析，及时发现并处理异常情况，确保系统的稳定运行以及应急响应的及时性、有效性，优化系统性能。

（1）运行状态监测。监控智慧应急系统的各个组件和模块的运行状态，包括服务器、数据库、网络设备等的正常工作状态。主要监控内容包括服务器状态（如 CPU 使用率、内存占用率、磁盘读写速度、温度等），了解运行负荷和健康状况；存储设备（如磁盘阵列、固态硬盘、机械硬盘等）的读写速度、剩余空间、S.M.A.R.T.状态等，确保数据存储设备的稳定性和可靠性。

利用云计算技术，对于实时性要求不高的监控对象使用状态监控，整体监测方案采用实时监控与状态监控相结合，确保系统的正常运行。

（2）性能监测。实时监测平台的性能指标，如响应时间、处理能力、吞吐量等，以确保平台在高负荷时依然能够正常运行。对这些指标的监测主要是通过持续监测网络流量和网络设备的状态，确保网络畅通，防止网络故障影响智慧应急系统的运行。监控内容包括网络接口的流量使用情况，识别异常流量和潜在瓶颈，确保数据传输的高效性和稳定性；网络设备（如路由器、交换机、防火墙、VPN 设备等）的运行状态、端口使用情况、CPU 和内存使用率等，及时发现设备异常；网络延迟、丢包率、抖动等指标，确保网络连接的质量和稳定性。

（3）应用监控。应用监控通过实时监测智慧应急系统中各类应用程序和服务的运行状态和性能，确保其功能正常，且能够及时响应预警信息，并修复应用故障，保障系统的高效运行。

通过实时监测和分析应用性能及健康状态，以评估运行效率和用户体验。监测应用程序的 CPU、内存、磁盘 I/O 等资源使用情况，及时发现资源瓶颈和异常消耗，并提供详细的性能报告和故障诊断，当性能指标异常或资源使用超出阈值的时候可以自动发出告警通知。通过收集并分析应用程序的运行日志，识别错误、异常和潜在问题，了解运行情况，并进行相应的优化，提高应用效率和响应速度。在应用程序中设计和实施容错机制，如负载均衡、自动重试、服务降级等，确保部分应用故障时系统仍能提供基本服务。

（4）异常检测。异常检测是利用大数据分析和机器学习技术，实时监测系统运行情况，检测潜在的异常和问题，并及时发出预警，以便采取措施防止问题扩大或系统中断。

收集系统各方面的运行数据，通过对大量历史数据和实时数据的分析，结合机器学习算法，建立系统正常运行的基线模型，实时检测偏离正常模式的异常情况，并自动发出预警。机器学习模型持续学习和更新，根据新的数据和运行情况，不断优化和提高异常检测的准确性和及时性。

当检测到异常情况时，自动发出预警通知，提示相关人员或系统采取措施。根据异常的严重程度，设置不同级别的预警（如低、中、高），提供相应的处理建议和响应措施。通过多种渠道（如短信、邮件、电话、即时消息等）发送预警通知，确保预警信息及时传达到相关人员。记录所有预警信息，包括时间、异常类型、严重程度、处理措施等，为后续分析和改进提供数据支持。

（5）自动响应。自动响应是指根据预警信息，自动执行预定的应急响应措施，减少人为干预，提高响应速度和效率，确保系统在发生异常时能够快速恢复。

针对硬件、网络和应用故障等不同类型和级别的异常，通过智能化推理与分析制定详细的应急预案，确保每种情况都有明确的处理方案，并且具有可操作性。编写自动化脚本，涵盖故障检测、故障隔离、资源调度、服务恢复等环节，确保应急预案能够自动执行。定期演练应急预案，验证自动响应措施的有效性和可行性，评估性能指标包括响应时间、处理效果、资源利用率等，发现和改进潜在问题，优化系统响应措施，提高应急响应能力。

通过实施异常检测和自动响应措施，智慧应急系统能够在检测到异常情况时，迅速发出预警并自动采取应急响应措施，减少人为干预，提高响应速度和处理效率，确保系统的高可用性和稳定性。这些措施共同构成了一个智能、高效的异常检测和响应框架，为智慧应急系统的安全运行提供了坚实保障。

3.9 标准规范体系

3.9.1 基本要求

智慧应急系统的技术标准和规范，主要由数据、网络、系统安全标准等组成，是确保智慧应急系统高效、可靠运行的基础，需满足系统性、兼容性、前瞻性的要求。

系统性：智慧应急系统的标准规范体系需具备系统性特征，既要全面覆盖系统架构、数据采集处理、功能模块及安全保障等核心环节，又需确保各标准间逻辑自洽，形成有机整体，从而构建起环环相扣、高效协同的规范框架。

兼容性：既要在技术层面与现有信息技术标准（如通信协议、软件接口等）相兼容，以实现系统集成与数据共享，提升开放性与扩展能力；也要在业务层面具备通用性与灵活性，以适应不同行业和领域的应急管理需求，有效支撑多样化业务的协同运作。

前瞻性：既要充分考虑人工智能、大数据、物联网等信息技术的发展趋势，确保标准能够适应新技术的应用需求，为系统的持续升级和优化提供指导；也要着眼未来应急管理可能面临的新挑战，在标准中提前进行布局和前瞻性规划。

3.9.2 逻辑架构

1. 数据标准

智慧应急系统的数据标准是保障突发事件下数据有效、安全管理的关键。该标准涵盖数据交换与共享的安全机制，确保数据在跨系统和平台传输中的保密性和完整性。通过采用数据加密技术，实现通信数据的加密保护、敏感数据的安全存储以及关键数据的数字签名，防止数据泄露、篡改和伪造。

系统还应包括数据备份与灾难恢复技术，通过定期备份、多地点存储、详尽的恢复流程和定期的演练，确保了数据的持久性和系统的连续运作。数据访问控制标准则通过角色基于访问控制、双因素认证、数据分类和日志记录审计等措施，强化了用户权限管理和数据保护。

2. 网络标准

智慧应急系统应严格遵循国家网络安全标准，在满足国家等级保护制度要求的同时，提升网络安全的防护能力，有效应对高阶安全风险，形成统一的综合防御架构，确保智慧应急系统安全稳定运行。

定义网络安全防护措施如网络防火墙和入侵检测的实施标准，确保网络不受未授权访问和攻击。采用安全的数据传输协议，确保信息传递的安全性。基于系统漏洞、防御能力、威胁严重性和情景四个方面，定期进行网络安全度量以评估系统安全状态。

3. 系统安全标准

通过综合实施系统硬件安全标准和软件开发安全标准，可以显著增强智慧应急系统的安全性和稳定性。这些标准不仅保证了硬件设备在各种环境下的可靠运行，而且保障了软件开发过程的安全性，减少了安全漏洞，从而提升了系统的整体应急响应能力。

系统硬件安全标准旨在保障硬件设备在各种复杂环境下的稳定运行和抵御潜在威胁的能力，主要包括以下四个方面：

（1）抗干扰能力。

电磁兼容性（EMC）：硬件设备需符合相关电磁兼容性标准（如 IEC 61000），确保在电磁干扰环境下仍能稳定工作。

抗震动和抗冲击：设备设计需考虑紧急响应环境的需求，具备一定的抗震动和抗冲击能力，保障持续运作。

（2）防水防尘等级：硬件设备应达到特定的防护等级（如 IP65 或更高），以确保在恶劣环境中的可靠性。

（3）温度和湿度适应性：设备能够在极端的温度和湿度范围内正常工作，以适应不同环境条件。

（4）设备物理安全性。

机箱设计：采用防篡改和防拆卸设计，防止未经授权的物理访问和篡改。

锁定机制：为关键设备和组件提供锁定功能，仅允许授权人员能够操作。

4. 物理安全标准

智慧应急系统的物理安全标准涵盖多个层面，包括通信基础设施的可靠性、数据收集与处理的安全性、以及应急响应系统的整体效能。这些标准规范的制定旨在确保，在自然灾害或紧急状况发生时，系统仍能有效地执行救援和恢复工作，成为关键因素。

在自然灾害发生后，传统的通信基础设施可能会遭到破坏，导致救援行动受阻。而智慧应急系统具备高度的通信灵活性和冗余性，以确保在任何情况下都能保持有效的通信。系统能够利用物联网技术、移动智能终端和 GIS 技术，实现受损通信环境下的快速应急响应。

数据收集与处理的安全性也是智慧应急系统物理安全标准的重要组成部分。智慧应急系统应采用先进的加密技术和安全协议，保障在紧急情况下实时监控的灾区数据和受灾人员位置信息的安全传输与存储，确保救援行动的顺利进行。

5. 应急响应标准

应急响应操作流程

系统及操作人员应制定并执行标准操作流程，确保在紧急情况下能够快速、有效地响应。对于应急响应的每个步骤应进行详细定义，包括启动条件、响应级别、具体行动、责任人和完成时间，并通过流程图直观展示，确保全员知晓并在紧急情况下迅速采取行动。应急响应操作流程应具备灵活性，能够应对不同类型和规模的紧急事件。同时，根据应急响应的实际情况和反馈持续更新标准操作流程，并对任何修改进行严格的审核和批准。

此外，应急响应标准还包括应急培训、应急演练过程中的操作规范，主要包括：

① 培训规范：系统将提供全面的培训内容，包括应急响应基础知识、应急响应标准流程操作、特定技能训练等，并采用多种培训方法，记录所有培训活动以跟踪和评估效果。

② 演练规范：系统将根据不同的应急场景设计演练内容，确定演练频次，并制定评估标准，包括响应时间、操作准确性、团队协作等。

③ 演练实施与评估规范：系统将确保演练准备充分，记录演练过程，并在演练结束后收集反馈，用于改进未来的演练计划和标准操作流程。

通过这些标准及规范的建立和执行，智慧应急系统能够在紧急情况下保持高度的组织性和效率，确保在关键时刻能够发挥作用。

参 考 文 献

[1] 张明军，李天云. 信息技术型构智慧应急管理：内涵、维度与路径[J]. 社会科学辑刊，2024（4）：143－152.

[2] Yang J, Zhang H, Wang C, et al. Research on disaster early warning and disaster relief integrated service system based on block data theory [J]. The International Archives of the Photogrammetry, Remote Sensing and Spatial Information Sciences, 2018, XLII－3: 2079－2082.

[3] 陶振. 迈向智慧应急：组织愿景、运作过程与发展路径[J]. 广西社会科学，2022（6）：120－129.

[4] King L Y R P M. On-site information systems design for emergency first responders [J]. JITTA: Journal of Information Technology Theory and Application, 2009, 10（1）：5－27.

[5] 周洁，石玉恒，杨未东. 边缘计算在智慧应急中的应用[J]. 中国应急管理，2021（11）：60－62.

[6] Wang Q, Li W, Yu Z, et al. An overview of emergency communication networks [J]. Remote Sensing, 2023, 15（6）：1595.

[7] Alghofaili Y, Albattah A, Alrajeh N, et al. Secure cloud infrastructure: A survey on issues, current

solutions, and open challenges ［J］. Applied Sciences, 2021, 11(19): 1－16.

［8］ 章睿，薛锐，林东岱. 海云安全体系架构 ［J］. 中国科学：信息科学，2015，45（6）：796－816.

［9］ Nie W, Chen Y, Wang Y, et al. Routing networking technology based on improved ant colony algorithm in space-air-ground integrated network ［J］. EURASIP Journal on Advances in Signal Processing, 2024, 2024(1): 1－16.

［10］ Wang X, Sun T, Duan X, et al. Holistic service-based architecture for space-air-ground integrated network for 5G-advanced and beyond ［J］. China Communications, 19(1): 14－28.

［11］ 梁俊，胡猛，管桦，等. 空间骨干网络体系架构与关键技术研究 ［J］. 空军工程大学学报（自然科学版），2016，17（4）：52－58，69.

［12］ Vuleti D, Aranovi J, Vuli I. Risk management in critical information infrastructures ［C］//Proceedings of the 5th IPMA SENET Project Management Conference (SENET 2019). Amsterdam: Atlantis Press, 2019: 235－238.

［13］ Kapucu N, Haupt B. Information communication technology use for public safety in the united states ［J］. Frontiers in Communication, 2016, 1: 1－9.

［14］ Chen J, Wang Y, Jiang X. Research on key technologies of equipment support intelligent system ［C］// Journal of Physics: Conference Series: Vol. 1575. Bristol: IOP Publishing, 2020: 1－6.

［15］ Barreto G, Battaglin P D, Varga S. Ensuring efficient IT service management to increase information systems availability ［J］. Journal of Information Systems Engineering & Management, 2019, 4(4): 1－7.

［16］ Benis A, Haghi M, Tamburis O, et al. Digital Emergency Management for a Complex One Health Landscape: the Need for Standardization, Integration, and Interoperability ［J］. Yearbook of Medical Informatics, 2023, 32（1）：27－35.

［17］ 夏倩雯. 应急管理大数据标准化建设研究 ［J］. 中国标准化，2022（22）：51－54.

［18］ 曾熠，程芳，毕于慧，等. 面向数据服务的应急数据标准化方法研究 ［J］. 标准科学，2014（9）：15－19.

［19］ 黄礼成. 数据中台在城市应急领域中的应用 ［J］. 中国新技术新产品，2022（1）：22－24.

［20］ 王良熙. 应急科技情报服务平台关键技术研究 ［J］. 情报工程，2020，6（4）：116－127.

［21］ 王波，班超，许阳. 数据治理引领智慧应急发展 ［J］. 中国应急管理，2020（11）：64－65.

［22］ 张辉，刘奕. 基于"情景－应对"的国家应急平台体系基础科学问题与集成平台 ［J］. 系统工程理论与实践，2012，32（5）：947－953.

［23］ Song, Min-Gu. The suggestion of new big data platform for the strengthening of privacy and enabled of big data ［J］. Journal of Digital Convergence, 2016, 14（12）：155－164.

［24］ Lu P, Zhang N. Application of big data in comprehensive emergency management platform in China ［C］//Proceedings of the 2016 6th International Conference on Mechatronics, Computer and Education Informationization (MCEI 2016). Amsterdam: Atlantis Press, 2016: 375－381.

［25］ Ren Y, Li Z. Construction on government emergency management system for urban emergencies in big data era ［C］//Proceedings of the 2018 5th International Conference on Education, Management,

Arts, Economics and Social Science (ICEMAESS 2018). Amsterdam: Atlantis Press, 2018: 961－965.

［26］ Wang S, Li M. Research on public safety emergency management of "smart city"［C］//Proceedings of the 2021 2nd International Conference on Computer Science and Management Technology (ICCSMT). New York: IEEE, 2021: 169－172.

［27］ 谢飞，陈兴燚，张晓波，等. 非常规突发事件的应急资源信息共享平台构建及设计研究［J］. 职业卫生与应急救援，2019，37（3）：291－294.

［28］ 郭丰毅，郑林子，陈珂. 我国应急管理信息化面临的问题与对策［J］. 科学发展，2022（12）：105－112.

［29］ Ahmad S, Simonovic S P. An intelligent decision support system for management of floods［J］. Water Resources Management, 2006, 20（3）：391－410.

［30］ Li H, Liao W, Wang J, et al. Emergency management system for sudden water pollution accidents［M］// Lei X. Emergency Operation Technologies for Sudden Water Pollution Accidents in the Middle Route of South-to-north Water Diversion Project. London, United Kingdom: IntechOpen, 2018.

［31］ 徐胜华，刘纪平，刘猛猛，等. 一体化综合减灾智能服务系统研究［J］. 测绘科学，2019，44（6）：273－278.

［32］ Bajwa A. Ai-based emergency response systems: A systematic literature review on smart infrastructure safety［J］. American Journal of Advanced Technology and Engineering Solutions, 2025, 1（1）：174－200.

［33］ Damaševičius R, Bacanin N, Misra S. From sensors to safety: Internet of emergency services (IoES) for emergency response and disaster management［J］. Journal of Sensor and Actuator Networks, 2023, 12（3）：1－45.

［34］ 张明军，李天云. 信息技术型构智慧应急管理：内涵、维度与路径［J］. 社会科学辑刊，2024（4）：143－152.

［35］ 陶振. 迈向智慧应急：组织愿景、运作过程与发展路径［J］. 广西社会科学，2022（6）：120－129.

［36］ Chen Y, Tang Z. Research on the construction of intelligent community emergency service platform based on convolutional neural network［J］. Scientific Programming, 2021, 2021: 1－14.

第4章 智慧应急在城市基础设施领域的应用

智慧应急在城市基础设施领域的应用，主要体现在供水管理、供电管理、供气管理、通信管理、城市生命线综合管理等方面，通过这些方面的应用不仅提升了风险监管执法、监测预警、辅助指挥决策、救援实战和社会动员能力，还加快了应急管理现代化的进程，使得城市管理更加科学化、专业化、智能化、精细化。

4.1 供水管理

供水系统是城市生存、发展的基础，供水事业的发展与城市的社会经济发展息息相关，其服务质量的好坏不仅关系到供水企业自身的利益，也直接影响到社会的稳定和政府形象。住房城乡建设部于 2012 年 12 月 5 日正式发布了《国家智慧城市（区、镇）试点指标体系（试行）》，明确了对应二级指标"城市功能提升"中的三级指标"供水系统"的考核。明确供水系统利用信息技术手段进行供水管理，对从水源地监测到龙头水管理的整个供水过程实现实时监测管理，制定合理的信息公示制度，保障居民用水安全。

4.1.1 水质监测与保障

1. 供水运行监控

供水运行监控主要涉及供水管网、用水户、供水量、产销差、水质等运营信息，以及巡检事件、漏水、爆管、用户投诉等异常信息进行浏览、查询、展示与分析，如图 4-1 所示。

2. 水厂生产监控

水厂生产监控主要对水厂各项生产指标信息进行采集、存储与监控，对相关指标进行分类汇总统计、历史变化趋势分析。水厂生产监控不仅能够对水厂生产行为进行宏观监管，而且还能够实现对其制供水量、水质等具体指标的业务分析，从而可有效辅助监管人员以点面结合的方式对水厂进行全方位监管，以保证水厂的正常生产与运行。

水厂生产汇总是以表格和地图方式显示所有水厂运行状态，主要涉及水厂出厂水流量、浊度、pH 值、余氯，并可切换至某一个水厂的工艺监控界面。通过折线图、条形图等可视化图表对出厂水质历史情况进行趋势分析，辅助用户直观了解该段时间内水厂的出厂水质变化情况。

图 4-1　供水运行监控综合信息页面

通过整合水厂工控设备和人工检测数据对水厂净水工艺图实时监控，可以实时获取原水、前处理系统、沉淀池、加矾系统、加氯系统、前后砂滤池、接触池、碳滤池、回收池、清水池、加压设备、出厂水的最新数据。这些信息可以通过水厂净水工艺示意图形式展现，实现对各个处理环节的实时监控与信息更新。

3. 管网运行管理

管网运行管理主要涉及水质信息的实时监测与分析，通过对获取的动态数据信息进行水质关联分析、对比分析和等值线分析等，帮助监管人员掌握水质变化趋势，确保供水系统的安全与稳定运行。这些功能有助于提供科学的决策支持，优化管网管理和水质控制。

水质信息可视化主要实现是通过动态标签、图表、列表等多种形式，直观、形象、动态地展示各检测/监测点的水质指标实时信息。水质关联分析是通过从一个指标的变化情况分析与其相互关联的其他水质指标的变化情况，对存在内在关联的不同水质指标进行关联分析。

水质对比分析主要涉及对某检测/监测点不同时刻的同一水质指标，或不同检测/监测点同一时刻的同一水质指标进行对比分析，辅助监管人员有效掌握各检测/监测点的水质变化情况。在线监测数据等值线分析是利用水质等值面、等值线图，分析了解供水全区的水质上下游监测点之间的关联及水质变化规律，预测水质变化趋势，从宏观上了解全区水质状况，辅助供水水质管理决策。

4.1.2　水量调度与优化

1. 水压流量检测

水压流量监测主要通过动态标签形式展示水压流量信息，并辅以列表形式呈现。用户点击列表中任意一条记录，即可快速跳转到该监测点，快速查看水量水压数据，并可查询具体压力、流量的历史曲线。

2. 二次供水监控

二次供水监控主要是以二次供水设施（如居民小区泵房、水池、水箱、楼宇管道等）数据为基础，结合二次供水数据管理与保洁过程，实现二次供水设施基础数据、业务数据的可视化、信息化管理。既支持查看二次供水设施的详细信息，也支持对二次供水业务信息的实时监控与统计分析。通过二次供水监控，能够有效提高安全运行效率、供水水质及服务效率。

汇总二次供水运行状态信息，实现基于同一界面同时展示所有二次供水运行状态信息的汇总情况，主要涉及二次供水设备基本参数、实时运行状态、运行异常、抢修事件等信息。根据位置、设备类型汇总设备数量、故障设备个数，应巡次数、已巡次数、到位率、故障次数、自报次数、自报率，可查看每个汇总项的详细台账列表。实现二次供水泵房详情查询，用户能够查询到小区二次供水泵房的详细信息，包括进口压力、出口压力、设备运行状态，以及卫生、供电、设备损坏、是否漏水等各种信息。

3. 安防系统监控

实现对安防系统信息的汇总，在同一界面展示所有安防监测探头的空间具体位置、设备属性、故障设备个数等。通过点击具体监测设备能够查看实时监测视频，也可根据需要，选择多个视频设备或同一类监测设备同时切换到主界面进行实时展示。

4.1.3 故障预警与处理

建设供水管网安全运行监测系统，可实现对供水管网的监测、报警和快速响应，提升供水管网整体安全水平，为系统的安全运行监测提供专业支撑，有效降低事故风险，提升防灾减灾能力。

1. 供水管网基础数据管理

基础数据管理系统是整个供水系统相关数据管理的基础平台，对供水监测系统全部基础数据进行统一管理，为各子系统提供数据支持，实现对管网、水泵、传感器、消防栓等供水设施资产信息，危险源及隐患点信息，设备检维修信息，历史事故信息，设施周边环境信息及危险管控处置预案等多源数据的快速导入、维护、分析、共享和使用。支持对数据的统计分析，生成阶段性报告供决策参考。主要功能包括基础数据查询、基础数据更新维护、基础数据统计分析及报表管理。

2. 管网基础数据查询

管网基础数据查询系统可提供对供水设施基础地理信息、资产数据信息、维护维修信息、危险源及隐患点信息、传感器设备信息的查询功能，能够有效避免供水管网产生"底数不清，情况不明"问题。同时，通过向系统内录入各类基础设施资产和监测设备资产信息，为综合管理提供基础。

3. 管网基础数据更新维护

通过系统后台数据更新系统，能够实时地将管道维修数据、改造数据，危险源及隐患点排查处理信息等上传至数据库，确保基础数据实时更新，从而提高系统数据的准确性及可靠性，提高对设备的综合管理能力。

对管网基础数据信息的更新维护，主要支持供水管网空间信息和属性数据的创建、删除和更新，属性数据的批量修改，网络拓扑关系的分析与维护，Excel、CAD、GIS等多种格式数据的导入和管网基础数据的导出以及数据编辑维护功能，实现空间数据与属性数据的同步更新，保证供水设施拓扑关系的完整性。

4. 管网基础数据统计分析

通过利用专业数学分析工具，可实现多维度对供水系统基础数据进行统计分析，能够按管网所在分区、管材、管网敷设年代等维度对供水管线进行统计分析，能够以柱状图、表格、报表等多种可视化图表的形式进行展示，并支持自定义关键字搜索和统计分析结果的下载和打印。通过该功能可快速掌握供水系统运行的基本状况及演变趋势，如图4-2所示。

系统支持将各类统计结果以图片、表格、文档的方式导出下载，并支持统计分析结果的在线打印。

图4-2　基础数据统计分析页面

5. 供水风险评估

供水风险评估系统平台是对供水管网风险隐患造成影响和损失的可能性进行量化评估。利用大数据技术建立风险评估模型，对管网资产、供水管道资产、历史事故记录、漏水信息、在线监测信息等信息进行叠加分析，识别需要重点关注的高风险区域，通过定期发布风险评估报告，为供水优化日常运行监测、巡检巡查等风险管理相关工作提供科学支撑依据。

6. 供水管网漏失风险评估

基于模糊数学的方法，依据管网管径、管龄、管材、埋深、维修记录、第三方施工、地面载荷等多层次指标体系确定因素集，并进一步建立各指标相对上一层指标的权重集，综合反映各指标相对上级指标的重要程度。然后结合因素集和权重集建立管网漏失风险评估模型，实现管网漏失风险计算。

7. 供水管网漏失动态风险评估

供水管网漏失动态风险评估是在供水管网漏失风险评估的基础上，结合实时监测的压力、流量、漏失等数据，实时动态评估供水管网漏失风险变化情况。结合因素集和权重集建立供水漏失动态风险评估模型，实现供水漏失动态风险计算。

8. 风险评估报告

风险评估报告系统主要包括评估报告模板管理、自动生成、评估报告管理等功能模块。根据制定好的模板系统自动生成风险评估报告，包括评估报告标题、风险分析、处置建议等。可以实现在线浏览、下载、添加、上传。

评估报告模板管理模块是对风险评估报告的内容整理形成结构化模板，支持模板统一修改、删减、查询等功能。

评估报告管理模块主要实现了根据模板定期自动生成风险评估报告，并支持在线浏览、添加、下载、上传、分类查询等功能。

4.1.4 应急响应与处置

1. 供水实时监测与报警

供水实时监测与报警是在对监测数据接入、存储、阈值分析的基础上，通过将地理信息数据、管网数据、监测数据整合在统一的信息平台中，便于信息的综合管理与共享。系统基于 GIS 技术、Web 技术等，通过地图视图、趋势图等方式将地理信息数据、管网基础信息和实时监测数据通过地图展现出来，并具有完整的监测点和信号点管理功能，使用户能够实时准确地获知监测信息并进行分析，主要功能包括运行监测、监测分析、报警分析管理。

2. 供水管网运行监测

利用物联网技术，对供水管网运行的流量、压力、水质、漏失声波、消火栓状态进行综合动态监控。

（1）泄漏声波监测。系统自动采集和分析漏失在线监测仪的实时泄漏声波监测数据，对超过报警阈值的情况进行报警，实现对供水管网泄漏声波异常报警的查询操作。

（2）水质监测。系统自动采集水质监测点监测数据进行实时分析，对超过报警阈值的情况进行报警，支持对供水管网水质异常报警的查询操作。

（3）流量监测。系统自动采集流量监测点监测数据进行实时分析，对超过报警阈值的情况进行报警，支持对供水管网流量异常报警的查询操作。

（4）压力监测。系统对接入的压力监测点和自动采集的压力监测数据进行实时分析，对超过报警阈值的情况进行报警，支持对供水压力异常管网报警的查询操作。

（5）消火栓监测。系统自动采集和分析消火栓在线监测仪的实时监测数据，对超过报警阈值的情况进行报警，实现对消火栓状态异常报警的查询操作。

（6）视频监控。系统展示视频监测站点的监控视频。

3. 供水管网监测分析

通过对供水管网运行数据对比分析，实现对风险隐患的判断和识别。

（1）环比同比分析。支持各类监测数据时间维度上的同比环比数据分析，及时发现数据异常情况，做出报警。

（2）多指标综合分析。支持多种监测数据在空间维度上的耦合综合分析，及时发现潜在耦合风险，做出报警。

（3）供水管网流量分析。支持供水流量分析，结合供水管网拓扑关系和水力学模型，应用前端监测压力、流量、流向等数据实时分析供水管道各个区域的流量情况，及时发现供水流量异常区域。

（4）供水管网压力负荷分析。支持供水压力负荷分析，结合供水管网拓扑关系和水力学模型，应用前端监测的压力、流量、流向等数据，实时分析供水管道各个区域压力负荷情况，及时发现供水压力异常区域。

（5）供水管网水龄分析。支持供水管网水龄分析，结合供水管网拓扑关系和水力学模型，应用前端监测的压力、流量和水质监测数据，实时分析供水管网水龄分布情况，及时发现水流不畅区域。

（6）大用户用水异常分析。支持针对大用户用水规律进行监测分析，根据用户历史用水规律和现状用水情况，分析用户水龄空间分布、水量变化模式等。针对大用户用水异常情况及时发现并报警。

4. 供水监测实时报警

通过不同监测设备不同阈值的设定，实现供水管网不同运行因素的实时报警，支持报警提醒、报警分析和审核、报警信息解除、报警信息全流程查看等功能。

（1）动态阈值设置。支持管网压力、流量阈值历史记录学习，根据用水调度规律生成动态阈值，减少报警误报情况。

（2）分时报警设置。支持前端传感器报警配置根据不同时间段的用水规律匹配不同的报警规则。

（3）数据中断报警。支持设备数据传输中断时系统报警。

（4）数据超限报警。支持设备数据异常超过设定阈值时系统报警。

（5）漏失报警。支持声波监测到管网漏失时系统报警。

（6）管网失压报警。支持管网压力和压力不利点压力不足失压时系统报警。

（7）设备馈电报警。支持前端设备供电不足馈电时系统报警。及时更换电池，保障设备在线率。

（8）供水报警提醒。支持在前端设备采集的实时数据在发生异常的情况下，系统自动进行声光一体报警，在监测界面中弹出报警信息弹框，并高亮闪烁提示。

（9）供水报警确认。根据水质各项指标监测值、压力监测值、管径等，按照行业规范或相关应急预案对报警进行分类和分级。

（10）报警信息推送。报警信息确认后，根据预案对应的风险等级，推送到应急指挥平台、行业主管部门或者企业。

（11）供水报警信息解除。系统可对误报以及处理完毕的报警信息进行解除，解除后信息不在列表中展示。

（12）供水报警信息全流程查看。支持查看报警提醒到报警解除全流程环节记录，支持查看各个环节的时间、处理人、处理意见等信息。

4.1.5 公众服务与宣传

公众服务与宣传子系统旨在通过实时动态信息的展示与查询以及重点信息的发布，提升供水服务的透明度和互动性。

实时动态信息展示与查询模块：该模块通过滚动播放和页面展示的方式呈现系统的实时动态。为各部门提供发布营业信息、会议信息、重大事件等内容的渠道，并支持将信息提交至供水服务调度（指挥）中心，由中心统一管理和发布。用户可在此模块查询各部门的重点动态信息和历史动态。

重点信息发布模块：系统允许不同部门在专用区域发布信息，并且通过颜色或区域进行区分，支持用文字滚动的形式发布重点信息及更新动态，用户可以查看较为全面的重点动态信息和历史动态。

4.2 智慧应急供电管理

智慧应急供电管理系统，作为一种前沿的电力管理解决方案，依托先进的信息化、数字化和自动化技术，实现对供电网络的精准控制和管理，提升系统的智能化水平。智慧应急供电系统的核心优势在于其能够实时监测电力设备的运行状态以及电网的负荷情况，确保对整个电力系统进行全方位的实时监控和故障预警。根据大数据和云计算技术，自动调整供电策略和电力分配。嵌入人工智能技术模拟专家的决策过程，提供智能化的决策支持，从而在应急响应与处置方面展现极高的安全可靠性，同时能够根据实际需求，合理调配电力资源，在处理应急供电等突发事件时实现能源的高效使用与管理，为现代社会的应急电力供应提供了全新的智慧解决方案。

4.2.1 实时监测与故障预警

电力已经成为日常生活和工业生产不可或缺的部分，而供电的稳定性和可靠性直接影响到社会的正常运转和企业的生产效率。实时监测供电情况可以及时发现和解决电能质量问题，从而避免设备故障、能源浪费和用户投诉等问题。实时监测与故障预警在智慧应急供电系统中指的是使用各种传感器、检测设备和智能算法，对电网的运行状态进行全天候无缝监控，以及对潜在的异常情况进行早期发现、警报和预测，最大限度地减少电力系统故障的发生，或者在无法避免时能够最小化故障所带来的影响。实时监测与故障预警系统界面如图4-3所示。

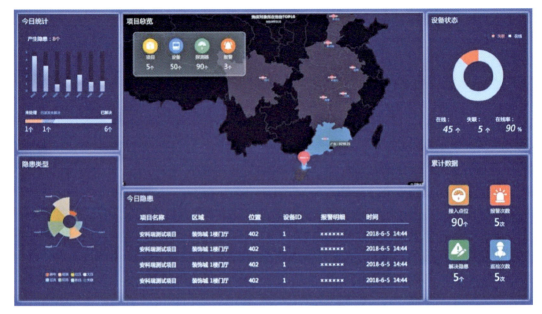

图 4－3　实时监测与故障预警系统界面

1. 实时监测模块

（1）监测参数要求。为保证供电的安全性、经济性和稳定性，供电系统需要满足一定电能质量要求。依据国家电能质量标准，系统需要对供电系统部分参数实施监测，包括：

低压配电系统运行状态，例如系统有功、无功补偿，系统频率、变压器温度等；

中压配电系统的电流、电压、功率；

低压配电系统的状态量，例如开关信号等；

功率与能耗：监控供电系统的实时功率输出和能源消耗，以评估系统运行效率并制定节能策略；

频率：维持电力系统的频率稳定性，确保所有电网设备能够同步运行，避免因频率偏差导致的设备损坏；

变压器温度：监控变压器和其他关键设备的工作温度，防止过热并确保设备在最佳状态下运行；

绝缘电阻：定期检查供电系统的绝缘电阻，以预防电气故障和潜在的安全风险；

故障检测与定位：实时监控供电系统，以便快速检测和定位故障点，缩短恢复时间；

环境参数：监测温度、湿度、气压等环境参数，因为这些因素可能影响供电设备的性能和寿命；

能耗监测：跟踪和分析能耗数据，为能源管理和成本控制提供依据，特别是在资源有限的紧急情况下；

事件记录：记录所有与供电相关的事件，如维护活动、设备更换、配置更改等，以便于历史追踪和未来规划。

（2）监测方法。智能应急供电监测是指在电力电气设备的运行过程中对设备内部进行相关的数据监测，通过对这些设备中故障特征信号或故障先兆信息的提取，实现对电力设备的状态监测。

1）传感器监测。在电力设备运行状态监测技术中，传感器技术的应用至关重要。传感器能实时感知电力设备的运行状态，监测设备的工作参数及异常情况，从而实现对设备的全面监测和安全管理。传感器技术可以通过感知电流、电压、温度、湿度等参数，获取设备的运行状态信息，并将这些信息传输到监测系统中进行分析和处理。通过传感器技术的应用，可以实现对电力设备运行状态的实时监测，及时发现设备故障或异常，提前采取相应的措施进行修复或维护，从而保障电力系统的安全稳定运行。此外，传感器技术还可以监测电力设备的非电气参数。除监测电流、电压等电气参数外，传感器还可以感知设备的振动、声音、温度等非电参数。通过对这些非电参数的监测，可以获得更全面、准确的设备运行状态信息。

同时，传感器技术还可以与物联网技术相结合，实现远程监测和控制。通过将传感器与互联网连接，可以将监测数据实时传输到远程监控中心，方便运维人员进行远程诊断和决策。这不仅可以提高工作效率，还可以减少现场巡检的频率和成本。通过实时感知和分析设备的电气参数和非电气参数，可以实现对设备的全面监测和安全管理。同时，与其他技术的结合还可以实现更高级的监测功能，为电力系统的稳定运行提供强有力的技术支持。

2）无线传感器网络监测。WSN 是一种先进的数据采集方法，它由分布在关键位置的多个无线传感器节点组成，这些节点能够实时地感知和记录发电及供电设备的运行状态。与传统手动采集方法相比，这种技术显著提高了数据采集的效率和稳定性。通过无线网络，这些传感器节点可以将收集到的数据即时传输至中央监测中心，从而实现对设备状态的连续监控和分析。无线传感器节点通常包含传感器、微处理器、无线通信接口和电源四部分。传感器负责感知设备的运行参数，如温度、压力、电流等；微处理器则对收集的数据进行初步处理；无线通信接口使得数据传输成为可能；而电源则为节点的运行提供能量。这些节点的部署可以覆盖广泛的区域，确保对远程或难以接近地区的设备进行有效监测。在实际应用中，WSN 技术已经展现出其强大的功能和灵活性。例如，在风电场的监测中，通过在风机上部署 WSN 节点，可以实时监测风速、风向、发电机温度等关键参数，及时发现设备的异常情况，从而提前进行维护，避免重大故障的发生。同样，在太阳能发电站，WSN 可以用来监测太阳能电池板的性能，优化发电效率。无线传感器节点组成如图 4-4 所示。

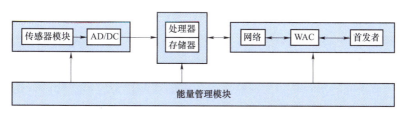

图 4-4　无线传感器节点组成

3）物联网监测。电力工程设备的安全监测系统，基于物联网技术，通过智能终端及管理平台将客户管理的范围扩展至建构筑物的内外物体及其相互关联，从而实现信息交换，协助人们更加精确及时地进行建构筑物的精细化管理和安全分析，如图4-5所示。与常规的物联网结构相同，此监测系统的物联网模型主要由感知层、网络层和应用层组成。感知层作为物联网全面感知的基础，涉及的技术主要包括传感器和射频识别等。安全监测的原理是通过获取影响电力设备安全状况的各项指标数据，以便分析监测对象的安全状况。这些指标数据通过专用传感器采集完成，传感器布设在监测对象的各关键部位，对与安全相关的数据进行实时、自动化采集。网络层则主要负责监测信息的传输和初步处理。安全监测的网络层包括现场数据传输和远程实时传输等，其中现场传输是指将终端传感器的监测数据汇集到数据采集仪，而远程传输则是将采集仪的数据发送到用户控制中心。目前在监测网络中常用的数据传输方式包括光纤、网线、ZigBee技术、GPRS技术和北斗短报文通信。应用层结合了物联网技术与行业专业技术，主要解决监测数据的处理、分析、展示和应用问题，是整个物联网监测系统的核心。它首先实现对监测数据的统一存储、管理和处理，接着对监测数据进行分析和评估，最终将监测结果展示给用户，使用户能够及时掌握监测对象的安全运行状况。图像识别监测通过安装相机或传感器，可以实时获取设备的外观和形态信息。借助图像识别技术，可提取关键特征，识别供电设备的异常状态，及时采取措施避免故障发生。

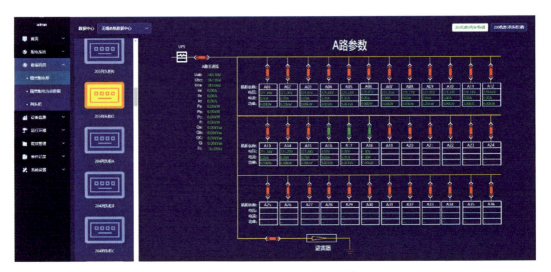

图4-5 供电设备状态监测系统

2. 故障预警模块

故障预警在供电设备运行状态监测及安全管理技术中发挥重要作用。故障预警包含故障诊断与提出解决方案。通过分析设备的运行参数和监测数据，可以及时发现设备的异常情况，为解决问题提供依据。智能应急供电的智能预警应当包含以下几个必要的功能模块（见图4-6），各功能模块相互配合，循环运行。

（1）供电设备受损预警模块。供电设备受损预警模块负责预测自然灾害和公共安全事件对电力系统的破坏情况，对可能发生的电网特重大设备损失进行预警。此过程主要涉及根据自然灾害或其他突发事件的预报数据，结合灾害预计发生地点、电力网络的地理布局以及电网设备对灾害的耐受性，来识别可能会因灾害受影响而出现故障的设备。该模块会将预测到的电力系统损害情况通报给相关管理部门，这样旨在为紧急修复工作预先做准备，并为后续的电网安全评估提供必要的输入信息。

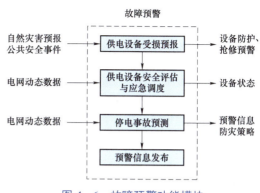

图 4-6　故障预警功能模块

（2）供电设备安全评估与应急调度模块。该模块结合供电设备的即时运行数据、受灾信息以及调度操作经验，对系统安全性进行专业评估，判断预期内的负荷损失。在低强度灾害情况下，通过精确的电力调度，可以有效地规避负荷损失。该模块旨在减少预测性预警系统的频繁警报，可以通过多种方法实现：一种方法是集成与电网调度系统一致的预警逻辑；另一种方法是通过模拟电网调度系统的调度策略（例如基于优化的经济调度算法），以评估系统是否存在稳定的运行点。

（3）停电事故预测预警模块。该模块负责预测停电事件的影响范围，并为特定情境制定紧急预防策略。在多样化的故障场景下，电网调度机构需实施针对性的紧急控制措施。此功能模块通过对电网及其紧急控制机制进行建模，并结合灾害数据，来评估在不同紧急控制手段介入下，系统可能出现的停电范围及持续时间。

（4）预警信息发布模块。预警信息发布模块负责将预警信息发布给电力应急管理平台的其他相关部门。预警信息包括设备防护预警、设备抢修预警、停电预警、抢险物资预警、综合预警信息上报等。

4.2.2　智能调度与优化

电力调度作为保障电网可靠运行的决策与执行核心，其业务能力及应急处置的效率对电力系统的安全与稳定性有着直接的影响。在传统的调度命令模式中，信息交互依赖于电话通信，调控员在执行调度命令时只能遵循单一的发令流程。这一流程包括了命令的预告、正式发布、确认回读以及回复确认等环节。然而，此过程中存在由于语音识别不准确、通话环境噪声干扰以及监控盲区等因素造成的安全风险。特别是在电话高峰期间，通信拥堵可能导致现场操作人员长时间等待，无法及时接收到故障报告或其他重要信息，进一步影响停送电操作的准时性，从而耽误了故障抢修的关键时间，为电网调度带来潜在的安全隐患。

智慧应急供电系统通过整合能源管理技术和智能电网技术，能够实现电力资源的高效分配和利用。该系统通过实时监测、预警、智能调度等功能，对电力负荷情况进行实时监测和分析，能够根据实际需求进行功率的优化调度，有效防止电力供应过剩或不足的状况发生。同时,在突发事件发生时能够迅速恢复供电,并有效应对各类故障,显著提升供电系统的整体效率。

智能应急供电系统的智能调度与优化功能主要通过储能技术、电力多元化供应、大数据分析、云计算和人工智能等手段来实现。通过数字孪生技术构建虚拟发电场站模型,并使用大数据和人工智能进行实时分析和预警,提高系统对风险的敏感度。通过应用人工智能算法,可以对供电系统的运行状态进行实时监测和智能化分析,提高故障诊断和预测的准确性,及时采取措施防止故障事故的发生。同时人工智能技术还可以智能化调度电力设备,实现精确的电力分配和优化的供电策略。

智慧应急供电系统主要包含智能调度、预警可视、智能预案及缺陷管理等关键功能模块,配合大数据与人工智能技术,不仅提高了故障预测和响应的准确性,也大大优化了电力分配策略,保障了供电系统的高效、安全和可靠运行。

智能应急供电系统通过智能调度辅助决策子系统,实现调度台账自动查询、设备负载率可视化显示及事故预案自动生成,提升事故处理的决策效率。智能调度辅助决策系统子系统的主要功能分为调度台账模块、预警可视模块、智能预案模块、缺陷管理模块4大核心模块。其功能模块如图4-7所示。

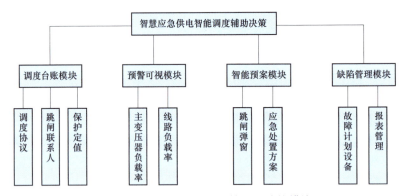

图4-7 智能调度辅助决策主要功能模块

(1)调度台账模块。调度台账主要包括调度协议、线路管辖范围及联系人、保护定值等基础资料,电网出现异常及事故时,调度员根据需求再去查找资料,显然效率不高。在智能调度的调度台账模块中,每个变电站分别建立了与该变电站相关的调度台账,并做好基础信息实时更新,对上述数据智能抽取,结合可视化技术将数据以图形的形式呈现出来,基于智能搜索功能的新应用可以方便调度员第一时间准确地通知到线路跳闸联系人,以便对用户变的设备进行倒闸操作,做到精准调度。

(2)预警可视模块。应急供电预警可视化是智能调度系统中一个关键的功能模块,它专门设计用于实时监测、分析并展示应急供电系统中潜在的风险和当前的运行状态。通过集成先进的传感器和数据采集技术,该系统能够持续收集关键参数,如电流、电压和频率,这些数据随后被传输至中心处理系统进行实时分析。通过使用复杂的算法来处理收集到的数据,以识别任何可能影响供电系统性能和稳定性的异常模式。在检测到潜在风险时，系统会立即生成预警信号，并通过可视化界面向调度员发出通知。这些可视化警报不仅包括问题的严重性和位置，还提供了推荐的响应措施，帮助调度员快速做出决策并采取行动以防范或缓解问题。预警可视化界面设计直观，采用色彩编码和图形标识，确保调度员能够在极短的时间内清晰地理解预警信息。此外，系统还能学习历史数据，通过数据分析预测潜在的未来风险，从而使调度员能够采取预防措施，提前规避风险，确保供电系统的连续性和可靠性。这种智能化的预警机制大大增强了智慧应急供电系统的响应能力和效率，保障了电力供应的稳定。

（3）智能预案模块。当电网发生故障跳闸后，故障设备所在变电站会弹窗告警，方便调度员第一时间掌握故障信息进行决策。同时，系统会向故障设备影响到的供电单位推送电网风险预警信息单，让下级调度机构或重要用户第一时间掌握电网风险，及时做好应急预案，提升应急响应速度。

在该模块中，会将常规事故及异常事故的处理方案存入知识库，当系统发生类似的电网故障时，基于案例推理算法可以直接调用相关应急处置预案。案例推理算法是寻获与当前电网突发故障具有相似特征的应急预案后，再根据当前电网实际运行状况和调度规程对应急处置方案进行修订。电网突发故障的类型往往不可控，案例推理算法在应用过程中会不断记录超出当前预案库的突发故障类型，并给出相似解。电网突发故障应急处置结束后，调控中心可根据实际处置情况对之进行修订完善，纳入当前的应急预案库，从而提高调度员事故处理时的决策效率。

（4）缺陷管理模块。供电设备发生缺陷后，若没有及时消缺，可借助系统对缺陷设备进行标记，并可在厂站和调度潮流图中双重设置缺陷光字牌，方便调度员科学合理调整电网运行方式。系统可识别光字牌设置缺陷管理台账，包括缺陷设备发生的时间、原因、汇报人、接受人及预计消缺时间。调度员在进行倒闸操作和事故处理时能够实时全面掌握缺陷设备信息，对于威胁电网运行的严重缺陷可告知方式员和变电运行人员进行风险管控。

4.2.3 应急响应与处置

电力是不可或缺的生活能源。随着环境恶化，电网日趋复杂，大面积停电事件也频频发生。大面积停电不仅给人民生活带来巨大不便，还会导致卫生、医疗、教育等其他行业的连锁反应，给社会带来巨大的风险隐患。随着大面积停电事件对人民生活影响越来越大，电力应急管理响应与处置成为智慧应急供电不可忽略的内容。应急响应与处置包含应急事件分类、应急事件等级划分、应急响应原则、应急响应流程与应急智能决策处置等。

1. 应急事件分类

应急事件分类旨在根据不同类型的突发情况，迅速识别事件性质并采取相应的应对措施。应急事件主要可分为四类：自然灾害类、设备缺陷类、人为因素类和外力作用类。系统根据事故影响的严重程度，进一步细化为不同等级的响应措施，以确保电力系统的稳定性和供电的可靠性。

（1）自然灾害类。由于不可预见的自然灾害，特别是一些如地震、强风、暴雨、暴雪等极端类型的气候，会造成电网设施的破坏，导致大面积停电。

（2）电力设备缺陷类。即自身电力设备的缺陷。电网的正常运行需要使用大量的电力设施，这些设施的质量及长期使用产生的缺陷都可能导致停电。

（3）人为因素类。由电网运维人员操作不当或他人蓄意破坏等导致的停电故障。

（4）外力作用类。战争、暴力施工对电网设施造成的一定程度的破损。

2. 应急事件等级划分

《中华人民共和国突发事件应对法》规定在电力供应危机预警发出后，应根据不同级别的供电风险采取相应的响应措施。这些措施针对可能出现的自然灾害、事故灾难事件导致的电力供应问题，保证电力系统的稳定和可靠。根据供电电力安全事故（以下简称事故）影响电力系统安全稳定运行或者影响电力正常供应的程度，事故分为特别重大事故、重大事故、较大事故和一般事故。事故等级划分标准见表4−1。

表4−1　　　　　　　　　　　事故等级划分标准

等级	颜色表示	事故等级
Ⅰ级（非常严重）	红	特别重大事故
Ⅱ级（严重）	橙	重大事故
Ⅲ级（较重）	黄	较大事故
Ⅳ级（一般）	蓝	一般事故

Ⅰ级事件：区域性电网减供负荷30%以上，直辖市60%以上供电用户停电。

Ⅱ级事件：区域性电网减供负荷10%以上30%以下，直辖市30%以上60%以下供电用户停电。

Ⅲ级事件：区域性电网减供负荷7%以上10%以下，直辖市15%以上30%以下供电用户停电。

Ⅳ级事件：区域性电网减供负荷4%以上7%以下，直辖市10%以上15%以下供电用户停电。

3. 应急响应原则

主要涉及因险应对原则、响应及时原则、协同一致原则以及响应规范原则。

（1）因险应对原则。在供电系统风险预警响应中，根据具体的供电风险等级和潜在风险，采取相应的应对措施。例如，在高风险等级下，可能需要加强电网监控，限制非必要的电力使用，并提前准备应急发电设备和物资。对不同地区、不同供电风险情况的分类响应。比如，在供电不稳定区域，可能需要更频繁的检查和维护，以及更严格的电力使用管控措施。

（2）响应及时原则。一旦监测到供电风险或供电中断发生，须立即启动预警响应机制，迅速传达预警信息，并快速组织力量进行处置。这包括及时通知相关部门和人员，确保他们能在最短时间内作出反应，以及迅速调配应急发电设备和物资资源到受影响区域。

（3）协同一致原则。各级人民政府、电力供应指挥机构及相关部门在预警响应过程中需要密切协作、形成合力。需将及时预警响应、合理调配、严格遵守应对应原则紧密结合起来，各部门才能够共同应对应急供电风险挑战，保障供电安全。

（4）响应规范原则。即制定详细的预警响应预案、明确各级部门和人员的职责和任务、规范信息报送和处置流程等措施，确保预警响应工作的科学性和规范性。这包括建立标准化的操作程序和通信协议，以便在供电危机时，所有参与者都能按照既定规则高效协作。

4. 应急响应流程

供电应急工作遵循分级响应程序，根据发生的供电紧急情况的级别由相应级别的人民政府或电力管理部门启动应急预案，确定应急指挥机构。供电应急流程如下：

（1）供电状况核实。应急指挥机构接到供电紧急情况报告后，需要立即进行信息分析与核实，确认报告内容的真实有效性。核实的结果有三种：① 误报警，则排除供电紧急情况；② 信息不详，需要做进一步的信息核查；③ 报告内容与供电紧急情况一致，进入应急响应下一阶段。

（2）分级应急响应。确认供电紧急情况报告信息后，首先根据供电紧急情况的严重程度判断级别，按照分级响应程序的规定，确定相应的应急指挥机构，并启动相应级别的应急预案。

（3）应急处置行动。应急处置在出现供电紧急情况之后就已经启动。突发供电紧急情况发生后，事发地的乡（镇、街道）、县政府或电力部门应迅速实施先期处置，并及时发布信息。在应急响应启动后，各部门根据预案规定的职责迅速开展应急救援行动。

（4）现场指挥与实施。应急响应启动后，供电应急恢复指挥部及抢险救灾机构相关成员单位根据各自的工作职责开展应急行动。应急恢复指挥部具体指挥、协调、组织各应急部门的专家和人员，及时到受影响地区进行调查分析，评估供电系统的损害情况，划定重点恢复区域并加强监测，提出具体的抢修和临时供电措施；同时安排临时供电方案，确保关键区域和重点用户的电力供应。

（5）应急响应结束。经专家组鉴定，供电紧急情况已消除或者得到有效控制，电网运行恢复正常后，应急响应结束。

5. 应急智能决策处置

系统综合多种因素进行分析，做出智能应急决策。

（1）电网故障影响分析。配合电网监控系统，根据电网故障预报数据模型将预报结果标绘到地图上。故障推演是根据电网故障等级预报和电网负荷行为分析模型，结合当前故障点的位置、电流、电压、温度、湿度等信息动态推演计算故障在 N 个小时内蔓延的方向、影响的变压器区域、速度以及直接侵害的区域。

当电网故障发生后，结合当前故障点的位置、电流、电压、温度、湿度等信息动态推演计算，根据时间的变化情况进行故障的扩展推演，让用户掌握故障随时间的蔓延情况，故障推演可以接入实时的监控数据、电网结构信息等，也可由用户直接输入相关数据进行推演。在推演过程中，用户可以实时查看随着时间变化而受到故障威胁的各类设备的分布情况，也可以查找最近的维修资源来进行及时修复。影响分析是桌面客户端电网指挥中的特有功能，可以根据多种影响故障蔓延的因素分析出故障走向和影响范围。

（2）气象分析。系统会根据历史数据和机器学习算法，分析特定气象条件下的用电负荷变化，从而预测可能出现的用电高峰或电网负荷过重的风险。此外，预测极端天气事件对电网的潜在影响，如强风可能导致输电线路损坏，雷电可能引发电网故障等，以便提前采取应对措施，一键式分析电网周边的实时天气情况，包括温度区间、风力风速、相对湿度等信息。按需加载实时的风场数据、气象云图、天气预报等信息。通过电网故障点进行分析，获取最近的监测站返回的天气信息，生成电网气象分析报告，同时在地图绘制风向标，表述风力、风向信息。

（3）设备分析。设备分析主要用于评判当前电网的设备种类，为抢修队伍出发前携带的工具提供辅助参考。亦可为评估受影响电网面积，计算损失设备提供数据支持。系统通过电网故障点面所在的小区域信息进行智能空间分析。按需加载设备种类、设备状态图。自动计算故障影响的设备组成、设备数量等信息，并以此生成设备分析报告。同时地图绘制标识设备状态。可对报告进行二次调整和保存。

（4）行进路线分析。通过地图数据、道路数据的运用，可实现由指挥中心或者移动终端前往故障点的最优路径规划功能。动态分析计算抢修指挥管理中的最佳路径，更快、更直接有效地到达故障点。

（5）坡度坡向分析。根据 GIS 地理地图的地形维度信息，结合实时故障数据，进行坡度坡向分析，辅助决策电力任务，判断故障态势。坡度和坡向是两个重要的地形特征因子，在地形表面分析中起到重要作用。其中，坡度表示地球面某一位置的高度变化率的量度；而坡度变化的方向即为坡向，表示地表面某一位置斜坡方向变化的量度。

在地形上任意指定某一范围，坡度坡向分析功能为用户提供可自动获取并通过分层设色策略绘制坡度坡向图，生成坡度坡向指示箭头，使用户根据颜色和箭头指向直观地查看地形的起伏方向和起伏大小，为抢修的实施提供地理环境的直接指导。

（6）威胁分析。利用地理空间数据分析，针对电网故障可能危及的区域高危及重点保护目标，包括易燃易爆仓库、加油站、重要企业、关键基础设施、居民地、旅游景点等，分析故障周边 5、10、20km 内等自定义 50km 范围内的各类目标，生成影响范围内目标清单。

（7）电力资源分析。利用地理空间数据分析，针对电网故障可以调用的各种电力资源，包括电力站、电力队、变电站、配电站等信息，分析故障周边 5、10、20km 内等自定义 50km 范围内的电力资源。

4.2.4　能源管理与节能

能源管理与节能系统通过整合先进的技术手段和设备，旨在实现电力资源的高效调度和优化利用。该系统包括实时能源监控、平衡调度、能耗分析以及智能储能等子系统，致力于提高能源使用效率，降低能耗，并确保电力系统的稳定运行。通过对能源消耗的实时监控与分析，系统能够有效预测负荷、优化电力成本，并根据实际需求进行智能调度。同时，系统利用分布式储能技术、用户行为感知、边缘计算和 5G 通信等创新技术，进一步提升能源管理的精确度和灵活性，支持节能减排目标的实现。这些技术的综合应用不仅促进了电力系统的智能化，还为节能减排、提高能效和优化能源使用提供了有力支持。

1. 主要构成

（1）电力能源监控子系统。该电力能源监控子系统包括实时能源调配、图像监控、异常处理以及控制系统的持续维护等功能。出于安全、稳定及经济效益的考虑，系统设计主要侧重于以下两个层面。

在确保能源供需平衡、保障系统安全及维持运行稳定性的前提下，系统致力于合理调度并管理能源。通过全面及多维度的方式监测、追踪、分析、预测，并管理能源管理系统的整体运行状态。

当发生突发性异常，例如系统失衡、设备故障或功能失效时，该系统能够迅速进行异常分析与处理。这一机制保证用户能继续正常使用电力，并有助于提高系统和设备的性能与安全性。

（2）能源平衡调度子系统。电力平衡调度子系统的核心目标是实现按照统一标准的能源使用和平衡过程的在线调度与管理。该系统的功能主要分为以下两个部分：

能源计划与负荷预测：通过对历史能耗数据的分析，进行可预测性分析和报告，以便为未来的电力调度提供指导性意见。这包括评估各项电力消耗指标，并据此制定更为精准的电力使用计划。

能源成本管理：该部分涉及对企业不同类型电力消耗的统计分析，并考虑各种电力资源的阶梯定价。根据不同的用电设备（如照明、空调等）和不同区域（如楼层、办公室等）的具体用电情况，完成企业电力消耗的成本核算。这不仅帮助企业更好地控制电力成本，还促进了更高效的电力资源分配和使用。

（3）能耗分析子系统。电力能耗分析子系统的核心功能是通过对企业内部能耗设备的实时监控，支持企业及时获取不同时间段及不同运营环节的电力消耗数据。该系统的功能主要包括两个方面。

能耗构成分析：系统能够对企业内各种电力消耗进行详细的分类计量、汇总和统计分析。通过这些步骤，系统能够生成包括数据报表、查询列表在内的多种文档，帮助企业全面理解电力消耗的具体分布情况。

能耗趋势分析：此外，系统提供同比、环比以及趋势分析等多功能分析工具，配合棒图、饼图等直观图表，为企业揭示电力消耗的趋势和模式。这种分析对于预测未来能耗、优化能源使用和制定节能减排策略具有重要意义。

（4）N 站合一能源站。N 站合一能源综合体整合了多种功能站点，如能源供应站、能源服务站、储能站、数据中心和 5G 基站等。这些分布式多站点在逻辑上互为融合，在结构上互补，在数据交换上实现横向连接，共同满足用户的多元化能源需求。这种综合能源服务的新业态和新模式，有效地促进了能源管理的现代化，提升了能源利用效率，同时为用户提供了更为定制化和高效的能源解决方案。

2. 实现技术

（1）用户侧分布式智慧储能技术。以蓄电池为核心，并依托关键设备如能量管理单元（EMU）、分布式能源管理系统（EMS）等。这些设备与储能逆变器（PCS）及综合能源节能管理系统相结合，共同实现了实时监控、双向通信以及智能调控功能。每个分布式储能装置都通过 5G 网络连接到平台，使数据采集、分析与存储等功能得以顺畅执行。这种配置不仅优化了电力的使用和储存，还提高了能源的调度灵活性和系统的响应速度，从而在保障电网稳定的同时，也促进了能效的提高和能耗的降低。

（2）用户行为感知技术。在电力能源管理与节能领域中，用户用电行为感知技术的应用涉及收集智能电表入口处的总进线电压和电流数据。通过对这些数据的分析，该技术能够识别用户的电器类型、开关状态和用电量等关键信息，从而实现全面且精确的用户用电行为感知及电器状态监测。这项技术旨在协助进行设备节能改造，优化错峰用电策略，并增强能源管理平台的营销能力。整个感知技术的部署过程无需对用户内部设施进行改造施工，因此可以避免因协调、施工及维护而产生额外费用。这种非侵入性的用户用电行为感知技术不仅提高了能源使用的效率，还降低了实施成本，使得电力公司能够以更经济的方式实现精细化的电力管理和需求响应。

（3）边缘智能技术和 5G 智能通信技术。在电力能源管理与节能领域中，边缘智能技术的应用涉及将边缘服务器的强大计算能力与终端设备计算的本地性相结合，从而发挥各自的互补优势。该技术能够支持实时视频分析、文字和图像识别、大数据流处理等高级功能。与此同时，5G 通信网络凭借其超高速率、超低时延和超强连接的特性，与边缘智能技术相结合，能够提供更加智能化、高效率和高可靠性的信息技术服务。在该系统中，这种技术融合具有极高的应用价值，能有效提升电力系统的运营效率和响应速度，同时优化能源管理和降低能耗。这种整合了边缘智能和 5G 网络的技术方案，为电力系统提供了实时数据处理和快速决策的能力，是实现现代化电力能源管理与节能的关键因素之一。

（4）面向智能终端的响应技术。在电力能源管理与节能的框架下，需求响应被视作一种有效的技术手段，用来实现电力供需之间的平衡，并最大限度地挖掘用户端的潜力。通过采用激励型的互动机制、边缘计算支持下的账单管理和能效分析应用等先进技术，需求响应能够对包括相变储能、分布式三联供（CCHP）、制氢在内的用户侧设备实施多能耦合和需求响应策略。这不仅促进了电网的灵活调度能力，还显著提升了电网运行的稳定性。

4.3 智慧应急供气管理

根据《城市生命线工程安全运行监测技术标准》（DB 34/T 4021—2021）相关要求，燃气安全运行监测应包含城市燃气管网及其相邻地下空间、燃气场站、人口密集区用气餐饮场所的附属设施，实现对燃气管网的压力、流量，相邻地下空间内甲烷气体浓度，燃气场站内浓度、视频监控，人口密集区用气餐饮场所的可燃气体浓度进行监测。

同时，该标准针对城市燃气运行监测的布点也做了相关要求，进一步明确了优先布点的部位及区域：

（1）高压、次高压管线和人口密集区中低压主干管线，燃气场站；

（2）燃气阀门井内，燃气管线相邻的雨污水、电力、通信等管线及地下阀室；

（3）有燃气管线穿越的密闭和半密闭空间和燃气泄漏后易通过土壤和管线扩散聚集的空间；

（4）人口密集区用气餐饮场所；

（5）燃气爆炸后易产生严重后果的空间。

通过城市燃气安全运行监测，可以实现监测区域内燃气管线泄漏的快速感知，提高城市燃气风险整体监测、早期识别和预测预警能力，提升燃气安全风险预防处置科学化、信息化、标准化水平，提高燃气泄漏爆炸重大风险防控与突发事件处置能力。

4.3.1 燃气管道监测

燃气管道检测是确保城市燃气系统安全、稳定运行的重要手段，涉及对高压、次高压管线及人口密集区中低压管网的全方位监控与分析。由于燃气管道的易燃易爆特性，一旦发生泄漏，可能引发重大安全事故，对居民生活和城市基础设施造成严重影响。为此，针对不同类型的燃气管道和设施，如燃气场站、阀门井以及管网相邻的地下空间，需实施严格的监测和风险评估。通过对管道的压力、流量、甲烷浓度等数据进行实时监测，并结合已有的监测数据接口，能够及时发现异常并进行预警，降低事故发生的概率。基于《城市生命线工程安全运行监测技术标准》和其他相关规范，本系统综合运用风险评估、隐患辨识与监测点位优化设计，确保高风险区域得到重点监控，有效预防泄漏和爆炸事件的发生，从而保障城市燃气系统的安全性与可靠性。

1. 高压、次高压管线和人口密集区的中低压主干管网

燃气管网是城市基础设施建设的重要组成部分，高压、次高压管线和人口密集区的中低压主干管网，连接用户多，一旦泄漏影响范围大，会对居民生活带来不便或严重影响，将造成不可预估的损失。针对这种类型的管道，需加强对管道压力、流量的监测，对异常故障能够提前进行预警和分析。

根据《城市生命线工程安全运行监测技术标准》（DB 34/T 4021—2021）相关要求，结合监测布点原则中对高压、次高压管线的监测要求，秉承资源节约、信息共享的原则，不新增监测点位，采用数据接入的方式纳入城市生命线工程安全运行监测范畴。通过数据接口接入管线流量数据、出口流量数据、管存量数据、视频监控数据等。

2. 燃气场站

燃气场站均位于居民区附近或邻近交通枢纽地，人口密度较大，周围重要建筑物密集，所以燃气场站的安全尤为重要，一旦管理不当会引起燃气泄漏、火灾、爆炸事故，就会造成严重的损失，后果十分严重。城市燃气运行监测需监测燃气场站的可燃气体浓度和视频监控。

对于已经建设了可燃气体报警系统和视频监控系统的，可以不新增监测布点，通过

接入已有的可燃气体浓度数据和视频监控数据，实现对场站燃气泄漏风险监测。

3. 燃气阀门井

根据《城市生命线工程安全运行监测技术标准》（DB 34/T 4021—2021）相关要求，将燃气阀门井纳入监测对象。由于燃气管网的泄漏多发于燃气管网阀门处，燃气阀门井作为高泄漏、易聚集地下空间具有监测必要性，需对燃气阀门井的甲烷气体浓度进行监测。

4. 燃气管网相邻地下空间

城市地下管网由排水、电力、燃气、通信管网等组成，各类管网纵横交错地分布。由于燃气的易燃易爆特性，一旦埋地燃气管线发生泄漏，泄漏气体可通过土壤扩散到与之间距不足的相邻管线或检查井中聚集燃爆，易造成大规模燃气爆炸事件。为避免重特大燃气泄漏爆炸事故发生，通过监测燃气管线相邻地下空间内可燃气体浓度、温度等信息，实现高、中低压燃气管网微小泄漏在线监控，实时预警泄漏事故，实现泄漏快速溯源及泄漏影响分析。

5. 监测范围

根据《城镇燃气设计规范》（GB 50028—2006，2020 年版）、《城市工程管线综合规划规范》（GB 50289—2016）、《城市生命线工程安全运行监测技术标准》（DB 34/T 4021—2021）相关要求，燃气安全运行监测应通过风险评估确定需要防范的具体风险，纳入监测对象范围应包括：城市核心区、大型公共建筑、国家机关办公建筑等重要区域与人员密集场所；老旧及其他泄漏风险高的管段及其相邻空间；风险评估结果为Ⅲ级对象及以上的场所和设施。

同时，根据编制的《城市生命线安全工程风险评估报告》，辨识出燃气存在的风险源，运用定性或定量的评估方法确定其风险等级、风险控制优先顺序，形成城市生命线安全工程风险清单。依据风险清单结果中压管网选择一般风险（Ⅲ级）、较大风险级别的燃气管线及相邻地下空间作为监测对象（见表4－2）。

表 4－2　　　　　　　　　　中压管线风险清单

序号	所属类别	风险源名称	管段长度	风险分析	潜在事故类型	风险等级	管控措施	备注
1	燃气管道	××路	2233.3m	相邻地下空间风险、次生衍生灾害风险	泄漏、爆炸	较大风险	设置标志桩；加强巡检巡查；布设可燃气体监测仪	
2	燃气管道	××路	279.15m	相邻地下空间风险、次生衍生灾害风险	泄漏、爆炸	较大风险	设置标志桩；加强巡检巡查；布设可燃气体监测仪	
3	燃气管道	××路	1042.71m	相邻地下空间风险、次生衍生灾害风险	泄漏、爆炸	较大风险	设置标志桩；加强巡检巡查；布设可燃气体监测仪	

相邻地下空间的点位布设需结合风险评估结果，根据《城市生命线安全工程风险评估报告》可知，风险评估报告内包含高、中、低压管网实施监测。

依据风险评估报告确定需要监测的目标管段，再通过对燃气管网相邻地下管网空间隐患辨识，识别现有燃气管段相邻地下空间隐患。建立指标体系对隐患进行风险评估与分级，对隐患燃爆风险较高部分开展监测，通过测点优化模型进行监测点位优化设计，最终确定需燃气管段相邻地下空间监测点位布设方案。

《城镇燃气设计规范》（GB 50028—2006，2020 年版）、《城市工程管线综合规划规范》（GB 50289—2016），对燃气管线与其他地下管线最小间距作如下要求，见表 4－3和表 4－4。

表 4－3　　　　　地下燃气管道与构筑物或相邻管道之间的垂直净距　　　　　单位：m

项目		地下燃气管道（当有套管时，以套管计）
给水管/排水管或其他燃气管道		0.15
热力管/热力管的管沟底（或顶）		0.15
电缆	直埋	0.5
	在导管内	0.15

表 4－4　　　　地下燃气管道与建筑物/构筑物或相邻管道之间的水平间距

项目		地下燃气管道压力（MPa）				
		低压＜0.01	中压		次高压	
			B 级＜=0.2	A 级＜=0.4	B 级＜=0.8	A 级＜=1.6
给水管		0.5	0.5	0.5	1	1.5
污/雨水排水管		1	1.2	1.2	1.5	2
电力电缆	直埋	0.5	0.5	0.5	1	1.5
	在导管内	1	1	1	1	1.5
通信电缆	直埋	0.5	0.5	0.5	1	1.5
	在导管内	1	1	1	1	1.5
其他燃气管道	DN≤300m	0.4	0.4	0.4	0.4	0.4
	DN＞300m	0.5	0.5	0.5	0.5	0.5
热力管	直埋	1	1	1	1.5	2
	在管沟内（至外壁）	1	1.5	1.5	2	4

基于上述规范，结合埋地燃气管线泄漏气体扩散规律，制定燃气管线与其他地下管线耦合隐患辨识规则如下。

（1）与排水箱涵、供水管线等水平间距不符合国标要求；

（2）与排水管线、供水管线等交叉垂直间距不满足国标要求；

（3）与排水管线等多家共用通信管线交叉，且燃气管线位于其下方；

（4）与排水管线，燃气管线在排水管线上方，间距在 0.15～0.5m 范围内；

（5）与排水管线水平间距在 1.2～2m 范围内；与电力管线水平间距在 0.5～1m 范围内。

6. 耦合隐患风险分析

为达到监测效率最高、成本最低的目的，根据 GB/T 27921—2011《风险管理风险评估方法》推荐风险矩阵法，对燃气管网相邻地下管网空间耦合隐患进行风险评估并分级，选择其中风险相对较高的隐患进行监测。

燃气管网相邻地下空间燃爆事件可描述为埋地燃气管线系统由于管材、服役年限等原因存在不稳定性，发生泄漏后泄漏气体扩散至相邻供电、排水、通信等管线内聚集点火，最终导致地下空间爆炸突发事件的发生。通过广泛调研与沟通，建立燃气管网相邻地下管网空间耦合隐患风险分析体系，包括燃气管线泄漏可能性与泄漏聚集后果两方面。

4.3.2 燃气用量监测与优化

针对较高燃爆风险隐患点进行监测，为使监测点布设更为合理，应制定监测布点优化布设模型和规则。

1. 内部连通类管线布点优化

内部连通类管线指管线内部存在一定连通空间，可燃气体可通过该空间扩散较远距离的地下管线，包括排水管线、电力管线、通信管线。具体监测方案如下。

（1）燃气管线与排水管线垂直交叉间距不足隐患。根据相关研究结果，燃气泄漏至排水管线后，可燃气体在水流剪切力带动下，气体主要向下游扩散，而在上游存在一定范围的回流区。因此对于燃气管线与排水管线垂直交叉间距不足的隐患点，应在排水管线下游最近的检查井进行监测。但当隐患距上游检查井明显比下游检查井近时，可选择上游检查井。需要注意的是，雨水箅子是一种汇集地表水的设施，此类装置可直接与外界环境相连，因此如果雨水井与雨水箅子直接相连，认为该雨水井不存在可燃气体聚集条件。

（2）燃气管线与排水管线水平间距不足隐患。对于小范围的燃气管线与排水管线水平间距不足隐患，可参考垂直交叉间距不足隐患进行监测。对于大范围水平间距不足隐患，建议两个传感器距离控制在 30～50m。

2. 其他类管线布点优化

对于燃气管线与热力、供水、弱电类管线间距不足的隐患，根据燃气管网相邻地下空间安全监测面积最广、重复监测面积最小、监测效率最高的原则，提出以下两种不同的优化方案。

（1）基于最大扩散范围的优化方法。如图 4-8 所示，点 A、B、C 分别表示三个相邻的检查井，分别以这三点为圆心，R 为泄漏最大扩散半径，以 R 为半径作圆，与燃气管网相交的弦即为每个检查井作为测点所能监测到的管线范围。当 B 点监测的范围中存在一段管线相邻两点都监测不到时，为了遵循燃气管线要尽可能多地被监测到的原则，B 点需要作为测点进行监测〔见图 4-8（a）〕；当点 A 与点 C 距离缩小，B 点监测的范围正好被 A 点和 C 点监测范围全部覆盖时，B 点处于监测与不监测的临界状态〔见图 4-8（b）〕；当点 A 与点 C 距离进一步缩小，B 点监测的范围完全被 A 点和 C 点监测范围全部覆盖时，B 点的监测范围已经被 A 点和 C 点充分监测到，因此 B 点不需要监测〔见图 4-8（c）〕。

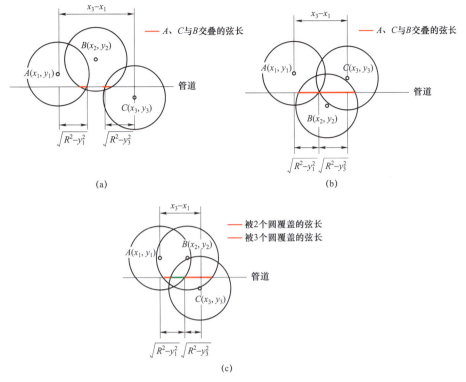

图 4-8　基于最大扩散范围的优化方法

（2）扩散距离最短的优化方法。如图 4-9 所示，点 A、B、C 为管线周围的三个相邻的检查井，管线上任意一点 D 到 A、B、C 三点的距离分别为 d_1、d_2、d_3。如果管线上存在一点到 B 点的扩散距离最短，因此 B 点需要测量［见图 4-9（a）］；如果管线上任意一点扩散到 A 或者 C 的距离都比 B 短，则 B 点不需要监测［见图 4-9（b）］。

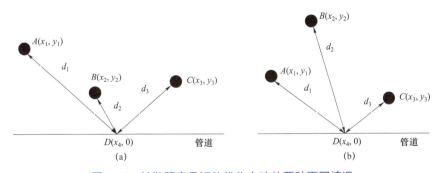

图 4-9　扩散距离最短的优化方法的两种不同情况

基于风险分级结果，对隐患风险值较高的燃爆风险点，通过监测布点优化模型进行优化监测。

燃气管网周边存在着多种地下空间，燃气泄漏后通过土壤扩散至周边地下空间形成聚集，遭遇偶发点火源可能会引发事故。在点位布设时考虑对不同地下空间进行点位布设。

根据获取的中压市政管网数据以及雨污水管线数据，依据监测布点设计规则获取地下空间点位监测点位。

根据一般经验，雨污水井点位的布设数量约为电力井的 1.7 倍、通信井的 3.7 倍，进行燃气专项电力井内约布设监测设备。如相关单位没有电子化数据，建议进行管网物探，建立电子化数据库，加强权属管线的管控。

在燃气供应系统中，从市政管网进入庭院管网的过程中，通常设有调压设施（例如调压柜等），且庭院区域穿管布置较为普遍。为确保安全，需对管段压力和流量等关键参数进行实时监控。因此，建议在调压设施周边布置监测点，并在附属的中压管段上安装监测设备。

当中压管网的气体流经其附属管网末端的调压箱时，管内压力会降低至低压水平。鉴于低压管线的压力等级相对较低，即便发生泄漏，可燃气体在短时间内的泄漏量也较为有限。同时，考虑到低压管线周边地下空间有限，与中压管线相比，其潜在风险相对较小。

前端感知系统一般由两部分构成：一部分是接入已建成的感知模块，另一部分是新建感知模块。为了充分利用现有资源并节约成本，对于高压与次高压管段以及燃气场站的监测，通常采用接入方式实现。而新建的前端感知网络则涵盖了阀门井及其相邻的地下空间。具体的示例可参见表 4-5。

表 4-5　　　　　　　　　　燃气前端测点示例

序号	建设方式	监测对象	监测指标	压力分类	窨井类别
1	系统接入	高压次高压管网	压力、流量	高压、次高压	
2		燃气场站	浓度、视频监控		
3	新建	燃气阀门井	甲烷气体浓度		
4		相邻地下空间	甲烷气体浓度	市政中压	雨污水井
5					电力井
6					通信井
7				庭院中压	
8				低压管网	

4.3.3　应急响应与处置

燃气管网监测与预警系统是保障城市燃气安全的核心技术平台，旨在通过实时监控、报警预警、数据分析与决策支持，提升燃气安全管理的效率和响应能力。系统通过对燃气管网、相邻地下空间、燃气场站等关键区域的动态监测，结合可燃气体浓度、管线压力、流量等数据的实时采集，为潜在的燃气泄漏或安全事故提供及时预警。通过多维度的数据审核与分析，系统能够准确识别并定位异常情况，迅速启动预警处置流程，防止重大事故的发生。系统还包括档案管理、风险评估和专家支持等功能，通过历史数据的积累和智能分析，为日常管理和应急处置提供科学依据和决策支持，确保燃气安全运行并降低安全隐患。

动态监测及报警预警是燃气安全管理的重要基础工作，通过搭建先进的物联网监测系统实现对燃气管网安全的不间断动态监控，提高监测预警的时效性和工作质量。通过对可燃气体探测、安全生产关键参数及其他监测数据的接入，直观、全面、实时地了解燃气管网的运行状况，为预防与控制燃气安全事故的发生提供重要的信息和技术支持。主要功能包括实时监测、报警管理、燃气泄漏预警和档案管理。

1. 实时监测

燃气安全实时监测包括相邻地下空间可燃气体浓度监测、燃气管线压力监测、管线流量监测、场站可燃气体浓度监测和场站视频监控。

系统对燃气管网相邻地下空间可燃气体浓度进行实时监测，实现24h全天候不间断监控，有效补充了燃气企业人工巡检的局限性，为燃气行业监管部门掌握动态数据提供了保障。用户可以在系统中查询可燃气体实时浓度及历史浓度曲线，掌握安全趋势，查询被监测地下空间及监测设备的详细信息，在地图上定位设备位置。

系统通过数据接口接入燃气企业管线压力数据，对接入的管网压力数据进行统一监管，支持提供压力实时监测值的查看，支持建立压力数据趋势图，支持在GIS地图上对压力监测点进行定位和查询，为燃气泄漏预警分析提供数据支撑。

系统通过数据接口接入燃气企业管线流量数据，对接入的管网流量数据进行统一监管，支持提供流量实时监测值的查看，支持建立流量数据趋势图，支持在GIS地图上对流量监测点进行定位和查询，为燃气泄漏预警分析提供数据支撑。

系统通过数据接口接入燃气场站，对可燃气体浓度进行实时监测，实现远程统一监管，为燃气行业监管部门掌握动态数据提供了保障。用户可以在系统中查询可燃气体实时浓度及历史浓度曲线，掌握安全趋势，支持在GIS地图上对场站进行定位和查询，为场站燃气泄漏预警分析提供数据支撑。

系统通过数据接口接入场站视频，进行实时监测，实现远程统一监管。用户可在系统中查询调阅场站动态视频画面，支持在GIS地图上对场站进行定位和视频查询，为场站燃气安全事件提供视频参考。

2. 报警管理

报警及审核包括相邻地下空间可燃气体浓度报警管理、燃气管线压力、管线流量、场站可燃气体浓度等的报警及审核。

当相邻地下空间可燃气体浓度、燃气管线压力、管线流量、场站可燃气体浓度变化异常时，系统自动进行报警提醒，提示报警位置、报警级别、实时值等数据，辅助分析人员进行综合研判，及时排除误报警。同时为监测中心用户提供报警审核功能，输入审核意见、研判结论等信息。当分析为真实报警后，审核生成燃气管线泄漏预警，进入预警处置流程。

3. 燃气泄漏预警

结合超限报警及人工审核判断，将筛查出的燃气泄漏预警信息进行集中汇聚，进行重点关注，要求用户进行现场勘查核实泄漏的真实性，并及时进行燃气泄漏处置，预防燃气安全事故的发生。主要功能包括燃气管线泄漏预警、场站泄漏预警。

系统对审核生成的燃气管线泄漏预警、场站泄漏预警进行集中汇聚管理，结合附近危险源、防护目标、人口、交通等要素分析可能的影响后果，确定风险预警级别。系统自动对预警进行提醒，提供燃气泄漏预警时间、预警类型、预警级别、审核意见、具体位置等详细信息。同时提供泄漏预警点附近其他管线类型和分布，附近隐患点数量、防护目标数量、危险源数量等分析，为燃气企业现场处置提供数据支撑。

4. 档案管理

档案管理实现对确认的燃气泄漏全生命周期记录留痕，方便后续复盘、总结、追溯等，主要功能包括管线泄漏档案管理、场站泄漏档案管理。

对管线的泄漏档案、场站泄漏档案进行管理，可根据预警编号进行查阅，包括报警时间、监测数据、预警发布、预警处置全流程、处置报告等，方便预警回溯。

4.3.4 安全管理

燃气安全管理系统通过数字化手段对燃气管网、场站、管点和安全隐患进行全面的监控和管理，旨在确保城市燃气系统的安全运行。系统涵盖了燃气基础数据管理、风险评估、隐患管理及预警功能，为燃气企业和监管部门提供实时的安全监控数据支持。通过精准的风险评估模型、隐患台账管理和基于 GIS 的地理信息系统，系统可以高效识别潜在风险、实时监控燃气管网状况、追踪隐患整改进展，并及时预警可能的安全隐患。系统不仅帮助燃气企业提升管网的安全性与管理水平，也为政府部门提供科学依据和决策支持，确保燃气安全管理的精准、可视化和可追溯性。

1. 燃气基础数据管理

建立燃气管网基础数据管理系统主要实现燃气管线、燃气管点、燃气管线维修记录的基础数据管理，一方面为监管部门用户提供数字化档案，另一方面为燃气管网在线监控、风险管理、研判分析等应用提供基础数据支撑。

管点是指地下管线普查过程中，为准确描述地下管线的走向特征和附属设施信息，在地下管线探测或调查工作中设立的测点。通常包括检修井、阀门、调压箱等。系统将建设范围内的燃气管点信息进行汇聚，建立电子档案，支持用户在系统中按管点编号、所在分区、管点类型等查询燃气管点基础信息，同时支持在地图上定位某个管点位置以便结合地理信息系统进行综合查阅，为用户进行报警分析、应急处置等提供信息支撑。

系统支持导入燃气管线的历史维修记录，作为燃气安全风险评估的依据。同时在系统中能够按工单编号、服务所等查询燃气历史维修记录详细信息，便于日常查阅追溯。同时支持在地图上定位每个维修点具体位置，以便结合地理信息系统进行综合查阅，为用户进行报警分析、应急处置等提供信息支撑。

系统将城市燃气场站基础信息进行统一管理维护，包括场站名称、所属企业、地理位置、场站类型、紧急联系人、联系电话等，支持在系统中对场站基础信息进行更新与维护，支持在系统中查询场站详情信息，并在 GIS 地图上进行可视化呈现，为场站燃气泄漏预警的应急处置提供基础支撑。

系统提供危险源信息查询功能，并支持按所在分区、类型等条目查询现有危险源及其附属信息。可帮助相关处置人员了解报警发生地点周边危险源分布，以便及时、准确地进行决策，最大限度地减小次生衍生灾害的发生可能性及事故后造成的各项损失。

系统将危险源信息进行汇聚，进而满足用户查询需求，对每个危险源可在列表中查询其详情信息，可在 GIS 地图上查询其具体位置。

系统提供防护目标信息查询功能，并支持按所在分区、类型等条目查询防护目标信息，可帮助相关处置人员了解报警周边防护目标分布情况，以便确定需要重点防护的目标物，提高保护人民群众生命财产安全的能力。

系统对防护目标数据情况进行汇聚，进而满足系统用户的查询需求，对每个防护目标可在列表中查询其详情信息，可在 GIS 地图上查询其具体位置。

2. 燃气管网风险评估系统

燃气风险是指发生燃气危险事件的可能性，与随之引发的人身伤害、健康损害或财产损失的严重性的组合。风险评估系统主要包括燃气管网、燃气场站风险评估两个场景，主要功能包括燃气风险清单、燃气风险评估四色图、燃气风险评估报告。该系统定期对燃气管道、燃气场站安全运行状况进行评估，根据评估结果，辅助优化燃气系统运行资源，进一步提高燃气系统精细化管理水平，促进燃气系统向预警式、诊断式的安全运行模式转化。

系统对中低压燃气管网建立风险评估模型，并适配各城市实际情况，得到燃气管网风险值。依据评估结果，对各风险评估单元位置、失效可能性和失效后果分值及等级、风险等级等信息进行梳理汇总，形成燃气管网运行风险清单。

按照紧急程度、发展态势和可能造成的危害程度，将燃气管网和燃气场站安全风险由高至低分为重大风险、较大风险、一般风险和低风险四个等级，在 GIS 地图上依次用红、橙、黄、蓝四种颜色进行渲染标识，绘制相应的风险四色图，直观呈现燃气管网和燃气场站风险分布，支持在系统中查询风险详情，并结合 GIS 地图查看周围地下管线分布、地上危险源及防护目标分布情况，辅助燃气企业及监管部门制定风险管控措施，有的放矢。

系统通过燃气安全风险的全面识别、综合分析和科学判断，定期将城市燃气安全隐患、风险评估的结果以燃气风险评估报告的形式提供给相关部门，辅助监管部门及燃气企业获悉燃气安全全貌，以科学制定风险管控、隐患治理相关政策和措施。

城市燃气风险评估报告包含以下内容：风险评估工作依据、过程、方法和结果；燃气安全隐患台账及整改统计情况；各类城市安全风险四色分布图；高风险区域；符合各区实际的风险分级管控对策措施建议等。

对燃气行业安全隐患进行科学辨识及超前预判，明确燃气行业各类安全隐患，建立安全隐患台账，有助于政府监管部门摸清"家底"，实现分级分类管理并明确责任主体，实现监管部门与燃气企业的"零距离"对接，形成良性互动，有利于监管部门做好指导和监管工作，能够第一时间掌握第一手资料、第一时间发现和查处各种安全隐患，极大提升了监管效能，把风险消除在萌芽状态。

3. 燃气安全隐患台账

安全隐患台账是实行精细化管理的一种手段，利用数字化信息技术将燃气安全相关的隐患点建立电子台账。燃气安全隐患数据来源包括系统通过智能分析模型科学辨识、接入燃气企业信息化系统中的隐患数据等。燃气安全隐患台账具体包括燃气管网隐患、燃气场站隐患等。

燃气管网隐患主要包括第三方施工隐患、燃气管网交叉穿越隐患、违章占压隐患、安全间距不足隐患、管网老化隐患等。系统汇聚整理所有隐患数据，建立电子台账，在系统中可对每个隐患的详细信息包括隐患类型、隐患位置、隐患等级、隐患上报时间、隐患上报人等进行详细记录，辅助政府监管部门及时督促企业进行隐患治理工作。其中第三方施工指在管道中心线两侧 5m 范围内存在的机械开挖、钻孔、爆破等第三方施工行为。交叉穿越隐患包括穿越公路或铁路隐患。违章占压隐患包括建筑、民房、围墙、棚圈等占压燃气管道的行为。安全间距不足隐患主要包括燃气管道与地上建筑物的间距不足，与危化企业间距不足，与相邻地下管线间距不足等。管网老化隐患是指管网已经超过或接近使用年限的情况。

燃气场站隐患是指燃气场站在设计、建设、运行或管理过程中存在的可能导致人身伤害、财产损失或环境破坏的潜在危险因素，其内涵涵盖设备缺陷、管理漏洞、环境风险及安全防护不足等多维度问题。根据《燃气系统运行安全评价标准》（GB/T 50811—2012）和《城镇燃气行业生产安全重大隐患判定标准》，燃气场站隐患可分为一般隐患（如设备轻微泄漏、记录不完整）和重大隐患（如储罐超限无报警、防火间距严重不足）。这些隐患的存在直接威胁燃气输配系统的稳定性和公共安全，因此，需建立电子台账进行统一管理，需通过智能化监控和规范化管理予以防控。

隐患审核推送是指对采用智能算法辨识的燃气安全隐患，需要提交给监测中心数据分析人员进行预评估，由审核负责人判断隐患类别、隐患等级等，填写审核意见，审核通过的隐患自动推送给燃气企业用户，再由燃气企业用户结合企业内部工单系统进行分派、整改、验收等，及早消除隐患，形成闭环管理。

燃气企业用户接收到系统推送的隐患信息后，需要履行企业隐患排查治理的主体责任，对所推送的燃气隐患进行勘察复核，按照系统设定内容主动反馈隐患确认及整改过程信息，包括隐患签收状态、时间、签收人，隐患确认状态、时间、人员，隐患分派状态、时间、责任人，隐患整改状态、时间、责任人，隐患验收状态、时间、责任人等。

燃气监管部门可在系统中跟踪所有燃气隐患的整改治理情况，通过企业反馈的关键节点信息形成隐患整改跟踪全视图，确保监管部门与企业的良性互动，辅助监管部门有效履行监督职责，对未整改的重大隐患进行及时督促。

4.4　智慧应急通信管理

智慧应急通信是指利用物联网、大数据分析、人工智能算法、5G/6G 等新一代信息技术，构建具备实时感知、智能决策、快速响应和动态协同能力的应急通信系统，通过多源数据融合与多系统联动，实现灾情监测预警、指挥调度、资源调配和信息发布的精准化与高效化，在自然灾害、事故灾难等突发事件中保障通信网络韧性，支撑生命救援与应急管理全流程的智能化技术体系。智慧应急通信应用场景如图4-10所示。

图4-10　智慧应急通信应用场景

1. 应急指挥调度融合支撑系统

在指挥中心场所建设基础上还需建设融合通信系统、视频会议系统、图像接入系统及网络安全设备、支撑软件、智能执法终端和应急通信保障能力等，通过基础支撑系统建设有效支撑安全生产和自然灾害的监测预警、应急指挥调度和视频会商等需求。

2. 数据共享服务节点

数据共享服务节点与数据治理系统中的数据服务子系统实现级联对接，作为下发数据资源和各级应急管理部门上报数据资源的唯一通道，同时提供本级或者其他职能部门相关数据的在线标准汇聚和高速实时汇聚能力，形成应急管理一体化数据资源体系，并通过敏捷数据查询、比对订阅等对外提供数据服务，实现应急管理信息资源的共享共用，以及应急管理应用的业务协同。

3. 应急通信网络

应急通信网络主要包括指挥信息网、电子政务外网、互联网以及无线和卫星通信网等，进一步完善应急的核心路由、无线传输设备和交换设备。

4. 监测联网与视频智能识别

根据应急管理部《全国安全生产专项整治三年行动计划》《关于印发地方应急管理信息化2021年建设任务书的通知》，扩展监测联网范围，防范重大风险。拓展危险化学品监测联网范围，加快推进烟花爆竹生产批发经营、非煤矿山、工贸重大危险源等企业监测联网，提高监测预警能力、监管执法能力和辅助指挥决策能力。建设感知网监测联网平台，实现安全生产企业感知监测数据统一接入、视频数据统一接入、视频本地存储服务器和智能分析功能。

4.4.1　应急指挥调度

应急救援指挥调度系统由前端感知层、基础支撑层、数据支撑层、应用支撑层、业务支撑层、智能交互层共同构成。系统通过调度主机、智能终端接入管理设备、视频转发设备、视频监控接入管理设备、智能终端业务应用服务设备、音视频存储服务设备、音频接入网关、无线接入网关等基础硬件产品，融合各类前端感知设备，包括视频监控平台、智能执法设备、执法记录仪、移动端 App、外线电话、卫星通信系统、无线集群设备、数字会议系统、视频会议系统、单兵图传系统、无人机视频平台，并在上层构建统一指挥调度平台（见图 4-11 和图 4-12）。

图 4-11 指挥调度平台

1. 通信录管理

配合无人机接入网关、视频监控系统接入网关、移动视频类接入网关、音频类接入网关、实时定位类接入网关，融合通信系统支持将通信录和预案进行整合，形成按行政划分的平时应用通信录和基于预案的战时通信小组通信体系，满足不同时期的任务要求。还可以针对特定项目进行通信录设计，达到灵活指挥、协同作战的目的。每个联系人的联系方式可以同时显示在不同的通信录体系中。

2. 语音融合调度

语音调度功能解决调度人员需要通过多种不同终端实现对固定电话、无线集群、移动端 App、穿戴式单兵等进行调度的问题，通过统一的调度台，完成与各种通信终端的通话，以及对各种不同终端的"一键调度"，实现对应急事件处置的统一指挥调度和应急决策信息的快速传达。具备查看用户信息、单点呼叫、组呼、组呼通知、文本转语音（Text-to-Speech，TTS）通知、选呼、监听、保持与取消保持、强插等基础调度功能。

3. 音视频会商

融合通信系统具备会议调度功能，包含语音会议调度及视频会商调度。不仅支持通信录中组建会议，也支持非通信录成员以及与操作员通话中的成员加入会场，可以同时召开多个会议互不干扰。同时还具备立即会议、预约会议、拨号入会、会场添加、组呼加入会场、选呼加入会场、单独加入会场、踢出会场、发言与禁言、会场放音与录音、会场锁定、会场设置等功能。

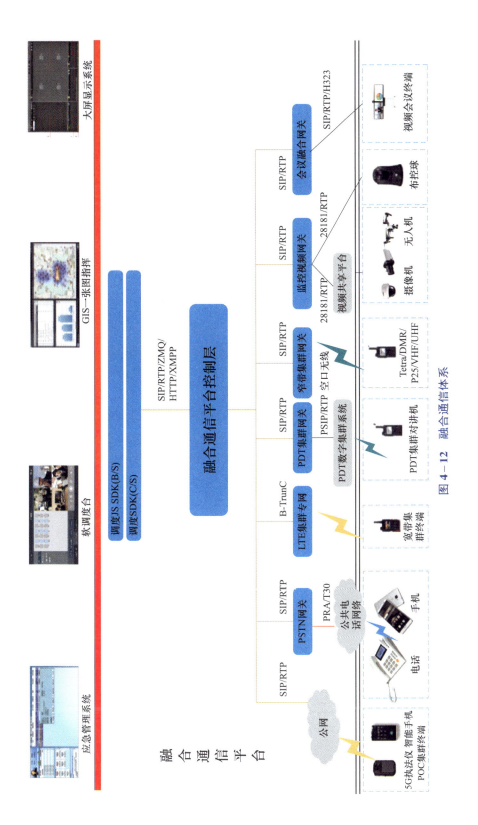

图 4-12 融合通信体系

163

4. 视频调度

融合通信系统具备视频调度功能，可实现调度终端通过 1、4、1（大）+5（小）、9、16 分屏查看视频监控、视频会议画面，支持 CIF、4CIF、D1，720P、1080P 多种分辨率，可进行实时播放、指定视频回放等功能。视频画面可进行手动切换，也可进行自动轮巡切换；具备云台控制功能的摄像机，也可以进行云台控制。可对视频进行调焦、调光圈、旋转、预设点设置等控制。视频监控点位可以按照组织架构进行分组编辑，在视频数量多的时候，分组分类方式更方便操作员进行查找。同时支持对分组名称、视频终端名称、视频监控名称进行模糊搜索；视频可以标注详细信息，也可与负责人进行绑定。点击视频时，可显示视频信息及负责人信息。视频和负责人通信方式绑定之后，可以与负责人进行通话；操作员可以创建多个收藏组，将视频监控加入收藏夹或者取消收藏。可以创建、删除、修改收藏组。

5. 数字录音录像

融合通信系统具备录音录像资源，可对通话、语音会议、视频通话、视频会商进行实时录音录像，录音文件以 WAV 格式存储，录像文件以 mp4 格式存储。

支持 Web 方式查询录音录像记录，可根据主叫号码/被叫号码/日期等信息进行录音录像查询，并可对录音录像记录进行播放、下载等管理操作。

6. 移动指挥

移动端 App 是安装在智能单兵或手机等智能终端，基于 3G/4G 等移动通信网络，实现执法现场与指挥中心之间的互联互通，现场情况的高效反馈，指挥中心指令的快速下达（见图 4-13）。可实现语音通话、视频通话、图像/视频回传、终端位置上报、视频点播等功能。

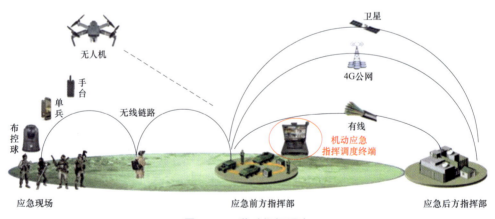

图 4-13　移动指挥调度

7. 穿戴式单兵

穿戴式单兵作为一线人员随身佩戴的便携式终端，具备指挥中心与穿戴式单兵之间视频通话、终端 4G 对讲、调查过程记录以及终端位置上报等功能，指挥中心可通过穿戴式单兵可实时观察现场状况，及时对现场进行调度指挥。

4.4.2　实时数据传输与共享

当前应急管理部门信息化建设的现状普遍是纵向数据回流困难、横向数据汇聚复杂，导致应急管理部门面临分析决策依据缺乏和建设成果低效共享的共性问题，通过建设数据共享服务节点可以实现不同业务场景、不同层级管控、不同服务机制的统一数据支撑能力。满足应急管理部门信息资源的互联互通，提升智慧应急管理科学化、专业化、智能化和精细化水平，同时为监督管理、监测预警、指挥救援、决策支持、政务管理、社会动员等业务领域提供统一、高效、精准的数据支撑能力。

数据共享服务节点是用于实现级联的核心软件，通过级联控制器实现与省级节点的资源目录和服务的同步，并对省应急管理厅共享的数据资源进行统一管理。同时，市级节点为应急管理部门提供本级单位可共享资源的注册、发布等管理能力，同时将本级单位共享的信息资源目录和服务，通过级联控制器同步到省级节点。

数据资源服务实施工作，是为了保障市级数据共享服务节点和省级数据服务系统在线联动，实现不同业务场景、不同层级管控、不同服务机制的统一。后续在数据共享服务节点系统建设完成以后，对市级数据资源目录进行编制，并根据目录挂载相关服务接口，同时和省级资源服务进行对接、联调、验证。

1. 数据共享服务节点

数据共享服务节点实现跨应用、跨业务条线、跨网络的信息资源服务共享建设的服务资源通道。通过挂接本地数据接口、应用服务接口，同时实现上下级服务级联共享的应急核心应用支撑系统。数据共享平台可以根据本地管理和应用需求进行定制，满足本地开展大数据服务和其他专题应用服务的需求，可以集中管理本地所有类型的资源服务。数据共享服务节点要求具备资源门户、目录管理、服务管理、审批管理、基本服务（数据汇聚、数据推送、数据查询、实时接入、比对订阅、协议转换）、跨网传输、级联能力、服务限速、日志管理等功能。

（1）资源门户。建设信息资源门户，实现数据资源统一管控和查看，让使用者知道有哪些数据可查、可用、可管。资源门户是数据资源统一的汇总展示入口。功能包括门户展示内容、信息资源发布、信息资源查询、信息资源订阅、信息资源申请、数据共享管理、个人中心等。

具体功能包含但不限于以下内容。

1）信息资源发布。建立应急管理信息资源目录，采用规范的方法和技术，建立科学合理的信息分类体系，对共享的数据信息资源建立分类目录和索引。目录管理系统是对上述过程提供支持的应用系统，它提供公共资源核心元数据和交换服务资源核心元数据的编目、注册、管理与检索功能。

2）信息资源订阅。信息资源订阅服务主要对业务数据共享过程进行标准化、规范化的管理，包括订阅申请、订阅审批、订阅审计等功能模块。

3）信息资源编目。信息资源目录应按照统一的数据资源目录标准规范进行编目，信息资源编目是对数据资源提取信息相关特征，形成资源核心元数据，提取交换服务资源的相关特征信息，形成交换服务核心元数据。

支持对数据资源进行统一管理，实现对数据资源的科学、有序和安全使用，要求满足资源分类与编目、目录注册与注销、目录更新、目录服务和可视化展现等功能。

4）数据共享管理。信息资源门户应能够对数据资产进行统一管控和查看，需要支持通过门户服务建设实现资源资产的展示及统计（已接收数据情况、已共享数据情况）、资源综合检索定位、资源申请审核、调用、查询、下载，资源订阅、缺失资源申请等功能。

（2）目录管理。数据资源目录管理是按照统一的《数据资源目录标准规范》，对数据资源进行统一管理，包括资源分类、资源目录编目、资源编目模板导入、资源目录全生命周期管理、资源目录管理、目录注册与审核、目录更新与同步、资源目录服务、资源目录开放服务。

（3）服务管理。服务管理是基于已经编制的数据资源目录，根据实际业务需求，实现资源目录服务生成、审核、发布、下架、使用申请、申请审批、在线授权等功能。

服务管理功能要具备 API 服务安全、服务高可用、监控管理等能力。

数据资源目录服务要求数据资源池为上层应用提供整体服务能力的接口，应提供目录注册、目录导入、目录导出、目录查询，同时提供数据集分类管理、元数据服务、权限管理等服务。要求满足包含但不限于以下功能：

数据目录管理及标注，支持数据目录的申报、发布、查询、修改、作废等功能，支持对数据资源数据表、数据项进行数据目录标注，支持对数据资源属性的统一描述。

元数据查询，支持信息资源所属单位、应用系统名称、数据集名称、共享方式、共享范围、更新方式、更新周期、责任人、表字段信息、数据元对标信息、分区信息、存储方式等数据资源描述信息的查询服务。

（4）审批管理。建设统一的审批管理模块，实现资源申请审批过程的全流程管理。包含市、县数据资源在线申请、审批、驳回等功能。

（5）数据汇聚。建设数据汇聚服务，实现本级其他委办局的业务数据汇聚能力。该服务可以通过统一的数据标准为区应急局提供数据汇聚服务，由应急局定义数据标准，下级单位或其他委办局按照标准准备数据，数据汇聚服务将单位数据按照统一标准汇聚到应急局。同时，数据汇聚服务具备数据标准下发功能，保障数据汇聚的标准统一。

（6）数据推送。为了支持下级单位、内部各个部门之间的数据共享交换。需要提供统一数据推送服务来保证统一、可信、权威的数据发布、交换和服务。为了提高效率，数据推送服务需要支持目录驱动交换功能，保证所有的数据申请、审批、推送在一个目录流程下完成。

数据管理单位通过数据推送服务，可以将数据资源从数据提供部门推送到数据申请部门的本地存储中。数据提供部门发布资源目录，目录挂接数据推送服务，数据申请部门申请对应资源目录的数据推送服务，申请通过审核之后，需要推送服务生成数据推送任务，推送任务将数据自动推送到本部门的本地存储，以解决线下配置交换任务烦琐、易错且难维护的问题。

（7）协议转换。在某些场景下，数据供应方不希望直接暴露业务数据库，而是以 RESTful API 的方式对外提供间接的数据访问服务。对于供应方来说实现 RESTful API

服务，虽然技术难度不大，但用户访问安全方面往往考虑不足，容易被恶意用户利用；此外数据供应方需要对外提供 API 使用指南，运营成本较高；对于 API 使用者来说，往往需花费大量时间和精力来分散获取各个 API，且各个 API 接口认证方式不同，导致编程复杂度提高，不利于快速开发。所以建设协议转换功能。

协议转换功能，要支持将 RESTful API、Web Serivce、Soap、Dubbo 等当前主流协议转换为 RESTful，转换过程对用户透明，用户仅需要录入真实服务信息，录入后由平台自动完成转换，并生成相应的 API 文档。

（8）访问鉴权。建设统一的数据服务访问鉴权功能，提供服务认证鉴权机制，用户可根据业务需求自行选择认证方式。

（9）日志管理。建设日志管理功能，实现用户的访问、申请、下载、调用日志管理。为后续的本级数据资源服务调用过程的质量、效率、安全审计提供支撑。

2. 资源服务实施

在数据共享服务节点系统建设完成以后，需完成以下几方面的服务建设，实现省、市、区三级数据资源服务互联互通。

数据资源服务总体包括信息资源规划、全域数据接入、多维数据融合、统一服务共享、数据智能应用等建设内容。

信息资源规划是建立全市范围内的全面、标准、量化的应急信息台账，形成指导应急管理业务系统的数据标准规范。

全域数据接入包括省厅回流的应急业务数据、市应急委成员单位相关业务数据和互联网采集信息等多源异构数据的接入和汇聚。

多维数据融合是对全域接入数据运用大数据处理组件，通过提取、清洗、去重、转换、标准化、关联、比对、标识等一系列数据规范化处理功能，构建市级应急数据资产中心。

统一服务共享是数据资产的服务化构建和封装，提供资源目录和数据服务，形成应急管理数据资源服务发布和共享。

基于统一数据服务能力，结合五大业务域系统应用，提供应急智搜、全息档案、模型工场、知识图谱、标签魔方等数据智能应用，支撑智慧应急创新场景。

4.4.3 通信网络保障

通信网络保障指的是通过建立和维护多种通信系统和网络基础设施，确保在应急管理、指挥决策、救援等关键时刻能够持续、稳定、高效地传递信息、提供支持。这种保障包括多个网络层次的协同工作，以满足不同层级、不同需求的通信需求，确保在各种紧急情况下能够顺利进行应急响应、决策、指挥和救援。

电子政务外网和指挥信息网、卫星通信网、无线通信网共同组成应急管理通信网络，承载业务各有侧重，彼此之间互为补充（见图 4-14）。电子政务外网面向各级应急管理部门用户，承载安全生产监督管理、自然灾害防灾减灾、监测预警、政务办公等业务。指挥信息网面向指挥决策部门、应急救援队伍等特定用户，承载应急指挥救援等业务。卫星通信网络与无线通信网络通过指挥信息网部署在应急管理的数据接口接入应急管理部门，实现网络系统天地一体覆盖。卫星通信网作为有线通信网的延伸和扩展，为边远地区、应急现场的应急管理工作提供必要的通信保障。无线通信网提供应急管理的日常移动办公和应急救援现场的通信保障，是承载市应急管理局平时演练和战时救援的音视频、定位和数据的应急通道。

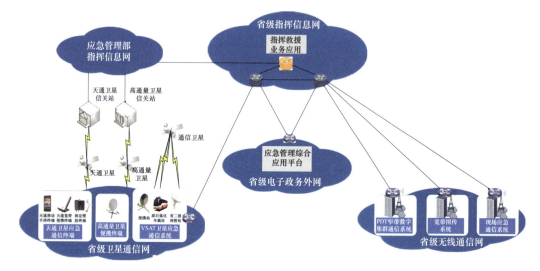

图 4-14　网络架构图

1. 电子政务外网接入

应急管理部门及相关机构网络节点横向通过专线电路接入电子政务外网，采用运营商链路专线或光纤直连。乡镇应急管理机构及个人节点可采用电子政务外网提供的 VPN 接入服务，在公网基础上建立虚拟专网，将各类终端上传数据汇聚后统一与云上实现对接。应急管理系统各有关单位原则上采取分级整体接入的方式，通过自行构建的局域网连接其组成部门和直属单位，在满足政务外网安全防护要求的前提下，将本单位局域网就近接入政务外网（见图 4-15）。原则上每个单位只允许有一个政务外网入口。应急管

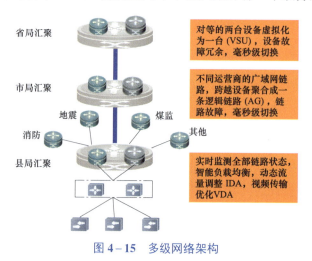

图 4-15　多级网络架构

168

理系统各有关单位接入政务外网的网络带宽应留有一定余量，满足应急管理政务业务对网络带宽动态扩展的需求。市级应急管理相关单位接入带宽参考不低于 20Mbit/s。应急管理部门部署路由设备和防火墙设备上联至区电子政务核心路由器。

2. 指挥信息网

（1）省级应急指挥信息网安全防护体系。在省厅应急指挥信息网节点部署防火墙，用于对省厅指挥信息网节点进行互联网的安全边界防护；部署安全流量探针，深度分析指挥网出口本地流量数据，能够精准发现指挥信息网网内及从互联网而来的攻击入侵行为、高级威胁活动等。

建设省级指挥网与互联网通路的安全赋能服务网关，用于安全赋能无线接入网关通过互联网接入指挥信息网使用，采用负载均衡的方式完成全部设备接入工作。

配置集中资源管理平台、安全态势可视化展示平台、应急指挥决策平台、安全威胁检测平台及全万兆光交换机，完成高可用指挥信息网安全云的搭建工作，对安全管理中心、安全计算环境、安全区域边界等所涉及指挥网内安全系统的计算、存储、网络资源进行统一调度、统一纳管。同时对指挥网全网安全行为进行综合可视化展示、分析预警，通过决策平台进行安全事件的辅助分析研判、攻击路径图分析、预案执行分析等，并对分析结果进行事件关联、密文、流量等，能够高效完成态势感知、高级威胁检测、威胁自动化响应、抗攻击能力评估等安全工作。

配置安全大数据与治理平台，组成安全大数据资源池，并对结构化文件、非结构化文件等进行分布式存储。对指挥网内的各类主机、防火墙、IPS/IDS、WAF、网络设备、安全设备、数据库、应用系统、中间件、存储设备、虚拟化设备、机房设备数据进行实时采集，将各类设备原始信息格式转化为可处理的标准化格式，并对数据进行分级管控策略制定，对字段进行敏感内容标识，向安全云平台提供数据支撑。

配置指挥网终端准入网关管理平台及双机热备，用于对省厅应急指挥信息网中的各类 PC、移动端、视频会议终端等设备进行准入管理及准入策略控制，终端管理、日志报表等防护与日志记录工作，确保访问指挥信息源的各类终端是合法客户端，保障指挥信息网内部资源安全。

部署服务安全代理平台，为视频指挥调度云平台提供远程终端访问服务，并配置相应流量、文件、消息、数据、信令、媒体流等安全防护。增配标准网络机柜用于各类网络及安全设备的安装部署。

（2）基地应急指挥信息网安全防护体系。在各基地应急指挥信息网节点部署防火墙，用于对省厅指挥信息网节点进行安全防护；部署安全流量探针，深度分析基地指挥网的出入数据，能够精准发现指挥信息网网内及从互联网而来的攻击入侵行为、高级威胁活动等；建设指挥网终端准入网关管理平台及双机热备，管理基地指挥网中的各类接入终端，确保合法客户端访问指挥信息网资源，保障内部资源安全。

（3）各级外联节点应急指挥信息网。对乡镇、村及现场需要有需要通过互联网接入应急指挥信息网需求的场景，建设安全赋能无线接入网关，确保应急指挥信息网整网的边界及数据安全。

3. 应急指挥窄带无线通信网

应急指挥窄带无线通信网用于现有的窄带无线通信网和公网集群对讲平台，实现宽窄融合互联互通，覆盖救援基地、重点灾害区域应急管理部门，集监测预警、指挥调度、值班值守等功能于一体，为应急管理指挥调度和协同会商提供无线通信基础支撑，满足极端条件下最基本的语音指挥、移动应急通信需要。

（1）省本级。建设宽窄融合平台，对现有核心网和公网集群对讲平台进行升级改造，实现宽窄融合；并分别建设调度客户端、网络管理客户端、录音客户端作为省级核心网的配套，用于省级窄带通信调度；部署鉴权加密系统实现便携式数据终端（Portable Data Terminal，PDT）的语音加密和鉴权；在省应急厅建设 3 载频移动基站，满足省厅指挥中心人员日常、应急条件下通信及指挥。

（2）应急救援基地。在救援基地，各建设 PDT 同播基站和 3 载频 PDT 移动基站，PDT 基站接入至重点灾害区域 PDT 集群同播控制器完成本救援基地内同播基站的管信，并接入到省应急厅的核心网，PDT 同播基站实现对本救援基地内重点固定场所覆盖，PDT 移动基站实现本救援基地内移动覆盖和信号补盲，通过无线链路接入到省厅核心网。

（3）重点灾害区域建设。按照各类气象灾害发生概率统计灾害重点县及市辖区，综合考虑地理位置及行政划分等因素，设定四类区域进行应急窄带无线通信网装备部署。其中包含 4 个及以上重点灾害市辖区的为一类区域，包含 1～3 个重点灾害市辖区的为二类区域，不包含重点灾害市辖区的地级市为三类区域，四类区域为重点灾害区县。

每个区域配备 PDT 集群同播控制器、PDT 同播基站和 3 载频 PDT 移动基站在内的窄带通信装备。

（4）PDT 多模手持终端。主要配备给应急指挥部、分指挥部指挥长及救援队伍指挥人员，实现日常战备勤务以及应急救援全程无缝切换的语音通信，需要满足宽窄融合应用，支持同时接入 PDT 专网和公网集群对讲通信平台。按照应急救援人数20%配备率进行计算。

（5）PDT 普通手持终端。主要针对各类应急指挥工作人员、应急救援队伍队员等使用。

4. 应急卫星通信网

构建基于甚小口径卫星终端站（Very Small Aperture Terminal，VSAT）、高通量、天通、北斗等多种体制的卫星通信网，完善应急保障体系，提升应急指挥能力及自然灾害防御水平，为应急管理提供多元高效的网络通信保障。主要通过增加卫星终端数量、扩大卫星通信能力覆盖范围等手段，在原有卫星通信装备的基础上，通过加装与应急管理部、省应急厅统一租用的各类通信卫星资源，以及具备保底通信能力的天通、北斗通信终端，全方位、多样化进行装备部署，解决在重大自然灾害或突发意外发生时，因先进卫星装备缺乏、应急通信能力不足等原因导致的通信不及时、不精准等问题，确保第一时间与灾害应急现场取得通信联系，及时作出科学有效的应急处置，以此全面提升应急通信保障能力。

（1）KU 卫星固定站。KU 卫星固定站构成了应急卫星通信网络的核心节点。它在地面站与卫星之间架设了一座稳定而高效的通信桥梁，确保了远距离、大容量、稳定可靠的通信连接，是构建全天候、全地域应急通信能力的关键技术手段。在突发事件或灾害现场，一旦传统通信网络受损或无法覆盖，KU 卫星固定站能够迅速搭建起指挥中心与事发地之间的通信链路，确保语音、数据、视频等多种业务的实时传输。

（2）卫星便携站。用于在建立前方指挥部时，与部级、省级两类通信卫星主站以及其他高通量卫星远端站之间的卫星链路，在不同业务场景下，实现音频通话、视频通话、数据采集、数据回传等功能，既保证链路的稳定性，又能保证各类地理数据、高质量图像等大带宽应用传输的实时性。同时使用 KU 高通量卫星，实现在需要使用互联网环境时，可以随时保障互联网接入的功能，全面实现部、省、基地、重点灾害区域应急管理部门之间的宽带卫星通信业务应用。

为应急救援基地部署卫星便携站，在基地救援人员执行救援现场通信保障任务或前突侦察任务时，可与应急管理部国产卫星通信系统主站、省厅现有卫星固定站直接互联互通，实现与部、省以及前方指挥部、前方作战人员接入节点之间的卫星通信。

5. 应急通信战术子网

为满足各种通信需求的通信装备，实现灾害事故现场的音视频覆盖的 PDT 移动基站及 PDT 终端、LTE 移动基站及 LTE 多模终端，实现现场宽带网络覆盖的系留无人机搭载 MESH 自组网基站，实现子网接入骨干网络的卫星通信终端、MESH 自组网设备等装备。战术子网由救援队伍在一线根据需求及实际情况自行搭建，通过机动骨干节点接入应急通信骨干网，保证极端"三断"条件下的应急通信"最后一公里"的通信畅通，同时利用各类型无人机，对现场态势进行精细化三维建模，为应急指挥工作提供有力支撑。

（1）多旋翼系留无人机。用于搭载 MESH 中继设备，作为空中应急通信网的空中中继节点，进行空天地一体化的应急通信网络保障。

（2）采集型无人机。多旋翼采集型无人机，搭载全画幅相机、手机信号搜救载荷，用于一般或较大类事故灾害现场航拍、摄像及三维建模以及人员搜救。

（3）中航时无人机。中航时复合翼无人机，搭载双光相机、全画幅倾斜摄影相机、机载 AI 计算机，用于较大以上事故灾害现场航拍、摄像及三维建模。

（4）长航时无人机。长航时卫通无人机，搭载机载卫星天线、卫星功放、调制解调器、双光相机、全画幅倾斜摄影相机、机载 AI 计算机、MESH 机载站等各类机载通信系统，重点应用于较大以上尤其是重特大事故灾害现场航拍、摄像及三维建模。

6. 现场融合通信网

配备现场统一指挥通信设备及综合接入网关，同时配备协同指挥作战终端，利用通信卫星系统、宽带自组网、PDT 集群基站、4G/5G 网、会议系统、超短波电台等通信手段，安装现场指挥调度系统，作为突发事件的现场应急指挥中心，并与固定指挥中心系统互联互通，获取相关音频、视频、数据等资料在事故灾害现场附近构成现场指挥平台。

配置现场指挥通信保障平台，包含通信方舱、卫星功能、窄带功能、MESH 功能、4G/5G 网络、移动电源、侦察无人机、北斗手持机、北斗腕表、北斗报灾终端、视频会商业务终端箱、助力小推车等。通过现场指挥调度系统，能够迅速掌握事件发生现场的实时态势。可作为突发事件的现场应急指挥中心，并与固定指挥中心系统互联互通，获取相关音频、视频、数据等资料。

4.5 城市生命线综合管理

随着新型城镇化、新型工业化速度加快，我国城市规模越来越大，流动人口多、高层建筑密集、经济产业集聚等特征日渐明显，城市已成为一个复杂的社会机体和巨大的运行系统，城市安全新兴风险、传统产业风险、区域风险等积聚滋生、复杂多变、易发多发。一些城市相继发生重特大生产安全事故（灾害），如广东深圳光明新区渣土受纳场"12·20"特别重大滑坡事故、天津港"8·12"瑞海公司危险品仓库特别重大火灾爆炸事故、堰市张湾区艳湖社区集贸市场"6·13"重大燃气爆炸事故、河南郑州"7·20"特大暴雨灾害等造成群死群伤的情况屡屡发生，暴露出当前我国部分城市安全风险底数仍然不清、安全风险辨识水平不高、安全管理手段落后、风险化解能力有限等突出问题。

中共中央办公厅、国务院办公厅专门印发《关于推进城市安全发展的意见》，从加强城市安全源头预防、健全城市安全防控机制、提升城市安全监管效能、强化城市安全保障能力等方面提出明确要求。建设城市安全风险综合监测预警平台，先从人口最集中、风险最突出、管理最复杂的城市抓起，对城市安全最突出的风险实时监测预警并及时处置，对于保障人民群众的生命财产安全，具有十分重要的意义，是落实中央关于推进城市安全发展意见的具体行动，也是推进安全发展示范城市建设的重要内容。

如图4-16所示，为城市生命线安全工程监管平台的技术架构图，该图展示了平台的主要组成部分和功能模块，为城市安全风险的综合监测预警提供了有力的技术支撑。

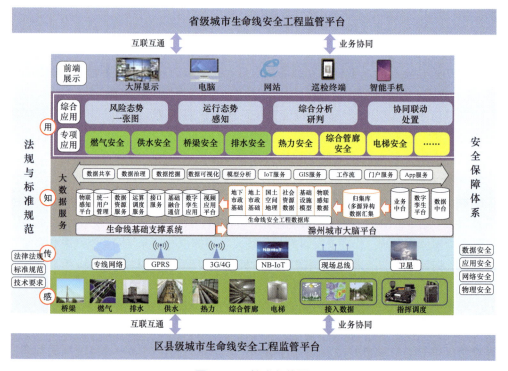

图 4-16 技术架构图

4.5.1 城市基础设施状态监测

构建全市层面的风险感知立体网络，对城市生命线、公共安全、生产安全和自然灾害等风险进行全方位、立体化感知。对城市基础设施桥梁、综合管廊等工程安全运行进行风险监测。

1. 桥梁

主要对桥梁结构体本身和影响桥梁安全的外部荷载、气象环境等安全风险进行监测。依据《建筑与桥梁结构监测技术规范》（GB 50982）和《公路桥梁结构安全监测系统技术规程》（JT/T 1037）等相关规定，优先选择长大跨、特殊结构、主跨跨径大于150m的梁桥以及有明显老化、病害、超载风险大、车、船、冰排撞击风险高的桥梁开展监测。优先选择以下桥梁进行风险监测：

（1）安全状况差的桥梁。包括：Ⅱ类养护～Ⅲ类养护被认定为C、D级的城市桥梁；在技术状况评定中被认定为3类或4类的公路桥梁。

（2）运营风险大的桥梁。包括：服役年限超过30年且存在明显病害、超载风险大、车、船、冰排撞击风险高的桥梁；城市道路高架桥跨度超过100m的重要路口、匝道段和独柱墩段。

（3）重要结构或复杂结构的桥梁。包括：位于城市主要交通要道、出入城、交通繁忙、有重车经常通行的桥梁；长大跨（桥长大于1000m或单跨跨度大于150m）桥梁；斜拉桥、悬索桥、系杆拱桥。

2. 综合管廊

主要对廊内环境及其附属设施运行风险进行监测。监测廊内温度、湿度、氧气浓度等参数，以及接入管线压力、流量、有毒和可燃气体浓度等参数。综合管廊监测依据《城镇综合管廊监控与报警系统工程技术标准》（GB/T 51274）、《城市地下综合管廊运行维护及安全技术标准》（GB 51354）和《城市综合管廊运营服务规范》（GB/T 38550）等国家标准，优先选择以下部位或区域进行风险监测：

（1）温湿度传感器可参考200m布设一个点位。

（2）燃气管线入廊的舱室需在一个防火分区内布设不少于2个可燃气体监测点位；燃气阀门及关键节点处需布设监测点位。

（3）两段管廊廊休拼接处布设渗漏监测点位。

（4）廊内可能产生积水（污水）的位置需布设有害气体监测点位。

4.5.2 跨部门协同管理

贯彻落实"党政同责、一岗双责、齐抓共管、失职追责"，强化城市政府的领导责任，明确负责城市安全风险综合监测预警平台建设的部门或单位，各相关行业主管部门负责督促指导本行业领域的安全风险监测预警和应急处置工作。坚持政府统一领导、部门分工协作。

1. 加强组织领导

各地区要统筹推动城市安全风险综合监测预警平台建设与运营工作，建立部门责任清单，进一步明确建设、运行、处置等环节的部门职责边界，构建政府统筹领导、统一监测调度、多部门协调联动响应的监测预警工作机制。在风险评估、监测预警和联动处置等各项工作中，强化部门协作、属地联动、政企配合，形成整体合力，有序推进城市安全风险综合监测预警平台建设工作。

2. 明确工作组织模式

各地区要结合实际情况需要，建立与现代城市安全管理相适应的体制机制和管理手段，加快推进监测预警工作平台建设，充分提升监测预警效能。一些城市率先进行了积极探索，如合肥市由政府委托第三方机构负责城市生命线安全监测预警系统建设和运营；佛山市在市应急指挥中心的基础上成立城市安全运行维护团队，负责城市生命线监测预警系统的运营工作。

3. 完善工作职责

各地区负责城市安全风险综合监测预警平台建设和运营的部门或单位，牵头各相关行业主管部门组织研发、优化、完善各类监测预警模型，制定监测预警的阈值和标准，统筹建立综合监测预警应用系统，开展常态化综合监测监控、预测预警分析、应急联动处置等工作。各相关行业主管部门和权属责任单位按职责参与平台数据对接、应用模型研发等工作，并按职责督促指导本行业领域监测预警工作。

4. 健全平台运营工作制度

各地区负责城市安全风险综合监测预警平台建设和运营的部门或单位要建立健全平台运行维护、接报响应、安全保障等制度。要进行 7×24h 监测值守，对报警信息进行综合分析研判后，按预警信息级别向相关行业主管部门、应急管理部门、属地政府、权属责任单位发布预警类型、位置、风险大小等相关信息，督促相关单位及时处置，进行闭环管理。

5. 建设应用系统

按照平台技术整体框架，建设城市安全风险综合监测预警应用系统，充分汇聚整合住房和城乡建设、城管、交通运输等行业主管部门，以及燃气、供水公司等社会企业已建的城市安全风险感知系统，实现城市生命线、公共安全、生产安全和自然灾害等各行业领域感知数据的综合汇聚。利用接入的行业领域监测感知数据，建设统一的风险监测、研判预警和联动处置等功能模块，并以"一张图"形式呈现城市整体运行和风险态势，形成全方位、多层级、立体化的城市风险监测预警平台以及多主体、大联动应急管理协同处置机制，提升城市安全综合风险管控能力。

坚持资源统筹集约、模式探索创新。充分利用各领域各行业已建的监测预警系统及监控资源，加强集约化建设，实现风险监测预警数据的汇聚接入、整合分析、共享共用，促进各部门的信息融合。充分调动政府、部门、企业、科研机构、高校及社会各方面的积极性，发挥各方优势，参与感知技术研发、风险评估、预警、分析和平台运行、值守、管控，探索创新可复制、可推广、有效管用的建设、运行新模式。

坚持分类重点先行、整体有序推进。兼顾当前与长远，坚持需求牵引和问题导向，突出重点、分步实施，优先突出提升气热水桥和轨道交通等城市生命线监测预警处置水平的建设内容，再逐步扩展到公共安全、生产安全、自然灾害等领域，统筹推进监测预警平台建设。

4.5.3 城市安全风险预警

在对城市生命线、公共安全、生产安全和自然灾害等各类风险实时监测的基础上，通过对不同监测指标设置报警阈值，运用大数据耦合、数据波动特征识别、关联对比等相关技术，实时报警突发安全风险，通过专家会商和模型推演，对报警信息进行研判分析，明确事故灾害发生的可能性和损失程度，对研判结果进行分级预警发布，为联动处置奠定基础。

1. 桥梁

对桥梁气象环境、交通荷载、结构变形、结构受力、动力响应等的具体监测数据进行集成处理，实时感知桥梁安全运行状态，科学设置报警阈值，一旦大于设定阈值，将会自动启动报警。

在确定报警信息后，主要对桥梁运行趋势和桥梁结构模态进行分析，对桥梁整体安全进行预警。桥梁运行趋势分析主要利用桥梁长期监测数据，结合桥梁结构基本情况，预测桥梁结构受环境荷载影响的长期趋势和区域，在环境荷载剧烈变化时（暴雪、酷暑、急剧降温等），对该区域进行观察监测并保持预警状态。桥梁结构模态分析主要对桥梁竖向加速度测点进行定时自振频率分析，通过分析数据的波动范围及规律，判断结构响应合理范围，掌握桥梁动力特性，当结构模态频率值发生较大变动时，发出结构损伤预警。利用桥上视频信息和应力、振动、形变等监测数据，结合桥梁技术状况评定分类情况，动态分析桥上超载情况，评估超载对桥梁损伤严重程度的影响，分级进行突发超载预警。超载趋势统计主要分析超载报警的次数、超载车辆的轴重、车辆超载的时间、超载车辆的轨迹等内容，根据实际使用荷载与设计荷载比值，对桥梁使用寿命进行预测，并及时作出研判预警。

在实时报警方面，系统能够融合桥梁信息、特定监测点位数据以及即时监测数据，根据需要实时展现桥梁的运行状况，并关联周边的防护目标及潜在危险源信息；在分析预警方面，当监测数据出现异常或超阈值情况时，可锁定报警事件发生点位，核实报警信息真实情况，如果确定是有效报警及时进行研判分析；在历史记录方面，可对异常情况和报警信息进行多维度统计分析，明确主要报警事项和事故原因，为后续强化监督管理提供依据。

2. 综合管廊

对入廊管线安全运行监测参数和廊内温度、湿度、有毒气体、易燃气体、空气质量、水位等数据进行集成处理，实时感知廊内管线和环境安全状态，科学设置报警阈值，一旦大于设定阈值，将会自动启动报警。

在确定报警信息后，根据廊内管线监测数据，对廊内管线运行异常情况及时生成预警。廊内环境及附属设施安全预警根据监测参数建立分层、分级预警模型，设置不同层次和级别的预警参数，对监测参数进行在线分析处理，实时监控各参数的变动趋势，根据预警方式和报警级别的不同，提醒不同层级和单位的人员关注和处置。

实时报警功能结合管廊信息、监测点位信息及实时监测数据，灵活查询管廊实时运行状态及周边防护目标与危险源。在预警分析阶段，一旦监测数据偏离正常范围或超限，系统迅速定位报警点，验证报警真实性，对有效报警立即展开深入分析。在历史数据管理方面，系统能够汇总并分析异常事件与报警记录，明确报警重点与事故根源，为后续的监管强化策略制定提供有力依据。

4.5.4　应急响应与处置

结合城市应急预案，编制预警信息的处置流程，规范预警信息的全过程联动处置。

1. 预警信息发布

（1）发布流程。为保证预警信息的合法性和权威性，信息推送之前要根据信息的预警级别、发布范围、发布渠道等审批流程，完成预警信息采集、信息制作、信息发布申请、审核和签发等工作。

（2）发布对象及内容。根据事件类型和预警级别的不同，通过系统将预警信息推送至权属责任单位、事件影响范围内涉及单位、市县相关行业主管部门、应急管理部门和属地政府，预警信息包括预警类型、预警级别、时间、位置、风险大小、周边情况、警示事项等。研判分析人员记录预警信息推送情况，开展过程跟踪，依据事件的发展，动态变更预警级别和内容，可再次发布预警信息，根据需要还可将信息及时推送至相关领域的事件处置专家。

（3）发布渠道。与权属责任单位、行业主管部门、应急管理部门、各级地方政府建立信息联动机制，实现预警信息的快速推送和接收。建立与移动、电信、联通等电信运营商、广播、电视、电子显示屏以及人民防空警报系统、国家预警信息发布系统等各类灾害预警系统的通信联络，紧急情况下，可通过上述渠道发布预警信息。

2. 响应处置

预警信息发布之后，根据预警类型和预警等级启动相应级别的应急响应程序，督促相关单位和部门调度人员及时赶赴现场开展联动处置，根据事态严重程度和权属单位请求，提请地方救援队伍前往协助救援，并提供其他应急处置辅助决策服务。在事件发生后，与现场指挥员通过视频、语音等形式实现远程协同会商，及时研判现场状况，与属地政府及相关部门联动响应，及时跟踪处置情况，为应急处置提供决策建议。在应急处置过程中提供实时文字、语音、图像、视频的通信保障。必要时可选派相关人员赶赴现场参与处置。处置完成后，及时发布解除预警的信息。

3. 信息反馈

现场处置过程中，对权属责任单位或相关行业部门处置过程以及重要处置节点的情况进行跟踪反馈，同时评估现场处置效果。

4. 归档管理

对每一个预警事件，均形成一套完整的档案，记录包含感知监测数据参数异常、报警类型和报警级别、警情推送、现场处置过程记录、现场处置反馈报告等全过程的内容，作为事件追溯分析和大数据统计分析的依据，同时要求定期开展预警信息处置演练，提高实战能力。

4.5.5　公众服务和宣传

系统接入城市大脑业务协同平台进行工单流转和信息同步推送。

1. 监测预警管理

实现对生命线监测预警信息接入、预警分级响应、预警信息处置的管理。

（1）监测报警信息接入。城市安全运行监测中心值班人员、相关委办局、人民群众等可通过电话/传真/系统等多种报送方式，向系统报送突发事件信息，系统也可通过各类应用场景自动生成事件信息。

对于通过传真、电话等方式报送的突发事件信息，值班人员需要将接收到的信息录入系统。系统可分别记录报送人（报送部门）信息、录入人信息，并能将信息报送原件作为接报信息的附件保存在系统中，以便查阅。

（2）预警分级响应。通过综合分析研判，对当前风险警情可能引发次生衍生风险进行预警分级。同时根据事件类型、预警级别自动关联相应预案，将警情第一时间推送至相关领域专家，同时能够基于预案自动推送事件城市生命线安全权属管理、行业监管和安全主管应急等部门负责人。系统支持人工对应急预案和应急响应级别进行调整和录入，依据事件的发展和演变，及时进行警情级别和内容变更。

（3）预警信息处置。在预警处置过程中，生成辅助处置报告，指导现场处置。接收现场处置结果反馈，系统自动解除预警，形成闭环管理。

2. 联动处置移动应用

移动端应用采用 App、微信小程序等方式，供各级管理人员、现场处置人员使用，能够实现对城市生命线的运行状态、处置情况随时掌握。平台将城市风险信息、监测报警信息按照信息类型分别发送至相关监管部门及权属单位。移动应用根据监测报警等级和类型实现权属单位和监管部门的协同联动处置。主要包括警情管理、风险管理、数据看板和个人中心。

（1）警情管理。主要包含城市生命线燃气、供水、排水、桥梁等各行业领域的监测报警预警服务。当发生预警报警时，城市管理人员可及时知晓报警预警信息，快速做出处置批示，掌握处置过程和处置结果；现场处置人员可快速定位警情，根据规划路线赶赴现场，结合批示进行现场处置，完成后反馈处置结果。

（2）风险管理。主要包含城市区域风险分析展示、行业风险分析展示和风险评估报告展示等服务。便于城市管理人员随时随地掌握城市风险状况，做出风险管控指示。

（3）数据看板。对当前城市生命线燃气、供水、排水、桥梁等安全专项工程运行、风险、预警处置情况等数据进行统计，通过可视化图表方式展示统计结果，有助于领导快速掌握整体运行情况。

（4）个人中心。个人中心是移动应用平台的个人管理中心，主要提供移动应用的登录、账号管理、消息设置、知识库等功能。

3. 城市生命线运维管理

城市生命线系统设备设施具有种类繁多、覆盖范围广、情况复杂等特点，如何有效地管理及维护这些设备设施，成为亟待解决的重要问题。近年来，相关系统探测设备、设施及资源的管理与维护正逐步由人工或半人工化管理模式向智能化管理模式过渡，这就要求城市生命线系统必须有一套自下而上、综合及智能分析的运维管理系统。

（1）值排班管理。按照监测中心值守工作管理和人员配置要求，满足不同排班规则，在运维系统中实现定期排班（自动或手动）、调换班、交接班记录、数据统计等相关功能，实现值班工作智能化、无纸化；移动端可实现值排班消息提醒查看、申请调换班，交接班记录和值班数据上传等便捷式使用功能。

（2）巡检巡查管理。运用"互联网＋"理念，采用"物联网＋移动应用"技术构筑线上线下合一、前端后端贯通、横向纵向联动的全方位、全天候、全过程的管理模式。通过大数据处理手段对所需巡检区域进行科学化、数字化、可视化巡检管理，对巡检作业人员进行实时监管，对设备进行巡检、保养、盘点、检查，助推各项巡检巡查制度的落实，从而实现对人、物、制度等要素的全面管控。

4.5.6 数据挖掘与辅助决策

1. 供水预测预警分析

供水预测预警分析基于大数据分析技术，通过对监测数据进行清洗、融合和处理，筛选特征数据，并结合模型算法，实现对供水管网的爆管预警分析。该系统支持供水隐患的事前预测研判，增强对供水隐患事故的预警分析能力。同时，系统可对预警管网进行登记归档，提供预警反馈和处理功能，实现供水管网运行故障及运行风险的早期预警、趋势预测和研判，实时跟踪管网状态，为应急处置提供决策参考。

（1）爆管预警。供水管道持续频繁的压力波动及水锤事件引起的突发性压力骤变，会对管网造成损伤，尤其对阀门、接口、老旧和腐蚀严重的管段等薄弱环节造成冲击，严重时可能导致管道破裂。系统基于在线监测点捕捉的水锤信号和压力波动信号，结合管网健康风险评估模型，对可能发生爆管的管段进行预警预测，为快速响应和制定预防措施提供支持。

（2）漏水定位。系统自动接入前端流量计、高频压力计数据，通过漏水定位模型分析泄漏位置，并结合管网拓扑关系预测停水区域。支持按预警级别、预警时间段、反馈状态、停水范围等维度进行查询。

（3）用水量预测。系统实时计算建设区整体用水量，并根据历史数据预测下一时段用水量趋势。结合管网实时压力监测数据，分析用户用水需求是否得到保障，为供水调度和应急处置提供技术支持。

2. 供水辅助决策

供水辅助决策模块包括辅助关阀分析、管线模拟开挖、综合统计分析等功能，为管理部门提供风险及事故报警的统计分析数据，帮助政府监管部门掌握供水管网的安全运行总体情况，为自来水公司及相关主管部门提供处置供水管网运行事故的辅助决策支持。

（1）辅助关阀分析。系统可实现管网上任意一点与前后阀门的关联。在突发情况或应急抢修时，快速提供需关闭的阀门及关阀方案。通过管网仿真模拟，分析影响的管线和用户范围，支持二次关阀分析，为爆管事故应急抢修提供辅助决策。

（2）管线模拟开挖。系统支持地形模拟开挖及开挖断面分析，避免对其他管线造成二次破坏。开挖断面信息可导出，为施工单位提供数据支持。

（3）统计分析。系统支持按区域、管网类型等维度对供水管网事件、报警、预警、维修情况进行统计分析，并通过柱状图、折线图等可视化图表展示结果，支持导出文件。

3. 供水安全评估报告

系统针对安全评估报告的内容整理形成结构化模板，实现计算机系统自动生成格式化报告。报告主要包括安全运行风险分布图、监测报警统计分析、安全运行状况总结及相应处置建议等章节。系统根据安全评估报告模板定期自动生成报告，并提供在线浏览、下载、上传等功能。同时，支持对评估报告进行审核，审核通过后可发送至相关部门。

4. 排水管网溢流预测预警分析子系统

系统实现在线设置和编辑排水管网模拟参数，包括降雨输入条件、管网参数、汇水分区参数等。根据前端监测数据对参数进行率定分析，确保模型预测预警结果的准确性。

溢流预测：系统对不同降雨条件下排水系统的溢流状况进行对比分析，预测溢流点、溢流时间、溢流历时和溢流量，全面评估雨水管网运行状况，为防汛部门提供技术和数据支持。

5. 城市内涝预测预警分析子系统

内涝预测预警分析子系统主要功能包括：在线模拟输入设置、模型模拟率定、城市暴雨内涝实时在线分析、城市暴雨内涝预测预警。

（1）在线模拟输入设置。实现暴雨内涝模型模拟参数的在线设置与编辑，涵盖降雨输入条件、管网参数、汇水分区参数等。

（2）在线模拟率定。根据前端监测数据对参数进行率定分析，确保模型预测预警结果的准确性。

（3）城市暴雨内涝实时在线分析。通过输入降雨过程线，实时模拟暴雨内涝淹没过程、河涌倒灌过程、泵站排水过程等，动态展示积水点、积水范围及蔓延趋势，为防汛调度提供最优方案。

（4）城市暴雨内涝预测预警。系统每日接入气象局降雨预报信息，自动处理为模型输入条件并进行模拟计算，将结果推送至平台并发布淹没区域报警。

（5）内涝区域检索分析。当发布内涝风险预警时，系统可检索淹没范围内的管线、地下商场、人防工程等危险源及防护目标，为交通管理、人员疏散等提供决策依据。

4.5.7 智能监控与预警

1. 视频监控统一汇聚展示及数据安全

通过视频汇聚平台接入工贸企业、其他重点监管企业联网视频，将汇聚视频按需推送至所需横向单位，实现重点监管企业全覆盖接入，精准巡查并实现视频数据调阅安全。

重点监管企业视频统一汇聚：汇聚接入危化品、烟花爆竹、工贸、非煤矿山、交通等重点监管行业视频监控，并可实现视频上墙查看。

按需推送：将汇聚的监控视频按需推送给所需部门单位。

数据安全：对视频汇聚平台进行保护并与省厅视频核心安全网关设备对接，能够获取省厅下发的定制安全策略。

2. 在线巡查可视化

实现在线巡查可视化：在线巡查可视化提供企业预警信息看板，实时展示辖区及企业预警数据，并和地图实时交互。根据企业设备、资产属性不同，为监管端人员配置个性化监控驾驶舱。

危险源风险预警：实现对危化品、尾矿库、烟花爆竹、工贸企业的监测预警资源的风险预警（与省级预警信息保持同步）。

传感器预警：实现各类监测传感器超阈值、离线报警，支持对关联监控点位的预览和回放操作（与省级预警信息保持同步）。

接入率统计：实现对危化品、尾矿库、烟花爆竹、工贸企业的在线监测接入情况的统计，如接入比例、未接入企业清单等。

在线率统计：实现对危化品、尾矿库、烟花爆竹、工贸企业的在线、离线情况的统计。

3. 统一数据存储管理

提供分布式数据库集群，满足海量实时感知数据的历史存储、满足海量监测感知数据存储需求，同时支撑未来无缝扩展，支持单表亿级规模存储，秒级查询。

支持存储至少 1 年实时感知数据，长期存储静态业务数据。

可聚合查询指定企业某种指标、设备的指定历史时期数据，聚合查询元气某种指标、设备指定历史时期数据，横向比较同类型企业同类型设备和同种指标的数据曲线。

实时接入和毫秒级存储接入数据流。

可制订对企业数据、园区数据和区局、市局数据备份、覆盖和销毁规则。

支持视频存储服务，支持视频数据存储、历史调阅。

4. 视频智能识别及行为分析

利用视频智能识别及行为分析主机，进行视频图像智能分析，将智能分析结果在感知网联网平台进行展示，充分利用系统自动根据视频图像解析内容，提取特定对象的信息，并对异常行为、安全隐患、违法违规情况等自动分析检测，为深度应用提供有力支撑。

借助视频智能分析功能，实现异常现象的智能识别，并进行分级分类监测预警。

参 考 文 献

[1] Bajwa A. Ai-based emergency response systems: A systematic literature review on smart infrastructure safety [J]. American Journal of Advanced Technology and Engineering Solutions, 2025, 1 (1): 174 – 200.

［2］ 李耀东. 城市智慧应急建设探索与研究［J］. 物联网技术，2021，11（10）：45－47，51.

［3］ 张志果. 浅论城市供水系统高质量发展的内涵［J］. 净水技术，2023，42（2）：1－4，84.

［4］ Rathor S K, Saxena D. Energy management system for smart grid: An overview and key issues［J］. International Journal of Energy Research, 2020, 44(6): 4067－4109.

［5］ Wang Q, Li W, Yu Z, et al. An overview of emergency communication networks［J］. Remote Sensing, 2023, 15(6): 1595.

［6］ 李强，杨斌. 基于 5g 和人工智能技术的"互联网+"应急救治系统构建与应用［J］. 中国数字医学，2024，19（9）：27－32.

［7］ Zhou X, Ning X, Zheng L, et al. Regional risk assessment for urban major hazards using hybrid method of information diffusion theory and entropy［J］. Discrete Dynamics in Nature and Society, 2023, 2023: 1－11.

［8］ 张超，翁文国，陈勇，等. 城市安全风险特征及对风险管理的启示［J］. 中国安全科学学报，2024，34（1）：223－230.

第 5 章　智慧应急在自然灾害领域的应用

5.1　智慧应急地质灾害管理

智慧应急地质灾害管理系统是一种融合先进智慧技术与持续创新理念的新型复杂系统，旨在实现智慧化的地质灾害应急管理。该系统将前沿技术深度融入地质灾害的监测预警、风险评估、应急响应及处置救援等各个环节。通过多维度的精准感知与全方位的互联互通，该系统能够实现对地质灾害的自发感知、即时预警与快速响应。在此基础上，系统能够进行科学的数据分析与决策支持，助力应急管理部门迅速、高效地开展处置救援工作，从而显著提升整体应急救灾能力。智慧应急地质灾害管理系统的应用，充分发挥了智慧技术在地质灾害管理领域的独特优势，为地质灾害的防范与应对提供了有力保障。

5.1.1　地质灾害监测

我国是世界上地质灾害最严重、受威胁人口最多的国家之一，地质条件复杂，构造活动频繁，崩塌、滑坡、泥石流、地面塌陷、地面沉降、地裂缝等灾害隐患多、分布广，且这些灾害具有隐蔽性、突发性和破坏性强等特点，防范难度大。地质灾害在我国平均每年造成 1000 多人死亡，直接经济损失达上百亿元。地质灾害的发生以及变化，需要通过监测才能较准确地掌握其规律；地质灾害防治工程的效果，也需要通过监测对比检验出来。地质灾害监测可以使我们获得崩塌、滑坡、泥石流等灾害的特征信息，掌握地质灾害的演变过程，为地质灾害的预测预报、分析评估以及防治工程提供可靠资料。同时，地质灾害的监测数据也是进行地质灾害科学研究的重要依据。

1. 监测方法

监测所使用的监测技术方法对监测设备的发展是至关重要的，用于地质灾害监测的方法按监测参数的类型分为 4 大类，即变形、物理与化学场、地下水和诱发因素。主要地质灾害监测方法见表 5-1。

表 5-1   **主要地质灾害监测方法一览表**

种类		适用性
变形监测	宏观地质调查	各种地质灾害的实地宏观地质巡查
	地表位移监测	崩塌、滑坡、泥石流和地面沉降等地质灾害的地表整体位移和裂缝位移监测
	深部位移监测	对具有明显深部滑移特征的崩滑灾害的深部位移监测
物理与化学场监测	应力场监测	崩塌、滑坡、泥石流灾害体特殊部位或整体应力场变化监测
	地声监测	岩质崩塌、滑坡以及泥石流灾害过程中的声发射事件特征
	电磁场监测	灾害体演化过程中的电场、电磁场的变化信息
	灾害体温度监测	滑坡、泥石流等地质灾害在活动过程中的灾体温度变化信息
	放射性测量	裂缝、塌陷等灾害体特殊部位的氡气异常
	汞气测量	裂缝、塌陷等灾害体特殊部位的汞气异常
诱发因素监测	气象监测	崩塌、滑坡、泥石流、塌陷、地裂缝等明显受降水影响的地质灾害
	地震监测	崩塌、滑坡、泥石流、地面塌陷等明显受地震影响的地质灾害
	人类工程活动	人类工程活动对地质灾害的形成、发展过程的影响
地下水监测	地下水动态监测	滑坡、泥石流、地面塌陷等灾害的地下水位动态变化
	孔隙水压力监测	滑坡、泥石流灾害的内部孔隙水压力
	地下水质监测	滑坡、泥石流、地面塌陷、海水入侵等灾害的地下水质

  中国地质调查局根据地质灾害监测信息的种类、来源及性质，将监测技术方法分为直接信息类、间接信息类和诱发因素类。直接信息类监测技术主要包括以位移形变和应力变化等宏观信息为主的监测技术，例如地表变形监测和地下变形监测技术。间接信息类监测技术包括以灾害体物理场、化学场等场变化信息为主的监测技术，例如地声、地温、地应力和岩石压力等。诱发因素类主要包括降雨量、孔隙水压力、地下水流量、土壤含水量和人类活动等。

  用于地质灾害监测的常见设备有锚杆应力计、锚索应力计、振弦式土压力计、埋入式混凝土应变计、次声报警器、水位计、渗压计、孔隙水压力计、土壤水分仪、雨量计、地温计等。随着科学技术的发展，GPS 已经成为地质灾害监测的常规设备，时域反射技术（Time domain reflectometry，TDR），干涉合成孔径雷达（Interferometric Synthetic Aperture Radar，INSAR），布里渊光时域反射技术（Brillouin Optical Time Domain Reflectometry，BOTDR），三维激光扫描，近景摄影等新技术开始在地质灾害监测领域得到应用。

  地质灾害常见的监测方法及设备有以下几类。

  （1）地表位移监测。地表位移可以采用的监测方法有大地测量、GPS 测量、激光全息摄影、遥感、近景摄影、测缝计等。

  （2）地下变形监测。在滑坡变形监测中，人们更为关心的是滑体深部，特别是滑动面处的滑移变形和滑动方向。TDR（时域反射技术）、钻孔倾斜法等是常见的测量地下形变的方法。

（3）水文监测。水会对崩塌、滑坡、泥石流等灾害产生重大影响。大气降水是滑坡、泥石流致灾的最主要外因，多起研究证实地下水位和库水位的变化与地质灾害的发生有密切关系。因此，监测目标区域的水文特征，研究降水量、降水强度、降水过程和地下水动态的关系及其对地质灾害的影响，是地质灾害监测的重要任务之一。

（4）其他监测方法。除了上述所列出的监测方法，还有应力场监测、地声监测、BOTDR 监测、地温与氡气浓度监测等多种方法用于地质灾害的监测。

2. 空天地一体化监测的应用

空天地一体化监测指的是对地质灾害进行多视角的监测。笼统地讲，"空"指的是航空遥感，"天"指的是航天卫星遥感，"地"可以认为是地基遥感、野外地质调查、基础地质资料以及专业监测的集合。空天地一体化监测的产品是多源异构数据，其数学本质是多源异构数据的决策级融合。

以滑坡为例，由于滑坡地质灾害的复杂性和非线性，单一的数据源无法精准地刻画滑坡。近年来，遥感技术得到了迅猛发展，遥感影像的数目和种类越来越丰富，越来越多的滑坡灾害制图与风险评估研究将遥感数据引入其中。

自 1970 年以来，航空相片被引进到滑坡灾害研究当中，主要依赖于对图件的人工判读和目视解译，已经发展为一项成熟的技术手段。红外波段和可见光波段是光学影像主要依赖的波段，根据地物在这两个波段上反射率的差别，利用扫描、摄影等技术进行成像，根据成像结果获取地物信息。

合成孔径雷达（SAR）系统使用的波段波长较长，其具备一定的地表穿透能力，依据此特性，SAR 图像可以被用于土壤湿度监测以及森林中的物体检测。例如，在 2008 年的 "5·12" 汶川地震当中，P 波段的微波雷达被用作森林中失事飞机的监测与追踪。因此，SAR 系统在灾害风险监测与评估、生态环境评价和军事侦察等方面的应用上具有独特的优势，备受重视。

干涉合成孔径雷达（InSAR）是新兴的微波遥感技术，以波的干涉原理测量地物的高程变化。差分干涉合成孔径雷达（DInSAR）技术是以 InSAR 技术为基础发展起来的，最早应用在地震形变监测上，理论监测精度可达厘米级（半波长）。InSAR 技术在滑坡制图和监测中具有良好的前景和巨大的潜力，但易受植被、湿度和大气条件的影响而出现相位失相干现象。永久散射体（PS）和小基线集（SBAS）技术可以有效减少大气延迟等噪声的影响，从而获得毫米级的监测精度。

作为对地观测技术的最新研究成果，激光雷达（LiDAR）通过位置、角度、距离等观测数据直接获取地表点三维坐标，具有高时空分辨率、大范围动态探测、森林穿透力强等特点，可以快速获取地形信息。星载、机载和地面遥感数据在推动从局部到区域尺度的滑坡灾害评估方面发挥了重要作用。局部尺度研究使用了可见光、激光雷达（LiDAR）和干涉合成孔径雷达（InSAR）数据，用以描述滑坡事件或绘制历史滑坡分布图。这些数据也可用于生成数字高程模型（Digital Elevation Model，DEM），用于地形形态的精确表征。DEM 可通过多种机载或卫星遥感数据生成，典型的来源包括：航天飞机雷达地形任务（Shuttle Radar Topography Mission，SRTM）提供的雷达数据，先进星载热辐射和反射辐射计（Advanced Spaceborne Thermal Emission and Reflection Radiometer，ASTER）获取的光学立体影像数据，以及机载或星载激光雷达（Light Detection and Ranging，LiDAR）采集的点云数据。来自 Landsat 等平台的信息可用于定义地表覆盖等级并评估土地覆盖随时间变化的情况。数据的日益开放和地理空间工具的进步，包括地理信息系统、商业和免费图像处理软件、高级编程语言以及云计算和机器学习，极大地增强了利用地球观测数据进行滑坡测绘与灾害评估的能力。

5.1.2 地质灾害易发区评估

地质灾害易发区评估是分析一个地区在一定的地质环境条件下，每一种地质因素相对容易发生灾害的可能性，并综合分析这些地质因素对地质灾害发生贡献的大小，最终确定地质灾害发生的倾向性和可能程度。重点是易发地质灾害条件和地质灾害发生的空间概率统计分析评价，这是进行危险性和风险评估的基础。核心内容包括地质灾害特征、空间密度、易发条件和潜在易发区预测评价，最终形成地质灾害易发区划图。

地质灾害定量评价是当前国内外研究的主流方向，主要模型有信息量模型、专家系统模型、灰色系统模型、非线性模型及模式识别模型等。信息量模型因其原理简单、数据需求少、计算结果稳定可靠、适用性广泛、实现方便快捷以及与 GIS 技术兼容性好等优点，在地质灾害易发性评价中得到了广泛应用。考虑到各模型的可行性、数据的易获取性以及模型在 GIS 平台的可实现性，信息量模型是在定性分析评价基础上，采用基于 GIS 的信息量模型进行地质灾害易发程度定量化计算与分区，进行地质灾害易发程度指数计算，确定地质灾害易发程度分区。

1. 信息量模型的理论基础

信息预测的观点认为，滑坡与崩塌等地质灾害的产生与否与预测过程中所获取信息的数量和质量有关，是用信息量来衡量的。信息量分析模型通过计算各影响因素对斜坡变形破坏所提供的信息量值，作为区划定量指标，既能正确地反映地质灾害的基本规律，又简便、易行、实用，且便于推广应用。

2. 信息量模型的区划分类

（1）因子图层的准备和重分类。首先，为进行有效的分析而准备因子图层。按照信息量模型中选取因素的方法确定参与评价的因子，然后将地图以图层的形式输入系统中。第二，将得到的因子图进行重分类。由于得到的因子图层中有的属于连续分布的类型（如坡度等），因此还需要对这种连续分布的因子进行重分类。

（2）各因子图层与地质灾害分布图的叠加分析。各因子图层准备好之后，就可以结合地质灾害分布图进行叠加分析。

（3）各图层各类别信息值的计算。每个图层因子中各类别的信息量值求出后，就可以对不同图层之间相对应的栅格进行累加，最终得到整个研究区的综合信息量图，即地质灾害易发性区划图。

3. 地质灾害易发性区划评价

（1）评价因子的定量化。基于前述各个评价因子（地形地貌、工程地质岩组、地质构造、水文地质条件、人类工程活动等基础因子）的定性分析，并利用数据库中的数据进行统计分析，作为易发程度评价的定量指标。

（2）易发因子的信息量计算。将各因子图层分别与滑坡分布图做空间分析，可得滑坡在不同因子分类中的分布密度。

（3）模型的计算结果与分析。根据信息量计算结果确定地质灾害形成的主要控制条件。

（4）易发程度区划及评价。根据计算结果、单元信息量累积频度分布曲线特征，得到曲线明显分布的拐点，将地质灾害易发性划分为四级：高易发区、中易发区、低易发区和不易发区。

5.1.3 地质灾害风险评估

地质灾害风险评估，即分析不同强度的地质灾害发生的概率及其可能造成的损失，是对风险区发生不同强度地质灾害的可能性及其可能造成的损失进行定量分析与评估。地质灾害风险评估的目的就是通过对影响地质灾害的因素指标定量化，反映评估区地质灾害的主要特点和总体风险水平、破坏损失程度，然后按计算的地质灾害期望损失值将评估区分为不同等级的风险区，针对不同风险区的特点提出减少风险的各项对策，为规划、资源开发、环境保护和实施地质灾害防治工作提供科学依据。

地质灾害风险评估就是对滑坡等地质灾害进行的风险识别、风险评估、风险估计，以回答"什么原因""在哪里发生""什么时候发生""强度有多大""频率多少""影响多大""风险水平是否可以接受"等关键问题。并在此基础上优化组合各种风险管理技术，做出风险决策，对地质灾害实施有效的评估，控制风险所致损失，期望以最小的成本换取较大的安全保障。也就是说，风险分析不仅可以识别灾害对现有承灾体的影响，还可以识别出与未来开发相关的潜在影响，这对未来开发决策具有指导意义。由于滑坡、泥石流等地质灾害风险总是与人类社会共存，人类所能做的就是要降低其产生的地质灾害风险，进行风险分散和转移，将风险管理到一个可以接受的程度，而风险评估则是实现风险管理的关键。

基于地理信息系统（GIS）进行地质灾害风险评估是一种利用 GIS 技术来分析和评估地质灾害风险的方法。这种方法结合了地理空间数据和灾害风险评估模型，能够提供更加直观和精确的风险评估结果，是当前地质灾害风险评估的重要工具。

澳大利亚专家利用 GIS 技术对滑坡风险进行评估，把斜坡地质灾害的危险性、易损性、风险评价作为一体进行风险区划研究，并讨论了滑坡的危险性、易损性和风险性三个定量指标的确定方法，得出风险等于危险性、易损性和受灾对象的乘积。在基于 GIS 的地质灾害区划研究中，需构建危险性综合评价指标体系。通过选取灾害密度、强度等指标，或分析地质灾害相关的基础条件因素，采用灰色关联法确定各因素的权重值，并通过层次分析法、专家评判及 GIS 空间叠置技术，构建危险性综合评价指标体系，实现地质灾害危险性综合评估。

基于 GIS 的地质灾害风险评估方法主要应用在以下几个方面：一是将 GIS 应用到滑坡灾害历史数据的管理以及评估图层的表达中，建立基于的灾害信息管理系统；二是基于空间分析与预测模型相结合的方法，完成地质灾害各影响因子的空间叠加，进行灾害危险性预测；三是从影响地质灾害风险的因素出发，利用 GIS 的空间分析功能进行因素叠加，实现风险评估并结合空间信息管理功能，对灾害进行管理，进而进行管理决策，实现防灾减灾的目的。GIS 技术作为工具，主要是利用其空间数据库、空间分析以及可视化等功能，针对输入的各评价因子的栅格图层做某种函数叠加运算，从而很方便地得出地质灾害易发性、危险性和损失等方面的评价及相应的灾害区划结果。

5.1.4 隐患管理

我国地质灾害隐患具有点多、面广的特点，2020 年已发现地质灾害隐患点近 30 万处，但统计表明，近年来我国发生的重大地质灾害事件中有约 80% 都不在已查明的隐患点范围内，由此推断，我国的地质灾害隐患点可能会超过 100 万处。因此，尽可能全面地识别和发现灾害隐患并提前主动管控，成为防灾减灾工作最重要的内容。

以九寨沟地震灾区地理信息数据和地质灾害隐患资料为基础数据，在地质灾害隐患早期识别阶段，结合星载合成孔径雷达（InSAR）技术对隐患区进行大面积筛查，圈定出"靶区"；采用机载激光雷达（LiDAR）技术获取重点区域岩体节理和裂隙的真实形态，同时整合地质灾害专业调查相关资料，帮助技术人员更好地识别新的地质灾害隐患点。在地质灾害隐患治理阶段，使用机载倾斜摄影技术对地震灾区重点区域进行实景三维模型获取，为三维"一张图"应用做数据储备，并对地质灾害点治理情况使用全景影像技术进行周期性跟踪监测，为灾后治理效果评价做数据储备。在地质灾害隐患监测阶段，还需要接入专业监测设备的物联网数据和防灾减灾预案等数据。通过研究地质灾害隐患三维场景下多源数据表达、空间数据存储、数据资源发布、场景按需组装、快速分发部署等关键技术，实现地质灾害隐患"一张图"三维管理。

该平台整体分为四层：数据层作为系统的数据来源，包含倾斜摄影数据、全景影像数据、全景标记数据、地质灾害基础数据资料等内容；平台支撑层主要为系统服务发布提供保障和支撑，包含全景发布工具、倾斜影像发布工具、全景影像解译生产工具等内容；服务层作为系统的服务调用资源，为系统功能开发及正常运行提供保障，包含倾斜影像服务、全景综合服务、用户认证服务、隐患信息服务、空间分析服务等内容；应用层是直接面向用户提供的软件功能，主要包括地质灾害隐患空间分布及空间查询、临灾避险模拟、地层结构模拟、专业监测信息接入等功能。地质灾害隐患三维"一张图"场景可以为该区域的灾害调查、分析、评价等工作提供直观的、信息丰富的环境分析。

5.1.5 应急响应与处置

地质灾害应急响应与处置是在各级地质灾害应急指挥机构接到灾险情报告后，通过信息分析与应急调查核实，根据实际调查核实的灾险情发生情况，遵循分级响应程序，确定相应级别的应急机构，启动相应的应急预案，开展应急处置与救援行动。

1. 响应程序与过程

地质灾害应急工作遵循分级响应程序，根据发生灾害的级别由相应级别的人民政府启动应急预案，确定应急指挥机构。地质灾害应急响应与处置的工作流程主要包括灾情险情核实、分级应急响应、应急处置、现场指挥与实施，以及应急响应结束等环节。

（1）灾情险情核实。应急指挥机构接到灾情或险情速报后，需要立即进行信息分析与核实，确认速报内容的真实性和有效性。核实的结果有三种：误报警，则排除灾情险情；信息不详，需要做进一步的信息核查；报告内容与灾害实际情况一致，进入应急响应的下一阶段。

（2）分级应急响应。确认灾情险情报告信息后，首先根据地质灾害分级标准判断灾情或险情的级别，按照分级响应程序的规定，确定相应的应急指挥机构，并启动相应级别的应急预案。

（3）应急处置行动。应急处置在出现灾情或险情之后就已经启动。突发地质灾害灾情或险情发生后，事发地的乡（镇、街道）、县政府应迅速实施先期处置，并及时发布信息。在应急响应启动后，各部门根据预案规定的职责迅速开展应急救援行动。

（4）现场指挥与实施。应急响应启动后，地质灾害应急防治指挥部及抢险救灾相关成员单位根据各自的工作职责开展应急行动。应急防治指挥部具体负责指挥、协调、组织各应急部门的专家和人员，及时到灾害现场进行调查分析，判断灾害发展趋势，划定危险区并加强监测，提出具体的抢险救灾措施，及时转移受威胁群众并妥善安置。

（5）应急响应结束。经专家组鉴定地质灾害险情或灾情已消除或者得到有效控制后，应急响应结束。

2. GIS 与应急响应和处置

应急事件的处置往往与当地的天气、环境、周边人口和危险源等密切相关，应急事件发生时，应急部门在第一时间要获取这些信息。这些信息之间通常有一定的相关性，单方面的信息不足以支持指挥决策。通过 GIS 平台可以将这些信息展示在一张图上，进行综合影响分析。此外，GIS 技术还具备独特的空间特性分析能力，可以将各种信息和专业分析模型相结合，进行专业预测。在应急业务实战中通常会用到一些模型，例如人员疏散模型、危险品扩散模型、综合预测预警模型、次生衍生灾害预警模型、人群疏散避难模型、智能研判模型、评估模型等。ArcGIS 的模型构建器可以接入第三方开发的多种应急业务分析模型，在 GIS 平台上进行统一分析展示，通过定制开发还可以与应急平台相结合。这能够大大提高应急业务的服务能力。

例如，2013 年 4 月 20 日 8 时 02 分，四川省雅安市芦山县发生 7.0 级地震，应急管理相关部门立刻启动了"公共突发事件响应机制"，派出多名技术人员前往四川省地震局、四川省测绘局等相关单位，协助开展震后救援决策支持工作。其中一项重要工作就是协助处理震后无人机数据（宝盛乡、天平镇等），提取房屋损坏矢量信息，并协助工作人员进行余震数据提取和分析。在获得各种灾情数据以后，协助开展灾情发布应用开发，余震数据处理，地质灾害数据处理，其他基础数据叠加（行政区划、地名），数据整合、配图、更新，服务发布、处理现场照片数据，以及提取地理位置等工作。

5.2 智慧应急防汛抗旱管理

5.2.1 水旱灾害监测预警

我国已建立起较为完善的水旱灾害监测体系，包括气象监测、水文监测、土壤墒情监测等多个方面。这些监测体系相互配合，共同为水旱灾害的预警、预报和防御提供了有力支持。随着科技的发展，我国在水旱灾害监测中采用了多种先进的技术手段，如卫星遥感、雷达、无人机巡测等。这些技术手段具有覆盖范围广、监测精度高、数据获取快等优点，极大地提高了水旱灾害监测的效率和准确性。基于先进的监测体系和技术手段，我国能够及时发布水旱灾害的预警和预报信息，指导相关部门和公众做好防灾减灾工作。水旱灾害监测数据是制定防灾减灾决策的重要依据。通过对监测数据的分析和评估，相关部门能够更加科学地制定防灾减灾措施和应急预案，提高防灾减灾的针对性和有效性。

1. 水旱灾害遥感监测系统

目前，我国水旱灾害管理相关单位已经形成了一套完整的水旱灾害遥感监测与评估技术体系，并突破相关关键技术，开发了水旱灾害遥感监测系统。基于洪涝水体与受灾体光谱及纹理特征，创新性融合面向对象分析与深度学习算法，实现复杂环境下洪涝淹没范围快速提取（精度达 90%以上）及受灾体空间分布精准识别。针对大范围高频次监测需求，集成影像智能化处理、天地空协同观测、多模型耦合分析等技术，显著提升旱情监测业务化运行效率。

水旱灾害遥感监测系统的主要功能包括：多源遥感大数据集成及管理，雷达、光学多源遥感数据快速处理；大范围洪涝特征信息快速提取与受灾体识别，洪涝灾情快速评估与综合制图；基于表观热惯量、供水植被指数、温度植被干旱指数、温度植被多项式等模型反演土壤含水量监测旱情，主要农作物受旱程度、受旱面积评估以及旱情信息服务等。

水旱灾害遥感监测系统可以广泛应用于流域级大洪水、区域洪涝灾害、山洪及堰塞湖应急监测，以及农业旱情监测与评估，为防洪抢险、抗旱调度、灾情评估、物资调拨、灾损保险理赔等提供重要依据。

洪涝灾害遥感监测技术先后应用于 1998 年的长江和嫩江特大洪水、2003 年的淮河中游特大洪涝灾害、2013 年的黑龙江洪水、2016 年的长江中下游洪水等一系列特大洪涝灾害应急监测中。旱情遥感监测技术自 2016 年投入应用后，提供了数量众多的全国旱情监测简报、区域旱情监测简报，在 2006 年川渝大旱、2010 年西南五省干旱、2014 年北方 14 省干旱、2016 年内蒙古特大干旱中发挥了重要作用。

2. 国家山洪灾害监测预报预警平台

山洪灾害由于具有突发性强、破坏力大、不确定性高等特点，预报和预警难度极大。因山洪灾害死亡人数占因洪涝灾害死亡人数的比例超过了70%，山洪灾害一直是我国防洪减灾的短板和突出薄弱环节。为了在国家层面掌握山洪灾害防御态势与风险趋势，监督指导各地做好山洪灾害防御工作，为社会公众提供山洪灾害风险预警服务，我国研发了国家山洪灾害监测预报预警平台。平台采用"流域-政区"两条主线进行全国超大规模信息的组织、模型编码和模型集成，开发了降雨监测预报、多阶段山洪预警、值班提醒、会商管理、基础信息查询、灾害分析等六大功能模块。

平台首次构建了中国全尺度数字水网。系统构建了大范围小流域精细划分和属性分析技术体系，建立了全国全尺度流域水系拓扑关系和编码体系，实现全国368万条沟道河流、53万个小流域单元的拓扑关系建模，构建了全尺度数字水网。每个小流域提取75项属性参数（含下渗率、坡面流速系数等），形成覆盖全国的高精度水文本底数据信息。

平台完整集成了山洪灾害防御大数据。平台集成150TB山洪防御数据资源，包括：57万防治村落与15万企事业单位空间属性数据，全国公里网格/小流域设计暴雨数据库（基于30省水文手册），5.3万场历史山洪事件库与22类十亿级防御要素关联图谱，实时接入气象雷达、水文站点等10类监测数据流。

平台建立了智能化山洪模拟模型。基于雨强-下渗率时间耦合曲线，构建时空变源混合产流模型，实现对不同地貌单元（如坡面、沟道）的产流过程动态分析。构建基于DEM网格、考虑雨强影响汇流非线性特征的时变分布式单位线模型。中国山洪水文模型CNFF集成了耦合算法库、参数库和知识库，在全国范围建立了包括5280个分布式水文模型计算单元的山洪模拟模型集群，构建了多尺度、多过程分层耦合的全国山洪模拟并行计算框架和算力调度模型。

该平台建立了多阶段递进式预警体系。该平台搭建了多层级的山洪灾害预警体系，通过融合气象风险预判、动态洪水模拟和实时监测反馈三大模块，构建递进式防御机制。基于前期降雨量、下垫面特性及社会经济数据研发气象风险预警模型，实现早期风险提示；运用分布式山洪模拟集群技术建立上下游联动预报模型，生成中期灾害预判；结合雷达降水外推与实时水文监测数据构建临灾监测预警系统。该体系形成包含气象预警（前瞻性）、预报预警（精准性）和监测预警（实时性）的"三道防线"，有效支撑全国范围不同预见期、多尺度的预警产品业务化运行，为防洪决策提供全链条技术保障。

该平台在2023年"杜苏芮"台风防御中发挥了关键作用，通过国家-省级联动机制向全国滚动发布山洪灾害气象风险预警、临近预报预警及实时监测预警信息，有效降低了灾害损失。在台风登陆的福建省，尽管遭遇超强暴雨引发山洪，但因预警体系提前部署，实现了人员零伤亡；同期，四川省美姑县发生严重暴雨灾害时，平台提前约2h向凉山州发布临灾预警，成功组织3226名群众转移避险，避免了人员伤亡，充分验证了该预警系统对极端灾害的快速响应能力。

3. 全国旱情监测预警综合平台

为提升我国干旱灾害防御信息化建设水平，面向"精准范围、精准对象、精准时段、精准措施"的干旱灾害防御要求，融合气象、水文、墒情及遥感等多源"空—天—地"监测数据，结合土地利用、作物分布等下垫面条件，自主研发分区分类旱情综合监测评估模型，建成我国首个完全自主可控的国家级旱情监测预警平台。平台贯通雨情—水情—墒情—旱情"四情"全链条监测体系，集成综合监测、对比分析、单指标核查、旱情校验、会商发布等 200 余项功能模块，实现业务化运行与"四个精准"要求的深度融合。

平台通过多维度技术突破实现精准化服务。空间定位精准化：每日生成 1km 分辨率全国旱情综合监测图，逐级细化至省、市、县三级行政区划，动态标识不同程度旱情分布区域，明确"哪里旱"。受灾对象精准化：建立覆盖农作物、林木、牧草、湖泊湿地及人畜饮水等承灾体的监测评估体系，生成差异化的旱情专题图谱，界定"什么旱"。时间动态精准化：基于作物生长周期数据库，逐日分析玉米、水稻等主要农作物的需水特性与旱情演变趋势，建立月尺度干旱过程回溯机制，掌握"旱多久"。应对措施精准化：集成灌区工程分布、水库蓄水量实时监测及农村供水网络等信息，构建"一张图"决策支持系统，为抗旱调度提供"怎么办"的科学方案。

该平台技术体系具备多尺度扩展能力，已成功应用于陕西、吉林、湖南、安徽等省级平台的标准化建设，形成从国家级到地方级的旱情监测预警网络，显著提升了我国干旱灾害防御的数字化、智能化水平。

5.2.2 洪涝灾害风险识别

1. 洪水风险实时分析系统

洪水风险实时分析系统以水文学、水力学和大数据分析耦合的洪水风险实时分析模型为核心，基于降雨监测预报数据与工程调度条件，运用云计算、并行计算等技术，构建满足风险信息科学性、准确性和时效性需求的洪水模拟预测体系。该系统创新实现对重点河段、防洪区洪水及城市内涝过程的快速模拟分析，为洪涝灾害风险管理"两个坚持、三个转变"提供技术支撑，涵盖河道溃堤、暴雨内涝、流域洪水等多灾害场景的复合风险分析功能。

系统主要服务于水旱灾害防御和应急管理部门针对各类防洪区洪水风险的防汛决策全过程，可为防洪区应对河道洪水溃堤漫溢、暴雨内涝、沿海风暴潮及其遭遇组合提供洪水淹没和影响损失实时分析的技术工具。系统组成包括以下几部分。① 分析方案子系统：集成气象、水文、工程等多源数据，支持用户自定义洪水风险分析方案；② 模拟分析平台：实现方案管理、风险计算与成果共享，提供溃堤漫溢、内涝淹没等灾害的动态模拟与可视化输出；③ 动态查询子系统：基于二维/三维 GIS 技术，支持洪水风险空间分布查询与灾害过程动态演示。

该平台为防汛决策部门提供全流程技术工具，覆盖洪水预警、应急调度及灾损评估等场景，已在上海、佛山、济南等 10 余个城市及荆江河段、太湖流域等防洪区落地应用。以上海为例，其城市系统自 2016 年运行以来累计完成 350 余次实时预报，汛期每 3 天启动一次分析，作为城市内涝处置的首要环节，通过提前发布内涝专报实现风险预警"先知先觉"。其他应用案例包括赣抚大堤保护区洪水模拟、东苕溪流域淹没分析等，有效支撑了防洪工程调度与应急响应决策。

2. 洪水风险图编制软件平台

洪水风险图编制软件平台包含风险图编制各个环节所需的软件和技术工具，包括洪水分析软件、洪灾损失评估软件、避洪转移分析软件、洪水风险图绘制软件和洪水风险图管理与应用系统。其中，洪水分析软件融合了山区和平原河网、地表二维及地下管网的计算，保证软件能适用于我国所有洪水类型模拟；洪水损失评估软件以自主研发的损失评估模型为核心，是国内首套标准化洪灾损失评估产品；避洪转移分析软件实现了转移安置方案及路线的优化分析；风险图绘制软件是国内水利行业首个洪水风险图专业制图软件产品；风险图管理与应用系统采用分布式部署、集中式管理，实现了风险图编制成果的全国共享。

平台主要应用领域有以下几个方面。① 洪水风险图全周期管理：提供从编制到应用的完整技术工具链，支撑洪水风险评估、区划及标准化产品输出；② 防汛应急智慧决策：整合实时水文、气象、潮汐数据，结合工程调度方案生成风险预警与抢险方案，提升流域/区域/城市防洪管理智能化水平；③ 涉洪评价与规划支撑：应用于防洪排涝现状诊断、建设项目洪水影响评价、海绵城市规划及城市防洪体系设计等领域，涵盖河道治理、管网优化等全链条业务；④ 洪水保险专业服务：为保险行业提供从精算定价到核灾定损的全流程数据支持，依托标准化风险图产品提升灾害损失评估效率。

以上各款软件均已纳入国家防办洪水风险图编制软件名录；洪水分析软件、洪水风险图绘制系统、洪水风险图管理和应用系统等产品进入水利部先进实用技术推广指导目录。该套软件平台已在六百多个项目中应用，覆盖 130 余家用户、50 万 km² 区域，涉及防洪保护区、蓄滞洪区、城市及中小河流等对象，涵盖河道洪水、内涝、风暴潮等洪涝场景，成为防洪减灾与风险管理的重要技术支撑。

5.2.3 智慧应急防汛抗旱综合业务系统

这里以深圳市"三防"防御部署指挥平台为例介绍智慧应急防汛抗旱综合业务系统。深圳市依靠大数据、物联网、云计算等现代信息技术，打造了集"三防概览、监测预警、辅助决策、协同指挥"等多功能于一体的"三防"防御部署指挥平台（见图 5-1），形成了事前有监测预警、事中有会商决策、事后有应急指挥的全过程"三防"业务体系。该系统利用大数据、人工智能、灾害模型、数据可视化等手段，在深圳"三防"（防汛防风防旱）常态、非常态下进行创新融合、集成应用，激活"三防"数据要素潜能，构建"三防"数据关联性应用，打造感知、认知、决策、处置、发布全链条闭环的"三防"应急响应智能体，实现"三防"全闭环管理的全新一代专业化、智能化、精细化"三防"管理体系。

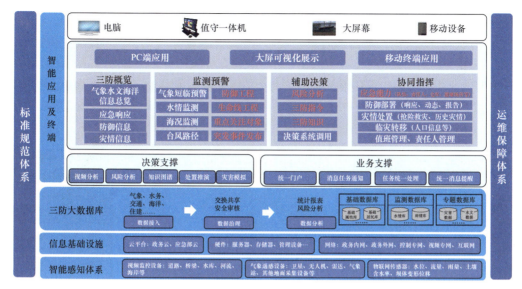

图 5-1 深圳市"三防"防御部署指挥平台架构图

监测预警模块如图 5-2 所示，在集成气象、水务、自然资源等部门对台风、降雨、水位、积涝、潮位、海浪等致灾因子信息的基础上，纳入水库、河道、水闸、海堤、泵站等防洪排涝工程信息，扩充应急、住建、交通、发改、教育、城管、电力等部门的供水、供电、道路、燃气、油站等生命线工程，以及学院、医院、口岸、数据机房、金融机构、受纳厂、填埋场等重要承灾体信息，打破了行业数据壁垒，为城市洪涝联防联控提供了致灾、孕灾、承灾全过程的基础数据。突发事件发布功能可根据动态实时监测数据向预警靶向发布台风、暴雨预警信号，洪涝灾害风险提示，防台风防汛响应等内容。

图 5-2 深圳市"三防"防御部署指挥平台监测预警功能

辅助决策模块如图 5-3 所示，集成了风险分析、三防指令、三防知识、决策系统调用等功能。其中风险分析耦合了区域三维风场模型、降雨产汇流模型、溃坝洪水模型、一维河道－管网水动力模型、二维地表水动力模型支持台风风场仿真、风暴潮、溃坝洪水、洪涝风险等分析；当动态实时监测数据超过街道级降雨等阈值时，自动实现街道级风险信息提示，为河流洪水、城市内涝、沿海风暴潮等洪涝灾害协同防控提供决策依据。"三防"指令功能采用知识图谱技术，基于《深圳市防汛预案》《深圳市防台风预案》等应急预案打造，明确了不同汛情条件下，洪涝灾害防御启动的响应等级以及应急、气象、水务、自然资源、住建、交通等行业部门联防联控的具体工作职责。

图 5－3　深圳市"三防"防御部署指挥平台风险分析及风险提示功能

协同指挥模块涵盖了应急能力、防御部署、灾情处置、值班管理、责任人管理等功能，升级了"三防"责任人、抢险队伍、救援装备、物资仓库、应急避难场所、重点人员名单等防灾减灾救灾资源信息，为灾害处置过程中的资源统筹调配、科学抢险救援提供了分析工具。

2023 年 9 月 7～8 日，受台风"海葵"残余环流、季风和弱冷空气共同影响，深圳市遭遇了超历史纪录的极端特大暴雨。借助该平台，9 月 7～8 日，全市共发布暴雨预警信号 8 次、水情警讯 46 条、地质灾害气象风险预警 8 次；滚动发布监测预警信息和短临研判预报，累计发布预警短信 6695 万条，预警信息通过广播、电视、自媒体、短信、微信等多种方式传递给三防责任人和社会公众。

9 月 7 日 18 时 20 分，深圳市和相关区"三防"指挥部收到暴雨黄色预警信号后，自动同步启动"关注级"应急响应。9 月 7 日 22 时 45 分，深圳市"三防"指挥部根据气象预警信息和综合研判，快速升级，启动防汛二级应急响应。应急响应期间，市"三防"指挥部通过"三防"防御部署指挥平台发布指挥调度指令 36 条，防御部署指令下达超过 47 万人次。依照相关指令，全市 50 多个"三防"成员单位以及各区、街道、社区共派出工作组 2507 个，共计 6.8 万人，投入车辆、橡皮艇、抽水泵、挡水板、沙袋等抢险救援物资（装备）85 类、91665 件（套），营救被困群众 1.3 万人，紧急转移低注、危房、边坡、河道等危险区域群众 22 万人。

深圳市"三防"指挥部根据监测预警信息，进行灾害风险会商研判，迅速启动应急响应，及时进行水利工程调度，疏散转移危险区人群，组织力量抢险救灾，精准实施停课、停工、停运、停业等措施，有效实现了极端暴雨洪涝灾害的联防联控，全市无人员因灾死亡，灾后 12h 城市运行基本恢复正常。

5.3　智慧应急森林防火管理

5.3.1　森林火灾监测

森林火灾监测技术对于预防和控制森林火灾至关重要。有效的监测手段不仅能够及时发现火情，为火灾的迅速响应提供准确信息，还能通过数据分析为火灾的预防和防控提供科学依据。森林火灾监测技术主要包括卫星监测、航空巡护、视频监测、高山瞭望、地面巡逻等，通过构建全天候的立体化监测体系，实现森林火灾的"打早、打小、打了"。

1. 卫星林火监测

卫星林火监测的基本原理是应用遥感技术，结合卫星通信和大数据技术，可以提供大面积、高效率的林火监测服务，实现对森林火灾的实时监测、预警和评估。

（1）卫星林火监测的主要作用。

1）发现火情。通过捕捉地面火源的热辐射、高温差或烟雾，卫星可以迅速而准确地发现火情，为早期预警提供关键信息。

2）防火行为监测。通过整合实时气象卫星和极轨卫星数据，结合火情监测算法模型，可以获取包含火点位置、行政区划、地类、强度等信息，可以在大范围内监测火灾的发展蔓延趋势，辅助森林扑火队伍有针对性地布置灭火力量，提前做好火情处置准备。

3）灾后评估。卫星遥感技术可以对火灾造成的损失进行评估，为灾后重建提供依据。通过多源高分辨率卫星数据，智能检测火灾前后差异，精准识别过火范围，准确计算过火面积，评估灾后植被恢复状况。

（2）卫星林火监测的应用现状及特点。

1）监测范围广泛。卫星林火监测能够覆盖广大的森林区域，无论是偏远的林区还是高山峻岭，都能实现有效监测。

2）监测精度高。结合先进的遥感技术和数据处理技术，卫星林火监测能够实现高精度的火点识别和定位，定位精度可达千米级。

3）响应速度快。一旦发现火情，系统能够迅速生成火情报告，并通过卫星通信或其他数据传输网络实时发送给应急指挥中心，为火灾的及时扑救提供宝贵的时间窗口。

4）信息共享。卫星监测数据可以通过互联网等平台进行共享，促进不同地区、不同部门之间的协同作战和信息交流。

2. 航空巡护

航空巡护一般是指利用直升机、无人机等航空设备挂载林火监测设备，如摄像头、红外探测仪等对林区进行空中巡护，具有视野广阔、速度快、受地形限制小等特点，实现林火的快速发现与预警。

（1）飞行巡护区域。航空巡护是森林防火工作中不可或缺的一部分，由于飞行成本较高，一般飞行巡护区域是人迹罕至的高火险区域，在经济发达地区可以通过多机型联动实现全域林火监测。

（2）火场监测与观察。航空巡护在森林火灾的检测与观察中发挥着关键作用，其工作流程主要包括火情发现、火场定位、火势评估，通过对地形地貌的观察、受害情况的评估、扑火情况的监测以及夜间巡护，辅助灭火行动的部署和规划。

（3）航空巡护的成效。利用航空器的大范围视角和高空优势，航空巡护能够迅速发现森林中的火点、烟点等火灾隐患。利用机载图传设备，航空巡护能够实时将火场信息传递给地面指挥人员。相比传统地面巡护，航空巡护具有更大的覆盖范围和更快的机动能力，能够实现森林防火巡查的全覆盖、无盲区。

3. 视频监测

视频监测是通过在林区安装视频监控设备，对林区进行全天候、全方位的实时监控，及时发现火情并报警。视频监测系统通常由前端监控设备、传输系统和监控中心组成，能够实时传输林区视频图像，为森林防火指挥中心提供直观、准确的火情信息。

（1）林火视测监控系统的构成。

1）前端监控设备。前端监控设备包括摄像机、镜头、云台、护罩等，负责采集林区视频图像。摄像机作为监控系统的核心设备，其性能直接影响监控效果。镜头则根据林区地形、地貌等实际情况选择合适的焦距和视场角。云台和护罩负责保护摄像机，并调整摄像机拍摄角度。

2）传输系统。负责将前端监控设备采集的视频图像传输到监控中心。传输方式包括有线传输和无线传输两种。有线传输稳定可靠，但布线成本较高；无线传输灵活方便，但受地形、天气等因素影响较大。

3）监控中心。负责接收、处理、存储和显示前端监控设备传的视频图像。监控中心通常配备有高性能的计算机、视频存储设备、大屏幕显示器等设备，以及专业的监控软件，实现对林区火情的实时监控和报警。

（2）视频监测的特点。

1）监控范围大。视频监测系统的监控范围广泛，可以覆盖较大的林区面积。在林区关键区域设置监控点，如道路两侧、重要设施周边等，可以实现对林区的全面监控。同时，结合多个监控点的图像信息，还可以构建林区的整体监控网络，实现对整个林区的实时监控。这种大范围的监控能力对于及时发现火情、预防森林火灾具有重要意义。

2）监控设备维护困难。尽管视频监测系统在林火监测中发挥了重要作用，但监控设备的维护却是一个难题。由于林区环境复杂，气候条件多变，监控设备容易受到各种自然因素的影响，如雨雪、雷电、大风等。这些因素可能导致设备损坏、信号中断等问题，影响监控效果。此外，林区地形复杂，交通不便，也给设备的维护和检修带来了困难。因此，需要定期对监控设备进行检查和维护，确保其正常运行。

3）全天候监控。视频监测系统具有全天候监控的特点。通过采用红外夜视技术、热成像技术等手段，可以在夜间和恶劣天气条件下进行监控。这种全天候的监控能力有助于及时发现火情，特别是在夜间和恶劣天气条件下，人工巡查难以进行，视频监测系统的作用更加突出。同时，全天候监控还可以对林区的野生动物、非法入侵等情况进行监控，为森林保护提供有力支持。

4）优势与不足。主要优势包括：视频监测系统能够实时传输林区的视频图像，为防火指挥中心提供直观、准确的火情信息；通过视频图像，监控人员能够直观地观察到林区的实际情况，有助于更准确地判断火情；视频监测系统能够自动识别并报警火情，缩短人工巡查的时间，降低人力成本。

主要不足包括：林区环境复杂，气候条件多变，监控设备容易受到自然因素的影响而损坏，且维护困难；视频监测系统需要依赖网络进行数据传输，如果网络出现故障或信号不稳定，将影响监控效果；视频监测系统的建设和运行需要投入大量的资金，包括设备购置、网络建设、人员培训等方面的费用。

4. 高山瞭望

瞭望监测是一种传统且重要的监测手段，主要通过在林区内设置专门的瞭望观测台，利用瞭望员的经验和观测设备来判断林火方位和传递火情信息。在森林防火期内，瞭望台需安排人员昼夜值班，一旦发现火情，瞭望员可用交叉法判定着火点，并根据烟色判断林火种类，及时报告火情，实现早发现、早扑救。

（1）瞭望设备。

1）瞭望塔。瞭望塔是瞭望设备的主要载体，其高度一般超过当地最高树木2m，以确保能够观察到更远的距离。瞭望塔的结构通常包括塔身、塔基、楼梯或电梯、观景台和附属设施等。

2）望远镜。望远镜是瞭望员的主要观测工具，能够放大远处的景象，使瞭望员清晰地看到林区中的细节。根据林区的实际情况和需要，可以选择不同放大倍率的望远镜。

3）罗盘仪和图件资料。罗盘用于确定火点的方向，结合地图可以确定火点的具体位置。瞭望员需要熟悉林区的地形和地貌，以便在观测到火情后能够迅速判断其位置和发展趋势。

4）地面红外探火仪。地面红外探火仪通过检测林区内的红外辐射来发现火情。由于火灾会产生大量的红外辐射，红外探火仪能够捕捉到这些信号并判断是否存在火情。

（2）瞭望经验。瞭望员首先需要熟悉林区的地形、植被分布以及季节性的变化，这有助于快速准确地判断火势的发展。其次，要求能够运用望远镜等辅助工具，结合罗盘和地图，精准定位火点，并预测火势蔓延的方向。最后，还需要具备丰富的火情判断能力，通过观察烟雾颜色、火势形态等特征，快速判断火情的严重程度。

5. 地面巡逻

地面巡逻主要通过人工巡查的方式，对林区进行直接、全面的观察与监测。主要任务是进行森林防火宣传，清查和控制非法入山人员，依法检查和监督防火规章制度执行情况，以及及时发现并报告火情。其目标在于确保林区安全，预防森林火灾。

（1）巡逻方式与策略。地面巡逻通常采取定期巡逻和重点巡逻相结合的方式。定期巡逻是按照一定的时间间隔，定期进入林区进行巡视，以发现和处理火灾隐患。重点巡逻则针对林区的关键区域、易燃物聚集的地方进行重点巡查，以确保及时发现火情。

（2）巡逻效果与意义。地面巡逻能够直接观察到林区的实际情况，发现潜在的火灾隐患，并及时采取措施进行处理。这种监测方式具有直观、直接、全面的特点，对于预防和控制森林火灾具有重要意义。

5.3.2 森林火险预警

森林火险预警是指通过对森林火险天气条件、可燃物状态、火源管理情况以及地形地貌等多种因素的综合分析，利用气象数据、遥感监测、地面观测等手段，预测森林火灾发生的可能性和危险程度，并通过一定的方式和渠道向社会公众及相关部门发布预警信息，以提醒人们注意防范森林火灾，采取措施降低火灾风险的过程。

1. 森林火险气象等级划分

森林火险气象等级反映林火发生及其扩散蔓延难易程度的气象影响危险性级别。根据国家标准《森林火险气象等级》（GB/T 36743—2018）对森林火险气象等级的确定要求，首先根据地势、气候条件和历史火灾分布等因素将全国划分为五个森林火险气象等级（forest fire–danger weather ratings，FFDR）计算区域，再根据 FFDR 值（I_{FFDR}）划分等级。森林火险气象等级由低至高分为五个等级：低火险（一级）、较低火险（二级）、较高火险（三级）、高火险（四级）、极高火险（五级）。森林火险气象等级划分、描述和预报服务用语规则见表 5–2。

表 5–2　　　　　　森林火险气象等级划分、描述和预报服务用语

FFDR	I_{FFDR}/%					名称	预报服务用语
	A 区	B 区	C 区	D 区	E 区		
一级	（4，38）	（4，46）	（4，38）	（4，42）	（4，35）	低火险	森林火险气象等级低
二级	［38，47］	（46，58）	（38，43）	（42，50）	（35，38）	较低火险	森林火险气象等级较低
三级	（47，66）	［58，70）	（43，65）	（50，69）	（38，62）	较高火险	森林火险气象等级较高，须加强防范
四级	（66，73）	（70，73）	［65，73］	（69，73）	（62，73）	高火险	森林火险气象等级高，林区须加强火源管理
五级	（73，100）	（73，100）	（73，100）	［73，100］	［73，100］	极高火险	森林火险气象等级极高，严禁一切林内用火

注：A 区为东北地区，含黑龙江省、吉林省、辽宁省、内蒙古自治区东部（120°E 以东）。

B 区为华北、西北地区，含北京市、天津市、河北省、山西省、宁夏回族自治区、新疆维吾尔自治区、青海省、陕西省、甘肃省、内蒙古自治区中西部（120°E 以西）。

C 区为西南地区，含云南省、贵州省、四川省、重庆市、西藏自治区。

D 区为华东、华中地区，含山东省、河南省、安徽省、江西省、湖南省、湖北省、江苏省、上海市、浙江省、福建省、台湾地区。

E 区为华南地区，含广东省、广西壮族自治区、海南省、香港特别行政区、澳门特别行政区。地理跨度和气候差异较大的省区可根据实际情况选择适用区域。

2. 森林火险气象预警

森林火险气象预警是指对预报时效内森林火险气象等级的预先估计和警示。根据《森林火险气象预警》（GB/T 31164—2014）关于预警等级划分的有关要求，森林火险气象预警等级由弱到强划分为三个等级，依次为黄色预警、橙色预警、红色预警（见表5-3）。若同时达到两种以上预警等级，以最强的预警等级为准。

表5-3   森林火险气象预警等级划分

预警等级	详细内容	图标
黄色预警	某地森林火险气象等级已持续8d达三级及以上或持续5天达四级及以上，且起报日当天森林火险气象等级达四级及以上；并预计未来24h内，该地森林火险气象等级仍将持续四级时发布黄色预警	
橙色预警	某地森林火险气象等级已持续5d达四级及以上，且起报日当天森林火险气象等级达五级；并预计未来24h内，该地森林火险气象等级仍将持续五级时发布橙色预警	
红色预警	某地森林火险气象等级已持续3d达五级，并预计未来24h内，该地森林火险气象等级仍将持续五级时发布红色预警	

3. 森林火险预警的常用方法

森林火险预警的常用方法主要是综合考虑天气条件、人为活动因素和森林植被状况，通过实时监测和分析可燃物的干燥程度、火势蔓延可能性等因素，利用气象监测技术、遥感技术、智能传感器技术以及人工智能等先进技术手段，对森林火险气象等级进行精准评估，并发布预警信息，以提前预防和控制森林火灾的发生，保障森林资源和生态安全。目前普遍采用的森林火险预报预警或林火预报方法所使用的判断因子基本上是一致的，核心判断依据主要是森林可燃物是否容易被点燃、点燃的难易程度，以及可燃物一旦被点燃后是否容易蔓延、蔓延的难易程度。

（1）天气要素分析法。综合考虑温度、湿度、风速、风向等天气要素对森林火险等级的影响。这些因素直接影响森林中可燃物的干燥程度和火势蔓延速度。通过气象站、卫星遥感等手段获取实时天气数据，并利用统计分析和经验公式等方法，评估天气要素对森林火险的贡献程度。例如，高温、低湿度、大风等天气条件往往与较高的火险等级相关联。

（2）降水变量分析法。通过分析降水量、降水强度、降水时长等降水相关变量来评估森林火险等级。通常认为，较高的降水量会增加森林中的可燃物湿度，减少火灾发生的风险。降水数据可以通过气象站、卫星遥感等方式获取。根据历史降水数据和森林火灾发生频率的统计关系，可以建立降水与火险等级之间的数学模型。例如，当降水量低于某一阈值时，火险等级可能会升高。

（3）数学模型预测法。基于数据挖掘、模式识别、人工智能等技术，建立森林火灾预测模型。模型通过收集和分析历史火灾数据、气象数据、地形数据等多元信息，预测未来一段时间内森林火险等级的变化趋势。首先收集历史火灾、气象、地形等相关数据，对收集到的数据进行预处理和特征选择，以提取与森林火险相关的关键信息，选择合适的算法（如人工神经网络、支持向量机、决策树等）建立和训练模型。最后，利用训练好的模型对未来一段时间内的森林火险等级进行预测，并通过实际观测数据对模型进行验证和评估。

5.3.3 森林火险预警响应

根据《森林防火条例》《国家森林草原火灾应急预案》等法规和规定要求，森林火险预警响应通过实时监测火险情况、发布预警信息、加强宣传教育、巡查值守、应急准备、督导检查以及物资装备和队伍建设等多方面的措施，确保在森林火险发生时能够迅速、有效地进行响应和处置，最大限度地减少火灾损失，保护森林资源和人民生命财产安全。

1. 火险预警响应原则

（1）因险应对原则。在森林火险预警响应中，根据具体的火险等级和潜在风险，采取相应的应对措施。例如，在高火险等级下，可能需要加强巡查力度、限制野外用火，并提前部署专业扑火队伍和物资准备。对不同地区、不同火险情况的分类响应。比如，在火险易发区，可能需要更频繁的巡查和更严格的火源管控措施。

（2）响应及时原则。一旦监测到火险或火灾发生，须立即启动预警响应机制，迅速传达预警信息，并快速组织力量进行处置。这包括及时通知相关部门和人员，确保他们能够在最短的时间内作出反应，以及迅速调配扑火队伍和物资到火灾现场。

（3）协同一致原则。各级人民政府、森林防灭火指挥机构及相关部门在预警响应过程中需要密切协作、形成合力。通过信息共享、资源调配和联合行动，各部门能够共同应对火险挑战，确保预警响应工作的有序进行。

（4）响应规范原则。制定详细的预警响应预案，明确各级部门和人员的职责和任务，规范信息报送和处置流程等，确保预警响应工作的科学性和规范性。

2. 火险预警响应机制

《中华人民共和国突发事件应对法》规定灾害预警后，应采取响应措施，可以预警的自然灾害、事故灾难和公共卫生事件的预警级别，按照突发事件发生的紧急程度、发展态势和可能造成的危害程度分为一级、二级、三级和四级，分别用红色、橙色、黄色和蓝色标示，一级为最高级别。森林火险预警响应不同于森林火灾预案和国家有关突发公共事件应急预案中规定的响应级别，响应的是灾害事件的发生危险（见表5-4）。

表 5-4　　　　　　　　　　　　　　　森林火险预警响应

预警响应等级	内容
森林火险预警一级响应	当森林火险气象等级五级时为极高火险，林内的可燃物极易燃烧，森林火灾极易发生，火势蔓延速度极快。一般要经过当地政府或者政府授权的森林防火指挥部正式启动，一旦进入森林火险一级响应状态，森林火险预警信号和防御指南等信息要快速、多频次地广泛向林区社会发布和警示，以取得社会公众的理解和支持
森林火险预警二级响应	当森林火险气象等级四级时为高火险，林内的可燃物容易燃烧，森林火灾容易发生，火势蔓延速度快。限制进入山林人员和林区野外用火，增加火灾防范人员，停止生产作业用火审批
森林火险预警三级响应	当森林火险气象等级三级时为较高火险，林内的可燃物较易燃烧，森林火灾较易发生。林区森林防火人员按照基本配置到岗到位，对用火实行限制性措施
森林火险预警四级响应	森林火险响应状态的启动等级，林内可燃物可点燃，可以蔓延，具有中度危险

3. 林火预防体系、机制构建

（1）加强森林防灭火经费投入，提升队伍待遇保障水平。提升森林消防队员的福利待遇标准，强化其业务技能的培训体系，包括实战演练与严格考核，加速推动队伍向"一专多能"转型，以适应"全灾种覆盖、大应急响应"的新时代应急救援需求。在此基础上，全面推动救援理念、救援效能、救援装备配置、救援实施策略以及救援机制的革新与升级，确保队伍在各方面均达到先进水平。同时，深化应急救援队伍的规范化建设进程，确保队伍管理与运作的高标准、严要求。此外，还将加大科技研发的投资力度，旨在构建一个全方位、多层次的科技支撑体系，为森林防灭火工作提供坚实的技术保障。

（2）持续推进责任落实，形成齐抓共管的工作格局。强化"防灭火一体化"理念和"一盘棋"思想，应急、公安、林业、城管、气象等部门拧成一股绳，抓好防火工作的政治责任，健全部门间协调沟通、配合紧密、调度有序、信息共享的防灭火新机制，对森林火灾形势进行科学分析研判，确保各项政策措施实施到位。

（3）进一步完善基础设施建设，建立健全队伍体制机制和装备配备。加强森林防火基础设施建设和物资装备配备，做好力量前置、物资保障等抢险救援各项准备；督促规白（林业）部门加强对森林防灭火基础设施规划建设的统筹，进一步加强生物林带、防火隔离带等林火阻隔系统的规划建设，加强对无自然水源山头、林区的截水坝、蓄水塘的规划建设。

（4）持续推进隐患排查整治，筑牢火源管控网络。压密压实各级责任，坚持底线思维，常态化开展隐患排查治理和违规用火专项行动，多手段、多途径开展多形式的宣传活动，不断提升社会公众防火意识。

（5）加大防火宣传力度，提高全民森林防火意识。不断加大防火宣传力度，在原有宣传形式的基础上，利用当今先进的信息技术，通过短视频平台、微信等多种渠道进行防火知识宣传，扩大宣传的广度和深度，增加宣传覆盖面，并以各区街道、社区、学校等为单位进行"针对式"森林防火知识宣传，不定期举办防火知识讲座、灭火器材使用培训等。

5.3.4 应急辅助决策

通过建设智慧森防监测预警系统，实现汇聚和快速呈现感知数据信息以及科学高效开展林火监测预警、智能辅助指挥决策、灾害损失评估等工作。火灾发生时，为处置森林火灾提供应急指挥和辅助决策，包括火情蔓延分析、气象分析、植被分析、路径分析等；扑火工作结束后，辅助做好森林火灾的灾后调查评估和复盘总结，实现森林防灭火业务的闭环管理。

1. 火情蔓延分析

配合气象因子和可燃物因子采集系统，根据火险预报数据模型将火险预报结果标绘到地图上。火情推演是根据火险等级预报和火燃烧行为分析模型，结合当前火点的位置、风力、风向、温度、湿度、地表温度、植被等信息，动态推演计算火灾在 N 个小时内蔓延的方向、面积、速度、强度以及直接侵害的区域。

当火情发生后，结合当前火点的位置、风力、风向、温度、湿度、地表温度、植被等信息动态推演计算，根据时间的变化情况进行火情的扩展推演，让用户掌握火情随时间的蔓延情况，火情推演可以接入实时的气象、地形地貌、植被等信息，也可以由用户直接输入相关数据进行推演。在推演过程中，用户可以实时查看随着时间变化而受到火情威胁的各类保护资源的分布情况，也可以查找最近的救火资源来及时灭火。蔓延分析是桌面客户端扑火指挥中的特有功能，可以根据多种影响火势蔓延的因素分析出火势走向和影响范围。

根据火场数据，以着火点为起始，系统综合火场的自然、地理、资源分布及属性、可燃物分布及属性和当时的天气条件，按照林火蔓延模型生成火情发展趋势及林火影响范围，模拟火灾的发展、蔓延过程，预报出指定时间段火灾蔓延的范围和火势情况，并在二维和三维地图上显示，为扑火决策提供依据。蔓延形状受地形、天气、燃烧物等因素影响，分析结果符合实际情况；当有隔离带、河流、道路等天然屏障时，随时调整因子（位置、燃烧物、天气），立即重新分析出结果。

2. 气象分析

一键式分析火场周边的实时天气情况，包括温度区间、风力风速、相对湿度等信息，并可按需加载实时的风场数据、气象云图、天气预报等信息。

系统通过火灾热点或火场中心点进行分析，获取火场最近的监测站返回的天气信息，生成森林火灾气象分析报告，同时在地图上绘制风向标，以表示风力、风向信息。可对报告进行二次调整和保存。

3. 植被分析

植被分析主要用于评判火场当前的林木种类，为扑火队伍出发前携带的工具提供参考。亦可为评估火场受害森林面积、计算损失林木提供数据支持。

通过火灾热点或火场中心所在的位置信息进行智能空间分析。按需加载林种、林相图。自动计算火场林分组成、幼林树株等信息，并以此生成植被分析报告，同时在地图中标识出植被状态。可对报告进行二次调整和保存。

4. 行进路线分析

通过地图数据、林区道路数据的运用，可实现由指挥中心或者移动终端前往火点的最优路径规划功能。动态分析计算灭火指挥管理中的最佳路径最短路径搜索就是查找两点间的最短路径，更快、更直接有效地进入火场。

5. 坡度、坡向分析

根据 GIS 地理地图的地形维度信息，结合实时火情数据，进行坡度、坡向分析，辅助决策消防任务，判断火情态势。坡度和坡向是两个重要的地形特征因子，在地形表面分析中起着重要作用。其中，坡度表示地球表面某一位置的高度变化率；坡度变化的方向称为坡向，表示地表某一位置斜坡方向变化的量度。

在地形上任意指定某一范围，坡度坡向分析功能为用户提供可自动获取并通过分层设色策略绘制的坡度坡向图，生成坡度坡向指示箭头，使用户能够根据颜色和箭头指向直观地查看地形的起伏方向和起伏大小，为扑救的实施提供地理环境的直接指导。

6. 威胁分析

利用地理空间数据分析，针对森林火灾可能危及的林区，设置高危及重点保护目标，包括林区易燃易爆仓库、加油站、重要企业、关键基础设施、居民地、旅游景点、森林火灾高危区、森林火灾高风险区，分析火场周边 5km、10km、20km 内等自定义的 50km 范围内的各类目标，生成影响范围内目标清单。

7. 航空护林资源分析

利用地理空间数据分析，针对森林火灾可以调用的各种航空扑火资源，包括航空护林站、航空护林队、停机坪、吊桶灭火取水点等信息，分析火场周边 5km、10km、20km 内等自定义的 50km 范围内的航空护林目标。

8. 作战标绘管理

（1）标绘管理。火灾扑救过程中，火场一线人员需要将火场基本态势情况反馈给指挥中心的决策领导。决策领导在了解基本态势后，需要根据火场情况，做出兵力部署、制定扑救方案等工作。态势信息的主要用途就是帮助指挥决策者在地理空间中认识火场，从而达到火场感知的目的。传统的纸质手绘火场态势图，缺乏统一的图标标准，绘制较困难，传输有延迟，沟通时也易造成偏差。

态势标绘管理功能依托电子地图，用形象生动的矢量符号描述各种业务对象，表示各种资源，支持态势地图打印和克隆操作，方便各级用户操作使用，动态渲染火灾扑救进度和工作流程，提升森林火灾指挥调度效率。

（2）二维平面标绘信息。支持在地图二维模式下标绘，二维模式叠加地形、水系等数据，适用于出平面图。标绘的内容包括描述火场状态的火点、火线、火场面数据；集合不同的箭头和文字标注描述指挥部、扑救队伍、飞机车辆、基础设施、危险区等火场的扑救力量、调用资源及要转移和规避的危险区域。

（3）三维立体标绘信息。支持在地图三维模式下标绘，为指挥决策提供了形象、直观、丰富的火场信息，指挥机构可以根据火场态势的发展情况及时调整作战计划，三维态势标绘更易于理解并还原现场情况。

（4）环境分析标绘。支持火点周边区域环境信息的分布查询与标注，如住宅区、工厂、电站等。根据周边情况获取的数据信息，标绘到地图上，包括周围范围的人员、工厂等。

（5）资源分析标绘。利用地理空间数据分析，针对森林火灾可以调用的地面资源，包括扑火队伍、物资储备库、森林防火指挥部、视频监控点、取水点等，分析火场周边5km、10km、20km 内等自定义 50km 范围内的各类目标，罗列可视域范围内所有扑火资源。防火指挥人员可以在火情位置处指定一个搜索半径，查找范围内的所有救援力量，包含扑火队、水源地、防火指挥部、林场、机降点、气象站和防火检查站。防火指挥人员能够利用这些救援力量的分布信息，进行标绘。

（6）动态模型标绘信息。为火场扑火队伍的部署、飞机的飞行路线、隔离带的开辟量身设计动画模型。通过生动立体的动画模式，呈现更易理解的态势图。支持在二维地图模式下以动画的方式展示火场、扑火队伍的部署、飞机的飞行路线、隔离带的开辟等信息。

（7）火场态势动画。森林火灾扑救时，最危险的地方通过地图方式进行标识，方便扑火队员更有效地规避风险区域。通过标识火场的特征点（山顶点、鞍部点、倾斜变换点、方向变换点），特征线（山脊线、山谷线、变换线），测量结果（等高线）等重要火场信息，在三维地图上自动生成火场动态展示动画。可进行播放、暂停、停止等操作。

（8）兵力部署图。提供标准的军标元素，可绘制兵力部署图、战斗经过图、行动保障图、模拟推演图等，并提供标准格式导出图片并可进行打印。

（9）扑救方案图。提供常用扑火战术库快捷键，具体包括单点突破，长线对进突击；多点突破，分击合围战术；四面突围，全线突击战术；一次冲击，全线控制战术。快速生成扑救方案图，并可将文件导出。

（10）标绘克隆信息。标绘克隆主要用于态势标绘过程中对已有成果进行快速拷贝。在保证原有态势图不变的情况下，对克隆样本态势进行二次更新和编辑。

5.3.5　灾后复盘与评估

灾后评估功能主要功能是指针对林火后进行损失评估及档案整理，灾情损失评估对象包括：计算火场面积、受害森林面积、林分组成、幼林株数等信息，核算实时的受害情况，并以此生成灾损报告，可对报告进行二次调整和保存。

灾情评估是指针对林火带来的损失进行评估及档案整理，可通过手动绘制过火范围和 GPS 点导入绘制，自动计算过火面积，并根据林相图计算出森林资源的损失。同时，通过计算分析过火范围内保护对象的类别，然后根据其估计价值计算出保护对象的损失，供决策部门参考。

灾情损失评估对象包括以下几方面。① 森林资源的损失：自动计算过火面积、过火日期、过火时间，并根据林相图计算出森林资源的损失。② 保护对象的损失：计算过火范围内有哪些保护对象，根据保护对象的估计价值计算保护对象的损失；用户能够在地图上绘制一块多边形定位区域，来统计该区域范围的受损情况，统计结果以饼图的方式显示受灾区域各个树种的数量及比例。

5.4 智慧应急矿山救援管理

近年来，我国矿山的安全形势持续好转，但群死群伤事故还时有发生。应急救援作为灾变处置的关键环节，对降低人员伤亡起着重要作用。国家也陆续出台了一系列与应急救援工作相关的政策文件，对应急救援工作提出了明确要求和指导意见，促进了我国矿山救援技术装备的长足发展。矿山安全救援管理主要包括以下四个方面。

（1）应急救援无线通信网络。井下安全生产监控系统用于安全生产监管和灾害预警，灾害发生后，矿山安全生产监控系统很有可能受到损坏，造成监控、通信、人员定位等功能无法正常使用，因此需要搭建一套拥有自组织能力、自愈能力的应急救援无线通信网络。

（2）环境移动式监测监视管理。在灾后复杂的井下环境中，如有毒有害气体、高温、高浓度瓦斯、煤尘爆炸等对救援人员的生命安全构成重大威胁时，在保证救援人员自身安全的前提下，对灾害后的井下环境进行实时准确监测，并将数据上传至地面中央管理系统。

（3）救援人员健康监测管理。在矿山发生事故后，无法有效监测救援人员的生命体征和健康状况，这威胁救援人员的生命健康，容易发生二次事故，影响救援管理系统的统一部署。

（4）救援风险分析与辅助决策。如何根据环境监测和救援人员监测的数据，合理评估当前及未来井下情况，从而做出有效、科学、准确的风险评估与预警；如何更科学合理地对救援人员与救援资源进行分配，确保资源能够在最需要的地方得到充分利用，最大化救援效率和效果。

5.4.1 矿山救援自组织通信网络

1. 自组织通信网络背景需求

目前，我国煤矿应急救援系统基本上以有线通信为主，无线通信为辅。在矿难等紧急情况下，地震、塌方、爆炸等灾害可能会导致通信线缆损坏，从而引发通信中断。这会严重影响救援指挥和人员疏散的效率。此外，矿井环境复杂，有线通信需要的线缆铺设和维护成本高且需要大量人力，固定的有线通信系统难以快速适应矿井内部环境的变化。

现有的矿井无线通信系统（如漏泄通信、透地通信、PHS、CDMA、WLAN 等）虽然具有一定的灵活性和快速部署能力，但尚有以下几个问题需要解决：通信中断问题、有限的无线通信能力、网络冗余不足、电磁干扰问题、救援人员定位精度不足等。

在紧急情况下，普通矿井无线通信系统通常缺乏足够的网络冗余能力，一旦某个无线基站、中继器或数据交换机失效，可能会导致大范围的通信中断，影响救援工作。并且，矿井灾害（如爆炸、塌方等）可能会损坏其他无线设备，导致电磁干扰，从而影响通信信号的质量。这些干扰会导致信号衰减和失真，使得无线通信系统在这种高干扰环境中无法正常工作。这对无线通信系统的信号抗干扰能力提出了很高的要求。而现有矿井无线通信系统在灾害发生后对相关人员进行定位时，定位精度往往不足。矿井中的复杂地形和多路径效应会导致信号反射和衰减，无法准确定位救援人员的位置，增加了救援的难度和风险。

为了应对矿井中可能出现的通信中断、无线通信能力有限和网络冗余不足等问题，搭建基于无线 Mesh 自组网的分布式快速组网解决；鉴于矿井环境受限，电磁干扰加剧，使用天线抗干扰技术能够显著提高通信的稳定性；针对灾害后井下相关人员定位不准确的问题，惯性导航定位可以提高人员定位精度。

2. 救援通信网络关键技术

无线 Mesh 网络（Wireless Mesh Network，WMN），也称为"多跳"（multi-hop）网络，是一个动态可不断扩展的网络架构，由对等网络（ad hoc）发展而来，可以实现任意两个设备之间的无线互联。该系统具有快速部署和易于安装、非视距传输、自愈能力强、组网灵活、扩展性强等特点，适用于煤矿井下通信环境恶劣、网络易被破坏的工作环境。基于无线 Mesh 网络的煤矿应急救援系统利用无线 Mesh 网络的无线多跳特性，使所有终端都可以以无线方式入网，扩展了无线网络的覆盖范围。同时利用无线 Mesh 网络的自组织、自愈能力，当节点安装到指定位置后，会自动配置到网络中，当某个节点发生故障后，网络可以迅速恢复工作状态。

（1）煤矿井下无线 Mesh 网络结构。无线 Mesh 网络是基于多跳式通信的全无线网络，根据其分布节点，主要由 Mesh 网关（Mesh Gateway，MG）、Mesh 路由器（Mesh Router，MR）和 Mesh 终端（Mesh Client，MC）组成。Mesh 网关是因特网与无线网状网连接的桥梁；Mesh 路由器具有无线网网中路由的功能，同时也负责 Mesh 终端的接入，具有 AP 功能，通常 1 个 Mesh 路由器装有多个无线接口，可以通过多跳网络，在同样的覆盖范围内具有较小的功率；Mesh 终端具有 Mesh 组网的功能，同时也可作为一个路由器。

构架式是最常用的无线 Mesh 网络结构，其网络结构如图 5-4 所示。煤矿井下无线 Mesh 网络与地面无线 Mesh 网络的网状结构不同，需要结合煤矿井下巷道的拓扑结构进行设计。在综掘工作面，随着掘进机的作业，分巷道不断向前推进，适于组建线性链状拓扑结构。而对于具有回风巷、进风巷、综采工作面的综采区来说，适于组建环形链状拓扑结构，其组建原理是相同的。

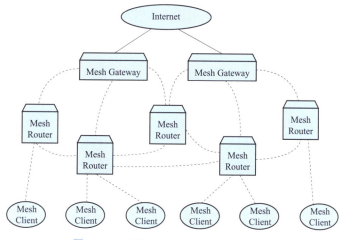

图 5-4　无线 **Mesh** 网络构架式结构图

　　主巷道的光缆通过路由器与地面上的煤矿局域网相连，无线 Mesh 网关 MG 连接到光缆上，负责有线网络和无线 Mesh 网络之间数据的转发。无线 Mesh 路由器 MR 通过无线多跳通信互联，构成无线骨干网。MR 具有两种网卡：一种支持 IEEE802.11g 协议，能够为无线 Mesh 终端 MC 提供无线接入；另一种支持 IEEE802.11a 协议，能够实现 Mesh 节点之间的互联。在此网络中，无线 Mesh 终端可以实现矿区内的无线传输。无线 Mesh 网络拓扑结构如图 5-5 所示。

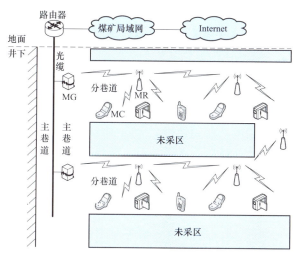

图 5-5　无线 **Mesh** 网络拓扑结构图

　　（2）煤矿井下无线 Mesh 网络路由。由于无线网状网络（WMN）具有动态自组织、自我维护等特点，在进行 WMN 路由判据设计时要综合考虑路由的稳定性，保证最小权重路径性能，有效算法对最小权重路径的计算，保证无环路的路由等关键问题的解决。现有的路由协议主要以跳数来选择路由，不能满足煤矿井下链状 WMN 网络的需求。干扰和信道切换度量（Metric of Interference and Channel Switching，MIC）判据使得路由选择能够更全面地考虑干扰和信道切换因素，从而提高网络性能。通过对干扰和信道切换的综合评估，MIC能够优化路由选择，避免频繁的信道切换所带来的开销和潜在问题。具体来说，MIC能够在保持较低干扰的同时，减少不必要的信道切换，从而优化网络的整体性能。

（3）基于无线Mesh网络的煤矿应急救援系统。基于无线Mesh网络的煤矿应急救援系统如图5-6所示。由无线Mesh网络技术、环境监测技术、无线通信技术、音视频压缩技术等，形成一套含语音通信、视频监控、环境参数监测、救护队员体征监测的应急救援通信与环境监测系统，在发生矿井灾变的情况下，无线Mesh网络能够快速搭建网络平台，为救护工作安全、及时开展提供必要的条件。

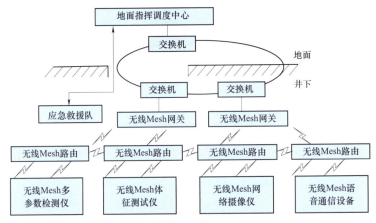

图 5-6　基于无线 Mesh 网络的煤矿应急救援系统图

基于无线 Mesh 网络的煤矿应急救援系统具有以下特点：构建了煤矿无线 Mesh 网络与工业以太网高速网络结构及综合信息化平台，矿用本质安全型无线 Mesh 网络应急救援系统，通过接入煤矿工业以太网，实现煤矿安全生产无线 Mesh 网络多媒体调度通信、安全监控和应急联动功能；利用便携式无线 Mesh 自组网网络音频、视频、传感数据通信技术和装备，在矿井电源和正常通信系统遭到破坏后，能快速建立新的救灾通信指挥系统，实时了解灾区环境参数状况、救援队伍工作状态，分析计算灾区气体爆炸指数，以便正确指挥救援，避免次生灾害。

3. 应急救援通信装备

煤矿救援可视化通信平台由地面设备、井下基地设备和前端设备三部分组成，其中地面设备与井下基地设备的位置相对固定。距离为 5～20km 不等，采取有线通信方式；而前端设备主要负责救援现场信息（环境参数和人体参数）的采集与上传，与基地设备之间的距离通常在 1000～3000m，移动性比较大，采取无线通信方式。

无线传输一般采用矿用本安型无线中继器来实现快速扩展信号覆盖范围和增强信号强度。具体来说，矿用本安型无线中继器接收来自无线路由器或基站的信号，然后再将信号转发到另一个区域，从而延伸原始信号的覆盖范围。中继器利用无线 Mesh 网络技术，建立起矿井内部设备和人员之间的可靠通信链路，帮助克服信号衰减、穿透障碍物、提高信号质量，使得设备在井下更广阔的区域内能够获得稳定的无线网络连接。矿用本安型无线中继器通过先进的天线抗干扰技术，在矿井内复杂的电磁环境中有效减少干扰，确保通信信号的稳定性和可靠性。除此之外，这些中继器还集成了惯性导航定位系统，用于实时定位救援人员，提供高精度的位置数据，从而提升矿井救援和监控的效率和安全性。

典型的矿用本安型无线中继器由 2.4G 无线通信模块、5.8G 无线通信模块、电池、天线和外壳组成。中继器通过 2.4G 无线通信模块与矿用本安型数据采集仪建立无线连接，通过 5.8G 无线通信卡与其他中继器建立无线连接，以实现中继功能。中继器内置可充电电池，可以长时间稳定工作。考虑矿井救援现场的实际需求，利用高频信号在传输距离上的优势和低频信号的绕射能力，实现救护队员、井下救援基地、地面指挥中心三级之间的数据回传。

典型的应急救援通信装备系统如图 5-7 所示，其中无线数据采集终端通过与环境参数传感器、生命体征传感器通信，通过移动中继设备将采集到的环境参数或救护队员体征等信息通过无线通信网络传送到指挥中心，还可以将地面的指令以语音方式传输给井下指定救护队员。

图 5-7　应急救援通信装备系统

5.4.2　矿山救援环境移动式监测监视

1. 背景

瓦斯爆炸是严重威胁矿井工人和救护队员安全的事故，及时准确地判断灾区气体是否具有爆炸性，对于预防瓦斯爆炸事故的发生具有十分重要的意义。移动式监测和监视技术能够实时监测矿山环境，及时发现有毒有害气体泄漏、温度异常等潜在危险，对 O_2、CH_4、CO 等井下气体的当前气体含量进行风险评估，实时采集多元环境参数并传输数据至应急救援管理系统，从而做出科学决策。

常规的矿山救援环境移动式监测监视设备的监测范围有限，通常需要放置在特定区域，难以全面覆盖整个矿井环境，且监测设备需要与环境直接接触，容易受到恶劣条件的影响，导致监测设备损坏或数据不准确。此外，矿井灾变现场环境十分复杂，有害气体浓度极高，如一氧化碳浓度的监测，当检测设备的测量范围不足时，无法满足灾变复杂条件下现场气体参数监测。矿井气体浓度变化范围较大，气体浓度与光谱吸光度之间已非简单的线性关系，且烃类气体的谱峰重叠严重，这增加了建立气体浓度定量检测模型的难度，现有的常用分析方法已无法满足实际需要。针对上述问题和需求，本节介绍新型矿山救援环境移动式监测监视技术和装备。

2. 矿山救援环境移动式监测监视方案

（1）危险气体检测。

1）氧气检测。氧气传感器模块由金属–空气型电池的空气阴极、阳极和电解液三部分组成。设计氧气传感器密封容器顶部毛细微孔开孔，允许氧气通过并进入工作电极。两个电极通过集电器被连接到传感器表面突出的两个引脚上，传感器通过这两个引脚被连接到所应用的设备上。传感器内充满电解质溶液，使不同种离子得以在电极之间交换，电化学敏感元件的工作原理如图 5–8 所示。进入传感器的氧气流速取决于传感器顶部毛细微孔的大小。当氧气到达工作电极时，它立刻被还原并释放出氢氧根离子。这些氢氧根离子通过电解质到达阳极（铅），与铅发生氧化反应，生成对应的金属氧化物。上述两个反应发生生成电流，电流大小相应地取决于氧气反应速度（法拉第定律），通过外接一只已知电阻来测量产生的电势差，即可准确测量氧气的浓度。

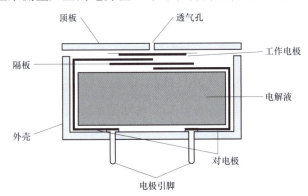

图 5–8　电化学敏感元件工作原理图

2）一氧化碳检测。基于电化学检测原理，设计一氧化碳敏感元件。敏感元件整个量程段信号变化为 $2000 \times 70 = 14 \times 10^4 \text{nA} = 0.14 \text{mA}$。设定电压范围为 $0 \sim 2400 \text{mV}$，对应浓度范围 $(0 \sim 2000) \times 10^{-6} \text{CO}$。由于敏感元件已经线性化处理，通过浓度可以调试出电压值（该过程为标定过程），即电压 U（mV）与对应浓度 C（10^{-6}CO），已知整个测量为线性，$0\text{V}—0 \times 10^{-6}$ CO，$2.4 \text{mV}—2000 \times 10^{-6}$ CO，所以，$U = k \cdot C$，$k = U/C = 2.4/2000 = 1.2 \text{mV}/10 \times 10^{-6}$ CO。反之，当测量出某电压值 U 时，可以计算出当前浓度值。一氧化碳敏感元件信号采集基本电路如图 5–9 所示。

3）甲烷检测模块。采用催化燃烧原理，设计包括探测器和平衡器（参照元件）在内的标准传感器。探测器采用一颗催化材料的小珠子和其中埋置的铂金导线圈。平衡器和探测器类似，但小珠子不具有催化作用，所以是惰性的。两个元件通常被管理在惠斯通电桥中，如果探测器的电阻与平衡器的电阻不同，将导致产品只有输出。$500 \sim 550℃$

的恒定直流电压通过搭桥对元件加热，只有在探测器元件上可燃气体才会被氧化，增加的热量会加大电阻，产生的信号与可燃气体的浓度成正比。平衡器帮助平衡四周的温度、压力和湿度。

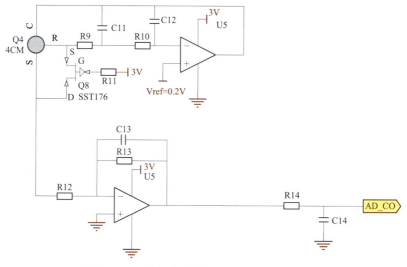

图 5-9　一氧化碳敏感元件信号采集基本电路

（2）气体定量分析。矿井有害气体主要包括甲烷（CH_4）、乙炔（C_2H_2）、一氧化碳（CO）、二氧化碳（CO_2）和氧气（O_2）等。在利用红外光谱对气体进行定量检测时，这五种气体在中红外波段都有明显的特征吸收区域，利用化学计量学方法可以建立混合气体定量分析模型。现有的常用方法包括多元线性回归法、偏最小二乘法、人工神经网络法、支持向量机法等。由于矿井气体浓度变化范围较大，气体浓度与光谱吸光度之间已非简单的线性关系，且烃类气体的谱峰重叠严重，这增加了建立气体浓度定量检测模型的难度，常规的线性分析方法已无法满足气体分析的需要。支持向量机（SVM）可以满足非线性分析的需求，且在算法的收敛速度与准确度上相较其他方法都有一定的优势。

SVM 是在统计学习理论的基础上发展起来的，具有通用性好、鲁棒性强、计算简单、理论完善等优点。通过搭建气体采集系统，并利用 Nicolet-Nexus870 傅里叶变换红外光谱仪对所需的气体光谱数据进行了采集。根据矿井中的气体浓度变化范围，对 CH_4、C_2H_2、CO、O_2、CO_2 五种气体建立了单组分气体和混合气体样本。由于光谱数据较大，在对得到的光谱数据进行预处理之后，利用主成分分析法对其进行降维处理。然后分别采用遗传算法和粒子群优化算法对 SVM 的参数进行了优化，通过比较两种算法的优化结果和运算速度，采用优化效果更好、收敛速度更快的粒子群优化算法。最后，建立气体定量分析模型，并通过验证集对所建立的模型进行验证。

3. 矿山救援环境移动式监测监视装备

（1）多参数气体测定器。多参数气体测定器主要用于救灾环境参数的检测，其核心微处理器芯片可独立完成环境温度、甲烷、乙炔、一氧化碳、二氧化碳、氧气浓度的数据采集、显示、存储、查询等功能。环境温度、甲烷、乙炔、一氧化碳、二氧化碳、氧气浓度的实时数据分别由模拟采集电路通过 6 个传感器来采集，显示模块、键盘输入模块、定时时间功能模块和存储模块实现显示、查询和存储功能。另外，为防止仪器运行中的程序错误，加入了人工复位电路等。环境参数集成结构示意图如图 5-10 所示。

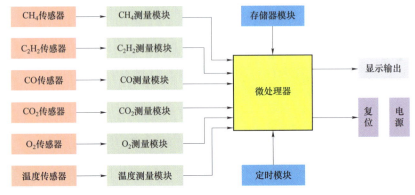

图 5-10　环境参数集成结构示意图

多参数气体监测器中采用爆炸三角形新的分区方法，能实现一氧化碳浓度检测范围 $0\sim10000mg/m^3$，并且内置 SVM 气体定量分析单元，能达到气体浓度检测的平均相对误差不超过 1.78%，气体的预测速度均小于 103s。

（2）无线通信模块。通过井下 Wi-Fi 或 4G/5G 网络上传监测信息到井上管理平台，从而实现同一平台上同时监控井下作业人员的位置、健康参数、移动音视频以及环境参数的目的。数据传输时，为了减少带宽占用，提高传输的可靠性，采用数据压缩和传输技术实现多源数据的实时传输。数据压缩时，对于视频信息，为达到高质量成像以及移动视频传输采用 H.264 标准对视频数据进行压缩；对于音频信息，采用 G.729AB 标准对数据进行压缩，比起传统的 H.263 与 G.711 标准，G.729AB 标准具有传输延时低、实时性好的优势；对于文本信息（环境参数信息、健康参数信息与人员位置信息）采用 HTTP 方式对数据进行压缩，利用 JSON 格式最大程度减少数据冗余，以节省带宽。典型的基于 Wi-Fi 模块和 4G/5G 模块的功能原理分别如图 5-11、图 5-12 所示。

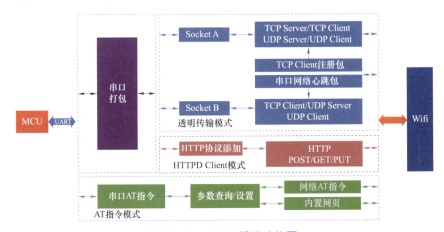

图 5-11　Wi-Fi 模块功能图

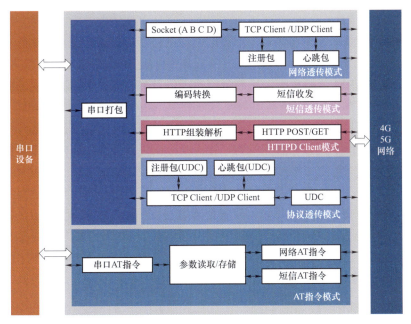

图 5-12　4G/5G 模块功能图

（3）矿用本安型移动式监测通信设备。矿用本安型移动式监测通信设备主要由环境参数检测模块、人员定位模块、无线通信模块、拍照摄录模块、历史数据模块以及照明模块组成，终端结构框图如图 5-13 所示。其中，环境参数检测模块可检测空气中的甲烷、氧气、一氧化碳三个参数；人员定位模块采用超宽带（Ultra Wide Band，UWB）技术，利用终端内置板卡天线与人员定位基站进行通信，获取人员位置信息。无线通信模块由 Wi-Fi 通信模块和 4G/5G 通信模块组成，可通过井下无线网络进行数据通信。拍照摄录模块由数字式低照度 USB 摄像头组成，可在井下黑暗环境中进行拍照和摄像。历史数据模块由历史报表和历史曲线组成，历史报表包含时间、人员位置以及环境参数信息，

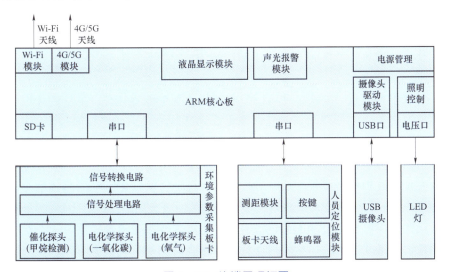

图 5-13　终端原理框图

213

可进行精确的历史查询；历史曲线以时间为横坐标，以环境数据为纵坐标，可通过拉伸方式查看。照明模块采用高强度 LED 灯作为光源，可实现远近光自由切换。

终端主要模块分别为不同板卡，其中环境参数检测模块、人员定位模块为独立板卡，其他模块集成在 ARM 核心板上。所有独立板卡以及外设与 ARM 核心板之间通过标准接口进行通信和控制。其中，环境参数检测模块由甲烷探头、一氧化碳探头、氧气探头、信号处理电路和信号转换电路组成，探头经过处理电路后转换为三路电压信号，电压信号通过信号转换电路后通过 1 路串口与 ARM 核心板进行通信，实时采集环境参数信息并通过液晶显示；人员定位模块由测距模块、板卡天线、按键、蜂鸣器组成，测距模块通过板卡天线与井下人员定位基站进行通信，采集人员位置信息，人员位置信息通过一路串口与 ARM 核心板进行通信，实时采集人员位置信息并通过液晶显示；ARM 核心板通过 USB 驱动模块控制 USB 摄像头进行拍照摄录，同时通过输出电压信号的方式控制 LED 灯进行照明。ARM 核心板内置电源管理模块、声光报警模块、液晶显示模块、Wi-Fi 模块、4G/5G 模块、外设控制模块以及 SD 卡模块等。

5.4.3 矿山救援人员健康监测管理

1. 背景介绍

矿井灾害发生后，井下环境可能会产生有毒气体或其他危险物质，面对复杂的井下环境，救援人员长时间工作会导致身体疲劳和负担增加，从而增加发生"二次事故"的安全风险。然而，现有的应急矿山救援系统还缺乏便携的实时监测设备。在矿山发生重大事故后，由于无法有效监测救援人员的生命体征和健康状况，严重威胁救援人员的生命健康，并影响应急救援的统一调度和决策。

先进的矿山救援人员健康监测管理系统应具备以下功能：通过实时监测救援人员的健康状况，包括心率、血压、体温和血氧饱和度等关键指标，确保在高风险环境下及时发现并处理健康异常情况，预防因过度劳累、身体不适或环境恶劣导致的意外，保障救援人员的生命安全和提高工作效率；通过分析健康监测数据，可以优化人员调度，合理安排救援任务和休息时间，最大限度地发挥每位救援人员的能力，提高整体救援行动的效率和成功率，避免二次伤害和救援事故的发生。

2. 救援人员健康体征信号检测

（1）皮肤温度测量。皮肤温度可以反映救援人员的体温变化。异常的体温升高可能是发热或者过度劳累的体现，这对及时发现和处理救援人员的健康问题至关重要。

热释电红外探测器是一种利用红外辐射热效应原理工作的探测器，其原理是利用热释电晶体材料自发极化强度随温度变化所产生的热释电效应。晶体受辐射照射时，由于温度的改变使自发极化强度发生变化，结果在垂直于自发极化方向的晶体两个外表面之间出现感应电压，利用这个感应电压的变化可以测量光辐射的能量。因为热释电探测器的电信号正比于探测器温度随时间的变化率，不像其他热探测器需要有一个热平衡的过程，所以其响应速度比其他热探测器快得多。而且它的光谱响应范围宽，在室温下工作无须制冷，使用方便，适用于矿井救援工作。

214

矿用热释电红外传感器系统的组成框图如图5-14所示。该装置主要由菲涅尔透镜、热释电红外探测头、信号比较器和电源模块等几部分组成。

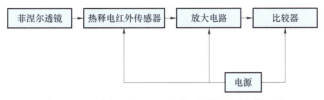

图5-14　矿用热释电红外传感器系统组成框图

（2）呼吸频率测量。在井下救护队员生命体征监测研究中，呼吸检测是一项重要的生理指标。呼吸运动时，随着胸壁肌肉的张弛，胸廓交替形变，机体组织的电阻抗也会产生交替变化。实验证明，呼吸阻抗与肺容积之间存在着一定的对应关系，呼吸阻抗值与肺容积成正比，用阻抗法采集的呼吸频率具有精度高和便携性强的优点。但呼吸阻抗信号和运动干扰信号的幅度随频率变化的趋势不同，随着频率的增加，与呼吸相关的阻抗信号的变化幅度增加，相反，由运动引起的干扰信号的幅值会降低。因此，采用双频率阻抗测试和自适应处理技术相结合的方法可以消除运动干扰。

（3）心率测量。心率可以反映救援人员面对应激时的生理反应与身体疲劳程度。心率的测量采用压电传感器。人体心脏周期性的收缩和舒张在胸腹部会产生周期性的形变。压力传感器就是从这个现象出发，设法感受心跳时胸腹部的这种周期性形变，以此测定心率。

在自然界中，大多数晶体都具有压电效应，但多数晶体的压电效应过于微弱，无法直接应用。最常用的晶体有石英压电晶体和人工制造的压电陶瓷等。压电双晶体传感器如图5-15所示，压电式传感器的输出信号非常微弱，一般需要将电信号放大后才能检测出来。按照压电传感器的工作原理，传感器输出的是电压信号或电荷信号，因此前置放大器也有两种形

图5-15　压电双晶体传感器

式：一种是电压放大器，其输出电压与输入电压成正比，这种放大器通常称作阻抗变换器；另一种是电荷放大器，其输出电压与输入电荷量成正比，将压力传感器放置在胸部或腹部，根据胸腔的扩大和缩小的节律性交替改变，引起胸部、背部以及腹部的起伏变化，产生电压信号，再进行放大处理，即可获得呼吸信号，将压电双晶体传感器固定在腰带式传感带上，然后把带子捆在救生队员胸腹部，传感器紧贴在人体肚脐上，人体呼吸时对传感器产生压力变化，从而产生电压信号。

（4）人体姿态测量。人体姿态测量可以通过实时监测救援人员的姿态变化和运动模式，有效识别救援人员突然摔倒等异常姿势或动作，及时触发警报，通知其他救援团队。

人体姿态测量的实现主要依赖于三轴加速度传感器。通过建立人体运动模型，在姿态转变过程中，重力是主要影响因素之一。在跌倒过程中，人体的加速度、速度和位移发生显著变化。建立直角坐标系，其中 X、Y、Z 轴相互正交，任何空间方向上的矢量变化都可以分解成 X、Y、Z 三个方向上的分量变化。

正确佩戴跌倒探测器并处于静止或水平匀速运动状态时，Z 轴方向的加速度应为重力加速度（g），而其他两个方向上的加速度应为零。当佩戴者发生跌倒时，根据其姿态变化，Z 轴分量从最大值（1g）变为 0，而 X 轴或 Y 轴分量则从 0 变为最大值（1g）。具体是 X 轴还是 Y 轴的变化取决于跌倒后的具体姿态——平卧为 X 轴变化，侧卧为 Y 轴变化。如果姿态介于平卧和侧卧之间，则 X 轴和 Y 轴的加速度分量将满足 sqrt（x^2+y^2）=1g，而在站立状态下，这个矢量和为 0。通过计算分析，仍然可以确定其不同于站立时的加速度分布情况。

但是在实际情况中，仅根据加速度分量的改变很难分辨卧倒姿态的形成原因，轻易出现很多假阳性（检测到跌倒而实际没有跌倒）或假阴性（未检测到跌倒而实际出现跌倒）。因此，需要算法作进一步改进。一般来说，假阳性情况可以通过对加速度在时间域进行一次积分求速度、两次积分求位移的方式，对佩戴者身体姿态变化进行全方位分析加以筛选；而假阴性情况除采用上面的全面姿态分析外，还需要佩戴者自主参与才能提高检出效率。因此，建立人体跌倒过程的运动模型，提取跌倒过程中身体姿态变化的特征参数是正确检测跌倒并发布报警信息的关键。

（5）救援人员健康体征多参数联合监测。救援人员健康体征信号检测技术，基于心率、呼吸频率、体温、血氧、血压、加速度等联合监测，采用健康参数特征级监测和模型级融合风险分析方法，建立不同生理特征之间信息的关联规则，提高生理监测的准确性。针对井下人员高强度劳作下，汗水、运动、体温提升、心率加速等影响因素对健康体征监测准确度产生的不利影响，结合石墨烯等传感材料的阻抗特性，通过健康体征监测干扰去噪算法，基于改进的 ECG（Electrocardiogram）巴特沃斯高通滤波滤除干扰信息，利用运动伪影强度估计、运动伪影定位以及运动伪影的滤除运动导致的监测噪声干扰，保障井下人员健康监测的可靠性。通过运动变化、多参数特征变化两维度融合监测的疲劳度判别算法，实现井下人员健康状态的直接监测与融合分析。井下人员健康多参数联合监测、去噪算法及融合分析技术架构如图 5-16 所示。

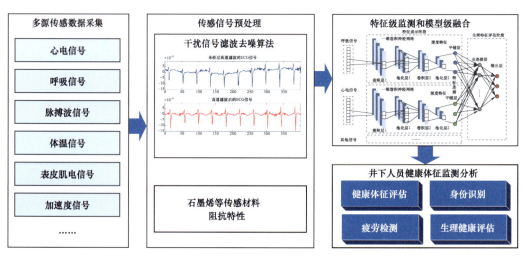

图 5-16　井下人员健康多参数联合监测、去噪算法及融合分析技术架构图

216

3. 矿用本安型健康监测装备

（1）矿用本安型健康监测设备架构。集成心率、温度、姿态等健康参数测量的智能穿戴装备，降低了人体体征参数传感器的重量，具有穿戴方便、精度高、速度快、防水、易于拆卸和清洗等优点。通过健康体征监测数据标准化处理方法，设计智能穿戴装备具备一定的计算能力以完成数据预处理工作，以最小和最低功耗为目标的微处理器来完成数据采集及清洗工作，通过内置的通信模块将采集到的数据进行实时稳定传输。利用健康体征信息无线移动传输方法，经过数据采集发送端处理，通过移动中继传输至地面指挥中心，从而实现对井下救援的无线实时远程监控。采集到的所有相关信息将被系统软件自动保存，用于事后分析处理。矿用本安型健康监测设备架构如图 5-17 所示。

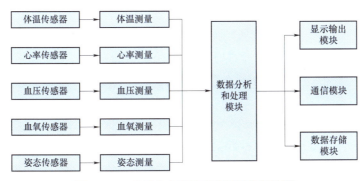

图 5-17　矿用本安型健康监测设备架构图

（2）矿用本安型健康监测设备电池设计。常规手环手表等智能穿戴设备电池一般为钴酸锂电池，根据安标国家矿用产品安全标志中心的规定，单体容量不超过（含）10Ah 的锂离子蓄电池不得采用钴酸锂电池，研发基于锰酸锂电池的本安电路设计，使得矿用本安型健康监测设备满足电池安全需求和容量需求。锰酸锂电池本安电路设计的主要目标是有效地改善串联充电方式下的充电效果，同时检测电池组中各个单体电池的过压、欠压、过流、短路、过温状态，保护并延长电池使用寿命。

1）过充保护：当充电电压达到电池最高电压（4.2V）时，保护板就会自动断电。

2）过放保护：当电池电量快要用完时（手环是 3.7V 左右），保护板也会关闭，不能再放电，设备会自动关机。

3）过电流保护：当电池放电时（使用），保护板会进行最大电流限制，当放电电流超过这个电流时保护板会自动关闭。

4）短路保护：当电池短路时，保护板会在几毫秒内自动关闭，不会再通电。

5.4.4　救援风险融合分析与辅助决策

1. 背景介绍

现有的矿山救援管理平台系统缺乏有效的风险预警机制，无法科学分析和准确评估井下实时检测设备传输的环境与人员数据，进而无法实现精准的指挥调度。在应对灾害和紧急情况时，这种时效性和效率的缺失可能会延误救援行动，危及人员生命安全并造成财产损失。解决这一问题的关键在于综合利用多源数据融合和先进算法预警，利用来自井下环境监测数据、救援人员位置信息以及健康体征等多种数据，通过智能算法的处理和分析，准确计算出最佳的救援资源配置方案，有效协调多个救援单位之间的合作和资源分配，最大限度地提高救援行动的效率和成功率，为救援任务提供重要的辅助决策。

2. 智能风险分析预警

（1）多参数数据融合分析。为了有效进行风险预警，必须综合考虑井下环境数据如一氧化碳、氧气、二氧化碳、温度等，与救援人员体征数据如心率、呼吸频率、体温等。然而，面对的一个关键挑战是这些数据来源不同、格式不统一，因此需要进行多层面的数据融合。

数据融合利用一体化智能终端构建的多源数据采集通道，实现井下环境参数、人员生命体征、人员位置、移动音视频等数据特征矢量的实时提取，通过神经网络算法对数据特征矢量进行分析，对数据在安全预警方面的一致性进行判别，在线识别井下安全隐患。

数据融合预处理流程如图 5-18 所示。环境参数数据、人员位置数据、音频数据、视频数据、生命体征数据独立进行数据采集；采集时首先进行时间标记，然后采集一帧数据，数据包含时间信息；设定时间戳阈值，通过对比不同数据的时间标记，在阈值以内则认为是同一时刻数据，进行关联存储并形成数据报表，否则认为不是同一时刻数据，不进行关联存储。

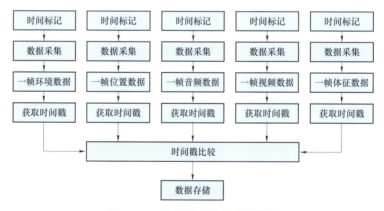

图 5-18　数据融合预处理流程图

数据融合过程流程如图 5-19 所示。数据关联存储后开始进行特征提取，提取时从环境参数超标数据、人员当前位置、工况音视频识别的危险源以及作业人员异常生命体征参数几个方面进行数据提取；最后通过异常数据汇总，经由决策层已建立的预警模型进行安全判别。

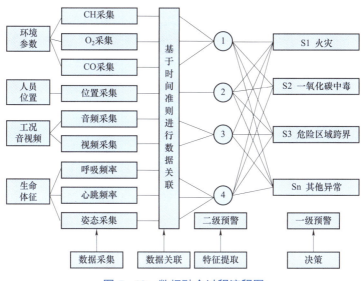

图 5-19　数据融合过程流程图

数据特征提取过程中，一旦环境参数数据、人员位置数据、工况音视频数据、生命体征数据中某一来源数据出现异常，则立即对异常数据进行标记，并进行二级预警；当多源异常数据进入决策层并与已建立的预警模型匹配时，则立即将二级预警提升为一级预警。

决策层共建立三种预警模型：火灾预警、一氧化碳中毒预警和危险区域跨界预警。当环境参数中一氧化碳达到火灾阈值，并且视频数据检测到烟气时，系统立即进行当前位置火灾预警；当环境参数中一氧化碳数值达到人体伤害阈值，并且作业人员生命体征数据出现异常时，系统立即进行人员当前位置的一氧化碳中毒预警；当视频数据检测到空顶场所等危险区域，并且人员定位数据判别作业人员工种为无权限进入时，系统立即产生危险区域跨界预警。在实际使用时，预警模型的建立以及模型的数量可根据不同矿区的实际条件进行具体设计。

（2）风险预警。基于灾害环境参数、人员健康参数等多维度指标，进一步结合决策树、逻辑回归、神经网络等技术方法，研究多参数融合联动的动态决策算法并构建智能决策模型。通过文本信息挖掘、网络数据挖掘等技术收集各种"煤矿灾害环境—人员健康参数"情景事件的相关案例，进行案例特征提取、案例表示、标准化处理和案例存储，构建决策案例库，作为模型验证和训练优化的样本数据；利用支持向量机、深度学习、知识自学习、智能体建模等技术方法，对智能决策模型进行验证与优化。

根据体征监测数据信息与环境监测数据信息通过数据映射关联模型后针对不同异常情况形成四个预警等级，相应地分别采取提示、告警、区域通告、撤离等处置措施。体征监测与环境监测融合分析智能预警，结合区域人员定位、智能健康监测平台监管的粉尘、噪声、振动、火灾等数据信息联合运算处理，实现更加精准的区域人员工作环境风险融合分析智能预警。矿山应急救援风险综合分析与预警架构如图 5-20 所示。

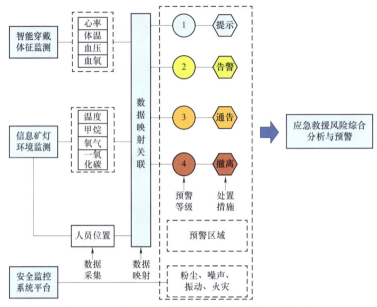

图 5-20　矿山应急救援风险综合分析与预警架构

3. 应急救援指挥平台

应急救援指挥平台是依托多源数据融合调度最优算法，集灾变环境信息采集、救护队员体征监测、现场救援音视频通信、超限报警处理等功能于一体的软件平台。它可以迅速应对突发灾害，并高效协调多个救援单位的合作和资源分配。

（1）平台组成。平台一般采用 C/S 架构，即一个服务器端对应多个应急指挥终端，可以在多个地点同时进行现场救援指挥。按照功能划分，平台系统一般由 7 个子系统组成：服务器端通信模块、实时信息显示模块、数据存储模块、指挥控制模块、系统设置模块、报表和曲线查询模块以及信息联网模块。服务器端通信模块主要负责音视频信息的采集、无线通信网络设置、数据库存储服务器及转发服务器设置等；实时信息显示模块是应急救援指挥系统的主要显示界面，包括实时音视频显示与设置、救援环境数据监测曲线显示与预警、体征监测数据实时曲线显示与预警、网络状态监测显示；数据存储模块用于存储各种数据，包括设置参数、音视频信息、环境监测及特征监测数据；指挥控制模块在应急救援时应用，包括选择救援人员进行语音对讲、监测视频画面切换、紧急状态下 SOS 实时响应控制，并可对多个画面进行拍照和录像控制以保存救援信息；系统设置模块负责用户设置、救援组设置、设备设置、OSD 显示信息设置及录像拍照存储目录设置；报表和曲线查询模块用于救援信息的历史数据查询及曲线分析，在救援结束后研究人员可利用该模块分析体征信息与灾变环境信息变化的关联关系；信息联网模块在必要时将应急救援现场终端与国家救援机构联网，实时上传救援方案、救援状态、救援人员信息及灾变现场信息和视频等信息。平台系统组成如图 5-21 所示。

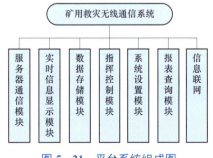

图 5-21　平台系统组成图

220

（2）平台软件架构设计。平台软件采用 C/S 架构，意味着一个服务器端可以对应多个指挥客户端，可以在多个地点同时进行现场救援指挥。

1）服务器端。建立 Socket UDP 服务，接收救护员的视频语音数据及环境体征实时参数数据，并透明传输给客户端，同时实时接收环境参数和救护员体征参数并将其保存到数据库中。服务器端由三个服务进程组成，它们是媒体服务、多媒体数据服务、环境参数和体征参数数据接收及解析处理服务。服务的各项配置，如服务地址和端口等允许用户自行配置。服务软件功能组成如图 5 – 22 所示。

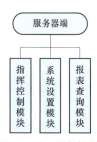

图 5 – 22　服务软件功能组成

其中，中心服务器负责视频语音数据录制回放处理及各个救护员音视频配置及调度；媒体服务器负责视频和语音数据的实时接收及解码处理；环境体征服务负责建立环境参数和体征参数的 UDP 网络服务，并根据传感器数据包协议和体征数据包协议解析数据并保存到 MySQL 数据库。

2）客户端。接收服务器的语音视频数据并实时播放，同时连接服务器端数据库，执行数据查询统计、曲线查询、报表打印等操作。客户端软件功能组成如图 5 – 23 所示。

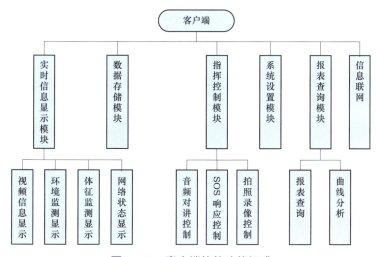

图 5 – 23　客户端软件功能组成

服务器平台以 Web 界面呈现给管理人员，在 Web 界面具备自行设定各项体征参数的预警阈值报警功能，同时服务器设计存储应用程序上传上来的各项体征参数，形成员工个人的健康电子档案，可直观地呈现出员工每天的体温、心率、血压、血氧、运动步数、消耗卡路里的情况。管理平台 B/S 架构支持多个不同权限的监管部门和应用部门同时监控数据，解决信息孤岛问题，提供快速、稳定、可靠、安全的解决方案，有效提升应急救援效率。

参 考 文 献

［1］ Miao F, Yuan Q. A WebGIS-based information system for monitoring and warning of geological disasters for lanzhou city, China ［J］. Advances in Meteorology, 2013, 2013: 1－9.

［2］ Chunrong Y, Yuan L, Xueyan Q, et al. Characteristics analysis of landslides, collapses and debris flows occurred from 2010-2019 in China ［C］ //IOP Conference Series: Earth and Environmental Science: Vol. 570. Bristol: IOP Publishing, 2020: 62012.

［3］ Cao X, Wu B, Shang Y, et al. Evaluation of landslide susceptibility in tekes county, yili prefecture based on the information quantity method ［J］. Applied Sciences, 2024, 14(14): 6053.

［4］ 贾娟, 郭孟周, 姚昆, 等. 斜坡单元支持下基于信息量模型的地灾危险性评价[J]. 河南科学, 2017, 35（5）：787－792.

［5］ 于远祥, 杨勇, 叶万军. 灰色聚类分析在地质灾害综合区划中的应用 ［J］. 煤田地质与勘探, 2009, 37（3）：45－48.

［6］ 张晓东, 刘湘南, 赵志鹏, 等. 信息量模型、确定性系数模型与逻辑回归模型组合评价地质灾害敏感性的对比研究 ［J］. 现代地质, 2018, 32（3）：602－610.

［7］ Bing H, Bin T, Yanling Z, et al. The current status and further developments of geohazard monitoring and early warning program in China ［J］. IOP Conference Series: Earth and Environmental Science, 2020, 474(4): 42016.

［8］ 许强. 对地质灾害隐患早期识别相关问题的认识与思考 ［J］. 武汉大学学报（信息科学版）, 2020, 45（11）：1651－1659.

［9］ 刘超, 聂锐华, 刘兴年, 等. 山区暴雨山洪水沙灾害预报预警关键技术研究构想与成果展望[J]. 工程科学与技术, 2020（6）：1－8.

［10］ Ma M, Zhang N, Geng J, et al. County-level flash flood warning framework coupled with disaster-causing mechanism ［J］. Water, 2024, 16(3): 376.

［11］ 覃先林, 张子辉, 李增元, 等. 国家级森林火险等级预报方法研究 ［J］. 遥感技术与应用, 2008 （5）：500－504.

第6章　智慧应急在城市管理领域的应用

6.1　城市安全监控管理

6.1.1　城市安全监控管理的主要内容

城市安全监控管理的主要内容包括城市报警和监控系统的建设管理、数据安全监控管理流程、道路监控系统的应用、城市安全管理的一般内容。

（1）城市报警和监控系统的建设管理。旨在规范城市报警和监控系统的建设、使用和管理行为，确保公共安全和社会治安秩序。这包括统一规划、统一标准、统筹建设、资源共享、合法使用和管理的原则，涉及城市报警和监控系统的规划、方案论证、工程验收和监督管理等工作。

（2）数据安全监控管理流程。包括使用申请、权限审批、操作监控、监控过程行为审计和执行评价等步骤。这涉及对数据分类分级情况、数据威胁情况、安全事件处置情况的记录，以及确保所有的操作过程被审计，由数据安全部门负责人定期组织进行过程审计。

（3）道路监控。主要分布在车流、人流比较集中的道路交叉口和重点路段，通过图像传输通道将路面交通情况实时上传到道路监控指挥中心，帮助交通管理部门调整各路口车辆流量，确保交通通畅，同时为交通、治安等各类案件的侦破提供技术支持。

（4）城市安全管理的一般内容。包括城市灾害管理、社会治安管理、城市信息安全管理以及建设和完善城市公共安全应急机制。这些措施旨在应对突发事件，确保城市安全。

6.1.2　城市安全监控分析与预警

城市安全监控管理面临的挑战主要包括监控范围广、数据处理复杂以及隐私保护问题。随着城市的扩张和人口的增加，监控系统需要覆盖的范围越来越广，传统的监控系统往往只能监控有限的区域，无法满足大范围的监控需求。此外，监控系统还需要应对

223

复杂的环境条件，如光线不足、天气恶劣等。同时，监控系统产生的数据量庞大，传统的数据处理方法已经无法满足需求，需要对数据进行实时处理和分析以便及时发现异常情况。最后，随着监控系统的普及和应用，人们对个人隐私的关注度也越来越高，监控系统需要在保障公共安全的同时，尊重个人隐私权。

为应对上述挑战，在城市安全监控管理领域，需构建"技术驱动－制度保障－生态协同"的三维治理体系，以系统化思维破解现实难题。通过建立城市级"安全大脑"中枢平台，整合视频监控、物联网感知与应急指挥系统，实现跨部门数据实时共享与全链条治理闭环，同步推进覆盖数据全生命周期的标准化建设与法制完善，为技术应用划定合规边界。技术层面，深度融合 AI、边缘计算与云原生架构，在监控节点部署智能分析模块实现异常行为实时识别，依托弹性扩展的数字基座支撑百万级终端接入与 EB 级数据处理，结合数字孪生技术构建城市安全仿真模型，提升风险预判与资源调配的精准度。在隐私保护方面，实施分级分类管理，运用差分隐私与区块链技术实现数据"可用不可见"及操作全程溯源，构建独立监管与第三方审计机制以平衡安全与隐私。智能应急体系重点打造平战结合的指挥中枢，集成 GIS 地图、资源数据库与多方通信系统，形成"预警－响应－处置"分钟级闭环，通过深度强化学习持续优化应急预案库与风险知识图谱。同时培育技术创新生态，设立联合实验室攻克低照度成像、联邦学习等关键技术，开发全民共治平台引导公众参与隐患上报与应急响应，最终形成政府主导、科技赋能、社会协同的可持续发展格局，推动城市安全管理从被动应对向主动防控、从单点突破向系统治理的战略转型。

6.2　城市交通管理

在城市交通发展中，城市轨道交通的安全运行面临着诸多挑战，如自然因素、人为因素以及管理因素等所带来的安全风险，这些因素是造成轨道交通安全事故的主要原因。应急管理作为降低城市轨道交通安全事故风险的有效手段，在当前城市交通运营安全形势下，现有的应急管理体系仍存在不足，信息化水平有待提高，亟须借助新技术，构建具有系统化、智能化特征且与城市轨道交通应急管理能力相匹配的智慧应急管理体系，对已发生和可能发生的安全紧急情况做出应急准备和反应，最大限度地减少紧急情况可能造成的损害。

智慧应急系统借助物联网（IoT）、视频监控、第五代移动通信（5G）、云计算、边缘计算等技术，对城市轨道交通的数据和信息进行采集、传输、分析处理及预警；通过人工智能（AI）、大数据及地理信息系统（GIS）等技术，对采集、处理后的数据进行大数据分析、数据展示、趋势预测等，辅助交通管理部门人员进行监控调度与智能决策，实现城市轨道交通安全及应急的智能化管理。

6.2.1 数据采集处理

城市轨道交通的数据采集与处理是现代城市交通运营管理中的重要组成部分，是城市交通应急指挥平台实现智能化应急管理的基础，通过集成物联网、视频监控、云计算、边缘计算、5G 等先进技术，实现对城市轨道交通环境、人员、设备等的实时监测和数据分析，为应急决策提供科学依据。

通过结合传感器、物联网、移动互联网等技术，可以对城市轨道交通安全及应急数据进行实时采集及传输，汇集到云平台进行数据存储、计算、分析，从中找到存在的安全隐患，进而帮助交通管理部门人员及运营单位管理人员对城市轨道交通的安全状况进行实时掌控。城市轨道交通安全及应急管理重点是对设备运行、乘客行为等方面的监测管理。例如，基于无线传感器网络（WSN）的城市交通管理系统能够实时收集交通参数，并将数据传输至中央服务器进行分析和处理，如图 6-1 所示。

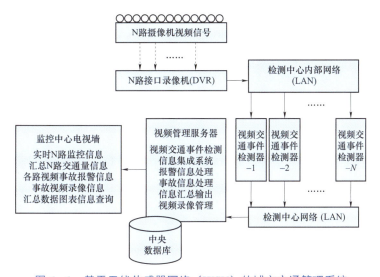

图 6-1　基于无线传感器网络（WSN）的城市交通管理系统

（1）设备运行监测。对城市轨道交通的车辆、信号系统、供电系统等关键设备的运行数据进行实时采集和监测，通过监控终端设备实时采集设备工作运行数据，监测设备运行状况，有助于保障城市轨道交通人员、设备安全。

1）车辆运行监测。对列车的速度、位置、车门状态等重要运行参数信息进行实时监测、数据存储、传输及控制，平台能够实时显示列车当前运行状态。在达到设定的列车相应安全阈值时，能够自动进行声光报警，提醒工作人员采取措施，同时将预报警信息发送至远程云平台，在平台进行预报警信息展示及消警处理，并将预报警信息通过短信、App 消息的方式发送给交通管理部门人员及运营单位相关责任人，从而有效避免和减少安全事故的发生。

2）信号系统监测。实时监测信号系统的运行状态，包括信号机显示、道岔位置、联锁关系等参数，确保信号系统的正常运行，保障列车的安全、准时运行。一旦信号系统出现异常，能够及时发出预警，并通过平台通知相关人员进行处理。

3）供电系统监测。对城市轨道交通供电系统的电压、电流、功率等参数进行实时监测，及时发现供电系统中的故障隐患，确保供电系统的稳定运行，为列车的正常运行提供可靠的电力保障。当供电系统出现异常情况时，能够迅速启动应急预案，进行应急处置，减少对运营的影响。

（2）乘客行为监测。通过视频监控设备对乘客在车站和车厢内的行为进行实时监测，利用视频 AI 识别技术，对乘客的异常行为进行识别和预警，如乘客摔倒、拥挤、滞留等行为，及时发现潜在的安全风险，保障乘客的人身安全。同时，还可以通过对乘客流量的监测，合理调整列车的运行间隔和车站的客流组织方案，提高运营效率和服务质量。

6.2.2　智能分析与预警

（1）风险防控管理。城市轨道交通安全管理主要是针对运营过程中各类风险因素的防控管理。这些风险因素包括自然因素（如恶劣天气、地质灾害等），人为因素（如乘客违规行为、工作人员操作失误等），以及管理因素（如设备维护不到位、规章制度执行不严格等）。各城市可根据自身的地理环境、运营特点等，对风险因素进行识别和分类，但总体的识别程序及防控要求基本一致。在运营前应对风险因素进行全面、深入的识别，识别结果可以以清单的形式进行汇总。风险清单是城市轨道交通运营管理及应急管理的必备管理工具，应对其采用智能化技术手段进行监测及动态跟踪管理。

（2）应急预案与处置措施。在城市轨道交通运营管理中，应急预案与处置措施至关重要，其直接关系到乘客安全、运营秩序等情况。为提高城市轨道交通安全及应急管理水平，须结合风险清单，制定信息化、智能化的应急预案与处置措施，加强城市轨道交通安全及应急标准化、智能化管理。智能化的城市轨道交通应急预案与处置措施能够在事故发生前及早发现隐患，在事故发生时快速响应，在事故发生后有效恢复，最大限度地减少人员伤亡和财产损失，保障运营安全和交通顺畅。

首先，轨道交通运营单位承接线路运营后应立即组建安全及应急管理小组，全面调查线路条件，在安全及应急管理平台上制定完整的城市轨道交通安全应急预案其次，定期组织应急预案演练至关重要，这包括预先设定明确的响应步骤和指定相关责任人，以确保责任明确。通过这些演练，可以检验安全及应急管理平台的效能和应急团队的协作能力，同时及时发现并调整应急预案中的不足。最后，利用大数据、人工智能等先进技术，平台能够收集历史数据和反馈信息，分析应急响应过程中的优势和劣势，从而不断优化应急预案和处置措施。

（3）城市交通应急指挥平台。城市交通应急指挥平台为交通管理部门、运营单位、乘客等提供服务，包括基础信息管理（线路管理、车辆管理、人员管理等），安全专项监管（风险防控监管、设备运行监测、乘客行为监测等），调度与决策（监控调度、决策分析、GIS 管理、总控平台等）。平台由展示层、业务应用层、支撑层、传输层、接入层构成。城市交通应急指挥平台总体架构如图 6-2 所示。

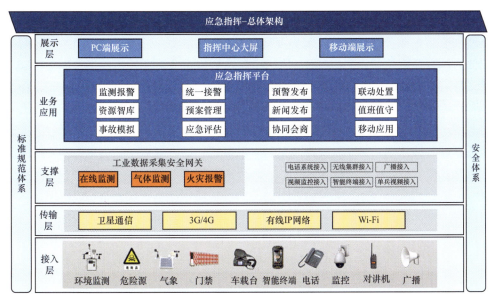

图 6-2　城市交通应急指挥平台总体架构图

该架构图是一个综合性的框架,用于展示城市交通应急指挥平台的各个组成部分和它们之间的相互关系。架构图从上至下可以分为以下几个主要层次:

1)展示层。这一层主要负责向用户展示信息,包括应急指挥大厅、专家会商室、新闻发布厅等,它们为不同用户提供了交互界面。

2)业务应用层。在这一层中,包含了多个应用系统,如应急指挥信息系统、监测预警系统、风险评估系统等,这些系统共同支撑起平台的业务功能。

3)支撑层。支撑层提供了平台运行所需的各种服务和工具,包括服务总线、服务注册、服务管理等,确保应用层的业务能够顺利执行。

4)传输层。通过卫星通信、移动通信网络、有线网络、Wi-Fi 等多种方式,将各种感知数据传输汇集到支撑层。

5)接入层。通过各种传感器和监测设备,实现对包括城市交通状况在内的各种信息的实时监控。

6)标准规范。贯穿整个架构的技术标准规范,确保平台的各个部分能够按照统一的标准进行建设和运行。

7)安全体系。安全体系涵盖了平台的运维管理、数据安全、终端安全等方面,确保平台的稳定和安全运行。

6.3　城市应急指挥管理

公共安全是最大的民生,是社会稳定、经济发展和人民幸福的根本。随着我国经济的不断发展,以及城市人口、功能和规模的不断扩展,城市运行系统日益复杂,城市的各种安全风险也层出不穷;但与此同时,城市的应急管理领域也迎来了重大的战略发展机遇，城市应急指挥管理体系的建立成为必要需求。

城市应急指挥管理体系是一种集现代信息技术、数据采集与处理、通信技术等手段于一体的综合性应急管理和指挥控制体系，旨在为城市应对突发事件提供高效的响应与协调平台。该体系通过整合信息采集与处理系统、数据分析与展示系统、决策支持系统等多个功能模块，实现对突发事件的全面监测和快速处置。

在这一体系中，指挥中心是核心，通过高效的信息采集系统及时获取来自各类传感器和监测设备的数据，并经过处理和分析，以可视化的方式展示给指挥人员。决策支持系统通过数据分析、模拟演练等手段，为指挥人员提供科学的应急处置建议，从而提高决策的科学性和准确性。与此同时，系统借助现代通信技术实现多部门、多层级之间的协同联动，确保信息的无缝传递和各环节的紧密配合。

城市应急指挥管理体系能够大幅提升应急管理的效率和响应速度，确保应急响应的及时性、有效性和科学性，从而为城市居民的安全提供更加可靠的保障，也为城市的平稳运行奠定了坚实基础。

城市应急指挥管理体系主要包括以下几个方面。

（1）指挥中心。作为系统的核心，指挥中心负责对整个应急响应过程进行统一指挥和协调，确保应急资源的合理分配和有效利用。指挥中心通常具备高度集成的指挥控制台，可以实现语音、视频、数据等多种信息的实时交互。

（2）信息采集与处理系统。该系统负责对各类应急信息进行实时采集、整理和分析，为指挥人员提供准确、全面的信息支持。信息采集与处理系统可以包括各种传感器、监测设备、无人机、卫星遥感等，能够对自然灾害、事故灾难等多种应急场景进行实时监控。

（3）数据分析与展示系统。该系统对采集到的应急信息进行深入的数据分析，挖掘其中的规律和趋势，以直观、形象的方式展示给指挥人员，帮助他们更好地理解应急情况，做出科学、合理的决策。

（4）决策支持系统。该系统根据应急情况和指挥人员的指令，提供相应的应急预案、资源调度、救援策略等决策支持，帮助指挥人员迅速、准确地处理应急事件。

（5）通信系统。智慧应急指挥系统需要具备稳定、可靠的通信系统，确保各种信息和指令能够及时、准确地在各个部门和人员之间传递。

（6）培训与演练系统。该系统为应急管理人员和救援人员提供实时的培训和演练支持，帮助他们提高应急处理能力和熟练度，为应对各种应急情况做好充分的准备。

总的来说，城市应急指挥管理体系是一个高度集成、高度智能化的应急管理和指挥控制平台，它通过各种先进的信息技术和应急处理手段，为应急管理部门和指挥人员提供全面、准确、实时的应急信息和决策支持，从而提高应急管理的效率和水平，最大限度地减少自然灾害和事故灾难对人民生命财产造成的损失。

6.3.1 应急信息采集与处理

在现代应急管理中，应急信息的采集与处理是有效应对突发事件的关键环节。利用大数据、物联网（IoT）、遥感、卫星、地面站等先进技术手段，能够实现对多源信息的全面采集和整合分析，为应急管理提供及时、准确的数据支持。此外，借助数据分析与预测模型，可以有效地进行灾害预警、风险评估、应急资源调配等工作，从而提升应急管理的科学性和工作效率。整体而言，应急信息的高效采集与智能处理，为及时应对各类突发事件、保护人民生命财产安全、维护社会稳定提供了有力的技术支撑。

1. 智能化应急预案的制定和管理

智能化应急预案的制定与管理是指在现代信息技术支持下对应急预案的编制、修订、执行、监督和评估等全过程。这一过程充分利用了大数据、云计算、人工智能等先进技术，以提高应急预案的实用性、准确性和执行效率。

首先，在智能化应急预案的制定过程中，相关工作人员可以利用大数据技术对历史突发事件进行深入分析，从而找出潜在的风险因素和规律。同时，通过人工智能技术，可以实现对海量数据的高效处理，为应急预案的编制提供有力支持。此外，云计算技术可以提供强大的计算能力，帮助相关部门在短时间内完成复杂的风险评估和应急资源配置。

其次，在智能化应急预案的执行过程中，通过将应急预案与实际应急场景相结合，可以实现应急预案的自动启动和执行。例如，在发生突发事件时，智能化系统可以自动识别并启动相应的应急预案，同时根据实际情况调整应急措施。此外，人工智能助手可以实时监控应急执行过程，及时发现并解决问题。

此外，智能化应急预案的监督和评估也是重要的一环，通过将应急预案的执行情况与预期目标进行对比，可以评估应急预案的实际效果。同时，利用大数据技术对应急预案的执行数据进行深入分析，可以发现应急预案中的不足之处，为后续的修订提供依据。

2. 利用大数据、物联网和遥感技术进行数据采集

采用大数据技术、物联网和遥感技术等多种手段进行多源数据的采集，可以实现对各种信息进行全面、精确的获取。这些技术能够帮助我们收集到来自不同领域和来源的数据，包括气象、地质、环境、交通等方面的信息。通过对这些数据进行有效的整合和分析，可以更好地理解和把握各种现象和趋势，为决策提供有力的支持。

在应急管理领域，大数据、物联网和遥感技术的应用具有重要意义。例如，在灾害预警方面，通过分析大量的气象数据、地质数据和人口数据等，可以及时发现潜在的灾害风险，如暴雨、地震、山洪等，并提前发出预警，为政府部门和公众提供决策依据；在风险评估方面，通过对历史灾害数据、地形地貌数据和建筑结构数据等进行分析，可以评估不同区域和设施的灾害风险程度，为灾害预防和应对提供科学依据。

此外，大数据、物联网和遥感技术在应急管理中的应用还可以进一步拓展。例如，在灾害发生后，可以通过实时数据采集和分析，及时掌握灾情发展动态，为救援人员和物资的调配提供精确指导，同时，还可以结合人工智能技术，实现对灾害影响范围和程度的智能预测，为灾后重建和恢复提供科学参考。

3. 数据分析和预测模型在应急管理中的应用

在当今信息化快速发展的时代，数据分析与预测模型在应急管理领域发挥着至关重

要的作用。这些技术手段能够有效地理解和应对自然灾害、事故灾难等各类紧急情况，为保障生命安全和维护社会稳定提供了有力支持。

首先，数据分析在灾害预警方面具有显著优势。通过对历史灾害数据的深入挖掘和分析，可以发现各种灾害发生的规律和关联因素，从而建立科学合理的预警模型。例如，在地震预警方面，通过对历史地震数据的分析，可以发现地震发生的时空规律，从而提前发出预警信息，为政府部门和广大民众提供决策依据。

其次，在风险评估方面，数据分析与预测模型同样发挥着重要作用。通过对各类风险因素的深入分析，可以评估出可能发生灾害的区域、时间和程度，为应急管理提供有力支持。例如，在洪水预警方面，通过对降雨量、地形地貌、河道水位等多种因素的综合分析，可以预测出可能发生洪水的区域和程度，提前采取应对措施，减轻灾害损失。

此外，数据分析与预测模型在应急资源调配、救援力量部署等方面也具有重要意义。通过对应急资源和历史救援数据的分析，可以优化资源配置，提高救援效率。例如，在突发事件发生时，可以根据事故类型、受灾程度、救援进度等多种因素，动态调整救援力量和物资，确保救援工作有序、高效地进行。

综上所述，数据分析与预测模型在应急管理中的应用具有广泛而重要的意义。这些技术手段不仅在灾害预警、风险评估方面提供了科学依据，还在应急资源调配和救援力量部署等方面显著提高了响应效率。通过运用数据分析与预测模型，可以更加科学有效地应对各类紧急情况，从而最大限度地保护人民生命财产安全，维护社会和谐与稳定。

4. 虚拟现实和增强现实技术在应急领域中的应用

虚拟现实和增强现实在应急演练中得到了广泛的应用。虚拟现实技术是一种全新的实用技术，它集计算机、电子信息、仿真技术于一体，其基本实现方式是通过计算机模拟虚拟环境从而给人以环境沉浸感。

VR 虚拟现实技术可以提供沉浸式体验。首先，通过虚拟现实技术，用户可以在虚拟环境中如身临其境般感受应急演练的真实情况，包括气味、声音、光线等方面，增强了用户的体验感和参与感。其次，VR 虚拟现实技术可以实现实时监测和预警功能，通过对应急演练设备和环境的实时监测和数据分析，可以及时发现问题并提供预警提示，有效避免事故发生。最后，VR 虚拟现实技术还可以提高数据的可视化程度，通过对数据进行可视化处理，可以将复杂的数据转化为直观的图表和图形，方便用户进行数据分析和决策。VR 虚拟现实技术在石油开采应急演练中具有提高效率和质量、提供真实沉浸式体验、实现实时监测预警和数据可视化等多种优势，这种安全培训方式可以帮助员工在紧急情况下迅速、有效地应对各种事故。

增强现实技术是一种实时地计算摄影机影像的位置及角度并加上相应图像的技术，将真实世界信息和虚拟世界信息"无缝"集成，目标是在屏幕上把虚拟世界套在现实世界并进行互动。消防巡查就是使用 AR 眼镜或者头戴式设备，自动识别检查监管的场景，在做安全培训的时候就可以通过远程协作系统，帮助受训人员去理解应该做什么操作去解决。在应急管理方面，另外一个使用 AR 和计算机视觉有关的是 AR 眼镜测温，这种技术在疫情防控期间可以避免检测人员和受测人之间的风险感染，把感染风险降到最低。

6.3.2 通信与信息交互

在应急管理体系中，通信与信息交互是确保各部门协同合作、高效应对突发事件的关键环节。通过应急事件的实时监控和信息共享，各部门能够及时获取事件动态，协调一致地采取措施，确保整体应急响应的有序性和有效性。此外，决策支持系统（Decision-making Support System，DSS）的应用为应急事件提供了科学的决策依据，通过整合多源数据、模型分析及预测，帮助决策者在关键时刻做出合理决策。这些措施的结合，全面提升了应急管理的科学性、实时性和协同性，最大限度地降低应急事件造成的影响与损失。

1. 应急事件实时监控与信息共享，确保各部门协同工作

在现代社会的各个领域中，为了保障各部门之间的协调运作，实现信息的快速流通，实时监控应急事件并共享相关信息显得尤为重要。通过建立一套完善的应急事件监控机制，各部门可以及时了解事件的发展态势，从而迅速做出反应，采取有效措施；此外，信息共享平台的建设可以保证各部门之间在处理应急事件时能够实现资源共享、优势互补，提高整体应对能力。

为了确保各部门协同工作，需要从以下几个方面着手。

（1）建立全面的应急事件监控网络，涵盖各个领域和行业，确保监控无死角。通过运用现代科技手段，如大数据、云计算等，对应急事件进行实时追踪和分析，为各部门提供准确的信息支持。

（2）构建高效的信息共享平台，实现各部门之间的信息互联互通。在这个平台上，各部门可以实时查看应急事件的最新进展，了解其他部门的应对措施，以便进行有效的协调和协作。

（3）制定完善的应急预案，明确各部门在应急事件中的职责和任务。通过定期组织应急演练，提高各部门的应对能力，确保在实际应急事件发生时能够迅速启动应急预案，实现协同作战。

（4）加强应急队伍建设，提高队伍的专业素质和协同作战能力。通过培训和演练，使应急队伍熟悉并掌握各种应急知识和技能，确保在应急事件发生时能够迅速投入救援工作。

（5）建立应急事件评估和总结机制，对应急响应过程中的经验教训进行总结和分析。这有助于不断优化应急响应措施，提高各部门的协同工作效率。

通过以上措施的实施，可以有效提高应急事件的应对能力，确保各部门在处理应急事件时能够协同工作，最大限度地减少应急事件带来的损失。同时，这也符合我国构建和谐社会、保障人民群众生命财产安全的总体目标。

2. 决策支持系统（DSS）的应用，提供科学的应急决策依据

决策支持系统（DDS）的运用为实时应急响应提供了支持。决策支持系统是一种基于计算机技术的信息系统，通过提供数据、模型和分析工具，辅助决策者进行问题识别、方案制定和评估等工作。决策支持系统在防汛中得到了广泛应用，通过数据分析和模型预测，提高洪涝灾害预警的准确性，为防汛决策提供科学依据；利用决策支持系统对资源进行合理配置，提高防汛工作的效率和效果；结合物联网、大数据等先进技术，推动智慧防汛建设，实现防汛工作的智能化和精细化；在洪水预警方面，决策支持系统可以实时监测降雨量、河流水位、水库库容等相关数据，通过数据分析和模型预测，及时发布洪水预警信息；可以利用遥感技术、地理信息系统、大数据分析等技术，实现数据的快速处理和准确预测；此外，还可以提高洪水预警的准确性和时效性，为防汛指挥部门提供科学的决策依据，减少洪灾损失。

6.3.3 预案管理与决策支持

应急资源调度与管理在现代社会中具有至关重要的作用，这不仅是一个简单的流程，更是一个涵盖复杂智能技术和科学策略的系统性过程。在紧急事件发生时，一个高效、智能化的应急物资与人力资源调度系统必须能够迅速响应，确保资源的合理利用。这个系统通过实时追踪和分析资源的位置信息，能够快速、准确地识别并调配所需的物资和人力，进而有效地减少因资源分配不当而引发的损失和延误。

进一步来说，智能化应急资源调度系统利用先进的算法和数据分析技术，使得资源的分配更为科学、合理。例如，在自然灾害发生时，系统可以根据受灾区域的人口密度、地形地貌等因素，结合现有的物资储备和人力资源，进行智能计算和预测，制定出最优的调度方案。这种智能化的调度不仅提高了资源的利用效率，也为受灾地区的快速恢复提供了有力支持。

公众信息发布与参与是应急响应中的另一个关键环节。在现代社会，社交媒体和移动应用的普及为应急信息的传播提供了新的渠道和可能，通过这些平台，政府部门和应急机构能够迅速、广泛地发布预警信息、疏散指示、应急处理措施等，确保公众能够第一时间了解到相关情况。同时，这些平台也为公众提供了互动参与的机会，通过评论、分享等方式，提高了公众对应急工作的关注度和参与度。

公众参与度的提高对于应急响应的成功至关重要。当公众具备较高的应急意识和自救能力时，他们能够在紧急情况下采取更为合理、有效的行动，从而减轻灾害带来的损失。因此，政府部门和应急机构应该充分利用社交媒体和移动应用等平台，加强应急知识的普及和应急技能的培训，提高公众的应急意识和自救能力。同时，还应该鼓励公众参与应急演练等活动，让他们在实践中学习和掌握应急知识和技能，为应对紧急情况做好充分准备。

6.3.4 资源整合与协调

资源整合与协调是现代应急管理体系中的核心环节，通过整合各类应急资源，实现对突发事件的高效应对。它包括监测预警、指挥调度、资源管理、预案制定等多个方面，确保在紧急情况下各部门能够协同作战、迅速做出反应。科学的资源整合与有效协调，不仅能够提高应急响应的速度和效率，还能最大限度地降低突发事件带来的损失，从而为城市安全和社会稳定提供坚实保障，如图6-3所示。

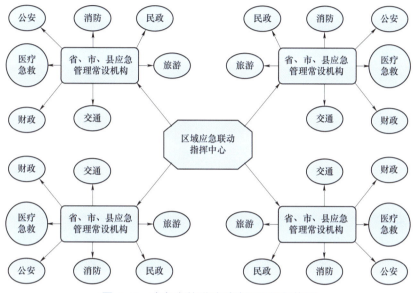

图6-3　应急事件联动系统和组织架构图

下文以无锡市应急管理指挥系统为例，对资源整合和协调做一个介绍。无锡市应急管理指挥系统是一个综合性的信息化平台，旨在整合各类应急资源，实现对突发事件的高效监测、预警、处置和指挥调度。该系统涵盖了自然灾害、事故灾难、公共卫生事件和社会安全事件等多个领域，是保障城市安全和稳定的重要支撑。

1. 系统组成

（1）监测预警模块。整合了气象、水文、地质、环境等多个部门的监测数据，能够实时获取各类灾害的相关信息。运用先进的数据分析和预测模型，提前发出预警信号，为应急响应争取宝贵时间。例如，通过对降雨量和河流水位的监测，及时预警洪涝灾害。

（2）指挥调度模块。具备可视化的指挥调度功能，能够在电子地图上直观地展示突发事件的位置、周边资源分布和救援力量部署情况。支持语音、视频、短信等多种通信方式，实现指挥中心与现场救援人员的实时沟通和指挥。比如，在火灾事故中，指挥中心可以通过视频监控实时了解现场火势，下达精准的救援指令。

（3）资源管理模块。对全市的应急物资、装备、人员等资源进行全面登记和管理。能够根据突发事件的类型和规模，快速调配所需资源，提高资源利用效率。例如，在地震发生后，迅速调配帐篷、食品、医疗队伍等资源到受灾区域。

（4）预案管理模块。存储了各类突发事件的应急预案，包括总体预案、专项预案和部门预案。可以根据实际情况自动生成应急处置方案，为指挥决策提供参考。

（5）数据分析与评估模块。对突发事件的处置过程和结果进行数据收集和分析，评估应急响应的效果。为后续的改进和优化提供依据，不断提升应急管理能力。

2. 技术支撑

大数据技术处理海量的监测数据和应急信息，挖掘有价值的信息和规律；物联网技术实现对各类应急设备和物资的实时监控和管理；地理信息系统（GIS）为指挥调度提供直观的地理空间信息支持；人工智能技术辅助进行风险预测和决策分析。

3. 运行机制

日常监测与维护确保系统的稳定运行和数据的及时更新；完备的应急响应流程使得一旦发生突发事件，能够按照既定的流程迅速启动应急响应，各部门协同作战；组织定期培训与演练使相关人员熟练地掌握系统，提高应对突发事件的能力。

4. 取得的成效

提高了应急响应速度，能够在短时间内做出准确的判断和决策，迅速调配资源，有效降低突发事件造成的损失；增强了协同作战能力，促进了各部门之间的信息共享和协作配合，形成了强大的应急合力；提升了城市的安全保障水平，为无锡市经济社会发展和人民生命财产安全提供了有力保障。

无锡市应急管理指挥系统作为一个成功案例，通过先进技术手段与科学管理机制，显著提升了应急管理的能力和水平，有效保障了城市的安全与稳定。然而，面对不断变化的形势和新需求，该系统仍需不断优化和完善，以应对日益复杂多变的突发事件挑战，为其他城市的应急管理提供了借鉴和参考。

5. 改进和提高

尽管该系统取得了很好的成效，但仍存在一些不足之处，在此总结经验教训，希望能为行业提供参考和借鉴。

（1）数据准确性和及时性有待提高。部分信息来源存在误差，导致决策依据不够准确。例如，在某次地震预警中，部分监测数据出现偏差，影响了救援力量的部署。信息更新不及时，无法及时反映突发事件的最新动态。

（2）基层应急能力薄弱。一些基层单位对应急工作重视不够，人员配备不足，应急物资储备不足，基层应急队伍的专业素质和装备水平有待提高，应对复杂情况的能力有限。

（3）跨区域协同机制不完善。在跨区域突发事件应对中，与周边城市的协同配合不够顺畅，存在协调难度大、资源调配不及时等问题，缺乏常态化的跨区域应急演练和交流合作机制。

（4）应急物资管理存在漏洞。应急物资储备的种类和数量不能完全满足实际需求，特别是一些特殊和高端的应急装备，物资调配过程中存在混乱和浪费现象，物资的库存管理和更新不够及时。

针对以上经验教训，无锡市应急管理指挥系统应进一步加强信息化建设，提高数据质量，并加快更新速度；加大对基层应急工作的支持和指导力度，提升基层应急能力；完善跨区域协同机制，加强各地区间的交流合作；优化应急物资管理，确保物资充足、合理调配和有效利用。

6.3.5　灾后评估与总结

城市应急指挥管理系统在灾后评估与总结中发挥着重要作用。它有助于我们更好地了解灾害的影响，改进应急响应措施，提高城市的抗灾能力。城市应急指挥管理灾后评估与总结的主要任务包括：

（1）评估灾害损失。灾后评估的首要任务是了解灾害造成的损失，包括人员伤亡、财产损失、基础设施破坏等。只有全面了解损失情况，才能为后续的救援和恢复工作提供准确的数据支持。

（2）分析灾害原因。灾害发生的原因复杂多样，可能是自然因素，也可能是人为因素。通过分析灾害原因，我们可以找出存在的问题，为今后的防灾减灾工作提供有针对性的建议。

（3）总结应急响应经验教训。灾后的总结环节是对应急响应过程中存在的问题进行梳理和分析，找出成功的经验和教训，这有助于提高应急指挥管理系统的效能，为应对未来的灾害做好准备。

（4）完善应急预案和措施。根据评估结果和经验教训，我们需要不断完善应急预案和措施，确保在未来的灾害中能够更加迅速、有效地开展救援和恢复工作。

（5）提高公众防灾减灾意识。灾害的发生往往与公众的防灾减灾意识不足有关，通过灾后评估与总结，政府及相关单位可以加强对公众的防灾减灾教育，提高整个社会的抗灾能力。

（6）加强应急队伍建设。灾后的评估与总结暴露出应急队伍在救援过程中可能存在的问题，如专业技能不足、装备水平不高等。据此加强应急队伍建设，提高救援能力。

（7）促进跨部门协作。灾害救援往往涉及多个部门，如消防、医疗、交通等。通过灾后评估与总结，可以发现跨部门协作中的不足，促进未来更加高效的协同工作。

城市应急指挥管理灾后评估与总结是一个系统性的工作，需要多个部门和机构的共同努力。只有通过全面的评估与总结，才能不断提高城市的抗灾能力，确保人民群众的生命财产安全。

6.4　施工现场应急管理

在当前建筑业发展中，安全生产事故风险已成为企业生存和发展所面临的关键问题，而应急管理也成为降低建筑工程施工现场安全生产事故风险的有效方式。面对复杂严峻的施工现场生产安全形势，应急管理体系仍然相对落后，应急管理信息化水平不高，迫切需要运用新技术，建立具有系统化、智能化特征与施工现场应急管理能力相适应的智慧应急管理体系，对已经发生和可能发生的紧急情况做出应急准备和反应，最大限度地减少紧急情况可能造成的损害。

智慧应急系统通过物联网、移动通信、边缘计算等技术，对施工现场的数据和信息进行采集及分析处理；对施工现场采集、处理后的数据进行分析、展示，并进行趋势预测，辅助主管部门监管人员和工程项目管理人员进行监控调度与智能决策，实现施工现场安全及应急的智能化管理。

1. 危大工程管理

施工现场应急管理主要是针对施工现场危大工程（尤其是三大危险源：起重机械、深基坑、高支模）的应急管理。危大工程，即危险性较大的分部分项工程，是指房屋建筑和市政基础设施工程在施工过程中，容易导致群死群伤或者造成重大经济损失的分部分项工程。

《危险性较大的分部分项工程安全管理规定》（住房和城乡建设部令第 37 号）和《住房城乡建设部办公厅关于实施〈危险性较大的分部分项工程安全管理规定〉有关问题的通知》（建办质〔2018〕31 号）明确了危险性较大的分部分项工程及超过一定规模的危险性较大的分部分项工程的范围。各省级住建部门还可依据各省的实施条件和管理要求进行补充。危大工程清单是危大工程现场实施及施工现场应急管理的必备管理工具，应对其采用智能化技术手段进行监测及动态跟踪管理。

2. 应急预案与处置措施

在建筑施工现场管理中，应急预案与处置措施至关重要，其直接关系到施工现场的人员安全、施工进展等情况。为提高施工现场安全及应急管理水平，须结合危大工程清单，制定信息化、智能化的应急预案与处置措施，加强施工现场安全及应急标准化、智能化管理。智能化的施工现场应急预案与处置措施能够在安全事故发生前及早发现隐患，在安全事故发生时快速响应，在安全事故发生后有效恢复，最大限度地减少人员伤亡和经济损失，保障施工安全和工程项目顺利进行。

首先，施工单位承接工程项目后应立即组建施工现场安全及应急管理小组，全面调查场地条件，在安全及应急管理平台上制定完整的施工现场安全应急预案。其次，需要定期组织应急预案演练，对现场人员进行应急响应训练，根据不同类型、不同等级的紧急情况，预先设定响应步骤和相关责任人，确保责任到人。同时，通过应急预案演练检验安全及应急管理平台的有效性和应急团队的协调性，及时调整应急预案中的不足之处。最后，平台通过大数据、人工智能等技术，在每次应急响应后，收集历史数据和反馈信息，分析应急响应过程中的优缺点，不断优化应急预案与处置措施。

3. 施工现场安全及应急管理平台

施工现场安全及应急管理平台为建设主管部门、建设单位、施工单位、监理单位、勘察单位、设计单位以及相关人员提供服务，包括基础信息管理（企业管理、人员管理、工程管理、设备管理等）、安全专项监管（危大工程监管、起重机械管理、深基坑监测、高支模监测等）、调度与决策（监控调度、决策分析、BIM 管理、总控平台等）。平台由感知层、基础层、数据层、支撑层、应用层五部分构成。施工现场安全及应急管理平台总体架构如图 6-4 所示。

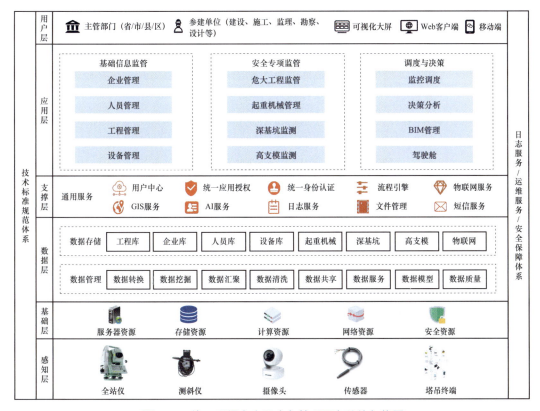

图 6-4　施工现场安全及应急管理平台总体架构图

（1）用户层。用户层包括省、市、区县主管部门和企业用户，其中企业用户包括建设单位、施工单位、监理单位、勘察单位、设计单位等，用户层的入口包括可视化大屏、Web 客户端和移动客户端，同时支持微信小程序等。

（2）应用层。应用层提供施工现场安全及应急管理平台应用服务，包括基础信息监管（企业管理、人员管理、工程管理、设备管理）、安全专项监管（危大工程监管、起重机械管理、深基坑监测、高支模监测）、调度与决策（监控调度、决策分析、BIM 管理、驾驶舱）等功能。

（3）支撑层。应用支撑层提供满足业务应用层所需的平台通用服务，包括统一用户中心、统一用户授权、统一身份认证、物联网服务、AI 服务、BIM 服务与流程引擎等支撑性平台服务。

（4）数据层。数据层包括数据存储（基础数据、业务数据、物联网采集数据等）和数据管理（数据汇聚、数据转换、数据清洗、数据挖掘、数据共享等）。

（5）基础层。基础层提供平台所需的基础设施服务，包括服务器资源、存储资源、计算资源、网络资源、安全资源等。

（6）感知层。实时连接硬件物联网设备进行数据采集，采集设备包括传感器、摄像

237

头、智能设备、智能终端等，将采集数据上传至边缘服务器及云服务器进行数据分析、处理、预警等。

（7）技术标准规范。通过对相关标准规范的系统性研究，为平台规划实施落地提供重要指导，平台建设过程也是标准规范落地实施的过程，包括工具选型、技术框架、业务流程、信息资源目录、数据接口建设等标准和规范。

（8）安全保障体系。安全保障体系包括对平台建设和应用的运营改善、基础设施、应用系统维护以及相关的服务流程管理，建立持续改进的服务管理体系。

（9）"一张图"总控平台。"一张图"总控平台采用全球定位系统（GPS）采集工程项目经纬度坐标，结合地理信息系统（GIS）在地图上对工程项目进行"一张图"整体展示。对施工现场起重机械、深基坑、高支模等采集、处理的监测数据以及预报警数据按照不同的维度进行综合分析，形成各种图表，最终以大屏的方式进行展示，辅助管理人员对施工现场进行安全及应急管理，从而提高施工现场安全及应急管理效率与准确度。"一张图"总控平台如图 6-5 所示。

图 6-5　"一张图"总控平台

6.4.1　数据采集与处理

施工现场的数据采集与处理是现代建筑和工程项目管理中的重要组成部分，是施工现场安全及应急管理平台实现智能化应急管理的基础。通过集成物联网、视频监控、云计算、边缘计算、5G 等先进技术，实现对施工现场环境、人员、设备等的实时监测和数据分析，为应急决策提供科学依据。

1. 物联网数据采集

在建筑工程施工现场安全及应急管理中，物联网技术应用极为广泛，同时也是构建施工现场安全及应急管理平台必不可少的技术。在物联网技术的作用下，可以对施工现场安全及应急数据进行实时采集，然后上传到云平台进行数据汇聚、计算、分析，从中找到存在的安全隐患，进而帮助主管部门监管人员及工程项目管理人员对施工现场的安全状况进行实时掌控。建筑工程施工现场安全及应急管理重点是对三大危险源，即起重机械、深基坑、高支模进行监测管理。

（1）起重机械监测。起重机械监测主要是指针对塔式起重机和施工升降机设备的安全运行进行监测管理，通过监控终端设备实时采集起重机械工作运行数据，监测起重机械设备运行状况，有助于保障施工现场人员和设备安全。

1）塔式起重机监测。对塔式起重机作业人员人脸视频 AI 识别、设备重要运行参数监测与控制，如图 6-6 所示，利用无线通信技术，确保监测数据实时、稳定传输至云服务器，云计算技术与大数据技术在此发挥其强大的数据计算、处理能力，对大量数据进行分析和处理，并将原始采集数据及计算结果在云服务器中进行存储。

图 6-6 塔式起重机监测

a. 通过视频监控设备实时采集作业人员人脸信息，结合视频 AI 识别实现身份验证的功能，对作业人员的真实性进行监控管理。同时，通过视频 AI 识别能够自动判断作业人员是否存在疲劳驾驶行为，从而进一步降低安全管理成本，减少安全事故发生概率。

b. 在起重机的关键部位安装物联网传感器，对塔式起重机重要运行参数信息（如幅度、风速、高度、吊重、力矩比、倾角等）进行实时监测、数据存储、传输及控制，平台能够实时显示塔式起重机当前运行状态。在达到设定的塔式起重机相应额定能力值时，施工现场能够自动进行声光报警，提醒作业人员停止危险操作以及附近施工人员紧急撤离，同时将预报警信息发送至远程云平台，并将预报警信息发送给主管部门监管人员及工程项目相关责任人，从而有效避免和减少安全事故的发生。

c. 在塔式起重机吊钩等位置安装高清摄像头，平台可以结合施工场地内部情况，将吊钩四周视频图像实时展现给作业人员，让作业人员可以精确、快速做出正确判断，确保作业人员在施工作业场地内部的视觉死角问题得到解决。

2）施工升降机监测。在施工升降机内安装监控终端设备及视频监控设备，该设备具有驾驶员身份识别、升降机运行状态实时监控功能。施工升降机监测如图6-7所示。

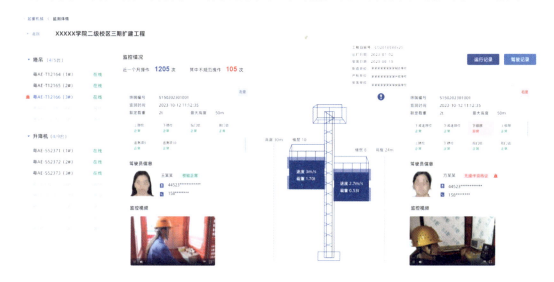

图6-7　施工升降机监测

a. 通过视频监控设备实时采集施工升降机作业人员人脸信息，结合视频AI识别实现身份验证功能，从而对作业人员的真实性进行监控管理。

b. 采用监控终端集成高度传感器、速度传感器、重量传感器、倾角传感器等对施工升降机进行实时监测，显示设备运行过程中的距地高度、运行速度、载重量、倾斜角度等参数，具备超限预报警并通过声光报警器提醒作业人员以及将预报警信息发送至远程云平台，在平台进行预报警信息展示及消警处理，并将预报警信息通过短信、App消息的方式发送给主管部门监管人员及工程项目相关责任人的功能。

（2）深基坑监测。建筑深基坑监测如图6-8所示，能够贯穿深基坑工程施工的整个过程，通过对自动采集的原始数据进行实时处理，运用数学模型、回归分析、差异分析等数理方法对采集的各类监测数据进行清洗、整理、分析和判定，对超设定值的结果进行预报警，并跟踪处理，从而督促各责任主体及时采取相应措施消除施工安全隐患。

1）监测数据自动采集。采用自动化监测设备对深基坑支护结构及周边环境进行监测，实现监测过程中的数据自动采集，充分利用无线传输技术，实现不同监测项目的原始监测数据实时上传，提高监测和监管效率，减少人为因素对监测数据的干扰，确保数据的实时性和真实性。

2）原始监测数据实时处理。原始监测数据实时上传至云平台后，对水平位移、竖向位移、水位、应力等进行实时计算和分析处理，形成各类变化曲线和图形、图表，使监测结果形象化。

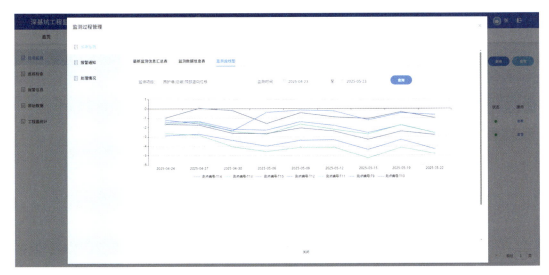

图 6-8　建筑深基坑监测

（3）高支模监测。在建筑混凝土浇筑期间，通常需要进行高支模施工，高支模施工的作业难度比较大，风险等级也比较高，从模板沉降、立杆轴力、立杆倾斜、支架变形等参数入手，配套高精度传感器和自动采集仪，实现对在建高支模实时数据监测，可有效提升高支模安全施工水平，通常需要在模板或支撑杆上安装传感器，传感器可以将现场采集的压力数据、位移数据等实时传输到边缘计算设备，边缘计算设备能够对各项数据进行计算与分析，结合设定的预报警值，通过现场声光报警设备实现实时预报警，现场施工人员可结合设备发出的报警或提示，采取安全管控措施，保障建筑项目高支模施工场地的安全。

2. 云计算结合边缘计算

云计算技术是通过互联网云平台为用户提供安全、便捷的数据存储和云计算服务，让互联网上的用户都可以通过网络来获取想要的数据信息，并通过网络终端设备为用户提供个性化、广泛化的服务。

边缘计算是在靠近数据输入或用户的地方提供计算、存储和网络带宽。通过边缘计算，终端设备采集的数据不需要再传输至云平台处理，就近在设备边缘侧完成数据分析和处理，相对更加高效和安全。

云计算结合边缘计算协同工作系统（简称"云边协同系统"）由终端节点、边缘计算节点、网络节点、云计算节点等组成。终端节点：由各种物联网设备（如传感器、摄像头、智能设备等）组成，主要完成采集施工现场原始数据（如起重机械运行监测数据、深基坑监测数据、高支模监测数据等）的功能；终端节点只需提供各种物联网设备的感知能力，而不需要提供计算能力；边缘计算节点：边缘计算节点通过合理部署和调配边缘侧节点的计算和存储能力，实现基础服务的响应；网络节点：负责将边缘计算节点处理后的有用数据上传至云计算节点进行分析处理；云计算节点则是将边缘计算节点的上报数据进行永久性存储，同时边缘计算节点无法处理的分析任务和综合全局信息的处理任务仍旧需要在云计算节点完成，云计算节点还可以根据网络资源分布动态调整边缘计算节点的部署策略和算法。云边协同系统具有以下特点。

（1）及时高效性。边缘计算采用分布式计算，其部署非常靠近信息源，大量的数据信息不再需要上传到云平台进行处理，处理的数据量也没有云平台数据量大，大大降低了网络延时并提高了数据计算处理的效率，使得反馈更加及时高效。

（2）安全可靠性。边缘计算不需把数据上传到云平台数据中心，在边缘近端就可以处理，在接收到数据之后，可以对数据加密后再进行传输，或者直接上传至区块链平台，保证了数据的真实性和不可篡改性，从源头上提升了数据的安全性。另外，边缘计算的分布式结构更不容易受到攻击和故障的影响，利用分布式结构提高了数据和系统的安全性。同时，通过边缘计算后将结果上传至云服务器，在云服务器上实现数据的永久性存储和备份，保障了数据安全。

（3）及时预警与应急处置。终端边缘设备实时监控施工现场安全状况，对捕捉到的现场安全险情事件，可以立即做出预报警，辅助现场应急指挥、人员调度、资源调配和应急处置等操作，有效降低现场造成人员伤亡和经济损失，同时利用云平台进行数据分析并提供后续处理方案。

（4）提升管理效能。终端边缘节点对监测数据进行处理分析后传输至云计算服务器，再经过云服务器大数据统计分析，综合计算出施工现场不同阶段的安全隐患和不安全状态，为施工现场安全管理及应急措施提供决策意见及经验策略，有助于降低安全事故的发生，提高施工现场管理效率和安全管理效益。

6.4.2 智能分析与预警

智能分析与预警是施工现场安全及应急管理平台的重要组成部分，它利用先进的信息技术手段（物联网技术、云边协同技术、AI视觉分析技术以及BIM技术等），对施工现场的人员行为、设备运行状态、环境参数等各项数据进行实时监测、分析和预警，以提高施工效率、降低安全风险。

1. 起重机械预警

随着近年来我国经济建设的高速发展和城镇化进程的逐步深入，工程建设规模不断扩大，各类建筑起重机械（塔式起重机、施工升降机、物料提升机等）的使用也与日俱增，成为工程项目施工现场的重要设备，但由于建筑施工的复杂性，各种客观原因（如施工环境）或主观因素（如违规作业），往往在使用过程中容易引发安全事故，甚至造成重大人员伤亡和财产损失。因此需运用信息化手段，对起重机械进行监测、预警管理。

起重机械作为建筑工地常见的大型机械设备，主要包括塔式起重机、施工升降机等。近年来，塔式起重机安装运营数量较以往有了明显的增长，大型塔式起重机、移动式履带吊所占的比重越来越大，而塔式起重机与移动式吊车的事故率连续多年居高不下，塔式起重机事故类型比较多，常见的主要有碰撞、倾翻、吊物坠落、折断臂、构件脱落、工人事故等，但主要以碰撞、倾翻和断脱绳事故为主。因此，基于生产安全要求，需要对塔式起重机作业进行实时监控，并建立塔式起重机预警机制，从而保证人员生命安全与工程项目顺利施工。

（1）智能监控终端预警。在塔式起重机上安装智能监控终端及各类传感器，对施工现场塔式起重机的运行状况进行数据采集（主要采集塔式起重机的幅度、风速、高度、吊重、力矩比、倾角等参数），通过监控终端实时将数据传输至远程云平台进行展示，如果发生预警情况，平台则自动亮灯（超过设定预警值亮黄灯，超过设定报警值亮红灯）提醒并发送短信或 App 消息给主管部门负责人及企业相关责任人。同时，当监测到不安全状况时，现场立即触发声光报警器进行报警，提醒现场作业人员紧急撤离，降低塔式起重机施工过程中的事故率。

（2）视频 AI 预警。视频监控结合 AI 计算机视觉分析技术，通过对接施工现场塔式起重机监控视频，将监控视频与对应塔式起重机进行绑定，在平台上可以查看塔式起重机运行作业的实时视频，在塔式起重机发生预警时，根据塔式起重机编号可快速关联，调出绑定的视频监控画面，辅助管理人员迅速了解现场情况。同时通过 AI 计算机视觉分析技术对塔式起重机监控视频进行实时分析和预警，通过 AI 算法对视频画面进行识别，在发现违规操作及安全隐患时自动保存相应的图片，并在监控调度中心的大屏上进行预警通知。

2. 深基坑预警

深基坑工程开挖过程中，由于工程自身结构和周围环境复杂，地下施工工序烦琐等原因，发生灾害时往往后果严重，深基坑工程预警是防灾减灾的重要手段之一。深基坑预警旨在通过对现场监测数据的计算和分析，评估深基坑工程的安全状态，对可能发生的风险进行预警。

（1）多级实时预警。设置分级预警的阈值对深基坑预警系统来说十分重要，深基坑的预警值取值要考虑支护结构类型等很多因素，目前还没有形成统一的报警值标准，各个规范上规定的报警值也不尽相同。平台将预警状态分为预警、报警和超控制三种预警形态，正常为绿灯，超过预警值为橙灯，超过报警值为黄灯，超过控制值为红灯。

（2）自动预警与闭环处理。采取自动预警模式，深基坑开挖施工过程中遇到预警时，平台自动以短信形式将预警信息发送给设置好的各责任主体项目负责人、安全监督机构等相关人员，及时阻止情况恶化来保证深基坑后续施工安全。现行协会标准《深基坑安全监测信息管理系统技术规程》（T/CECS 1484）规定项目负责人在收到预警通知后，由建设单位组织消警会议，设计、监理单位参加（必要时邀请专家、监督部门参加），形成会议纪要或消警文件，监理单位复核并确认消警措施落实后上传消警文件至平台完成消警闭合，为确保消警文件的真实有效性，相关责任方应在消警文件上留下带时间戳的签名。

3. 高支模预警

高支模安全预警体系的建立旨在及时发现潜在的安全隐患，并在事故发生之前进行预警。高支模事故发生瞬时性的特点，决定了一个合理有效的高支模安全预警系统应该具备以下三个特点。

（1）及时性。高支模安全预警的主要作用在于通过采集和分析模板沉降、立杆轴力、立杆倾斜、支架变形等参数，及时发现可能导致事故发生的隐患和风险，提前发出预警信号，以便相关人员及时采取措施避免潜在的风险和事故。

（2）准确性。科学准确的高支模预警不仅能有效降低危险事故的发生率，还能为结构的加固和修复提供依据。相反，不准确的预警可能导致漏报警情况，使安全隐患无法及时发现，或者产生大量误报警情况，从而浪费大量人力。因此，一个准确有效的高支模安全预警体系应该降低误报警概率，以实现准确有效的安全预警。

（3）自动化。由于高支模工程架体的整体区域范围较大，需在支架杆件上布设大量不同类型传感器进行监测，并采集和储存大量的监测数据。如果没有高度自动化的系统，将无法实现及时的安全预警。因此，高支模安全预警体系需要具备自动预警功能。

针对高支模事故发生瞬时性的特点以及高支模预警系统应该具备的特点，高支模预警系统主要采用边缘计算预警与平台预警及消警处理两种方式相结合的方式实现预警管理。

（1）边缘计算预警。现行协会标准《高支模实时监测预警系统技术规程》（T/CECS 1547）中规定，高支模监测数据应采用边缘计算技术进行近端数据处理。现场设备把采集的实时数据通过无线传输到边缘计算设备，边缘计算设备初步计算后，判断预报警情况，如果达到设定的预报警阈值则立即触发现场声光报警，施工单位应立即停止施工，组织相关负责人召开紧急会议，排查危险源并达到消警状态后方可允许施工作业。同时，边缘计算设备将监测数据发送至物联网平台，物联网平台接收数据后将数据推送至云平台，云平台结合云计算技术实现远程数据处理和存储。

（2）平台预警及消警处理。平台根据监测值的情况将预报警状态分为预警、报警两种形态。正常为绿灯，超过预警值为黄灯，超过报警值为红灯。系统自动以短信形式将预警或报警信息发送给各责任主体单位、安全监督机构或建设行政主管部门。相关人员收到信息后可通过平台查看监测原始数据及图表，详细了解监测数据，会同相关单位及时提出整改措施，消除工程隐患，形成闭环处理机制。

除此之外，人工观测时若发现一些可能危及高支模体系稳定的异常情况，如模板爆裂、混凝土泄漏或者支撑地基开裂等，同样需要立即触发警报。人工观测报警可采用App通过观测人员手机操作，也可手动开启监测设备的声光报警开关。

4. 云边协同预警

施工现场云边协同预警是利用云边协同技术共同构建的预警系统。系统结合了云端强大的数据处理能力和边缘端实时的数据分析能力，以达到更高效、更快速、更实时地分析、处理施工现场监测数据，并在必要时发出预警的目的。以下是云边协同预警在施工现场中的应用。

（1）实时数据处理。边缘计算设备位于施工现场附近，能够及时接收和处理来自传感器和智能设备的数据，比如摄像头捕捉的视频流、深基坑监测数据、高支模监测数据以及起重机械设备的状态信息等。实时数据分析可以在边缘端完成，这样可以减少数据传输延迟，快速识别出潜在的安全风险或异常情况。

（2）智能分析与预警。云端可以部署复杂的人工智能算法和大数据分析工具，用于训练模型和深度学习，从而实现施工现场安全监控、趋势预测以及风险评估等。当边缘端检测到异常情况时，可以迅速触发初步预警，同时将关键数据上传至云端进行进一步智能分析，以确认预警的有效性和严重程度。

（3）数据融合与决策支持。云端汇聚了来自多个工程项目的数据，可以进行跨工程项目的数据融合和对比分析，为工程项目的安全管理和决策提供更全面的信息。结合实时数据和历史数据，云端可以提供长期趋势分析，帮助预防潜在风险。

（4）资源优化。通过云边协同，可以动态调整计算资源的分配，确保关键任务得到优先处理，非关键任务则可以稍后处理，从而提高整体系统的效率和响应速度。

（5）系统稳定性。在云端网络条件不稳定的情况下，边缘端可以独立工作，保证基本的监控和预警功能不受影响。一旦网络恢复，边缘端会将期间积累的数据同步至云端，保持数据的一致性和完整性。

（6）安全性与隐私保护。敏感数据可以在边缘端进行加密和预处理后上传至云端，减少了数据传输过程中的泄露风险。

5. AI 视觉分析预警

施工现场 AI 视觉预警是利用人工智能（AI）和计算机视觉技术，对建筑施工现场进行实时监控、风险评估和预警，以预防安全事故的发生。通过高清摄像头、传感器等设备实时采集施工现场的数据，并利用 AI 算法进行分析处理，以实现安全隐患的及时发现和预警，从而提高工地安全管理的效率和准确性。AI 视觉分析预警平台如图 6-9所示。

图 6-9　AI 视觉分析预警平台

（1）施工现场 AI 视觉预警平台，由几个关键部分组成。

1）高清摄像头和传感器。部署在施工现场的关键位置，用于实时采集视频、图像以及环境参数等数据。

2）AI 视频分析模块。内置于云端服务器，利用深度学习等 AI 算法对采集到的数据进行智能分析，识别潜在的安全隐患。

3）预警系统。当 AI 视频分析模块识别出安全隐患时，通过施工现场声光报警、短信通知、App 消息推送、监控大屏展示等方式向相关人员发出预警信息。

（2）施工现场 AI 视觉预警功能。

1）实时监控与数据分析。通过高清摄像头和传感器实时采集施工现场的数据，包括人员行为、设备状态、环境参数等。AI 视频分析模块对采集到的数据进行深度学习和分析，提取关键信息并进行风险评估。

2）风险动态监测。识别未佩戴安全帽、未穿戴安全带、未穿戴反光衣、违规吸烟、跨越围栏、非法闯入、越界等人员违规行为；监控设备运行状态，及时发现设备故障和异常情况；检测明烟明火等环境因素，预防火灾等安全事故。

3）预警管理。当识别出潜在的安全隐患时，系统自动生成预警信息，并通过施工现场声光报警、短信通知、App 消息推送、监控大屏展示等方式向相关责任人员发出预警信息。

4）身份验证与管理。通过人脸识别等技术对施工现场人员进行身份验证和管理，防止无关人员进入。实现施工现场人员的实名制管理，提高施工现场管理的规范性和安全性。

（3）施工现场 AI 视觉预警的优势。

1）提高安全管理效率。AI 视觉预警系统能够自动识别和预警安全隐患，减少人工巡检的工作量和时间成本。

2）降低安全事故风险。及时发现和处理潜在的安全隐患，有效降低安全事故的发生概率和损失程度。

3）提升智能化水平。将 AI 技术应用于施工现场的安全及应急管理中，推动建筑业的智能化升级和发展。

6. BIM 可视化预警

建筑信息模型（Building Information Modeling，BIM）可视化预警是指利用 BIM 技术构建的三维模型，结合传感器、摄像头等物联网设备采集的实时数据，对建筑、工程项目或基础设施的运行状态进行可视化展示和预警分析。通过 BIM 模型的三维可视化，可以直观地看到潜在风险的位置、影响范围及可能的后果，从而帮助管理人员及时采取措施，避免事故发生。例如，通过构建起重机械的三维 BIM 模型，如图 6－10 所示，集成其结构、运行参数、历史故障记录等信息，并结合物联网设备（如传感器、摄像头等）实时采集起重机械的运行数据，包括幅度、风速、高度、吊重、力矩比、倾角等运行参数，将实时数据与 BIM 模型中的预设阈值进行对比，判断起重机械是否处于安全运行状态，从而对起重机械的运行状态进行监测和预警。将起重机械的运行状态和预警信息以三维模型的形式展示在可视化平台上，使管理人员能够直观地了解起重机械的安全状况。另外，能够对起重机械的运行状态进行模拟和预测，提前发现潜在问题，为管理人员提供数据支持和决策依据，帮助其制定更加科学合理的安全及应急管理措施。

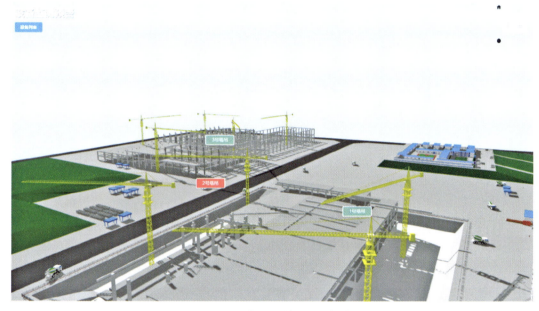

图 6−10　起重机械 BIM 模型

（1）BIM 可视化预警的优势。BIM 可视化预警与传统预警方式相比，具有直观性、实时性、精准性、综合性等优势。

1）直观性。BIM 模型的三维可视化使得潜在风险一目了然，便于管理人员快速识别和判断。

2）实时性。通过物联网设备实时采集数据，BIM 可视化预警系统能够实时反映建筑、工程或基础设施的运行状态。

3）精准性。结合 BIM 模型的精确信息和数据分析算法，预警系统能够精准地预测潜在风险的发生概率和影响范围。

4）综合性。BIM 可视化预警系统可以集成多种数据源，包括视频监控、环境监测、设备状态等，实现全面、综合的预警分析。

（2）BIM 可视化预警的步骤。主要分为数据采集、数据处理、模型构建、可视化展示、预警分析等。

1）数据采集。通过物联网设备采集建筑、工程或基础设施的实时数据。

2）数据处理。对采集到的数据进行清洗、整合和分析，提取有用的信息。

3）模型构建。利用 BIM 技术构建三维模型，将处理后的数据集成到模型中。

4）可视化展示。通过三维可视化技术将模型和数据呈现在屏幕上，供管理人员查看和分析。

5）预警分析。结合数据分析算法和模型信息，对潜在风险进行预警分析，并给出相应的应对措施。

6.4.3 监控调度与智能决策

1. 监控调度

施工现场监控调度中心负责施工现场的全面监控、指挥和调度，在工程项目施工过程中发挥着至关重要的作用。通过集成多种技术手段实现对施工现场的实时监控、数据分析、应急响应和指挥调度，以确保施工项目的顺利进行、提高施工效率、保障施工安全。同时，它还能够为工程项目的决策提供有力支持，提高决策的科学性和准确性。施工现场监控调度中心的主要功能如下：

（1）实时监控。通过安装视频监控、传感器等设备，对施工现场进行全天候、全方位的监控。监控内容包括人员行为、机械设备运行状态、施工环境参数等。

（2）数据展示。如图6-11所示，物联网平台通过传感器、智能设备、视频监控设备等采集施工现场实时监测数据，包括视频图像、环境参数、设备运行状况信息等。同时将采集的数据上传至云平台，云平台对监测数据进行计算、分析，识别潜在的安全隐患。最后将处理后的安全隐患预报警等信息在监控调度中心平台展示，主管部门能够通过监控调度中心查看并下发安全问题整改。

图6-11　监控调度中心数据展示

（3）指挥调度。实现监控调度中心与施工现场视频语音设备联动。如图6-12所示，

248

通过监控调度中心、施工现场视频语音设备等工具，对施工现场进行远程指挥和调度。主管部门监管人员、工程项目管理人员通过监控调度中心对施工现场进行远程视频巡检，当视频巡检发现问题，特别是安全问题时，能够通过控制台连接现场视频语音设备进行现场语音广播，从而实现远程指挥调度。通过监控调度中心远程视频巡检与指挥调度相结合，不仅能提升主管部门及项目负责人的管理效率，还能对施工现场问题，特别是紧急安全问题进行及时应急指挥调度，保障现场施工安全。

图 6-12　视频巡检、指挥调度

2. 智能决策

施工现场智能决策是建筑施工领域的一个重要趋势，它利用物联网（IoT）、云计算、大数据、人工智能（AI）等先进技术，实现对施工现场的实时数据和历史数据全面感知、实时监控和智能分析。智能决策系统可以自动识别和预测潜在风险，如设备运行安全、人员伤亡等，并提供风险评估报告和应对措施建议，从而辅助管理人员做出更加科学、精准的决策。

（1）大数据技术。大数据技术为施工现场安全及应急管理平台提供了强大的数据处理能力。通过大数据技术，可以实现数据的实时采集、存储和分析，为施工现场管理和决策提供数据支持。例如，可以分析设备运行、人员行为等数据，发现潜在的问题和风险。

1）人员安全管理。基于大数据分析，对施工人员的行为模式进行识别，及时发现并纠正不安全行为。

2）设备安全管理。利用传感器实时监测施工设备的运行状态，如塔式起重机、施工升降机等，预防设备故障和事故发生；通过大数据分析，预测设备的维护周期和更换时间，降低设备故障率。

3）事故分析与管理优化。对施工过程中的关键节点和危险源进行重点监测，预防事故发生。通过大数据技术对施工事故进行深入分析，找出事故发生的原因和规律，为预防措施的制定提供科学依据。对事故数据进行统计和分析，评估安全及应急措施的实施效果，不断改进和优化安全及应急管理措施。

（2）人工智能技术。人工智能技术为施工现场安全及应急管理平台提供了智能化的决策支持。通过 AI 算法，可以自动分析和预测数据，发现隐藏的规律和趋势。例如，AI 技术可以通过集成传感器、摄像头等设备，实时收集人员行为、设备状态、现场监测数据等，并利用大数据分析和机器学习算法进行处理和分析，使管理人员能够基于海量数据做出更加科学、准确的决策。

施工现场智能决策在施工现场安全应急管理方面与传统方式相比，具有明显的优势：

1）提高决策效率和准确性。基于海量数据进行科学分析，避免了传统决策过程中的主观性和不确定性，为管理人员提供客观依据，帮助他们做出更明智、更快速的决策，减少主观判断的误差，从而降低风险发生概率。

2）降低风险发生概率。通过自动化风险预测与评估功能，提前识别和预测潜在风险，及时发出预警，降低风险发生的概率和影响程度，保障施工作业人员安全。

参 考 文 献

［1］Sha Y, Li M, Xu H, et al. Smart city public safety intelligent early warning and detection ［J］. Scientific Programming, 2022, 2022: 1－11.

［2］Myagmar-Ochir Y, Kim W. A survey of video surveillance systems in smart city ［J］. Electronics, 2023, 12(17): 3567.

［3］Zhao H. Artificial intelligence-based public safety data resource management in smart cities ［J］. Open Computer Science, 2023, 13(1): 20220271.

［4］Qin Y, Jia L. Active safety methodologies of rail transportation ［M］. Singapore: Springer Singapore, 2019.

［5］段海洋, 许得杰, 曾俊伟, 等. 城市轨道交通运营安全事故分析及评价［J］. 铁道运输与经济, 2019, 41（9）：110－114.

［6］Ren Y, Li Z. Construction on government emergency management system for urban emergencies in big data era ［C］//Proceedings of the 2018 5th International Conference on Education, Management, Arts, Economics and Social Science (ICEMAESS 2018). Amsterdam: Atlantis Press, 2018: 961－965.

［7］邓宇辉. 现代应急指挥中心的信息化系统建设 ［J］. 智能建筑与城市信息, 2011（10）：31－38.

［8］白凤美. 建筑施工企业安全生产风险管理及预警信息系统开发与应用［J］. 建筑技术, 2016, 47（1）：86－89.

［9］焦广盈. 加强建筑施工企业安全管理提升应急救援能力建设［J］. 中国应急管理, 2024（6）：78－79.

第7章　智慧应急在公共卫生领域的应用

7.1　公共卫生概述

7.1.1　公共卫生的定义与内涵

公共卫生是关系我国全体人民健康的公共事业。在国外，公共卫生即指公众健康。美国学者查尔斯·温斯洛于 1920 年提出了广义公共卫生最为经典的定义：公共卫生是通过有组织的社会努力，来预防疾病、延长寿命、促进健康和提高效益的科学和艺术。其手段包括：改善环境卫生，控制传染病，个人卫生教育，保证疾病的及时诊断和治疗，以及建立保障每个人可以维持健康的生活标准的社会机制。以这样的形式来组织这些效益的目的是使每个公民都能实现其与生俱来的健康和长寿的权利。该定义明确说明了公共卫生事业的任务和解决手段，强调了自然科学与人文社科在公共卫生领域的密切关系，只有两者结合才能更有效地提升公共健康水平，并表明公共卫生的本质是保障和促进国民健康的综合社会行动。

公共卫生起源于人类对健康的认识和需求，而人类对健康的认识是从疾病开始的，在认识和防治疾病的过程中，公共卫生的概念与实践也随之产生。早期公共卫生是人类对农业革命副作用的应急反应，随着工业化、全球化进程的加快以及医疗卫生模式的转型，现代公共卫生的理论和实践成为人类对科学革命和工业革命副作用的应对反应。在新时代机遇与挑战并存的大背景下，公共卫生的定位和途径已然发生变化。面对愈发频繁且莫测的病毒、跨境跨国的传播感染、心理疾病及慢性病的严重威胁等危机，公共卫生服务体系的建设已成为全球最关注的议题之一，全球各国公共卫生事业都应以开放的心态积极地参与全球公共卫生的治理与合作，在现代化技术的加持下主动开展健康风险预警和干预。

李立明教授指出，公共卫生包括四个内涵：疾病预防、健康保护、健康促进、公共安全。疾病预防按照世界卫生组织（World Health Organization，WHO）的定义主要关注预防三组病：一是传染病、营养缺乏性疾病和孕产期疾病；二是慢性非传染性疾病；三是由交通事故、溺水、自杀等造成的伤害。健康保护即关注环境、职业、学校、食品、放射五大卫生和全生命周期的卫生保健服务。健康促进是推动全社会动员、全民参与、多部门协作、群防群控、联防联控，创造一个促进和维护健康的环境。公共安全是要注意伤害、自然灾害预防和突发、新发传染病和公共卫生事件的应急处置。

7.1.2 公共卫生体系

公共卫生体系是一个以医务人员、医疗机构、疾控系统为主体，以卫生和相关社会政策为导引，以医药与健康产业为支撑，社会各界广泛支持参与，全面维护和促进公众健康的综合社会体系。目前我国已经基本形成了较为完善的以政府为主导，以国家、省、市、区县、乡镇各级各类医疗卫生机构为主体，财政、社保、农业、教育、体育、科技和食药监、媒体等多个部门配合，全社会参与的公共卫生服务体系；确定了政府在公共卫生中的角色，即决策者、出资者、组织动员者、服务提供者以及执法者，公共卫生服务的公益性决定了政府在其中举足轻重的作用。

公共卫生建设是一项需要医疗与预防两大系统密切结合，政府部门主导与协调、全社会参与的系统工程。要构建强大的公共卫生体系，我们必须以学术为支撑，树立起健康优先的发展理念，坚持预防为主的方针，注重医防结合，以供给侧结构性改革为重点，尽快实现我国公共卫生体系建设的总目标。

7.2 疾病监测与预警

7.2.1 实时疫情监测系统

疾病监测通常指有计划、连续和系统地收集、分析、解释与反馈疾病在人群中发生、发展、控制及其影响因素的相关数据或信息，用于公众健康教育与促进、制定疾病预防控制策略和评价预防控制措施效果的公共卫生情报工作。基于我国建立的传染病和公共卫生应急监测系统的监测数据，预警模型通过分析和计算能够对传染病或突发公共卫生事件进行预警判断，充分利用疫情监测数据进行预警，以提高我国各级医疗机构有效预防、控制和应对重大突发公共卫生事件的能力，巩固和完善国家应急管理体系，为采取防护行动和进行干预决策提供依据。

1. 生活中医疗监测系统的应用

近年来，人工智能、北斗卫星导航系统、电子围栏和人脸识别等技术的快速发展，为城市管理提供了新的思路，我国在医疗监测系统方面的建设越来越全面、智能和丰富。例如，以医护患为核心建立的智慧电子围栏。电子围栏是一个基于卫星导航的虚拟围栏管理系统，管理人员通过系统在电子地图上划定一个虚拟的范围，设定进入或者走出这个范围的监测对象的预警条件，如果出现满足条件的人员或者物品，系统就会自动报警。该应用以第五代移动通信（5G）、云计算、虚拟化和蓝牙物联网等新技术为基础，根据监测信息对各类人员进行管理，实现了医疗信息互通的快速化和准确化，提供了完善的智慧化医疗管理和服务支持。

在日常生活中，各医疗机构和企业还创新提出了以智能屏和智能手环为中介的"云看护"健康管理平台，这些看护平台利用多种居家看护设备的 AI 算法来远程监测特殊人群的活动情况，帮助预警突发事件，实现用科技代替人力看护的形式，完成各类年龄段人群，以及特殊群体的电子围栏设置。在"云看护"健康管理平台中，家人通过电子设备或软件实时监测用户的体温、心率和血压等健康指标、饮食和运动情况，来帮助用户更好地了解个人健康状况，平台还提供个性化健康建议。当指标异常或发生异常情况时，通过人工或者智能语音的方式能快速通知看护人或者其社区内的工作人员，通过前期建立的联动机制联合距离其最近的警务工作者、卫生所或医疗卫生单位，触发应急联动处置机制，力求在第一时间予以防范和救助。

2. 系统性疾病监测系统

有系统的监测工作始于 20 世纪 40 年代末的美国疾病控制中心（Centers for Disease Control and Prevention，CDC），主要是对疾病的发生和死亡进行观察。在科技发展和 WHO 的推动下，越来越多的国家和地区建立了监测预警系统，对于传染病和突发公共卫生事件的监测系统也随着计算机技术的发展由手工填报、邮寄传递转变为电子填写、网络直报的方式。在 1980 年，我国预防医学科学院建立了综合疾病监测点系统（Disease Surveillance Point System，DSP）。自 2003 年 SARS 危机事件后，根据卫生部疾病预防控制局组织的需求，于 2004 年 1 月基于互联网的浏览器/服务器（B/S）构架研究开发了传染病报告信息管理系统（National Notifiable Diseases Reporting System，NNDRS），见表 7-1。各级用户授权即可对传染病进行网络直报、审核确认、查询分析，实现了基于医疗卫生机构的法定传染病病例信息的直接实时报告和管理。在抗击 2019 新冠肺炎（Coronavirus Disease 2019，COVID-19）疫情期间，疫情监测工作也在不断完善和改进，各企业组织和高校都各自研发了直观、易理解的疫情监测地图，并有研究人员基于改进后的易感-感染-治愈（Susceptible-Infected-Recovered，SIR）模型和基于深度学习提出了新阶段的疫情监测系统，能够通过实时数据不断优化参数模型，模拟出传染病的发展规律，为政府提供高质量的案例报告信息，同时也让公众高效、精准地了解疫情的发展现状。在疫情得以控制后，全世界各国也应凭借传染病监测系统继续维持和加强对 COVID-19 疫情发展趋势、愈后影响以及基因组等方面的监测。

表 7-1 中国传染病报告信息管理系统

监测数据来源	监测数据种类
全国医院、卫生院、诊所等各级各类医疗机构	法定传染病发病、死亡病例信息（年龄、性别等人口学特征，疾病诊断，病例分类等个案信息）

在国际上，美国以疾病预防与控制中心为核心，建立了遍布全国各地的严密的疫情实时监控系统，能够在疾病暴发早期及时发现并预警。美国波士顿儿童医院使用人工智能来监控全球疾病的暴发，其自动健康地图系统通过扫描在线新闻、社交媒体报道和政

府报告等信息，在新冠疫情大暴发前率先洞察疫情，发布了中国境外新冠病毒的早期预警，让世界卫生组织等全球机构和医疗专家了解情况。

日本采用传染病流行病学监测计划（National Epidemiological Surveillance of Infectious Diseases，NESID）收集和公布日本相关的传染病信息，通过准确评估以采取有效和适当的措施来预防、诊断和治疗传染病，并在每个地方政府内设立了地方传染病监测中心。

7.2.2 疫情数据挖掘系统

数据挖掘是通过仔细分析大量数据来揭示有意义的新关系、趋势和模式的过程，其融合了人工智能、数据库技术、模式识别、机器学习、统计学和数据可视化等多个领域的理论和技术，是数据库研究中一个很有应用价值的新领域。数据挖掘是疫情实时监测中一种极为重要的决策支持方法。实时疫情监测系统的两大核心功能是数据统计与数据发布，随着数据量的增长和数据复杂性的增加，保证监测数据的准确性和可靠性是建立实时、准确监测系统的基石。

自发现新冠疫情以来，我国相关研究学者和科研机构积极开展对新冠病毒的基因组序列的研究与分析，力求在最短时间内掌握新冠病毒的病原学、致病机制、流行病学特征、临床特征和临床治疗方法等相关信息，研制出针对新冠的疫苗。这些研究数据主要来源于国家或者地方卫健委和各级疾病预防控制中心上报的病例数据。但在疫情萌芽之时，国家政府不能通过直报系统直接高效地获得精确的疫情数据，因此在新一代信息技术的推动下，我国的众多社交软件和平台也成为获取疫情实时数据的新型渠道。社交媒体软件借助互联网平台涵盖了以人类社交为核心的所有网络服务形式，助力互联网从研究部门、学校、政府、商业应用等平台扩展连接到所有个体，因此在海量社交数据中就包含着新冠疫情的有效信息。对于网络社交平台的数据，相关专家通过数据挖掘技术抓取互联网上有关新冠疫情的信息和病例，这有助于研究人员开展流行病学特征分析，为政府制定疫情防控策略提供科学的数据支撑。

7.2.3 疫情预测模型

新冠疫情是目前为止影响范围最广、最危急的全球性大流行病，其高传播速度、严重感染后果以及极大的防控难度等特点让人类生命安全和健康面临重大、持续的威胁。这种病毒在时间演变和空间传播过程中给人类带来的健康危机引起了全世界对新冠疫情未来发展轨迹和态势的密切关注。

当新冠疫情开始暴发时，许多科研工作者就从已有数据中挖掘出疫情传播的潜在特点，通过某市某一时间段的病例数来推算该市的感染人数，对疫情进行了初步分析。随着疫情的迅速蔓延，在现有流行病学资料的基础上，以实际数据为依据，许多学者尝试利用各种方法，如应用传染病传播动力学的经典 SEIR 模型、考虑潜伏期患者病毒传播能力和追踪隔离干预措施对疫情作用后修正 SEIR 模型、统计学模型中时间序列分析的差分自回归移动平均模型（Autoregressive Integrated Moving Average Model，ARIMA

Model）、数据驱动的网络模型、基于机器学习的三步预测模型（three-step prediction model based on machine learning，TSPM-ML）来推演我国各地区乃至全世界各国的疫情未来发展形势，对疫情进展进行了预测性更强、更智能、更准确的预测分析，包括预测不同地区的疫情发展态势、疫情蔓延的范围、隔离和集中防控措施对疫情发展的影响、患病人数达到高峰的时间节点等。

约翰斯·霍普金斯大学建立了疫情地图，该地图提供了全球各国和地区的疫情实时数据，包括确诊病例、死亡病例和康复病例等，由该校的冠状病毒研究中心（Coronavirus Resource Center）维护。兰州大学西部生态安全协同创新中心建立了新冠肺炎疫情全球预测系统（Global Prediction System of the COVID-19 Pandemic，GPCP）。该系统基于实时更新的流行病数据对全球大流行进行预测，为世界卫生组织和地方政府提供重要的科学数据，以帮助公共防控决策和医疗资源的分配。该系统对每个国家的逐日和季节性新增新冠肺炎发病数进行可靠的预测，预测流程如图7-1所示。

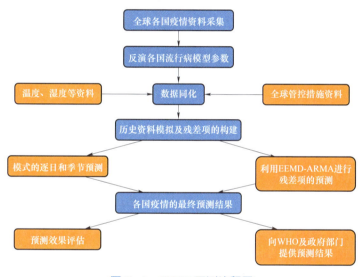

图 7-1　GPCP 预测流程图

GPCP 的第一版模型在经典 SIR 舱室模型的基础上考虑了气象因素和隔离措施对新冠病毒传播的影响，并结合全球真实流行病数据进行参数估计。在第二版模型中则是采用了更为复杂的 SEIR 模型，并考虑了处于潜伏期的患者、社区解封时间以及市民自我隔离对于疫情发展态势的影响，能够进行季节性预测以及疫情二次暴发预测。最后，研究人员采用了 EEMD-ARMA 方法进行残差项预测，对预测结果进行修正，以得到更优的预测效果。

7.2.4　疫情溯源系统

1. 病毒溯源

病毒溯源旨在查找致病病毒的动物源头和向人类的传播途径，包括中间宿主的可能作用，这对采取有针对性的传染病防治措施、减少今后发生类似事件的风险具有至关重要的作用。

2. 感染者溯源

我国多通过大数据和人工智能技术对重点人群采取行踪溯源和预警。对于某地区发生聚集性疫情，需要运用流行病学调查和公安、工信大数据、病例电子支付记录、重点场所监控视频等大数据技术来调查感染人群和危险因素，并收集病例和与病例相关人员的活动轨迹信息，采集病例住家和与病例有关联的场所环境标本、动物标本及食品标本，对相关人员进行核酸检测，对病例的密接和次密接人员进行医学隔离观察，以防疫情高风险区域向外扩散。其他国家则主要通过算法进行预防，例如利用一定数量的相关病例来训练模型，预测可能发生疫情的空间和时间，从而达到预警的目的。

3. 信息溯源

由于疫情暴发的突然性和危害性，网络社交平台上许多涉疫谣言频频传播，因此对于突发疫情不仅要进行病毒溯源，还要对谣言溯源。基于 SI 传播模型以及多种算法能够定位真正散播不实消息的人或群体，对其进行教育和处罚，以免引起社会恐慌，破坏社会秩序。

7.3 疫情防控与决策支持

7.3.1 疫情态势分析

随着我国对外交往的日益频繁，文化交流和对外贸易日趋扩大，我国传染病流行与传播的发生风险也在明显增加。从 2003 年暴发的 SARS 疫情、2009 年的甲型 H1N1 流感、2014 年西非的埃博拉疫情和 2016 年巴西的寨卡病毒疫情等突发公共卫生事件来看，这些疫情突发事件均具有突发性强、破坏性大、波及范围广等特点，严重威胁了居民的生命健康，影响社会稳定和经济发展，同时也暴露出各国在突发公共卫生事件应急管理上的薄弱环节和短板。

随着大数据时代的到来和我国"互联网＋医疗健康"战略的实施，新一代信息技术与医疗健康服务的融合愈来愈深，医疗卫生服务质量和现代化管理水平依托互联网等技术不断得到改善和提高。基于智慧应急产业的发展，突发公共卫生事件的管理模式发生了重大改变。相较于传统卫生应急体系，基于 5G、AI、大数据、云计算和人工智能等新一代信息通信技术推进了疫情防控工作的高效执行，加速了新一代信息技术与突发公共卫生事件应急管理技术的深度融合，充分展现了高新技术在疫情数据挖掘、监测预判、溯源追踪、资源调配和科学高效救治等方面的作用与前景。

在新冠疫情防控期间，我国启用了世界上规模最大的传染病疫情与突发公共卫生事件网络直报系统——中国疾病预防控制信息系统，如图 7－2 所示。该网络直报系统"横向到边、纵向到底",连接全国各地。此系统得益于人工智能技术自然语言处理的支持，实现了新冠疫情日报的信息收集和流调溯源任务，为精准分析疫情发展态势提供了强有力的数据支撑。通过收集的疫情相关数据，借助 AI 算法和传播动力学模型、动态感染模型和回归模型等大数据分析模型，分析发病热力分布和密切接触者的风险热力分布，科学研判疫情发展态势，并依靠此数据动态调整模型参数，平衡预警的灵敏度和特异度，分析疫情时间变化趋势和空间分布特征等，精准高效地公布确诊人员及无症状感染人员的基础情况和暴露接触史、密切接触者及次密切接触者的活动轨迹、不同地区的风险程度等疫情最新进展，为传染病溯源分析提供理论依据。

图 7-2　中国疾病预防控制信息系统界面

7.3.2　防控策略制定

传染病疫情和突发公共卫生事件给人民群众的医疗健康带来了巨大威胁，因此必须规范各类突发公共卫生事件的应急防控工作，以有效预防、及时控制和消除突发公共卫生事件及其危害。当发生突发公共卫生事件时，应当依据《中华人民共和国传染病防治法》《中华人民共和国突发事件应对法》和《突发公共卫生事件应急条例》等法律法规应对。

1. "四早"防控原则

"四早"措施，即"早发现、早报告、早隔离、早治疗"，这是传染病防控的重要手段，也是提升精准防控效能的重要保障。对于突发的公共卫生事件，"早发现"最为关键。在发现疑似病例后，应当及时上报疾控部门，并开展紧急防控；科学研判疫情形势，划定风险等级区域；集中隔离，扩大预防范围，分级诊疗；发布疫情实时信息，稳步推进防控政策。

2. 大数据分析和智慧应急系统辅助制定防控策略

大数据分析和智慧应急系统等也在充分支撑着疫情防控工作。利用大数据分析技术，在不侵犯公众隐私的情况下，合理合法地适度分析社交媒体数据，了解公众的行为动向和心理状态，从而制定更加精准的公共卫生宣传策略，引导公众采取科学防疫措施，防范虚假信息和不实谣言的传播。

智慧应急系统的首要任务则是进行疫情监测感知与趋势预测。我国的疾控直报网络系统开发了信息系统和日报工作信息化平台，加强了系统自动质控和变量间的逻辑校验功能。通过实时收集和分析各类健康数据和环境数据，该系统能够及时全面地统计全国各地的病例，同时结合电信运营商、互联网公司、交通部门等单位的信息，利用数据分析、数据挖掘等技术获取其他相关数据和疫苗注射情况，追溯密切接触者的活动轨迹，划定高低风险区，公布"疫情地图"，帮助人们做好个人防护。

从 2022 年开始，网络直报系统公布的越来越多的病例数据显示，大部分人感染新型冠状病毒后表现为无症状或轻症，极小比例的感染者会发展为重症。基于智能监测系统对疫情发展趋势的准确预测、变异株毒性的持续下降以及我国积累的大量处置聚集性疫情的数据和经验等多方面因素的考虑，我国适时调整了疫情防控策略，进入了常态化防控阶段。

3. 数字治理在疫情防控工作中的应用

在防控过程中，数字治理起到了关键作用，筑起了一道智慧防线。根植于政府打造的物联网平台，我国企业利用数字技术的优势推出了健康码、行程码、流调码、场所码等数字治理应用，在确保个人隐私安全的前提下，将公共服务信息与个体健康状况信息融合，成为人员流动管控和复工复产复学的重要工具。

多地管理采用"网格化＋大数据"模式，打造社区网格智慧化管理，在社区设立检查登记制度，部署了人脸识别门禁、车辆自动识别、视频监控重点区域覆盖等智慧化基础设施以做好排查工作。互联网企业采用 O2O（Online To Offline）服务模式，形成线下活动到线上活动的映射，通过基层数字健共体，搭建抗疫线上专区，实现云管理、云服务、云药房、云检查，保障人民的医疗和健康服务需求。基于人工智能发明的无人消杀车、无人扫地车等"无人科技"也成为抗疫工作中的重要智能力量，无人科技深入抗疫一线，实现了消毒、清扫、送货和巡逻等任务，有效降低了交叉感染的风险。

7.3.3 防控效果评估

在一定数据的支持下，全面科学地评估防控治理效果有利于在应对和处理突发性公共卫生事件的过程中及时总结经验与不足，以便更好地调整相关政策和方案。在 2021 年多位专家以应急管理理论为理论框架，采用专家咨询法构建了我国首个新冠肺炎聚集性疫情防控效果评价指标体系，该效果评价指标体系从应急管理的事前预防、事中处置和事后评估三个角度来构建,包含 5 个一级指标、27 个二级指标,从疫情发现报告能力、精准防控能力、公众防护能力、医疗救治效果、疫情防控效果五个方面量化评估国内聚集性疫情的防控效果,如图 7-3 所示。

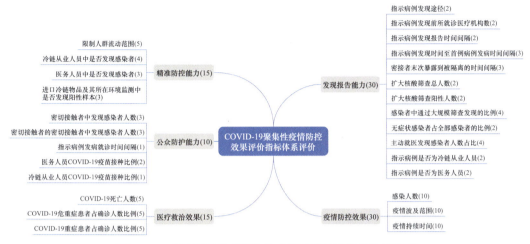

图 7-3 我国新冠肺炎聚集性疫情防控效果评价指标体系

此防控效果评价指标体系的构建能够及时发现防控不足、总结防控实践经验,对高效精准防控发挥着重要作用。

7.3.4 资源调度优化

保障应急资源是应对任何突发公共安全事件的重要而基础性的工作,当遇到突发公共卫生事件时,一方面要确保医用防控物资和生活必需品的应急供应,另一方面要加强医疗资源的建设,因此救援和防控行动中的智能化资源调度至关重要。智慧应急系统和智能应急应用能够实时分析灾情,动态调整救援资源和人员的分配,并根据监测结果将应急物资优先分配给灾情严重的区域,确保在资源紧张时,各地能够相互支援,跨区域协调资源共享,实现应急资源的科学高效调度和多队伍有序管理。

1. 保障应急物资储备

保障物资是化解突发公共事件必不可少的一环。对于重要物资,国家实行统一调度,密切监测市场供需动态,因时因势将资源紧急调度到重点地区,为其建立交通运输"绿色通道",多措并举保障各类物资的供应。一方面,地方政府需迅速动员和组织当地支持医用物资和生活物资供应的企业及时复工复产、优化组织生产、扩大产能和增加产量。许多企业都紧急召回工人组织生产,调整生产进度,做好农副产品和医用物品生产、流通、供应的组织工作,并严防哄抬物价和制假售假等违法行为。另一方面,全国交通运输行业紧急联动,公路、铁路、民航、水运纷纷将医用防护服、口罩、呼吸机、监护仪、ECMO 等疫情防控急需的重点支援物资和救命设备,运往全国抗疫主战场,确保各类物资供应和运输一路畅通,为抗疫提供了重要的后勤支持,见表 7-2。

表 7−2　疫情发生以来调往湖北省医疗物资情况（截至 2020 年 4 月 30 日）

序号	类别	品种	单位	数量
1	医疗设备	全自动测温仪	台	20033
2		负压救护车	辆	1065
3		呼吸机	台	17655
4		心电监护仪	台	15746
5	消杀用品	84 消毒液	吨	1874
6		免洗洗手液	万瓶	71.4
7	防护用品	医用手套	万副	198.7
8		防护服	万套	773
9		医用 N95 口罩	万只	498
10		医用非 N95 口罩	万只	2720
11	防控用品	磷酸氯喹	万片/粒	40
12		阿比多尔	万片/粒	360

2. 高效调度应急物资

在突发公共卫生事件时，地方政府应切实履行主体责任，在全国范围内高效配置资源，并抽调军队和医务工作者予以支持，解决医院和床位等医疗资源短缺的问题。利用先进技术如物联网、大数据、人工智能等，对灾害区域进行智能空间分析，精准定位周边可用物资资源，包括各类设备、建筑材料、防护用品等。同时，借助智慧物流平台和数字化管理系统，实时监控物资的运输、仓储和分配情况，优化运输路径，确保大量物资在短时间内抵达灾害现场。此外，创新的一体化技术体系和通信保障技术支持，能够实现物资调配的高效指挥和协同作业，为快速响应和有效救援提供有力保障。

3. 优化资源合理调度

针对实际需求，实时优化资源调度策略，根据各风险区域的风险等级及需求动态调整，强化对其他关键区域的防控措施和物资支持。同时，增加对关键物资和技术研发的投资强度，并强调遵循科学、精准、规范和高效的指导原则，以确保资源的充分利用，避免资源浪费，提高整体效率。

7.4　医疗资源调度与优化

7.4.1　医疗资源实时监测

医疗应急资源主要涵盖突发事件处置中与人员安全、搜救、救助、医疗等有关的物资。突发重大公共卫生事件极易导致公共医疗资源出现供不应求的现象，因此必须合理分配和使用紧缺的医疗资源，减少资源浪费，同时根据突发卫生事件的严重程度加大资源投入、跨地域调配。目前，我国正加快推进大数据、人工智能、云计算等新兴信息技术与应急系统的融合，推进智慧应急领域的发展，但我国的应急物资分配制度仍不完善，缺乏对现有医疗资源的监管和调度。

以新冠疫情刚暴发之时为例，全国便出现大量抢购物资的现象，由于政府等相关机构无法宏观调控物资的流向，也无权干预人群购买物资的数量，所以许多口罩、酒精和针对呼吸道感染的相关药物等医疗物资与生活物资纷纷被抢购一空，出现严重的分配失衡。医疗物资严重的供不应求不仅促使其价格暴涨，造成市场波动，带来风险，更让真正急需的人群无法及时获得物资，致使其无法得到有效的救助。对此，我国必须基于现代信息技术建立应急物资调度信息平台，利用数据监控实时监测医疗资源的使用情况，并建立关键应急物资调配制度，加强部署应急物资统一调配工作。

在突发事件发生时，政府首先做好风险评估工作，控制舆论导向，避免不切实际的谣言引起居民恐慌，通过建立的应急物资调度信息平台掌握突发公共卫生事件的物资储备情况及不同地区或人群的应急物资需求，记录社会各界捐赠的医用物资，实现医疗资源的公开透明和实时监测。随着应对突发公共卫生事件措施的出台，政府可基于网络直报系统数据分析结果和公民实际需求灵活分配医疗资源，分配方案应遵循公正、高效和动态三大伦理原则。对于医疗用品和设施资源，各级政府应当结合平台数据情况适时采取转产或者复工复产的方式来精准助推医疗物资的生产与供给，避免医疗物品的过度缺乏和储备过剩，并应严厉查处通过囤积居奇、转手倒卖等方式哄抬物价和制假售假以牟取暴利的违法行为，必要时应收回市场上急需物资的自由售卖权，以保证医用物资的应急供应。对于医疗人员和医疗床位的资源分配，应当提倡发挥"一方有难、八方支援"的精神，集中全国各种医疗人才和应急队伍支援重点区域，利用智慧应急系统根据病床使用率及时调整各医疗机构的收治能力，整建制地接管定点医院重症病区。

在物资的协调配送和运输实时监测方面，更要发挥现代智能化技术的优势，着眼于智慧化物联网的建设。运用物联网技术为应急物资配备信息化标签，实现对医疗物资的装载、运输、接收全链条流程的感知，以减少物资流通的中转环节，并充分利用交通资源，结合道路监控系统自动为车辆规划行驶路线，为分发站点配备应急物资识别和匹配设备，实时掌握车辆动态路径和物资的具体发放与使用情况。在整个分配、运输和派送过程中，通过大数据得到有效的反馈信息，实现全程留痕、监督追溯和动态掌控，以提升突发公共卫生事件的医疗资源监测能力和应急管理效能，为应急事件治理奠定坚实的物质基础。

7.4.2 资源调度优化

当发生突发公共卫生事件时，应采取救助时效性最高而资源调度成本最低的方法来积极、妥善、高效地调度应急资源。但由于突发公共卫生事件中的各种不确定性因素，政府对应急资源的分配政策也会随着突发公共卫生事件的不同阶段发展而改变，资源需求和实际调度问题十分复杂。目前医疗卫生人才队伍的配置出现了较大的缺口，很多医疗机构缺乏医生、护士和公共卫生等医疗人才，这对于资源合理高效的调度提出了更高的要求。

1. 智能资源调度系统

随着云计算、5G 等技术的突破，我国已经出现基于智慧应急系统的应急资源调度模型，力在实现资源信息化、智能化的精准调配。根据突发公共卫生事件的具体情况，各级政府可以利用此模型快速掌握医疗资源的配置状况，依靠应急系统来反馈当前的应急资源状态，从而高效地优化资源调度。在中国强大的通信设施保障上叠加云技术催生的智能应用，能够助力搭建医疗、物流和交通等领域的紧急救援调度系统，通过互联互通的数据和安全防护，合力构建资源调度的绿色通道，实现资源的动态调整。这不仅能够降低应急成本，避免资源浪费，还能优化医务工作者的援助分配工作，一定程度上缓解医护人员调配紧张、超负荷工作的痛点，确保医疗资源能在关键时刻迅速、准确地送到目的地，提高资源利用效率，加强医疗资源的布局合理性和服务协同性。

2. 资源调度评估

应急资源配置效率是定性定量测量应急资源布局和应急资源调度实施过程的关键特征值之一。配置应急资源不仅要在事前做好布局，还要在事中做好响应，通过过往调度资源的经验以及评价当前处理突发公共卫生事件采取的资源调度方案的有效性和满意度等相应评价指标来反映应急资源调配的合理性和有效性，并基于机器学习、深度学习、无监督学习等 AI 算法设定不同地区应急物资需求、配送成本大小和配送时间等与资源调度息息相关的参数，根据实际变化不断调整资源调度模型参数，利用模型的数据自我学习和迭代能力让模型持续发挥价值，不断获得阶段性的最佳参数和最优方案，从而实现应急资源调度方案的调整和优化。

7.4.3 资源共享与协作

在资源有限的情况下，各组织应整合不同领域的专业知识和技能，通力合作，实现资源共享，提高响应效率，使得各方可以更快地获得所需物资和支持，避免信息孤岛和资源冲突，从而提高整体的工作效率。

1. 诊疗服务云平台

在建设"互联网＋医疗健康"的背景下，建立医疗信息共享与服务协同云平台和以医联体建设为重点的整合型分级诊疗体系，利用此联合模式实现更加合理的资源配置。通过"互联网＋"技术能够将医疗人员资源共享到各个层级和公共卫生事件的主要流行区与医疗资源匮乏地区。利用互联网上的在线问诊服务，有效缓解了在疫情防控期间普通病症人因医疗资源紧张导致的就医难等问题。

2. 远程医疗系统

基于互联网平台和5G技术，优质医疗专家资源可通过远程视频连线的方式，开展远程多学科会诊、远程影像诊断、远程术中指导和共享有关突发公共卫生事件的资料信息，为流行地区和在医疗方面难以自行应对突发卫生事件的区域提供重要的医疗技术支持，实现资源共享与协作。在新冠疫情防控期间，火神山医院应用了远程医疗系统，如图 7-4 所示。该系统配置了一体化高清视频会议终端、视频会议设备、管理平台，以及配备了移动摄像头的医用推车，通过高清电子设备能更细致地观察影像学资料并提出诊断意见。即使在极限网络环境下，远程医疗也能顺利进行。利用医用推车的移动摄像头可近距离观察病患情况，大大降低了聚集性交叉感染的风险。"互联网＋医疗"平台的应用大幅减少了跨省、跨区域就医人群数量，进一步提高病例诊断、救治的效率。

图 7-4　武汉火神山医院首个"远程会诊平台"

3. 信息资源与反馈机制

借助于移动互联网和智能手机，公众能够高效获取最新的疫情动态和科学防疫知识等，实现资源共享。依靠对各地的动态监测管理，我国能够把握疫情发展态势，发现疫情防控中的各类问题并提出相应措施，如加快生产医用物资、联合各行业协同发力紧急建立医院和利用交通管理和物流协作完成资源运输等，统筹调配各类资源进行协作。

在大数据的海量数据采集和高效数据分析与传播技术的加持下，我国实现了资源的快速共享和协作，加速遏制了疫情的发展。当发现新冠病例后，我国公共卫生和科研机构立即展开对病毒的研究，并与世界相关国家和国际组织及时通报进展，交流相关情况。得到新型冠状病毒基因组序列信息不久后，我国就在全球流感共享数据库（GISAID）——全球最大的流感及新型冠状病毒数据平台上与全球共享，并与欧洲企业联合研发了新冠疫苗。疫情于世界大流行时，我国还派出多支医疗团队协助多国开展疫情防控，同中东欧 17 国举行新冠肺炎疫情防控专家视频会议，在疾控、临床、民航、海关、社区留观等各专业领域分享一线诊疗和防疫经验，并提供数以亿计的抗疫物资和新冠疫苗援助。

7.4.4 资源储备与调配

自 2010 年至今，我国卫生应急队伍不断壮大，应急救援管理不断加强。在新一代信息技术发展的推动下，卫生应急体系逐渐趋于科学化、专业化、智能化和精细化，救援装备、救援理念和救援方法都越发先进和智能，建立了素质优良的专业救援骨干力量，夯实了国家卫生应急救援的基础能力，全面提升了公共卫生领域应对突发事件的能力和水平。

1. 我国应急救援队伍储备

应急救援队伍在全国范围内分区域部署，地方救援队伍也在不断完善。2021 年全国建设了紧急医学救援、突发急性传染病防控、突发中毒事件处置、核和辐射突发事件卫生应急等 4 大类 59 支国家卫生应急队伍和国家卫生应急移动处置中心，覆盖 31 个省（自治区、直辖市）和新疆生产建设兵团。国家卫生应急队伍主要由卫生应急管理人员、医疗卫生专业人员、技术保障人员和后勤保障人员构成。我国规定应急管理和医疗卫生专业人员每队配置 30 人以上，并设队长 1 名，副队长 2～3 名，每支队伍配置 30 人以上的后备人员。"十四五"规划指出，中国将强化监测预警、检验检测、应急处置等职能，建设 15 个左右区域公共卫生中心，升级改造 20 个左右国家重大传染病防控救治基地、20 个左右国家紧急医学救援基地。

2. 应急物资储备

在突发事件应急救援过程中，各类物资的储备和调配是有效应对突发事件的必要条件。应急物资包括国家战略物资、生活必需品、救灾物资、专用应急物资与装备等，如图 7-5 所示。应急物资储备包括实物储备、商业储备、生产能力储备、合同储备等形式。根据灾害事故特征和应急工作需要，我国设立了中央和地方各级应急物资储备库，建立了应急物资采购和储备制度。随着科技不断发展，我国现代化建设不断加快，我国应急资源储备和调配也随之变革，通过利用多维度数据融合、地理信息系统、区块链和物联网等技术，不断提升应急物资保障能力和水平，应急物资调配逐渐网格化和智能化。

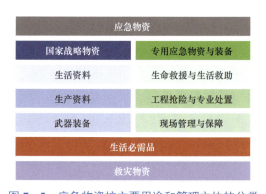

图 7-5　应急物资按主要用途和管理主体的分类

3. 应急资源调配

在调配资源前，要先确认突发公共卫生事件所需物资地区的相关信息以及所需物资清单，并实时上报系统，系统根据事件波及地区的严重程度，按就近原则进行应急物资供需的智能匹配，并结合突发事件的发展趋势进行动态调整和优化，精准有效平衡物资的供需。通过智能化调配系统实现应急物资供应链的协同运行，开展应急物资的生产、采购、储备、调拨、运输、发放和回收全生命周期信息化等一系列管理，精准对接电商平台与数字物流系统,开通运输平台的绿色通道,争取尽快完成应急物资的配送。智能化资源储备和调配大大提升了应急物资的调配治理效能,提高了应急物资管理的决策支撑能力,促进防控救援行动的有力有序有效开展。

7.5 公众服务与信息发布

7.5.1 公众健康信息查询

随着公众健康意识的提高以及新兴信息技术在日常生活中日益广泛的应用,公众可以通过医疗书籍、社区卫生服务中心、医疗机构、线上搜索引擎、网络论坛和手机 App 等多渠道、多形式、多方位进行健康信息的查询,获取相关医疗卫生健康知识。目前,互联网已经成为公众获取健康信息的主要渠道,在提升自身健康素养方面发挥着越来越重要的作用。尤其是面对突发的重大公共卫生事件时,健康素养较高和处于潜在未知医疗危险中的公众多会在互联网上搜索相关健康或疾病的可靠信息,并通过多种方式查询自身健康状态,以此来维护自身健康,作出个人健康决策,辅助国家在应对突发公共卫生事件时能够适时调整政策。

在深入推进"互联网+医疗健康"发展的大背景下,我国基于互联网的医疗健康信息服务不断丰富和完善,利用健康信息服务系统的智能性、及时性、便捷性、科学性和交互性等特征,进一步解决人民群众看病就医的急难愁盼问题。目前,国家全民健康信息平台已基本建成,我国正普及推广电子健康卡,实现跨地区、跨医疗机构的"一卡通"就医方式。同时,我国统筹推进全国统一的电子健康档案、电子病历、药品器械、公共卫生、医疗服务、医保等信息标准体系的建立,逐步实现互联互通、信息共享和业务协同。在保障数据安全和个人隐私的基础上,实现了健康信息的对接联动,居民本人或授权人能够便捷调阅个人电子健康档案,更好地记录和管理居民全生命周期的健康信息,实现了在已覆盖的所有地区中能随时随地通过标准化健康信息平台查询个人电子病历、健康档案、检查报告结果以及其他相关医疗信息。

基于互联网搭建的数字化网络运行的信息系统能快速构建居民、医疗机构与社会公共服务等相关部门之间的信息互通共享的纽带,这极大地提高了应对突发公共事件的紧急医疗救援能力和急救能力。当遇到紧急情况时,平台能够利用已有的用户数据对接公共卫生系统末端,线上采集与突发事件相关的患者数据,并反馈给政府,守护需要帮助和处于风险当中的公民。在疫情防控期间,健康码基于地方政府、基层组织和各类企业共同构成的数字治理生态系统而产生,借助大数据技术和个人在平台端自主填报和审核后的信息,政府能够精准、动态地管理公民健康情况和流调信息,并随着健康码技术的成熟,国家推出了防控健康码系统,基本实现了健康码的"一码通行"。对于个人,公民也可通过防控健康码系统查询个人健康检测结果、注射疫苗情况和途经城市信息等,了解疫情发展态势、风险地区划分和风险人群的行动轨迹等,大幅提升疫情防控工作智能化水平,最大限度地保护每个人的健康。

7.5.2 防控知识宣传

在数字媒体技术高速发展的时代背景下，健康科普知识发布和传播的方式及水平都迈上了新的台阶，公众对自身健康的关注度也越来越高。

1. 信息传播在突发事件中面临的问题

当公共卫生事件突然来临时，处于未知风险中的公民会迫切地想从各个途径获取相关信息，但由于事件暴发前期的信息多以碎片化呈现，且信息冗余繁杂，公民难以发现值得信任的信息来源和可以依靠的指导，从而忽略或以错误的方式和态度学习防控知识与措施。这种由无序和失控的信息传播引发的"信疫"之战不但不利于治理公共卫生事件，甚至还可能对公民的身心健康产生严重的危害，造成无法挽回的后果。

2. 科学知识宣传的重要性

在面对突发公共卫生事件产生的信息混乱和信任危机，各级政府开展重大突发卫生事件的科学知识普及教育刻不容缓，必须及时收集和梳理相关专业防控知识，实施对应举措让公民准确地了解此次突发事件的正确信息，包括病因、传播途径、临床表现、治疗、预防措施和发展态势等，让公众意识到事件的严重性和防范的必要性，并迅速行动起来，采取相关自我防范的措施，从而增强大众的避险求生、自救互救的意识，提升民众防范和应对重大疫情的综合能力，减少对健康的损害程度，防止突发事件涉及范围进一步扩大和传播。

3. 信息传播的多种途径

过去通过传统媒体来开展突发公共卫生事件的科普工作，形式较为单一，在改变人们健康态度与行为方面的作用也并不显著。伴随着现代信息技术的迅猛发展，传统媒体的应用越来越少，新媒体传播机制不断演进和更新，社会信息传播模式逐步形成了多种传播机制交错叠加的融合传播的复杂格局。新旧媒体传播机制的比较见表 7－3。

表 7－3　　　　　　　　　　　新旧媒体传播机制的比较

两种媒体	传播机制	传播主体	驱动力	典型技术和应用	传播特点
传统媒体	大众传播	传媒或组织	内容驱动	报纸、杂志、广播、电视	自上而下集中控制
新媒体	网络传播	传媒或组织	内容驱动	邮件、门户和搜索	自上而下
	自传播	个人（互联网用户）	用户驱动	博客、微博和微信	自下而上
	智能传播	智能算法	数据驱动	短视频、AI 和脑机接口	复杂综合

新媒体技术的快速迭代使得防控知识的宣传方式变得多种多样：一旦发生突发公共卫生事件，主流媒体应当及时作出反应，向公众普及科学防控知识；大门户网站及医疗单位、卫生部门等官方网站也会利用卫生科普板块向公众提供更多细节性、专业性、权

266

威性、可及性的防护科普知识；有来医生、妙手医生、百科名医、丁香园等知识共享经济平台可以在线提供疫情防控和心理调适等科普服务。

微信凭借其接受度高、传播快、信息量大、互动性强、兼有服务功能等特点，已然成为目前应用最广泛、最活跃的社交平台之一，而分享简短实时信息的微博也是网民获取最新资讯的主要途径。这两个社交软件都是传播突发公共卫生事件相关信息的"主力军"，利用微信的朋友圈、小程序、公众号和各种服务查询功能，以及微博移动终端接入的各种形式的媒体信息，都能快速、便捷地发布和宣传健康防控知识，实现信息的即时分享和传播互动。

基于视频网站和短视频App，科普形式也越发多样。如官方整合制作的防控知识小动画、权威专家和学者的采访视频、新闻发布会答疑解惑的总结视频、自媒体创作的情景科普视频、个人防控的经验分享和Vlog等，再利用大数据和算法推荐技术基于人群画像对不同重点人群推送个性化形式的防控科普，满足不同群体的各类需求，增强防控知识的可读性，达到传播效果的最大化。但同时在信息洪流里，新媒体面临着宣传网络谣言和错误科普知识的巨大问题，并在向个人偏好与立场倾斜传播的特性中愈发严重，因此新媒体必须加强优质健康科普知识的供给，辟谣虚假和错误信息，保证预防和防控知识宣传的专业性、科学性、可及性和可理解性，肩负起健康科普、规范传播的主体责任。

7.5.3 疫情动态发布

目前，我国已建成的传染病疫情与突发公共卫生事件网络直报系统平均报告时间已经从5 d缩短至4 h。国家层面建立了72 h内快速鉴定300种病原体的技术体系和全国电话流调系统，所有省级和90%的市级疾控中心都具备了核酸检测和病毒分离的能力，这大大提高了应急防控能力。在新冠疫情暴发初期，我国便启用网络直报系统收集相关病例数据，提前预判疫情流行态势，经过梳理整合后再由权威网站和主流媒体公布，确保疫情信息能准确、及时、有效地传递到全国各地。除了国家医疗部门网站的病例数据采集，许多专业院校和企业也都曾自主开发数据采集、提取和集成系统工具，训练疫情预测分析的计算模型，构建数据库，研发相关智能应用，为疫情态势分析夯实了数据基础。

新冠疫情防控期间，政府相关部门凭借其专业性和权威性成为疫情信息发布的主体。现代信息技术飞速发展，政府等官方部门必须依托媒体间的有效融合联动，以移动化、社交化、可视化、智能化、平台化等多种技术手段，直观通俗地为公众解释与分析疫情的发展。互联网上各大主流媒体根据平台的特点，以多种形式传播实时公布的疫情动态，例如：各大主流媒体构建各自的短视频聚合平台，通过短视频的形式来公布研究人员开展病毒研究、开发检测试剂、研制疫苗的最新进展，以及疫情波及的范围和程度等信息；依托互联网、5G和VR等技术，记者能通过镜头、口述等直观化的方式展示现场动态环境，包括医院救治状态、疫情防控状态、市民生活状态等一线情况，形成以文字、图片、视频、直播等多媒体手段和微博、微信公众号、短视频平台等多媒体平台融合的报道体系。

7.5.4 公众服务咨询

在医疗行业，新一代信息技术与医疗卫生健康的融合发展已成为不可阻挡的时代潮流。在"互联网＋医疗健康"的发展下，医疗机构不断发挥数字健康技术和平台的优势，在持续改善线下医疗服务的同时，利用互联网、大数据等信息技术完善卫生健康的服务形式、流程和内容，积极推动便民惠民线上服务向纵深发展，为公众提供在线便捷高效的服务。

智慧医疗的发展也让公众服务咨询的方式变得多样化和智慧化。目前，许多线下实体的医疗机构都采用了线上线下一体融合的就医模式。在网络上开设了"互联网医院"，不仅提供了线上诊疗、健康咨询和专家在线访谈服务，还能通过智能物联终端设备监测跟踪和管理慢性病患者、高危人群和特殊人群的特征指标数据，保证了线上线下无缝衔接的连续服务，提高了基层医疗的服务范围和能力，让人民群众的就医获得感不断增强。

科技的发展也推动了医疗健康"一体化"共享服务的建设，让医院实现了数据的互联共享，从而不断优化就医流程，提高服务效率。从只能线下排队挂号到电话、公众号、小程序、App 直接或代为预约挂号，公众的就医服务前进了一大步。如果公众要咨询某项检查或者询问检查时间和地点，也都能通过电话或者线上留言的方式实现。同时，就医时遇到的挂号科室问题，也可先通过简单的网络问诊，再采取线下就医的方式，这大大提高了就医的精准率和效率。疫情防控期间，在医患之间无法实现线下面对面诊疗的情况下，通过查询云病历，患者可在相关视频平台上采取网络问诊和复诊的方式来实现医疗行为。

除此之外，医疗机构利用海量信息存储技术能全面覆盖公民对于卫生健康的服务需求，涵盖医学领域的新技术、疾病治疗的新方法、医院开设的科室、支持的医学检查、疫苗接种、生物制剂和药品的储备情况以及各类应急、用药、健康保健常识等各个方面。公民需要咨询的卫生健康信息都能通过国家基本公共卫生服务项目管理平台或者医疗机构官方网站查询。在面对突发的公共卫生事件时，应急知识咨询服务更是防控治理的好帮手。以新冠疫情为例，通过构建防控集成信息平台和科技决策咨询服务体系，分别为各类信息用户提供即时、准确、严谨、科学的专业科技知识信息服务，为各级决策用户提供"及时、可靠、管用、权威"的科技战略研究与决策咨询服务，以便更快、更好地解决突发公共卫生事件对人民群众身心健康的影响。

参　考　文　献

[1] 李立明. 新中国公共卫生 60 年的思考 [J]. 中国公共卫生管理，2014（3）：311-315.

[2] 王辰，姚建红，杨维中. 准确把握新时代我国公共卫生体系建设的概念及内涵 [J]. 人之初，2021

（5）：24-25.

［3］Choi B C, Barengo N C, Diaz P A. Public health surveillance and the data, information, knowledge, intelligence and wisdom paradigm［J］. Revista Panamericana De Salud Pública, 2024, 48: 1-6.

［4］洪荣涛，吴生根，李群，等. 中国大陆传染病监测与展望［J］. 疾病监测，2015（12）：994-1001.

［5］黄硕，刘才兄，邓源，等. 世界主要国家和地区传染病监测预警实践进展［J］. 中华流行病学杂志，2022（4）：591-597.

［6］王坤，毛阿燕，孟月莉，等. 我国公共卫生体系建设发展历程、现状、问题与策略［J］. 中国公共卫生，2019，35（7）：801-805.

［7］陈婉莉，董琳娟，王继伟，等. 日本传染病监测体系介绍［J］. 中国公共卫生，2021，37（10）：1473-1477.

［8］王光宏，蒋平. 数据挖掘综述［J］. 同济大学学报（自然科学版），2004（2）：112-118.

［9］Huang J, Zhang L, Liu X, 等. Global prediction system for COVID-19 pandemic［J］. Science Bulletin, 2020, 65(22): 1884-1887.

［10］Huang J, Zhang L, Chen B, et al. Development of the second version of global prediction system for epidemiological pandemic［J］. Fundamental Research, 2024, 4(3): 516-526.

［11］姚建义，金雅玲，汤晓勇，等. 突发公共卫生事件智慧应急发展探讨［J］. 中国工程科学，2021，23（5）：34-40.

［12］何文盛，李雅青. 突发公共卫生事件中信息公开共享的协同机制分析与优化［J］. 兰州大学学报（社会科学版），2020，48（2）：12-24.

［13］李卓婷. 浅析突发事件下的应急物资调配问题及对策研究［J］. 社会科学前沿，2023，12（4）：1823-1827.

［14］彭錞. 突发公共卫生事件中紧缺公共医疗资源分配的伦理方案与法律规则［J］. 环球法律评论，2021，43（3）：39-51.

［15］林伯海，朱炜. 重大疫情应对中宣传思想工作创新的多维思考［J］. 思想政治教育研究，2020，36（3）：4.

第8章 智慧应急发展趋势

智慧应急是应急管理体系现代化的重要目标，其发展受到多重因素的影响。在技术层面，通过应用人工智能、物联网、云计算等新一代信息技术，应急管理信息系统可以显著提升效能，但技术成熟度不足、系统整合度较低以及网络安全风险等瓶颈问题仍然显著。在管理体系方面，部门间协同联动机制的不完善、应急预案的实战性与适应性不足，以及专业人才供给的短缺，已成为制约智慧应急发展的重要障碍。此外，资金投入的持续性、资源配置的合理性以及运行维护的可持续性，也直接影响着智慧应急系统的建设成效与运行质量。

尽管面临诸多挑战，智慧应急领域仍展现出巨大的发展潜力。在政策层面，战略引导与制度保障为智慧应急的发展提供了坚实基础。同时，市场需求的持续增长、技术创新的深度应用，以及产业链的协同发展和跨界融合，共同构成了智慧应急发展的强劲动力。这些积极因素将推动智慧应急在公共安全与应急管理领域发挥更加重要的作用，为社会提供更科学、更高效、更精准的应急管理解决方案，从而显著提升社会治理的现代化水平。

8.1 智慧应急面临的问题与挑战

智慧应急作为现代应急管理体系的重要组成部分，通过运用信息化、智能化手段提升应急管理的监测、预警、决策、处置、调度等方面的效能。然而，在实际应用中，智慧应急系统在技术、管理、资金等方面仍然面临诸多不足和挑战。

1. 技术层面

（1）技术成熟度不足。尽管人工智能、大数据分析、物联网等技术已经被广泛应用于应急管理领域，但一方面这些技术本身仍在快速发展，部分新兴技术仍然在研发和实验阶段，在某些特定场景下，其有效性和稳定性仍有待提升。另一方面，部分技术应用未能充分结合应急管理的实际业务需求，导致系统功能与应急工作的实际需求脱节，难以发挥预期作用。

（2）系统集成度不高。应急管理涉及气象、交通、消防等多个部门和系统，数据来源广泛且格式多样，数据共享和协同存在障碍，影响了跨系统的数据交换和资源共享。智慧应急系统通常由多个子系统组成，这些系统往往会涉及不同的技术和设备，系统之间可能存在技术兼容性问题，导致数据传输不畅、功能无法协同。此外，随着技术的快速发展，新老技术的更替也可能会增加系统集成整合的难度，导致系统升级和改造困难。

（3）网络安全威胁复杂多样。智慧应急系统高度依赖网络进行数据传输和业务协作，这使其容易受到网络攻击和数据泄露的威胁。由于系统的实时性和协同性要求极高，一旦遭遇网络攻击，不仅需要快速响应，还需具备强大的恢复能力，这无疑对系统的网络安全防护提出了严峻挑战。此外，智慧应急系统存储和处理大量敏感数据，包括灾害监测数据、应急资源分布数据等，这些数据的泄露或篡改可能引发严重后果。

2. 管理层面

（1）部门之间的协同机制不完善。应急管理涉及消防、医疗、交通、民政等多个部门和机构，尽管当前应急管理信息化已取得显著成效，但跨部门的信息协同仍然面临多重障碍。首先，各部门之间数据格式、系统接口标准尚未统一，信息共享机制不健全，导致数据共享及流转困难，跨部门沟通渠道不畅，难以实现高效的数据互通，各部门难以快速协同调配资源和行动。其次，一些应急管理相关部门的权责划分模糊，各部门在应急处置中的职责和权限不够明确，有可能导致部门之间职责不清、沟通不畅、行动不协调等问题。最后，跨区域协作相对薄弱，缺乏统一的指挥平台和协同工作流程，尤其是在多层级、多地域联动时，导致信息传递滞后，最终影响决策及应急处置的时效性。

（2）应急预案的针对性和灵活性不足。尽管各地已经制定了应急预案，但在实际操作中，这些预案可能面临针对性不足、缺少实际演练的挑战，从而影响其可执行性，特别是在应对复杂突发事件时，这些预案难以发挥应有的作用。同时，预案的制定过程中缺少动态调整机制，在突发事件发生时，由于情况的复杂多变，预案可能无法及时调整和适应。此外，区域间应急预案的协同联动机制尚未完全建立，不同区域、不同领域的预案之间缺乏有效的对接和互动。这导致在实际应急处置中，可能因预案不匹配或无法迅速启用而影响响应效率。

（3）应急管理人才的缺乏。应急管理人才的缺乏成为智慧应急发展的另一大制约因素。现代化的应急管理需要既熟悉应急管理业务又对信息技术有深入了解的复合型人才。这些人才在具备良好数字化技能的同时，需要具备应急管理、应急处置相关跨学科的知识和技能，包括安全生产、防灾减灾救灾等多方面的能力。因此，在智慧应急的建设过程中，专业人才的不足限制了技术应用和管理创新的推进。此外，现行的人才培养体系尚不完善，相关课程内容往往落后于行业发展的实际需求，这进一步加剧了人才短缺的问题。

3. 资金和资源方面的限制

智慧应急系统的建设与运行面临资金投入不足和资源分配不均衡的双重挑战，这些问题严重制约了其整体效能和发展潜力。

（1）资金投入不足。资金投入不足是智慧应急发展中的普遍问题。智慧应急系统的建设涉及硬件设备采购、软件开发、系统维护等多个方面，需要大量的资金支持。然而，一些地区，尤其是经济欠发达地区，由于财政资源有限，难以提供充分的资金保障，影响了智慧应急系统的整体性能与可靠性，进而影响应急响应的及时性和有效性。

（2）资源分配不均衡。在智慧应急资源的配置上，地区之间、城乡之间存在显著差异。经济发达地区和城市通常能够配备先进的智能化应急设备和系统，而偏远地区和农村地区则因资源短缺而难以获得足够的应急技术支持和资源保障。这种不均衡不仅加剧了区域间的应急能力差距，还可能影响整体应急响应的效率和效果。

4. 公众认知和参与度不足

智慧应急系统的有效运行不仅依赖于技术和管理层面的完善，还需要公众的广泛认知和积极参与。然而，当前公众对智慧应急的了解有限以及参与应急管理的积极性不高，成为制约其效能发挥的重要因素。

（1）公众对智慧应急的了解有限，认知度较低。大多数公众对智慧应急的概念、功能及其重要性缺乏清晰的认识，不了解如何通过智慧应急系统获取关键信息或进行自救互救。这种认知缺失导致智慧应急系统的作用未能得到充分发挥，降低了其在突发事件中的实际效果。

（2）公众参与应急管理的积极性不高。在应急管理中，公众的主动参与是提高应急响应效率的关键环节。然而，由于缺乏有效的激励机制和宣传引导，公众往往处于被动等待救援的状态，参与应急管理的意愿较低。同时，对应急知识和技能的掌握不足，也影响了突发事件中公众的自救互救能力。

5. 法律法规和标准的不完善

智慧应急的发展在法律法规和标准体系建设方面面临显著挑战，这些问题在一定程度上制约了其效能的充分发挥。

（1）法律法规滞后。法律法规的滞后性成为智慧应急发展的重要障碍。随着智慧应急技术的快速进步和应用范围的不断扩大，现有的法律法规已难以完全适应新的应急管理模式和技术需求。这种法律空白不仅增加了智慧应急系统运行的不确定性，还可能引发公众对数据安全的担忧，进而影响智慧应急系统的建设和应用。

（2）标准体系不健全。智慧应急涉及多个领域和技术的整合，但目前在应急通信、数据格式、设备接口等方面缺乏统一的标准体系，导致不同地区、不同部门之间的智慧应急系统之间的数据交换和资源共享受到阻碍，难以实现互联互通和协同工作。这种标准缺失不仅增加了系统整合的难度，还可能造成资源浪费和效率低下。

综上所述，智慧应急在技术、管理、资金、公众认知以及法律法规和标准体系等方面仍存在诸多不足。为了进一步完善智慧应急体系，提升应急管理的能力和水平，需要采取以下针对性措施：加强技术研发与创新，推动关键技术的突破与应用；完善管理机制，优化部门间的协同联动；加大资金投入，确保智慧应急系统的建设和运行；提高公众认知与参与度，增强社会应急能力；健全法律法规和标准体系，为智慧应急的健康发展提供制度保障。通过这些努力，智慧应急系统将能够更好地应对各类突发事件，切实保障人民生命财产安全和社会稳定，为构建安全、高效的社会治理体系提供有力支撑。

8.2 智慧应急的未来与发展

智慧应急作为现代应急管理体系的前沿领域，正迎来前所未有的发展机遇。同时，随着智慧应急体系的不断完善，数据安全和隐私保护将成为至关重要的问题。确保应急管理信息系统的安全可靠运行，将是智慧应急发展过程中必须面对和解决的关键挑战。

1. 政策支持与推动

智慧应急的发展已被纳入国家战略规划，成为推动应急管理现代化的重要抓手。《"十四五"国家应急体系规划》和《"十四五"国家信息化规划》为智慧应急的未来发展提供了明确的方向和指导原则。

（1）发展目标。

《"十四五"国家应急体系规划》提出，到2035年，全面实现依法应急、科学应急、智慧应急，形成共建共治共享的应急管理新格局。

《"十四五"国家信息化规划》提出，要打造平战结合的应急信息化体系，以信息化推动应急管理现代化。

（2）主要任务。

1）完善应急管理体制机制。《"十四五"国家应急体系规划》提出，要完善应急管理体制，领导体制、指挥体制、职能配置、机构设置、协同机制更趋合理，应急管理队伍建设、能力建设、作风建设取得重大进展，应急管理机构基础设施、装备条件大幅改善，工作效率、履职能力全面提升。

2）加强应急管理信息化建设。《"十四五"国家应急体系规划》提出，系统推进"智慧应急"建设，建立符合大数据发展规律的应急数据治理体系，完善监督管理、监测预警、指挥救援、灾情管理、统计分析、信息发布、灾后评估和社会动员等功能。《"十四五"国家信息化规划》强调，要提升应急管理现代化能力，以信息化推动应急管理现代化，全面提升多部门协同的监测预警能力、监管执法能力、辅助指挥决策能力、救援实战能力和社会动员能力，提升国际物流供应链服务保障能力。

3）强化应急管理科技创新。《"十四五"国家应急体系规划》指出，搭建科技创新平台。以国家级实验室建设为引领，加快健全主动保障型安全技术支撑体系，完善应急管理科技配套支撑链条。整合优化应急领域相关共性技术平台，推动科技创新资源开放共享，统筹布局应急科技支撑平台。

4）推动应急产业发展。智慧应急的发展将带动应急产业的繁荣，包括应急装备、应急服务、应急通信等领域。《"十四五"国家应急体系规划》明确，要优化产业结构。推动安全应急产业向中高端发展。推动产业集聚，形成区域性创新中心和成果转化中心。支持安全应急产业企业发展。

总的来说，智慧应急的未来发展需要政府、企业和社会各方的共同努力，形成共建、共治、共享的应急管理新格局。同时，随着智慧应急体系的逐步完善，数据安全和隐私保护将成为需要关注和解决的重要问题，进而为应急管理信息系统的安全可靠运行提供保障。

2. 市场规模扩大

随着国家对应急管理体系的重视，5G、工业互联网、人工智能、大数据和云计算等先进技术的深度应用，以及社会对安全防范和灾害应对能力的关注度提高，智慧应急在应急管理信息化建设中的作用愈发关键，市场规模呈现出显著的增长趋势。

（1）国家政策支持的推动。随着国家对应急管理体系的重视程度不断提升，一系列相关政策和标准相继出台，为行业发展提供了强有力的支持。例如，《"十四五"国家应急体系规划》明确提出，到 2025 年将显著提升科技信息化水平，到 2035 年全面实现依法应急、科学应急和智慧应急，构建共建共治共享的应急管理新格局。这一政策导向不仅为智慧应急产业指明了发展方向，也促使各级政府和企业加大对该领域的投入，从而为市场规模的持续扩大奠定了坚实基础。

（2）自然灾害频发与城市化进程加速。近年来，全球气候变化导致极端天气事件频发，自然灾害的复杂性和不可预测性显著增加，传统应急管理模式已难以有效应对这些挑战。在这种背景下，社会对智慧化、现代化应急管理的需求日益迫切。与此同时，城市化进程的加速使得城市人口密度大幅上升，进一步加剧了应急管理的难度和复杂性。这些因素共同推动了智慧应急行业的快速发展，促使相关技术和解决方案不断升级。

（3）现代信息技术的广泛应用。随着物联网、云计算、大数据和人工智能等技术的快速发展与深度应用，智慧应急技术持续升级与创新，为应急管理领域提供了更加高效和智能化的解决方案。这些技术的应用不仅显著提升了应急管理的效率，还推动了应急管理业务的创新，促进了相关行业的转型升级。

（4）市场需求的迅猛增长。伴随着社会的进步以及人们安全意识的日益提升，智慧应急解决方案的市场需求呈现出快速增长态势，这为智慧应急行业开拓了广阔的市场空间。除此之外，公共安全领域针对安全事件的监测预警、现场救援指挥与协调，以及后续调查处置等方面的需求也在持续攀升，进一步推动了智慧应急市场规模的扩大。根据工信部公布的数据，2016—2018 年我国应急产业市场规模为 1.01 万亿～1.24 万亿元，2020 年我国应急产业市场规模约为 1.79 万亿元。2016—2020 年应急产业市场规模年复合增长率为 16.3%。《中国应急产业市场前瞻与投资战略规划分析报告》预计，2024—2029 年中国应急产业年复合增长率为 12%，中国应急产业市场规模在 2029 年达到 4.1 万亿元。

3. 技术创新与应用拓展

在现代公共安全体系数字化转型进程中，智慧应急扮演着核心驱动力的关键角色。它借助物联网、云计算、大数据以及人工智能等新一代信息技术的深度融合，推动应急管理模式不断朝着智能化决策、迅速响应以及精确处理的方向迈进。

（1）技术创新。

1）人工智能与机器学习。

智能监测预警系统：借助物联网技术，实时捕捉并传输环境参数、设备状态等多维度信息。运用机器学习算法深度剖析这些数据，精准预测潜在风险，从而显著提高预警的精确度和时效性，为紧急应对措施的启动赢得宝贵时间。

自动化决策辅助机制：依托深度学习等前沿人工智能技术，构建智能决策支持系统，有效辅助决策者迅速识别并实施最优应对策略。

自然语言处理技术（NLP）应用：通过 NLP 技术，能够从社交媒体等非结构化数据源中提取公众意见和社会情绪信息，为应急响应策略的制定提供有力的社会舆情依据。

2）物联网（IoT）。

智能传感网络布局：通过广泛部署传感器和监控设备，构建一个全面覆盖的智能传感网络，实现对目标区域的持续监测与高效数据采集。

边缘计算优化：在数据生成的源头即进行初步处理与分析，这一边缘计算策略有效减轻了数据传输的压力，并显著提升了系统的响应速度。

环境参数监测：借助 IoT 技术，实时监测空气、水质等关键环境指标，为灾害预防工作提供科学、及时的数据支持。

3）大数据与云计算。

数据整合与分析：利用大数据技术，将来自多元渠道的数据进行整合，进行深入分析，挖掘潜在关联模式。

云平台建设：依托云计算技术，构建弹性扩展的云平台，支持海量数据处理和存储，提高应急响应的灵活性。

实时数据处理：通过先进的流式处理技术，实现对数据流的即时处理，确保了系统能够迅速响应各种变化。

4）区块链技术。

数据安全与透明度提升：区块链技术以其不可篡改的特性，为数据的安全性与透明度提供了坚实保障。

智能合约自动化：智能合约的引入，实现了协议条款的自动执行，极大地简化了操作流程，提高了整体效率。

5）5G/6G 通信技术。

高速通信保障：5G/6G 技术凭借其高带宽与低延迟特性，确保了高质量的语音与视频通信，从而显著提升了现场指挥的效率。

远程协作强化：借助 5G/6G 技术，远程专家能够更便捷地参与决策过程，显著增强了远程支援的能力。

6）无人机与机器人。

搜救与侦察：利用无人机进行快速侦察，寻找被困人员；机器人执行危险任务，降低人员风险。

物资配送：无人机和自动驾驶车辆用于紧急物资的快速配送。

搜救与侦察行动：无人机以其快速侦察能力，能够迅速定位被困人员；而机器人则能在危险环境中执行任务，有效降低了人员风险。

紧急物资配送：无人机与自动驾驶车辆被广泛应用于紧急物资的快速配送，为救援工作提供了有力支持。

（2）应用拓展

1）城市智慧应急管理体系。

城市智能交通调控：采用智慧应急技术优化交通网络，缓解拥堵，提升紧急疏散效率。

城市智慧消防系统：运用物联网技术实时监测火灾隐患，实现火灾的快速定位与高效响应。

城市智慧医疗援助：整合移动医疗与远程医疗服务，加速急救响应，提升救援效率。

2）乡村智慧应急。

农村灾害预警：部署低成本物联网设备，监测洪水、山体滑坡等自然灾害，及时发出预警信息。

农业灾害预防：通过监测病虫害、气象条件等，提前规划防治措施，减少农业损失。

3）企业安全管理体系。

安全生产监控：利用传感器技术实时监测生产设备状态，预防生产安全事故。

网络安全防御：构建智能防护网络，有效抵御网络攻击，守护企业信息安全。

4）公共卫生应急响应。

疫情监测与防控：运用大数据分析疫情趋势，指导精准防疫措施。

疫苗分发管理：采用物流追踪技术，优化疫苗分发流程，提升接种效率。

5）智能消防应急。随着科技的快速发展，智能消防应急照明和疏散指示系统已成为公共安全领域不可或缺的一部分。该系统能够在火灾等紧急情况下，为人员提供及时、准确的疏散指示，确保人们的生命安全。

6）城市生命线安全运行监测。通过遍布城市供水、排水、燃气、电力、交通等关键基础设施的各类传感器，实时监测设施运行状态和环境参数。利用大数据分析、人工智能等先进技术，及时识别潜在风险、预防事故发生、优化资源配置，从而提升城市应对突发安全事件的能力和韧性。

7）大数据应急指挥中心。

多场景覆盖：智慧应急平台将覆盖自然灾害、城市公共安全、生产安全等多个领域，实现应急管理的全面覆盖和统一调度。

协同联动：智慧应急平台将实现多部门、多层级之间的协同联动，形成高效、协同的应急管理体系。

8）基层应急能力建设。

信息化基础设施：加强基层信息化基础设施建设，如应急指挥信息网、应急管理数据中心等，以提升基层应急管理的信息化水平。

智慧应急装备：推广智慧应急装备，如智能穿戴设备、无人机等，以科技手段提高基层应急响应的效率和效果。

9）社会动员与公众参与。

信息公开与透明：通过智慧应急平台，实现应急信息的公开和透明，增强公众对应急管理的信任和支持。

自救互救能力：提高社会公众的防灾避险、自救互救能力，鼓励公众参与应急救援行动，共同营造全社会共同应对灾害的良好氛围。

10）数字化转型与智能化升级。

应急管理体系：推动应急管理体系向数字化转型，借助数字孪生技术及其体系，将专业的应急知识与技能进行模块化处理与封装，进而构建出行业专属的应用模型。这些模型能够高效地支持应急救援的模拟演练、深度分析及方案优化，为应急决策提供科学依据。

应急管理大模型：持续关注并推动应急大模型的研发与应用，将其融入应急管理的各个环节，提高应急管理的智能化水平。

随着技术的不断革新与进步，智慧应急体系的应急响应速度和效率将不断提升，其应用场景也在持续扩展。展望未来，通过跨领域的合作和各界社会的积极参与，智慧应急将在应急管理领域扮演更加核心的角色，更高效地服务于社会，为公共安全提供更全面、高效的保障。

4. 产业链完善与跨界融合

智慧应急领域的持续进步与发展，在很大程度上依赖于产业链的全面完善和跨界融合的深化推进。这一战略导向不仅涵盖关键技术的革新与实践，还涉及跨行业间的携手合作与资源整合，旨在共同塑造一个更为高效协同的应急管理生态系统。

（1）产业链完善。智慧应急的产业链涵盖了从底层技术到顶层应用的广泛领域。底层聚焦于核心技术的研发，诸如物联网、大数据、人工智能等前沿技术；顶层则关注重大应用场景的需求，如自然灾害的快速响应、安全生产的全面监管等。介于其间的是各级技术产品与服务的供应商，他们构成了产业链的中坚力量。此外，政策法规、标准体系及工作机制亦发挥着不可或缺的规范与保障作用，为产业的健康发展提供规范和保障。

目前，我国智慧应急产业已初显成效，部分乡镇（街道）已实现"智慧应急"融合终端的全面覆盖。展望未来，产业链有望进一步优化升级：加大技术研发投入，提升自主创新能力，以缩小与国际先进水平的差距；推动技术在安全应急领域的广泛应用，打破点状发展的局限，实现全面布局；同时，强化关乎国计民生行业的信息化安全风险防控，推动产业稳步向前发展。

（2）跨界融合。跨界融合同样是智慧应急领域发展的关键驱动力。不同主体间的紧密协作与机制间的高度协同，将为产业带来更广阔的发展前景。

1）技术融合：信息技术与应急管理的深度融合，借助现代信息技术提升应急管理的效能，实现敏捷、科学、精准、动态的应急响应。

2）跨领域技术整合：综合运用人工智能、物联网、大数据、云计算等多种技术，为智慧应急注入强大动力。

3）政府与企业合作：政府部门可通过多方联动，制定相关政策，为智慧应急产业提供支持和引导。企业则依托技术与市场优势，推动先进安全应急设备的广泛应用，助力产业创新发展。

4）不同行业间融合：信息通信技术企业与应急管理部门合作，利用5G、工业互联网等技术，提升应急管理的信息化水平；科技企业则与安防、消防等行业携手，将智能识别、大数据分析等技术应用于具体场景之中，从而实现更为高效的监测、预警和处置能力。与安防行业的融合，促进了智慧应急与安防行业的紧密结合，为安全保障提供更为全面的解决方案。与消防行业的融合，则是借助智慧应急技术，提高火灾预警的准确性和灭火的效率。此外，与环保行业的融合也颇为紧密，通过监测环境污染状况，能够及时采取有效的应急措施。

5）产学研合作：科研机构和高校专注于技术研发与人才培养，为产业输送创新思路和专业人才；企业则将科研成果转化为实际应用，推动技术的实际落地。

6）社会融合：鼓励公众参与，通过智能终端与社交媒体等渠道融入应急响应过程；加强社区智慧应急设施建设，提升基层应急能力。

7）国际合作：通过国际会议、合作项目等形式分享国际先进经验，推动智慧应急技术标准的国际化，促进跨国合作与技术转移。

综上所述，通过产业链的持续完善与多领域的跨界融合，智慧应急领域正朝着更加智能化、信息化、网络化的方向发展，不断提升应急响应速度与处置效率，以更好地应对各类突发事件，保障社会安全与稳定。

5. 发展趋势与展望

随着城市化步伐的加快和居民生活质量的提升，社会对公共安全和应急管理的需求日益增加。智慧应急正成为城市治理和公共安全的新常态。智慧应急不仅融入城市治理和公共安全体系，更凭借其技术优势与创新力，为提升城市的整体安全水平和应急响应能力注入了新的活力。

（1）创新驱动发展。在智慧应急市场的竞争中，技术创新扮演着核心角色。展望未来，随着技术的持续进步和应用需求的日益扩大，智慧应急的产业链将更加完善，跨界融合也将更为深入。

（2）技术创新持续推动。物联网、大数据、人工智能等前沿技术的不断进步，将为智慧应急提供更加智能化、高效化的解决方案，推动行业向更高层次发展。

（3）市场需求不断增长。随着城市化进程的加速和自然灾害、社会安全事件的频发，使得社会对公共安全和应急管理的需求不断攀升，这将推动智慧应急市场的持续增长。

278

（4）跨界融合更加深入。智慧应急将与其他行业进行更加紧密的融合，形成更加全面、集成化的解决方案，以满足不同领域和层次的应急需求，提升整体应急效能。

（5）政策支持力度加大。政府将持续加大对智慧应急行业的支持力度，推动行业健康发展。同时，随着《"十四五"国家应急体系规划》等政策的实施，智慧应急行业将迎来更多的发展机遇。

综上所述，智慧应急的未来与发展前景十分广阔，但同时也面临诸多挑战和问题。通过政策引导、技术创新、产业链优化和跨界融合等举措的推进，智慧应急行业将不断取得新的突破，为社会的公共安全和应急管理提供更加科学、高效、精准的解决方案，助力构建更加安全、和谐的社会环境。

参 考 文 献

［1］徐淑珍，顾欣，曹雪松. 智慧应急指挥平台关键技术研究［J］. 现代计算机，2023，29（12）：108-112.

［2］Lyu J, Zhou S, Liu J, et al. Intelligent-technology-empowered active emergency command strategy for urban hazardous chemical disaster management［J］. Sustainability, 2023, 15(19): 14369.

［3］Bajwa A. Ai-based emergency response systems: A systematic literature review on smart infrastructure safety［J］. American Journal of Advanced Technology and Engineering Solutions, 2025, 1(1): 174-200.

［4］Damaševičius R, Bacanin N, Misra S. From sensors to safety: Internet of emergency services (IoES) for emergency response and disaster management［J］. Journal of Sensor and Actuator Networks, 2023, 12(3): 1-45.

［5］Yang J, Hou H, Hu H. Exploring the intelligent emergency management mode of rural natural disasters in the era of digital technology［J］. Sustainability, 2024, 16(6): 2366.

［6］Liu J, Wang Y, Xu S, et al. A few thoughts on the integrated space-air-ground emergency rescue communication command in China［J］. Proceedings of the ICA, 2023, 5: 1-7.

［7］李从东，张帆顺，曹策俊. 全生命周期视角下应急信息集成体系与方法研究［J］. 系统科学学报，2021，29（1）：82-86.

［8］Wang M, Sun Y, Sun H, et al. Security issues on industrial internet of things: Overview and challenges［J］. Computers, 2023, 12(12): 256.

［9］梁忠辉，王燕青. 关键信息基础设施行业网络安全应急指挥平台建设研究［J］. 长江信息通信，2021，34（11）：150-152.

［10］Bharosa N, Lee J, Janssen M. Challenges and obstacles in sharing and coordinating information during multi-agency disaster response: Propositions from field exercises［J］. Information Systems Frontiers, 2010, 12(1): 49-65.

［11］曹先彬. 推动跨域联动应急能力跃升［J］. 北京观察，2024（10）：45.

［12］Ren Y, Li Z. Construction on government emergency management system for urban emergencies in big data era［C］//Proceedings of the 2018 5th International Conference on Education, Management, Arts, Economics and Social Science (ICEMAESS 2018). Amsterdam: Atlantis Press, 2018: 961-965.

［13］董泽宇，宋劲松. 我国应急预案体系建设与完善的思考［J］. 中国应急管理，2014（11）：17-21.

［14］ Sha Y, Li M, Xu H, et al. Smart city public safety intelligent early warning and detection ［J］. Scientific Programming, 2022, 2022: 1-11.

［15］ 戚建刚. 智慧应急法制模式之初探 ［J］. 当代法学，2024，38（3）：43-54.

［16］ 吴玉榕，洪学敏，田丽锟. 应急管理智能化领域发展探索和市场展望 ［J］. 中国安防，2024（7）：50-55.

［17］ 张海波，戴新宇，彭毅，等. 以科技创新驱动应急管理现代化——形成大安全大应急框架下国家智慧应急的整体合力 ［J］. 国家治理，2023（13）：29-33.

下　　篇

"1400"某城市级智慧电力应急救援圈建设案例

中国电建集团贵阳勘测设计研究院有限公司　长安大学

1　建设背景

随着城市的发展和人口的增长，电力作为城市运行的重要基础设施，其稳定性和安全性直接关系到城市的正常运转和居民的生活质量。电网安全对于国民经济的发展和人民生活的正常运转至关重要。应急管理体系是电网安全的重要防线。智慧电力应急救援圈的建设能够提升电力系统的可靠性和安全性，确保在紧急情况下能够迅速恢复供电，减少因停电造成的损失和影响。通过整合政府、企业和社会组织等多方面的资源，形成统一的信息共享和应急响应机制。在电力突发事件发生时，能够迅速获取相关信息，合理规划救援路线和资源调配，提高应急响应的速度和准确性，从而有效缩短停电时间，降低灾害损失。此外，借助物联网、大数据等新一代信息技术，可实现对电力系统的实时监测和预警。通过传感器等设备对城市关键区域的电力设施进行监测，及时发现潜在的安全隐患，并采取相应的预防措施，避免事故发生或减轻事故带来的影响。因此，城市智慧电力应急救援圈的建设对于提升城市电力系统的稳定性和安全性、保障城市正常运转和居民生活质量具有重要意义。

2　城市智慧电力应急救援圈建设内容

2.1　建设运行机制与体系框架

城市智慧电力应急救援运行机制是城市应急救援体系的关键，是指城市域内，各区域之间协同执行的电力应急救援协作流程。跨区域电力应急救援的有效运转取决于区域之间的协同合作。借鉴美国《州际应急管理互助协议》（EMAC）整体流程和我国应急救援管理全过程，结合电力应急救援特点提出跨区域城市智慧电力应急救援的基本流程，主要分为灾前预防、预警、灾中处置响应和灾后恢复总结四个阶段，其应急救援运行机制与建设体系如图1所示。在预防和预警阶段充分借助城市应急智慧和灾害监测预警辅助决策的资源，秉承"救援能力模块化、反馈机制常态化"的建设原则，持续动态完善城市电力应急救援体系。

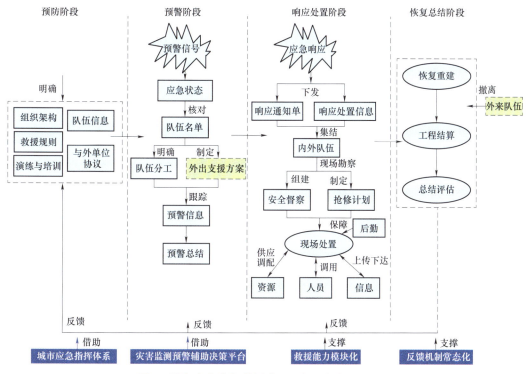

图 1 城市电力应急救援建设运行机制与体系框架

2.1.1 预防阶段

明确城市智慧电力应急救援队伍的组织架构。各地市供电局均建立一套包括总指挥、副总指挥、技术组、工程组、物流组、后勤组、安全组等相对较为完善的组织体系，从专业层面上，救援队伍涵盖输电、变电、配电、调度、试验等专业。辖区内电力应急救援队伍承担本地区发生的一般、较大级别电力突发事件的应急救援任务，负责重大、特别重大级别电力突发事件的先期处置；协助上级应急指挥机构处置发生在本地区的重大、特别重大级别电力突发事件应急救援工作。电力企业组建的电力应急救援队伍承担本企业电力突发事件的应急救援工作，同时接受所在地地市级政府电力应急管理部门和省电力应急办的指挥和调用。市供电局内外部队伍均建立清册，根据总体要求，救援队伍信息如有更新，将及时上报上一级公司备案。各地市电力应急救援队伍中近 50% 的人员来自外部招标单位，各地供电局经公开招标建立自身的应急抢修队伍库，包括500kV、220kV、110kV、10kV 等类别的生产应急项目施工单位。各市供电局根据生产应急项目中标通知书与相关应急抢修单位签订年度抢修施工合同，明确在不同响应级别下内外部应急救援队伍的职责分工，确保在突发停电事件中应对有序、施工有度。市供电局每年结合实际情况，制定年度应急培训工作计划，培训计划主要内容包括应急救援相关的法律法规、应急救援预案、安全措施、操作规程、自救互救和应急救援案例等。除此之外，还开展应急救援人员的应急专业技能培训，有针对性地开展联合培训，提高电力应急救援人员的综合应急能力。在应急演练方面，电力应急救援队伍根据救援工作的需要，制订应急演练计划和方案，明确应急演练的内容和要求，定期开展电力应急演练活动。应急演练的形式主要包括综合演练、专项演练、桌面演练和实战演练等。

2.1.2 预警阶段

当发生电力应急事故时，当地供电局提前发出预警信号。预警级别共分为红、橙、黄、蓝四级。红、橙两级预警由专业部门根据预案提出，由应急指挥中心发布；黄、蓝两级预警由专业部门根据预案提出，由应急办发布。一旦预警信号发出，各级单位应急队伍和物资立刻进入应急准备状态，供电局应急办提前对全地区所有应急抢修队伍的应急待命状况进行重新核对确认，若抢修队伍参与外出救援工作，则更需关注外出后勤队伍的核对情况。同时，提前梳理队伍分工，掌握并跟踪本单位的预警信息，并在规定时间前报送至上级单位；在红色、橙色预警期间，应每日按规定时间报送至上级单位，必要时增加报送频次，直至预警解除。预警结束后，各单位开展预警总结工作。

2.1.3 响应处置阶段

依据《生产安全事故报告和调查处理条例》，电力安全事故划分为四个等级，分别是特别重大事故（Ⅰ级）、重大事故（Ⅱ级）、较大事故（Ⅲ级）和一般事故（Ⅳ级），建立与之相对应的四个等级的应急响应处置技术。当发生突发停电事件后，应急办根据大面积停电预案启动相应级别的应急响应，供电局根据响应通知单和响应处置信息对救援队伍进行集结，外出救援队伍则在最短时间内集结完毕奔赴受灾停电事发地。各支队伍接收工作派单后，派出人员进行现场勘察后制定抢修计划，同时组建现场安全督查队对现场施工活动进行监督。在现场处置过程中，落实各级现场指挥官制度、政企联动与沟通、物资供应与调配、信息报送与发布、后勤保障等工作。

2.1.4 灾后恢复总结与反馈阶段

应急响应结束后，事发单位应继续组织恢复与重建工作，尽快恢复生产秩序。在突发事件应急处置结束后，各级单位应在7个工作日内完成总结评价报告，并进行工程结算。在突发事件发生后，各级单位要进行定期回顾，譬如在安全生产工作会议及安委会会议中对应急处置工作进行专题总结；每半年对本单位应急体系建设工作进行全面回顾与总结，并将结果反馈至城市智慧电力应急救援平台，形成知识图谱。

2.2 具体内容

2.2.1 "1"张网

建立一张覆盖"市—区—网格"的三级数字化应急救援响应网络。按照"全域覆盖、区—网格统筹"的原则，将公司供区划分为多个应急救援响应网格，实行应急救援响应网格负责制。建设三级联动数字化应急指挥平台，缩短应急指挥链条和应急响应时间。完善各级应急队伍建设，开展针对性培训，优化其应急驰援机制，按照事件等级，实现"快速响应、有序救援、协同作战"。

2.2.2 "4"通道

城市智慧电力应急救援圈的建设应符合应急管理的周期规律，共分为预防阶段、预警阶段、响应处置阶段与恢复总结阶段，对应"4"通道。城市电力应急救援队伍需要有明确的组织架构，市区供电局均需要建立一套相对较为完善的组织体系，理清各类电力应急救援队伍承担不同的应急工作职责，预防阶段应建立清册，明确队伍类型与规模、队伍人员组成以及人员资质；市供电局根据生产应急项目中标通知书与相关应急抢修单位签订年度抢修施工合同，明确在不同响应级别下内外部应急救援队伍的职责分工，确保在突发停电事件中应对有序、施工有度。市供电局每年结合实际情况，制定年度应急培训、专业技能培训和应急演练工作计划等。具体"4"通道任务详细要求见表1。

表1　　　　　　　　　　　　"4"通道任务详细要求

预防阶段	● 明确组织架构 ● 明确队伍职责 ● 明确队伍信息 ● 明确与外单位协议
预警阶段	● 划分预警级别 ● 梳理全覆盖渠道 ● 明确预警发布流程
响应处置阶段	● 重要任务电力保供 ● 电力事故救援 ● 自然灾难救援 ● 社会应急联动 ● 反恐作战响应
恢复总结阶段	● 续组织恢复与重建工作 ● 总结评价报告 ● 工程结算 ● 定期回顾反馈

2.2.3 "0"要求

1. 响应零时差

依托数智化应急指挥平台，实时读取政府应急联动平台的事件预警信息，要确保预警信息通过"一张网"及时传递到基层，必须解决预警落地问题。通过"传统媒体＋新媒体＋自建属地渠道"的融媒体传播"一张网"，让数据应聚尽聚、系统应归尽归、应用应接尽接，实现短期内完成预警信息制作、分发和传播，实现应急救援各流程节点进度无缝对接，真正实现事件发布、应急出动、现场对接、应急处置、应急指挥等各环节零时差，达到"响应零时差"的目标。

2. 救援零伤亡

在"平战结合、一专多能、装备精良、训练有素、快速反应、战斗力强"的应急救援基干队伍基础上，通过加强人员培训、增配精良装备、开展技能考核、模拟救援演练等方式，借助实时时空信号、远程监控等技术措施，采取规范化、标准化的应急处置流程，做到应急处置"人员零伤亡"。

3 M市体系建设案例

3.1 应急救援圈响应网格划分

按照"网格负责制"原则，在公司辖载的供电所的应急抢修网格基础上划分应急救援网格，配置网格应急处置队伍，负责网格内的突发事件响应，在公司应急指挥的调度下可前往指定网格进行支援，市域内非供区重大社会突发公共事件由邻近网格负责响应。

3.2 应急救援队伍体系完善

建成"市—区域—网格"三级应急救援队伍体系，利用网格点多、面广的特点，将"市—区域"两级应急队伍应急救援辐射范围的联动时间控制在半小时以内。

3.2.1 网格应急处置队伍

网格应急队伍作为公司应急救援处置工作的第一梯队，各网格至少配置1名响应负责人、2名响应人员，配备必要的应急救援装备，发挥应急联动事件先遣部队作用，负责在公司收到突发事件信息后30min内抵达事故现场，开启远程监控、收集事故现场情况、开展先期处置等工作。

3.2.2 区域分公司应急基层队伍

公司所属管辖区域内单位均独立设置一支应急救援基层队伍，至少配置队长1人，副队长1人，队员若干，负责在事态超出网格应急处置队伍处置能力范围时，在30min内完成集结，作为第二梯队赶赴现场支援，开展应急保供电、应急照明、前方指挥部搭建、人身救援、提出处置建议等工作。

3.2.3 市公司应急队

市公司独立设置一支应急救援队伍，至少配置队长1人，副队长2人，队员若干，配置达到国家电网公司高标准要求，在应急联动事件处置中发挥"特战队"的专业支撑作用，负责在事态超出分公司应急基层队伍处置能力范围时，在30min内集结，作为第三梯队携带精良装备赶赴现场，开展应急照明、前方指挥部搭建、应急保供电、人身救援、提出处置建议、应急通信等工作。

3.2.4 无人机执勤队伍

吸纳公司及所属各单位优秀无人机飞手及精良装备进入市县两级应急救援基干队伍，配置大型无人机、无人机蜂巢等精良装备，在应急救援过程中，深入灾害现场，对危险受灾区域进行空中航拍勘察，为应急指挥决策提供关键信息，同时作为通信中继搭载平台，保障在救灾抢险过程中通信畅通。

3.3 统一和提升应急装备配置

围绕社会突发公共事件应急处置要求，为网格应急救援队伍增配必要的应急救援装备，统一"市—区域—网格"应急处置队伍装备、着装以及车辆标识配置标准。按照《国家电网公司应急救援基干分队管理规定》（国家电网企管〔2017〕311 号）中应急装备推荐配置表，不断完善市、区域应急基干队伍装备配置，增加大型排水装置、北斗通信装置、可移动网络监测等装备，逐步向国家电网公司应急装备的高标准靠近。

3.4　明确社会突发公共事件等级

根据各级预案中社会类突发事件情景以及历年来处置的社会应急联动事件，将社会突发公共事件分为一级、二级、三级和四级四个等级，明确不同等级的社会突发公共事件的处置要求。各级应急处置队伍负责人抵达现场后，根据收集到的事故现场信息，研判事件等级，并提交应急领导小组审核，确定事件等级，并根据事态发展，持续滚动更新事件等级。

3.5　加入城市应急救援航空体系

建设地面航空救援队伍，实现空—地协同高效执行应急救援任务。结合公司事故灾害特点和工作实际，从公司应急救援基干分队中选拔数名骨干队员和应急救援基层分队选拔骨干队员成立电力航空救援队，加入城市应急救援航空体系（现有体系包含航空医疗救援、灾害火情勘察、交通事故处置、综合性航空救援、气象灾情观察等）。在重大自然灾害和事故灾难中，出现道路交通阻断，同时又需要紧急到达现场的情况时，可通过城市应急管理局调用直升机等，发挥其空中侦察勘测、空中紧急输送、空中特殊吊载等场景的作用。

3.6　建设半小时应急救援圈指挥平台

应用数字指挥员"曹操"，借助智能拨号、地理信息、移动终端、移动视频等互联网技术，搭建半小时应急救援圈指挥平台（见图 2）。平台可以通过大屏实时展示社会应急联动事件的处置情况，具备应急抢修队伍和应急基干队伍的指挥和调度功能，智能识别市政府应急联动平台发送的报警信息，自动拨打电话、发送短信提醒，接收处置人员从现场传回的实时画面，查询每支应急队伍的当前状态（待命、移动、处置），展示每个应急响应网格的划分情况，管理每个网格应急装备和物资的储备情况，回顾历史事件的关键处置信息，关联公司社会类专项应急预案等。

3.7　优化应急联动处置流程

在《国家电网有限公司电力突发事件应急响应工作规则（试行）》（安监应急〔2020〕35 号）指导下，按照分级处置的原则，优化原有的社会应急联动处置流程，充分考虑公司自主履行电力企业社会责任的特殊情况，明确事件发布、现场对接、响应出动、事件定级、现场处置、结果反馈、结束响应、总结评估、信息报送等应急处置流程。

3.7.1　事件发布

市、县供电服务指挥中心线下收到相关政府部门、生产指挥机构（地调、配调、生产指挥中心、县调等）、群众等报送的系统内外突发事件信息后，经公司应急领导小组批准，人工录入应急指挥平台；或应急指挥平台检测到"110社会应急联动"系统突发事件信息后，智能读取突发事件内容、事发地点、联系人、联系方式等信息。应急指挥平台自动生成对应工单，默认为一级事件，并发送短信告知县（分）公司相关人员事件相关信息，同时拨打电话提醒对应网格应急处置队伍负责人出动。

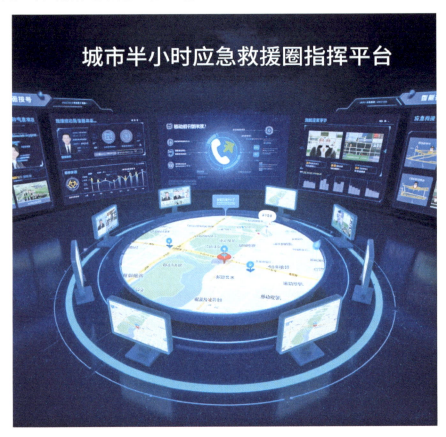

图 2　城市半小时应急救援圈指挥平台构想图

若经评估后，事件等级确定为二级，应急指挥平台自动发送短信告知市、事发县（分）公司相关人员事件相关信息，同时拨打电话提醒事发县（分）公司应急基干队伍负责人出动。

若经评估后，事件等级确定为三级及以上，应急指挥平台自动发送短信告知市、事发县（分）公司、联动县（分）公司相关人员事件相关信息，同时拨打电话提醒市公司、事发县（分）公司、联动县（分）公司应急基干队伍负责人出动。

3.7.2　现场对接

网格应急处置队伍、县（分）公司应急基干队伍、市公司应急基干队伍负责人接到突发事件信息后，应第一时间通过电话与事故现场联系人确认事故内容、地点、规模等基本信息。

3.7.3　响应出动

网格应急处置队伍接到任一突发事件信息后，立即携带全部个人及队伍装备出动，在 30min 内抵达事故现场；县公司应急基干队伍、市公司应急基干队伍接到突发事件信息后，充分考虑事故类别、现场需求，携带必要的装备（如照明灯塔、排水车、应急电源车、应急指挥帐篷、应急通信车等）前往事故现场支援。

各级应急队伍出动后，通过其负责人手机 App 及时反馈出动时间、装备配置、抵达时间、对接情况、人员及装备投入等信息。

3.7.4　事件定级

现场处置负责人根据事故现场反馈的事故内容、规模以及处置过程中事态发展情况，持续评估事件等级，若事件等级发生变化，则在手机 App 中发布事件等级变更信息并反馈变更依据。

3.7.5　现场处置

网格应急处置队伍、县公司应急基干队伍、市公司应急基干队伍抵达现场后，向事故现场负责人出示证件、表明身份、说明来意、确认处置任务，接受现场指挥部的指挥，随后开展现场处置工作。

3.7.6　结果反馈

网格应急处置队伍、县（分）公司应急基干队伍、市公司应急基干队伍开展现场处置时，每小时通过手机 App 反馈电网受损及恢复情况、人员伤亡及救援情况、灾情是否得到控制等信息。

3.7.7　结束响应

现场处置负责人在灾情得到控制或收到当地政府结束应急救援指令后，确定现场已无可能再发生次生、衍生灾害事件后，通过手机 App 申请结束应急响应。现场应急处置队伍完成现场清理后，安全有序返回，返回后在手机 App 中反馈相关信息。

3.7.8　总结评估

应急处置工作结束后，及时对应急处置工作进行评估，总结经验教训，分析查找原因，提出整改措施，7 日内形成应急处置工作报告，报送公司安全应急办。一级事件评估工作由事发地所属网格负责，并报送至县（分）公司；二级事件评估工作由事发地所属县（分）公司负责，并报送至市公司；三级事件评估工作由市公司负责，并报送至省公司；四级事件评估工作由公司配合上一级管理部门完成。

3.7.9　信息报送

1. 报告程序

应急指挥平台收到一级事件信息后，立即将信息报送至事发县（分）公司应急领导小组及应急办；应急指挥平台收到二级及以上事件信息后，立即将信息上报至市公司以及事发县（分）公司应急领导小组和应急办；应急指挥平台收到三级及以上事件信息后，应及时将信息报送至省公司应急办。

2. 报告内容

各单位应当报送信息来源、事件概况、应急队伍出动时间、人数和装备、应急队伍联络电话等信息；现场处置队伍应当报送现场灾情、政府应急救援情况、队伍参与救援情况、政府对接情况、政府要求、支援需求等信息。

3. 报告要求

到三级及以上事件，除自动发送短信外，还应通过电话向省公司应急办进行汇报；各级应急处置队伍到达现场后，应在 15min 内报告救援信息；各单位现场指挥部成立1h 后，通过微信、短信等方式向上级总值班室和安全应急办提供书面报告。

4. 信息发布

公司各单位救援响应及救援情况等信息，必须经现场指挥部或本单位应急领导小组审核后予以发布。

3.8 制定标准化现场应急处置流程

落实城市一级联动成员单位"首要责任制"要求，按照快速、简单、有效的原则，制定标准化现场应急处置流程，用于记录每次事件处置情况，并指导应急处置人员现场开展应急处置内容，包括任务名称、出动时间、抵达时间、事故概况、开展的处置内容等，便于指挥人员快速掌握事故现场情况。

3.9 建设应急救援技能培训基地和知识库

充分利用公司现有资源，建立专业技能培训基地或培训点以及智慧城市应急资源库，并通过救援实践形成反馈，从而优化城市电力应急知识图谱，提升应急处置人员的救援技能培训水平。确保"市—区域—网格"应急处置人员掌握应急供电、应急通信、消防、灾害灾难救援、卫生急救、营地搭建、现场测绘、高处作业、野外生存等救援技能与知识，熟练掌握所配车辆、机具、绳索等应急装备和工器具的使用方法，提高应急处置人员理论及技能水平，全面提升公司应急救援处置能力。

4 案例技术和策略要点小结

案例建立了"1400"城市智慧电力应急救援响应体系，即建立一个覆盖"市—区域—网格"三级的数字化应急救援响应网络，承担城市区域重要任务保电、电力事故救援、自然灾害抢险、社会应急联动、反恐作战单元等任务，达到"响应零时差""人员零伤亡"的"双零"要求，建成"全市、联动、响应迅速、处置规范、服务优质"的半小时应急救援圈。

该案例适用于城市级供电公司及其所属各单位（直属单位、分公司、产业单位等）参加辖区内突发事件应急救援处置工作，可为新形势下城市智慧应急体系建设和完善提供参考。

广州增城区智慧应急应用案例

城乡院（广州）有限公司

1 建设背景

增城区位于广州东部，地势北高南低，北部以低山丘陵为主，南部多为台地和平原。增城水系属珠江支流东江水系，多年平均径流量超过 19 亿 m^3，流域面积超过 $500km^2$ 的河流有 3 条，水资源丰富。该区属南亚热带海洋性季风气候，年均降水量 1800mm，4～9 月降雨占全年 85%，前汛期（4～6 月）以"龙舟水"为主，后汛期（7～9 月）受台风和强热带气旋影响，易引发局地暴雨。增城区常住人口约 146 万人，分布极不均衡，南部镇街人口密度较大。近年来，随着经济发展与城镇化不断推进，城乡二元结构矛盾凸显，突发事件时有发生。

面对可能造成人员伤亡、财产损失、生态环境破坏以及严重危害社会、危及公共安全的紧急事件，城乡院（广州）有限公司积极部署智慧应急体系建设，通过实时感知、数据融合、信息认知、辅助决策、应急指挥等关键流程的信息化改造与智慧技术应用，为区政府、应急局、区水务局、市规划和自然资源局增城区分局等部门提供了高质量的应急救援服务。

2 建设内容

增城区智慧应急体系建设的总体架构包括五个层次和三大体系，纵向层次的上层对其下层具有依赖关系，横向体系对相关层次具有约束关系（见图 1）。

感知层：包括卫星遥感、无人机低空监测、地面感知、人员巡查等空—天—地—人综合感知信息基础设施。

数据层：包括时空基础、自然灾害普查数据、综合管线数据与其他应急监测数据体系；

支撑层：提供基本功能、知识服务管理、二三维可视化平台搭建等服务；

应用层：依托支撑层提供智慧应急应用，包括监测预警、信息发布、指挥调度、灾后管理等应用；

用户层：包括区政府部门、各镇街、企事业单位、社会公众等；

标准规范体系：包括统一的数据标准、技术规范，与国家和行业数据标准及技术规范衔接；

信息安全与运维保障体系：按照国家相关安全等级保护要求建立信息安全与运维保障体系，保障系统运行过程中数据、网络、平台运维等的安全与稳定运行。

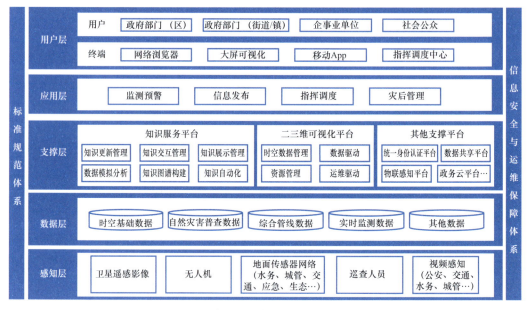

图1　增城区智慧应急体系总体框架图

3　关键技术

3.1　多源信息感知技术

应对突发自然灾害和群体事件，必须及时了解事发区域的现状。信息感知或数据获取的全面性与时效性是应急工作及时展开与准确实施的关键。城乡院引入多种手段全面获取数据，覆盖多种应用场景（见图2）。如低空信息感知方面，采用无人机航拍与航测技术，具有机动灵活、自动化程度高、作业效率高的优势，可输出360°全景照片、正射影像、实景三维模型及数字高程模型等应急测绘成果；在地面与地下信息感知方面，采用三维激光扫描技术与地下管线探测技术，广泛应用于地灾监测、建筑物与基础设施损害评估、灾害区域的地下管线分布等领域；在水面和水下信息感知方面，基于船艇和无人船平台的测量技术，可以在洪水、决堤等灾害发生时，获取水下地形地貌数据，辅助救援及灾情研判。

随着物联网技术与视频传输技术的飞速发展，在常规的测绘地理信息感知基础上，可以通过各类传感器进一步感知监测重点地物的空间位置、高程的变化，监测地表的沉降、位移，应对地震灾害、地质滑坡、矿区塌陷等突发公共事件。

图 2　低空、地面、地下、水下等多源信息感知技术

3.2　多模态数据融合技术

应急感知数据主要包括基础地理信息数据和应急专题数据。基础地理信息数据主要由已有的基础测绘数据构成，包括 DLG、DOM、DEM、DRG 数据，综合管线数据，规划数据等；应急专题数据一般为根据应急保障方案实时测得的数据成果，包括常规地理数据和遥感影像数据、视频监控数据和各类传感器监测数据等。如何将这些格式不一致、来源不统一的数据有效融合是提升应急救灾工作效率的关键。在本次智慧应急体系建设中采用了多模态多层次混合时空索引的数据组织方法实现跨模态异构数据的融合，能更高效地显示区域信息变化。

3.3　空间知识图谱技术

知识图谱是知识工程的一个分支，由语义网络发展而来，近几年在机器学习、自然语言处理等技术的推动下迅速发展，受到广泛关注。知识图谱以结构化方式显式地表达知识节点（包括概念、实体等）及相互间的语义关系，从文本和数据互联走向知识互联，形成大数据环境下的知识服务。而空间知识图谱技术的核心是对地理实体（如道路、房屋等基础设施）进行解构与结构化，将地理实体的基本属性与空间关系有效关联，从而实现对险情的多维度知识推理与智能认知。

3.4 时空数据增强可视化引擎

时空数据增强可视化引擎是基于地理信息系统、物联网、人工智能技术构建的集成化平台，通过融合多源时空数据（如卫星遥感、传感器网络、视频监控等），利用三维建模、数字孪生和实时渲染技术，实现对应急救灾场景的高精度动态可视化呈现与智能分析。

3.5 时空分析模拟技术

在应急救灾工作中，时空分析模拟技术能够在信息实时监测的基础上，通过模拟灾害扩散路径、评估损失、预测发展趋势，为指挥中心提供全景态势感知；同时整合应急资源的分布与状态信息，支持动态路径规划与资源调度优化，辅助决策者快速制定救援方案，提升应急响应效率与协同能力。

4 创新点

4.1 空—天—地—人立体感知监测网技术

为解决传统应急工作中人、地、物割裂，缺乏相互协同感知的现状，城乡院构建了空—天—地—人综合感知监测体系。这是一种多层级、多技术融合的立体化监测系统，其核心组成包括：

空：主要指无人机与航空器搭载高清相机、多光谱传感器等设备，灵活执行中低空高精度监测任务，如着火点侦察、植物病害识别和目标人员跟踪等；

天：主要指卫星影像，如高分卫星影像、高光谱卫星影像、视频卫星影像等，通过可见光、红外、微波等技术实现大范围、长周期的宏观监测，对城市管理、大气环境、水资源环境、地质环境、生态环境等进行综合监测，为应急响应提供决策依据；

地：主要指地面传感器网络，通过各类传感器实时采集地表植被、水质、建筑结构形变等微观数据，提供高精度、高时效的本地化信息；

人：主要指应急测绘服务人员与巡查人员，一方面由应急测绘服务人员通过传统测绘仪器如全站仪、GPS 终端等进行应急测绘，另一方面由网格管理员等巡查人员通过手机众采平台完成动态巡护与数据补充。

空—天—地—人立体感知监测网同时具备大范围监测的全面性和重点区域监测的灵活性，其核心在于多源数据协同感知，常规流程是卫星、无人机、地面传感器及人员终端采集的数据经 5G、卫星通信等技术实时传输至中心平台，利用数据融合、空间分析演算进行智能分析，生成预警信息（如火灾定位、房屋沉降警报）并触发自动化响应（如无人机复检、应急调度）。如增城区已设置地质灾害监测点 33 处，安排排水设施监测设备 160 套，实现了 24h 全覆盖及自动化监测预警，推动监测从"被动响应"向

"主动防控"的智能化升级。

4.2 应急预案智能生成技术

运用知识图谱等人工智能技术实现应急预案智能生成，是将灾害场景、应急资源、处置规则等要素转化为结构化知识网络，并通过动态推理实现预案的自动化构建与优化，具体实现路径如下：一是多源数据整合与知识抽取，本阶段主要是通过案例分析与数据分析，建立应急场景模型库，然后对应急资源建立关联网络，并建构规则知识库；二是构建应急预案知识图谱，本阶段主要建立事件—环境—资源—行动四维关系模型；三是实现动态推理与应急预案生成，通过规则知识库判定所采集的数据是否满足响应规则条件，并激活预设处置流程，接下来进行时空推理优化和动态资源分配优化，推荐最优解决方案。

基于知识图谱的应急预案智能生成技术，打破了应急救灾中各部门各自为战的弊端，建立了复杂的知识关联关系，将传统数小时的人工研判缩短至分钟级自动生成，提升了决策的敏捷性，实现应急救灾预案与执行路径的优化，借助当前飞速发展的大模型技术，可进一步实现"监测－推演－处置－学习"的自适应服务。

4.3 快速响应的应急智能治理模式

构建"三融五跨"的应急智能治理新范式。"三融"是指数据融合、系统融合与业务融合，"五跨"是指跨层级、跨部门、跨区域、跨业务、跨系统，建立统一指挥、功能齐全、反应灵敏、协调有序、运转高效、保障有力的应急服务体系，确保应急响应的高效性、协同性和科学性。一是建立灾前预防与监测预警机制，主要是定期开展自然灾害和事故隐患普查，建立风险数据库，通过气象卫星、地震监测台网、水文监测系统等，构建多灾种预警体系与预警信息发布渠道；二是加强灾中快速响应，依托应急指挥信息系统实时集成灾害监测数据、救援资源分布、人员调度等信息，依托无人机与物联网监测设施，实现灾情快速获取与现场信息实时传输；三是加强协调联动，打通跨部门信息沟通渠道，建立应急现场综合调度平台，明确应急管理、公安、交通、卫生、自然资源等部门的职责分工，保障应急救援工作有条不紊地开展。

5 应用案例

5.1 2020 年山地滑坡案例

2020 年 6 月，因连续降雨，增城区北部山区多地发生山体滑坡等自然灾害。其中在派潭大道、畲族正吓公路畲族村路发生两处较大的山体滑坡、公路阻断的险情（见图 3）。城乡院为响应增城区政府抢险救灾的指挥部署，紧急召开应急航拍小组会议，及时派出两组应急小组采用无人机低空航摄技术前往灾害地点进行应急航拍。面对现场复杂的山体滑坡情况，城乡院提供了以下技术支持：

（1）提供无人机视频现场直播，助力现场排险救灾；

（2）航拍回传高清照片、视频，辅助上级领导指挥决策；

（3）制作 360° 真实 VR 全景，建立自然灾害现场存档数据库。

图 3　险情现场

案例总结：该案例属于以提供现有测绘成果为主，具有少量实地监测、数据加工及专题地图制作需求的测绘应急工作。该案例通过采用快速、直观的无人机低空航摄技术手段，实现了险情现场的视频、图片直播，为抢险救灾、决策等工作的实施提供了重要的现场资料，是自然灾害抢险救灾重要的技术支撑。

5.2　2022 年防疫应急地图编制案例

2022 年年底，因疫情形势复杂，区规资局建立了专门的疫情防控制图小组，为区疾控中心、涉疫镇街等部门掌握疫情动向、迅速指挥工作提供有力的技术支持。城乡院作为重要的技术支撑单位参与其中。该项工作要求响应速度快、出图效率高、成果内容精准。面对此紧急形势，城乡院实施了以下举措。

（1）梳理制图小组成员的技术力量，合理调配人员；

（2）搭建高效且可操作性强的工作流，形成技术文档，实现出图标准化、快速化；

（3）通过 AI 技术对疫情防控的类型判定、应急资源分配、行动路径等形成应急预案（见图 4、图 5）。

通过上述举措，防疫应急地图实现了应急制图需求下达后 30min 内完成的目标，为防疫工作的指挥落实提供了重要的技术支持。

案例总结：该案例属于以提供现有测绘成果为主，具有少量的实地监测、数据加工及专题地图制作需求的测绘应急工作。该案例通过城乡院的统一指挥、资源的合理调配、流程的清晰搭建，实现了应急制图任务的高效完成。

5.3　2024 年河流决堤案例

2024 年 8 月 19 日 15 时许，增城区西福河石滩镇石湖村萧元社段出现管涌倒灌，导致决堤。城乡院及时响应区水务局和区规自局的应急需求，提供包括历年卫星影像、历年土地利用现状和数字高程模型在内的基础地理数据，辅助灾情分析与决策（见图 6）。

图 4 防疫应急区域划定

图 5 防疫应急关键数据查看

历年卫星影像

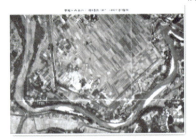

增城区西福河石湖村段1987-1990年影像图.jpg

增城区西福河石湖村段2002年影像图.jpg

增城区西福河石湖村段2003年影像图.jpg

增城区西福河石湖村段2004年影像图.jpg

增城区西福河石湖村段2005年影像图.jpg

增城区西福河石湖村段2006年影像图.jpg

图6　片流域数据对比分析

　　案例总结：该案例在普通的受灾影像服务基础上，增加时空回溯功能，对受灾区域的基础测绘信息、土地利用信息、植被覆盖信息、地下管网信息等进行多时相的比对分析与空间研判，对关键因素的变化趋势加以跟踪分析，能在短时间内分析出主要致灾原因，为后续开展救灾工作提供决策支持。

深圳市智慧"三防"应用系统应用案例

深圳市城市公共安全技术研究院有限公司

1 建设背景

深圳市地处广东省南部,珠江口东岸,位于两广丘陵地形区,濒临南海,是一个典型的滨海城市。该市属南亚热带季风气候,处于全球台风高发区,每年受4~9个台风、30场左右暴雨的影响,常年平均降雨量为1935.8mm,年均降雨日数为134.2天。

深圳市防汛防旱防风指挥部是全市"三防"工作的指挥机构,负责统一指挥和协调全市的台风、暴雨、干旱灾害防范和应对工作。根据市防指各成员单位职责分工,将其分为"三防"指挥部门、监测预报单位、综合保障部门、行业监管部门和抢险救援力量五类,监测预报单位承担水情、雨情、旱情、风情、风暴潮及危险边坡隐患点等的监测预报预警工作,负责为市防指会商决策提供技术支撑。综合保障部门负责保障"三防"指挥体系运转顺畅,维护灾区人民正常生活秩序。行业监管部门负责督促、指导本行业落实相关防御和应急处置措施。抢险救援力量负责突发险情、灾情的抢护及受困人员的紧急救援等工作。深圳市"三防"指挥部办公室设在深圳市应急管理局,承担市防指的日常工作,具体负责全市"三防"工作的组织、协调、监督、指导等。

深圳市智慧"三防"(防汛防旱防风)系统是深圳市"三防"指挥部办公室在粤港澳大湾区和先行示范区"双区驱动"建设的重大机遇下,贯彻落实党中央关于提高自然灾害防治能力的决策部署,提高"三防"系统防灾减灾能力水平,保证人民群众生命安全,加快应急管理信息化、现代化的要求下建设的。系统建设要立足于为深圳市委市政府和"三防"指挥部领导提供可视化指挥和智慧化服务的总目标,同时满足"三防"工作人员日常办公、"三防"管理等功能需要。建设智慧"三防",可以实现前端智能感知、精细化动态模拟与实时预报预警、应急指挥和灾后评估等全流程人、技、物的智慧联动与科学决策。

2 系统介绍

2.1 总体架构

深圳市智慧"三防"应用系统总体架构包括七大部分:构建综合智能感知体系、信息基础设施、"三防"大数据平台、智能模型服务、智慧应用、韧性城市系统评估提升、标准规范与信息安全(见图1),实现态势感知全域化、辅助决策实时化、指挥控制扁

299

平化、城市发展韧性化。

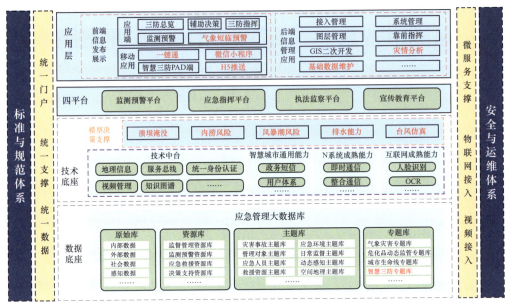

图 1　总体架构图

2.2　数据资源

深圳市智慧"三防"应用系统的数据来源于深圳市应急管理局的"一库四平台"管理数据库。数据由外部数据和内部数据构成，所有数据将集中存储在"三防"数据库中进行统一应用（见图 2）。

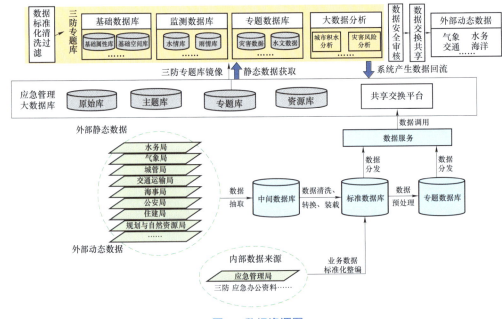

图 2　数据资源图

2.3 业务流程

深圳市智慧"三防"应用系统按照"统一建设、分级使用"的原则，为市、区、街道各级成员单位使用，构建"纵向连通市、区、街道、社区各层级，横向打通各市'三防'成员单位，实现多场景、各层级、各部门间的融合指挥"模式。通过梳理全市"三防"工作机制，细化"三防"责任人体系，利用"应急一键通 App"对全市"三防"责任人预警信息发送、任务下达、执行反馈等工作进行全流程闭环管理，实现对"三防"责任人和责任管理的支撑服务（见图 3）。

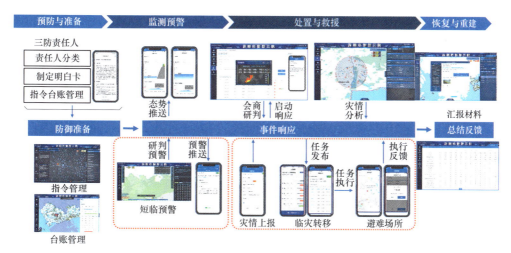

图 3　系统业务流程图

2.4 功能模块

深圳市智慧"三防"应用系统是给各级指挥员及"三防"责任人打造的综合指挥平台，系统主要由"三防"概览、监测预警、辅助决策、协调指挥四大模块组成（见图 4）。

2.5 功能介绍

2.5.1 "三防"概览

"三防"概览模块可快速获取"三防"相关信息，主要展示监测预警信息和防御情况（见图 5）。气象部门推送的雷达、降雨、大风情况，水务部门推送的水库、河道、积涝预警情况，海洋部门推送的海浪和潮位情况。当启动防汛、防台风应急响应时，展示各区的防御部署情况和灾情上报的信息。

2.5.2 监测预警

监测预警模块主要展示数据接入的情况，系统汇聚了全市"三防"指挥部成员单位近 5000 万条数据（见图 6），主要包括气象、水情、海况等实时监测类数据（见图 7～图 9）和生命线工程、防御工程等重点关注设施的数据，可多角度了解城市运行情况，为平时和战时提供有效的支撑。

```
                          ┌─────────────────────┐
                          │  深圳市智慧三防应用系统  │
                          └──────────┬──────────┘
        ┌───────────────┬───────────┼───────────┬───────────────┐
   ┌────┴────┐     ┌────┴────┐  ┌────┴────┐  ┌────┴────┐
   │ 三防概览 │     │ 监测预警 │  │ 辅助决策 │  │ 协同指挥 │
   └────┬────┘     └────┬────┘  └────┬────┘  └────┬────┘
```

三防概览	监测预警	辅助决策	协同指挥
气象信息	气象短临预警	风险分析	应急能力
水文信息	水情监测	三防指令	防御部署
海洋信息	海况监测	三防知识	灾情处置
应急响应	台风路径	决策系统调用	临灾转移
防御信息	边坡易发点		值班管理
灾害信息	防御工程		责任人管理
	生命线工程		
	重点关注		
	三个清单		

图 4 系统功能模块

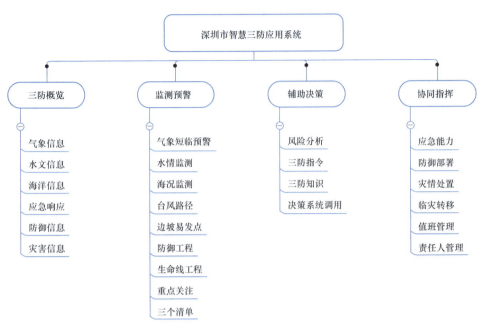

图 5 "三防"概览模块

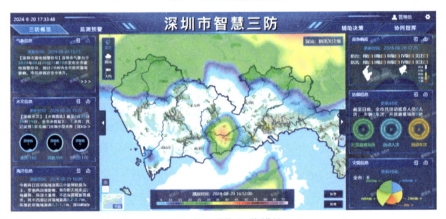

图 6 监测预警模块

图 7　水库信息展示

图 8　气象预警信息

图 9　降雨信息

全区	街道	站点名称	雨量(mm)
宝安	沙井街道	共和	42.9
南山	西丽街道	大建	34.7
光明	凤凰街道	塘家	32.5
福田	沙头街道	沙头	32.4
光明	凤凰街道	大涧水库	28.6
坪山	坑梓街道	坑梓	28.2
宝安	松岗街道	松岗	27.7
坪山	坑梓街道	秀新	27.3
南山	桃源街道	塘朗山	26.9
宝安	新桥街道	长流陂水库	25.6

2.5.3　辅助决策

辅助决策模块包含气象、水务、海洋风险分析和"三防"知识（见图10和图11）。系统接入相关专业单位的内涝风险图、水库溃坝淹没、风暴潮风险分析等风险分析图，为科学的抢险救灾、组织群众转移避险等提供支持。对全市市级成员单位的防汛、防风、防旱相关预案进行结构化拆解，梳理各预案之间关联，生成"三防"指令图谱。针对不同"三防"场景,结合现场反馈信息,提供符合当前场景和问题的智能推荐服务能力,为决策者和值班值守人员提供辅助指引。

图 10　洪涝风险分析

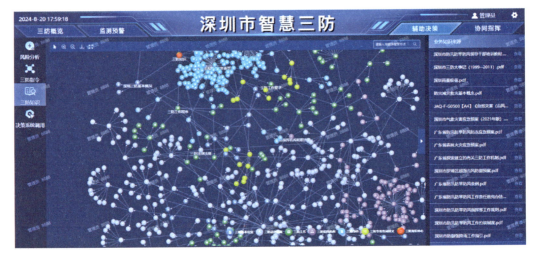

图 11　"三防"知识

2.5.4　协同指挥

协同指挥模块包含应急能力、防御部署、灾情处置、临灾转移等部分。系统接入深圳市大型排涝车辆,可以实时了解抢险车辆的定位和现场作业视频(见图12)。系统重点推进了全市"三防"责任人的管理,可以通过"应急一键通App"对各责任人进行分级分类管理。"三防"指挥官可随时与各个责任人进行音视频会商,使指挥官更好地了解现场,责任人更全面地接收指令。在启动防汛防风应急响应后,责任人可通过"应急一键通App"及时了解"三防"各类信息,当有通知要发布给责任人时,可将相关信息定向发送至指定责任人(见图13和图14)。

304

图 12 排涝泵车现场工作视频

图 13 应急响应信息发布

图 14 防御部署指令

3 关键技术

3.1 知识图谱技术

知识图谱是通过将应用数学、图形学、信息可视化技术、信息科学等学科的理论与方法与计量学引文分析、共现分析等方法结合，并利用可视化的图谱形象地展示学科的核心结构、发展历史、前沿领域以及整体知识架构，达到多学科融合目的的现代理论。它通过数据挖掘、信息处理、知识计量和图形绘制把复杂的知识领域显示出来，揭示知识领域的动态发展规律，为学科研究提供切实的、有价值的参考。

知识图谱构建：针对应急图情分析领域没有构建知识图谱的现状，通过配置化形式自动完成知识图谱的构建。知识图谱服务提供流水线图谱构建功能，覆盖创建本体、配置数据源、选择本体、信息抽取、知识映射、知识融合等业务流程。

语义模型管理：定制化开发应急管理图形情报分析模型与语义分析模型框架，内置通用的情报分析模型、安全生产事故模型、自然灾害事件语义模型，并可基于该模型校对实时分析信息的完整性。

行业词表管理：在本系统中应急管理行业词表即本体模型的元概念，亦称行业词表。本体管理功能支持用户以本体模型为项目管理本体（增删改查）、本体融合及质量稽核。

3.2 自然语言处理引擎

自然语言处理引擎（Natural Language Processing，NLP）是为各类政府用户及开发者提供的用于文本分析及挖掘的核心工具，旨在帮助用户高效地处理文本，已经广泛应用在公安、政务、应急、情报、军事等行业客户的多项业务中，取得了良好的效果。

自然语言处理基础服务为用户提供包括分词、词性标注、命名实体、情感分析、中心词提取等自然语言处理服务，可用于智能问答、对话机器人、舆情分析、个性化推荐等场景。

自然语言处理模型中台是面向普通用户设计的自然语言处理行业自适应标注、训练和服务平台，支持文本实体抽取、文本分类、关键短语抽取、情感分析、关系抽取、短文本匹配、观点解析等算法能力的定制。

3.3 灾害性天气识别技术

通过利用灾害性天气识别技术提供大风、降雨、冰雹、雷电等突发灾害性天气的自动识别在线分析服务，从而建立灾害性天气识别预报预警业务，对灾害性天气过程进行有效的识别，从而给相关部门的灾害性天气防御增加预警提前量。

3.4 气象灾害风险评估技术

气象灾害风险评估技术通过对致灾因子、孕灾环境脆弱性、承灾体易损性、防灾减灾能力等指标的研判，建立气象灾害风险评估模型，并通过该模型提供灾害性天气风险评估在线分析服务，实现灾害风险区域圈定，便于防灾应急部门在灾害性天气来临前做好防灾工作，把损失降到最低。

3.5 城市灾害链智能构建技术

针对构建城市灾害链时数据量大、多模态、不聚焦、关联性差、人工处理成本高等问题，利用新闻、历史案例、灾害调查等数据，构建灾害实体抽取、链条抽取、衍生映射、灾害链推理等算法，形成城市灾害链智能构建技术，构建城市灾害链智能标签体系和知识图谱，实现量化分析城市全貌灾害链传递机理、深入挖掘灾害发展趋势等能力，突破城市灾害认知，提升城市灾害次生衍生预测能力。

3.6 城市灾害链仿真推演技术

围绕城市典型灾害场景，面对多灾种、全链条、多尺度、多物理场的仿真需求，依托有限元、有限体积、离散元等数值仿真方法，形成流—固—热多向耦合算法和时频域分析技术，建立自动化、并行化、智能化的数值仿真计算流程，提升模型的精确性、稳定性、高效性与鲁棒性，形成"快速建模，并行计算，智能分析"的城市灾害精细仿真能力。

3.7 多模态感知数据融合技术

基础数据与感知数据具有杂乱性、重复性、不完整性等特点，需进行数据清洗、数据集成、数据转换、数据消减、数据降维等操作，以提高模型训练速度、预测精度，增强泛化能力。针对海量数据，研究数据智能化预处理方法，构建高效的数据预处理模型。

城市灾害事故具有复杂性，单一数据来源的决策系统难以对其进行准确的评价、预测。围绕数据的多源异构特性，构建数据层、特征层、决策层的数据融合智能化方法，增强和挖掘数据相关性，构建表征城市承灾体安全性的多维性态指标体系，提升模型可靠性和预测精度，减少模型训练数据量。

由于测量误差、信息缺失、感知限制、性态随机性等问题，初始模型通常难以完全描述城市承灾体与致灾因子的主要特征。利用智能数据同化技术，结合实时感知数据，在计算过程中对模型进行动态更新，修正模型关键参数，实现对城市灾害事故的高精度仿真预测。

4 创新点

4.1 城市洪涝灾害链智能预报预警技术

利用气象网格数据和智能网格预报技术，建立各街道降雨、积涝阈值管理体系，汇聚致灾因子和承载体实时监测数据，结合数据挖掘、深度学习等技术，实现分区、分街道风雨汛情实时全域感知、灾害链综合监测和短临预警预报，为灾害防御提高预见性。

4.2 数字预案指令智能生成与精准靶向发布技术

建立防汛数字预案形式化语义模型，研发数字预案指令自动抽取和灾害情景智能识别算法，结合防汛责任人体系，形成"情景–机构–指令"结构化标签体系，实现汛情智能解析、应急指令自动生成、精准发布及靶向推送。

4.3 多因素耦合灾害快速分析辅助决策技术

基于灾害点所影响的人口、防护目标、危险源、影响范围半径等因素，建立基于多维度影响分析技术的灾害点快速分析模型，实现动态发布、智能推荐应急响应方案以及灾情处置过程回溯，为后期应急响应过程提供有效辅助决策支撑。

5 应用案例

5.1 2021年"8·18"道路积水案例

2021年8月18日15时15分，深圳市气象局发布暴雨黄色预警（分区），深圳市"三防"办启动市级防汛"关注级"（分区）应急响应。15时40分，气象局将全市分区暴雨黄色预警升级为分区橙色暴雨预警（罗湖区及龙岗区部分街道），罗湖区"三防"办启动防汛Ⅳ级应急响应。

启动应急响应后，市"三防"指挥部根据气象部门建立的各街道降雨阈值管理体系，结合街道级降雨实况及预报，通过"应急一键通"App给各街道"三防"责任人发送防御指令，进行降雨风险提示（见图15）。区"三防"指挥部迅速调度水务、公安、交警等职能部门及街道应急力量到位，在全区主要路段布置警力，在21个易涝点安排抽水车和人员值守，各街道对辖区不放心部位组织蹲守和巡查。水务集团工作人员及时查看天气信息，并通过深圳应急一键通"降雨"模块了解当时及未来5min、10min到1h、3h的降雨量，提前准备巡查路段，第一时间清理疏通雨水篦子加快排水。严防人员车辆涉水通行。利用视云平台巡查全区积水情况，对罗芳立交桥洞等重点积水点迅速调度人员进行封控，组织交警力量疏导交通。与此同时，市"三防"指挥部在指挥大厅通过系统对相关行业部门、区域进行指挥调度，现场连线，传达防御指令，及时掌握现场情况。

5.2 2023年"9·7"极端特大暴雨案例

2023年9月7日，深圳市遭遇了强度超强、持续时间超长、强降雨范围超大的极端特大暴雨，7项降雨指标打破了深圳市1952年有气象记录以来的历史极值，暴雨导致全市多处出现不同程度险情灾情。依托权威高效的"三防"工作体系，用足用好"智慧"三防""信息化系统，准确研判、科学应对、果断处置，全市无群死群伤、无人员因灾死亡，灾后 12h 城市整体秩序基本恢复正常。2024 年，国家防汛抗旱总指挥部办公室印发《关于提升城市极端暴雨防范应对能力的指导意见》（国汛办〔2024〕1 号），明确指出要借鉴 2023 年广东深圳"9·7"极端暴雨防范应对经验做法。在该次极端特大暴雨应对中，全市各级"三防"指挥部及"三防"责任人通过智慧"三防"系统和"应急一键通"App 及时获取各类实时监测、预警信息，全面了解该次暴雨基本情况及城市运行情况（见图16）。

图 15　短临预警提示

图 16　响应发布历史记录

市"三防"指挥部第一时间研判形势、部署任务,要求龙岗区及时启动防汛一级应急响应,提前组织盐田、罗湖、福田区提级防御,指导各部门开展防御行动。数字化拆解的"三防"预案一键发送,全市各"三防"责任人收到"防御部署"信息后快速到位,按预案要求开展应急处置工作。该次防御中市、区各级指挥部共发布84次响应指令,共计47.672万人次收到"防御部署"信息(见图17)。

图 17　防御部署历史记录

防御过程中,结合气象预报、水文监测,对照"洪涝风险图"(见图 18),辅助市"三防"指挥部科学划定龙岗河流域、深圳河流域范围洪涝重点风险区域,最终在 2.5h 内实现 22 万危险区域人员精准识别、快速转移和妥善安置。

图 18　洪涝风险分析图

智慧"三防"系统在该次监测和防御过程中辅助市、区指挥大厅人员了解各类实时监测数据,对趋势进行预判。同时系统通过车辆的实时定位和视频回传现场的环境及救援状态,提供给市级和各区级大厅的指挥官做辅助决策。

6 示范效应

2020 年 6 月 14 日,深圳市智慧"三防"应用系统在中央广播电视总台《新闻联播》专题报道《深圳:智能化精细化"绣"出城市幸福感》中亮相,演示了系统对 2020 年第 2 号台风"鹦鹉"路径的实时追踪和应急指挥功能。

2021 年 11 月 17 日,广东卫视新闻报道《深圳科技赋能 智慧"三防"构筑城市"安全屏障"》,明确深圳作为"科技之城""智慧之城",将科技优势运用到"三防"体系建设中,实现了科学化、智能化、精准化管理,有效提升了综合防灾能力,为城市构筑起智能、高效的安全屏障。

2022 年 8 月 25 日,深圳电视台《晚间观察》栏目介绍了深圳市通过智慧"三防"系统做好台风监测预警相关工作的做法。

森林防火智能监测管理平台建设与应用

沈阳市勘察测绘研究院有限公司

1 建设背景

森林作为重要的自然资源，对人类生存有着重要的影响。随着全球气候变化和人为活动的增加，森林火灾的风险也在不断上升，这对森林资源构成了严重威胁。《全国森林防火规划纲要（2016—2025 年）》提出：充分利用信息化手段，加强预警监测、森林防火通信和信息指挥能力建设，构建森林防火信息化体系，大幅提升森林防火信息感知、信息传输、信息处理和信息应用四种能力，不断提高森林防火科技含量。2020 年 2 月，国家森林草原防灭火指挥部办公室发布《关于进一步加强当前森林草原防灭火工作的通知》（国森防办发明电〔2020〕4 号），要求充分发挥森林防火领域已有的各种信息化手段，加强信息指挥辅助决策系统的应用，运用大数据、云计算等先进手段，切实把已有的地理信息、指挥调度、林火监测、巡护定位、应急通信、管理信息等各类辅助支撑系统和业务平台作用发挥到位，真正发挥"智囊团"的作用。2023 年 4 月，中共中央办公厅和国务院办公厅印发《关于全面加强新形势下森林草原防灭火工作的意见》，明确指出要加快大数据、物联网、区块链、人工智能等信息技术深度应用。大力提升预警监测能力，建立上下贯通、左右衔接、融合集成的预警监测体系。加强监测技术融合应用，提升火情监测覆盖率、识别准确率、核查反馈率。

为了响应国家政策，借助信息化手段应对森林火险这一挑战，我公司自主投入启动森林防火智能监测管理平台的建设工作。该平台旨在充分利用现代化信息技术，包括物联网、大数据分析、人工智能等先进手段，强化森林火灾的预警监测功能。通过部署高精度传感器、遥感技术以及地面监控设备，平台能够实现全天候、全方位的火情监控，从而提升森林防火通信与信息指挥的能力。

2 建设内容

面向森林防灭火重大需求，我公司探索"科技＋服务"模式，形成了精细化动态风险评估、空天地一体化联动监测、三维态势研判、情景模拟推演与趋势预测、多方协同响应等核心能力，打造森林防火智能监测管理平台，做到态势能掌握、响应能协同、指挥能有序，实现防灭火一体化应用，助力各地森林防灭火工作，实现"防未防危防违，打早打小打了"的目标。

2.1 总体架构

森林防火智能监测管理平台（简称平台）遵从开放标准、多层次架构建设的原则，主要由基础设施层、数据资源层、服务支撑层、平台应用层构成。项目总体架构如图1所示。

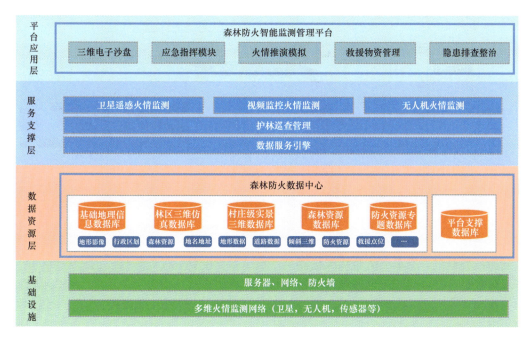

图1 总体架构图

该平台的基础设施层基于超融合云服务器，确保了计算、存储与网络资源的高度集成与优化配置，从而为平台高效运行奠定了坚实的基础。同时，该层广泛接入了各类物联网感知设备，如气象卫星、巡查无人机、高点摄像头等，形成了一个覆盖全面、响应迅速的火情监测网络，能够实时捕捉潜在的火灾征兆，为后续的数据处理与分析提供了第一手资料。在数据资源层面，系统配备了专业的数据存储与管理系统，用于保管防火专题数据及相关平台支撑信息。服务支撑层则通过集成数据服务引擎来促进数据资源共享，并借助护林巡查小程序完成现场数据采集，利用算法模型实现火情的智能监测与识别。在平台应用层，采用三维电子沙盘技术，为应急指挥、救援物资调配以及火灾隐患排查与治理提供了直观、高效的决策支持工具。

2.2 多维火情监测网络

多维火情监测网络作为该平台的核心组成部分，通过整合气象卫星数据、视频监控数据以及无人机监测数据等多种来源的信息，构建了一个高效、全面的火情监测体系（见图2）。

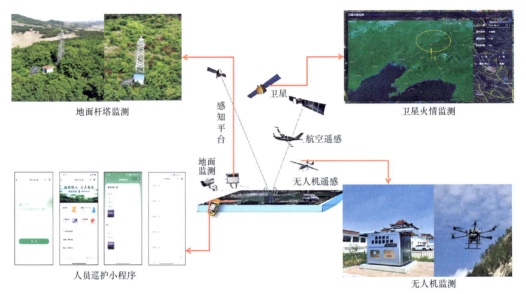

图 2　多维火情监测网络

气象卫星火情监测结合云产品、监测区域行政区划及下垫面类型等辅助数据，实现了对监测区域火点情况的 24h 全天候实时监控与预报预警。通过自适应火情监测算法，系统能够精准提取有效观测区域内的火点，排除非火源干扰，生成火点判识结果，并及时发送预警信息。卫星火情监测流程涵盖了遥感数据准备、预处理与校正、火点识别与分类等多个环节，确保了监测信息的准确性和时效性。

视频火情监测应用了领先的视频采集与热成像感知技术，辅以内置的烟火识别算法，能够对全地形森林火点进行全天候监测及实时预警。这一系统不仅能快速发现火情，还能准确区分烟雾与火点，降低了误报率，确保了火情的早发现、早报告、早处理。

无人机火情监测利用导航定位系统、网联控制及数字传输技术，对森林火情进行快速巡查监测，获取精确的林情与火情信息。无人机能够评估火场面积、火势大小及其发展方向，并据此形成预警，预测火灾发展趋势，从而有效降低火灾对森林资源的损害。

在充分利用多源监测数据的同时，平台也注重发挥人工巡检的作用，通过现场核查和上报功能，将巡检结果纳入平台统一管理及发布，确保信息同步更新。多维火情监测网络通过多种手段和技术的有机结合，显著提升了火情监测的效率与准确性，为火灾预防与控制提供了坚实的保障。

2.3　森林防火数据中心

依据实景三维森林防火数据要求，整合基础地理信息数据、林区三维仿真模型、村庄级实景三维模型、防火资源数据，建成全面完备的森林防火工作数据基底。

1. 基础地理信息数据

基础地理信息数据涵盖了森林区域电子地图、影像数据、地名地址数据、行政区划数据、林间道路数据等。通过对这些数据进行预处理，并根据防火业务需求配置图层风格，生成切片缓存，确保系统底图浏览的流畅性。

2. 林区三维仿真模型

该平台完成了部分林区的三维仿真建模工作。通过建立林区三维仿真模型，能够直观展示地形起伏，并测量坡度、坡向等信息。林区三维仿真模型的生成遵循严格的规范，确保模型的几何精度、纹理分辨率及完整性，并实现与其他模型的无缝衔接。

3. 村庄级实景三维模型

开展了对林缘线周围部分村庄的倾斜航空摄影，并进行了实景三维建模。通过倾斜航空摄影获取高分辨率地面影像，并以此为基础构建三维模型，为森林资源的空间分布动态展现提供了支持。

4. 防火资源数据

防火资源数据整合了森林资源数据与防火资源数据，包括但不限于森林、林木、林地、防火人力资源、防火工程设施等数据。历史火灾信息、防火人力资源配置、防火设施布局等专题数据均经过现场收集、内业整合与质检后入库，确保数据的全面性和准确性。

森林防火数据中心通过多层次、多角度的数据整合与管理，不仅为日常的森林防火工作提供了坚实的数据支持，也为突发事件的应急响应提供了科学依据。

2.4 森林防火智能监测管理平台

2.4.1 护林巡查小程序

综合运用移动通信、云计算、大数据等新一代信息技术，融合了人员巡护信息，面向省市、区县、乡镇级单位提供网络化、立体化、可视化、智慧化的林业大数据，对隐患物的不安全状态、隐患人的不安全行为、环境不安全因素等方面信息进行上报，提高森林巡护人员实时监管、灾害事件及时上报、应急事件处置管理的工作效率（见图3）。

图3 护林巡查小程序

2.4.2 森林防火综合支撑系统

森林防火综合支撑系统包括数据接入与管理、数据服务引擎、火情监测三大模块。数据接入与管理模块涵盖视频监控、巡查移动端、无人机、气象遥感等多源数据接入，并对防火数据资源进行管理。火情监测模块通过多源监测数据及自研算法进行火情定制产品制作，包含卫星遥感、视频监控、无人机火情监测等，为森林防灭火工作提供全面高效的技术支撑。数据服务引擎模块提供全功能 GIS 服务发布等能力，支持多层次扩展开发。

2.4.3 森林防火指挥系统

森林防火指挥系统包含多个功能模块，旨在提升森林火灾应对的科学性与高效性。三维电子沙盘模块通过多源数据资源落图、村庄三维模型及三维动画特效，为指挥人员提供直观全面的林区信息及火情模拟，助力决策与资源调配（见图4、图5）。应急指挥模块针对救援事件火情，具备火灾信息展示、附近设施分析、救援路径分析、救援队伍管理、火灾蔓延动态预测、预案查询和天气实况等功能，为应急指挥人员提供全面决策支持。火情推演模拟模块结合多源数据和火灾蔓延分析模型，生成动态专题图，并借助地理信息系统技术进行可视化展示与交互操作，以预测火灾蔓延趋势辅助扑救方案制定（见图6）。这些模块相互协作，共同为森林防灭火工作提供有力的技术支撑和管理保障。

图 4　三维电子沙盘

2.4.4 森林防火隐患排查整治监测系统

森林防火隐患排查整治监测系统结合智能移动终端设备，在工作人员执行排查任务过程中，通过移动端应用记录排查情况，包括隐患的具体描述、照片、位置信息等，并实时上传至系统，方便管理人员对排查工作进行监督和审核。通过该系统可实现对森林环境的全方位实时监测，精准排查各类潜在隐患，并对隐患整治工作进行科学管理和有效监督，从而最大程度降低森林火灾发生的风险，保护森林资源的安全和生态系统的稳定（见图7）。

图 5　数据资源点击查询

图 6　火情推演模拟

图 7　森林防火隐患排查整治监测系统

3　平台亮点创新

3.1　多维一体化联动监测

将先进的信息技术与专业的服务深度融合，塑造出创新型 "科技＋服务" 模式。在此模式下，整合卫星遥感、无人机巡检、地面传感器等多元监测技术，构建技术沙盘，形成全方位掌控森林状况的能力；搭建多层次、立体化监测体系，实现对森林区域的动态实时监测，达成全天候、全面覆盖的目标；运用大数据分析预测技术，为森林管理决策提供科学依据，助力科学决策水平提升，全面保障森林安全与可持续发展。

3.2　三维精细化态势研判

利用三维地理信息系统（3D GIS）技术构建森林地形地貌模型，通过仿真技术和历史数据分析模拟不同条件下的火灾发展趋势，辅助决策者更直观地理解和分析火灾态势，提供准确的风险等级预测以制定应急预案；同时以资源"一张图"方式提供森林资源监管、林火红外监测、智能视频监控、森林防火管理、应急指挥调度、隐患排查整治监测等业务应用。该平台融合天网监控、地网监测、人网监管"三网一体"的资源数据，为林业及各级管理部门提供一体化、协同化、智能化、可视化的综合平台。

3.3　多方协同响应机制

建成通过小程序上报隐患信息、监测系统业务联动、指挥部调度指挥的作业模式，以信息化手段为核心建立跨部门、跨地区的协同工作机制，不仅可确保一旦发生火灾能迅速集结各方力量，实现快速响应和高效处置，还能实现对火灾隐患的常态化排查整治。监测的隐患事件按灾害风险机理分为：物的不安全状态，体现各种火险隐患的位置和状态；人的不安全行为，如各个检查站手动实时上传进入人员数量和照片；环境不安全因素，包括天气预报、火险预报及一周的预报；采取的处置响应措施，如人员巡逻位置、消防车驻防位置、巡逻车位置等。汇聚上述结果，基于大数据分析和模拟预测技术，为森林火灾防控决策提供科学依据，管理人员据此可制定更加合理的防控策略和资源调配方案，提高决策的科学性和有效性。

4　应用价值

该案例设计开发了多维火情监测网络、森林防火数据中心、森林防火智能监测管理平台，分别从物联感知、数据底板、移动端与管理平台，从事前巡查、事中监测、事后处置对森林防火工作提供信息化支撑，具有良好的可复制性及推广性。

从社会效益来看，该平台有效提升了森林火灾的预防和应对能力，减少了森林火灾对生态环境的破坏，保护了生物多样性。它为周边居民提供了更安全的生活环境，降低了森林火灾对居民生命财产的威胁。例如，多维火情监测网络能够实时监测森林状况，让周边居民更加安心。从经济效益来看，平台的应用降低了森林火灾造成的经济损失，包括森林资源本身的价值损失、火灾扑救费用等。从而提高了森林防火工作的效率，减少了人力、物力的浪费。

综上所述，森林防火智能监测管理平台的建设与应用具有显著的应用价值，在社会效益及经济效益方面保障了人民生命财产安全，降低了森林火灾造成的经济损失，促进了社会稳定与和谐发展。

新疆某区无人机遥感智慧应急系统

武汉天际航信息科技股份有限公司

1 项目背景

近年来，国家层面对应急管理数字化转型提出系列战略部署。2024 年 1 月，应急管理部发布《地方应急管理科技信息化任务书》，明确提出构建灾害现场快速三维感知体系，强化数字技术在自然灾害监测预警与应急处置中的深度应用。同年 3 月，四部委联合印发《通用航空装备创新应用实施方案（2024—2030 年）》，进一步要求推动无人机等航空装备在应急救援领域创新应用，重点突破复杂环境下数据快速获取与智能分析技术瓶颈，为智慧应急体系建设指明了方向。

新疆地域辽阔、地形复杂，人口密度低，受限于地理环境和人口分布，传统的人工巡查方式难以实现对自然灾害的全面、及时监测，存在发现不及时、预警信息滞后等问题。缺乏全面、准确、实时的灾害信息数据支撑，在应急状态下难以实现对灾情的科学研判和精准决策，制约了应急管理效能的提升。加之人力资源短缺、专业技术人才匮乏，难以满足日益复杂的应急管理工作需求。因此，亟须借助新技术手段提升信息采集与风险预警能力，以确保灾害信息能够快速传递，并为应急指挥调度提供数据支撑。

针对上述问题，该案例项目通过引入无人机遥感技术，实现了灾害现场数据的快速采集和实时传输；依托全要素实景三维数据底座，构建了基础数据平台，为各类应急场景提供全面、精准的数据支持；同时，融合先进的人工智能技术，实现自动化态势感知和智能预警，为指挥决策层提供及时、动态的灾情评估。通过无人机、3D 数字底座和 AI 智能决策的有机结合，项目全面提升了区域应急响应的自动化、智能化水平，有效缩短了反应时间，提高了信息准确度，为提升新疆的灾害监测、风险评估和应急处置能力提供了坚实技术支撑。

2 项目内容

案例聚焦无人机遥感技术在灾害应急中的应用，整合多源数据采集、实时数据处理与智能决策支持等关键环节，构建了一体化应急响应体系。以无人机为应急数据采集平台，通过实时建模技术生成高精度、动态更新的三维场景数据，并借助分布式计算与AI 智能算法对多源异构数据进行融合、校正与实时分析。在地质灾害、森林火灾及公共安全等应急场景下，该系统能够实现全面监测预警、态势感知、精准救援以及灾后恢复指导，为政府部门提供科学、及时的信息支撑和决策依据，同时也为智慧应急示范应用探索出一条可复制、可推广的创新路径。系统总体架构如图 1 所示。

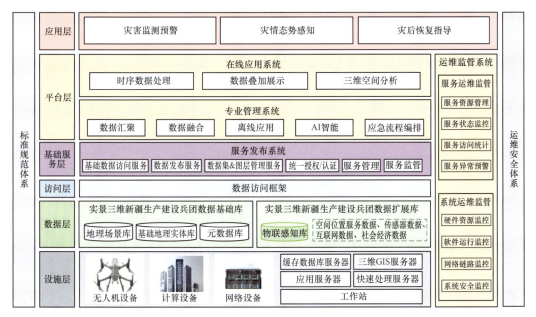

图 1　系统总体架构图

2.1　无人机应急数据快速处理

基于无人机遥感技术的快速响应特性，实时采集应急现场数据，并通过无人机视频实时定向拼接、三维建模等数据处理技术，基于应急现场实时视频，实时制作正射影像，并快速生成现场三维模型，及时展示应急现场状态，快速响应应急测绘数据需求（见图 2）。同时采用高并发数据流处理与智能算法，关联二维影像、三维模型、土地信息等异构数据，实现数据间的无缝衔接和高精度模型生成，从而为地质灾害、森林火灾及应急安防等场景下的现场态势感知与决策提供准确的数据支撑，确保在突发事件发生时，快速形成全面立体的数据展示，助力指挥部门实现对灾情的迅速掌握并制定有效应对措施。

构建基于流程编排的无人机遥感数据应急处理预案机制，通过预先制定多维情景下的处置方案及关联动作库，将复杂的应急数据处理环节标准化、模块化，实现智能调度与流程自动执行。减少应急处置与救援阶段所需的数据处理时间，实现数据与动作的有效集成和实时调用。支持在地质灾害、森林火灾及其他高风险场景中，提前规划和优化应急响应流程，提高整体救援效率和决策准确性，强化应急处理的整体协同能力。

整合人工智能算法技术，对无人机遥感技术采集的应急现场视频影像及高分辨率三维数据等数据资源进行智能化分析（见图 3）。采用图像分割、目标识别和异常检测等技术，自动提取关键特征，并对现场状况进行实时评估和动态监测（见图4）。通过对信息数据的智能筛选和精准提取，提高应急监测预警、救援资源调配及事态评估等应急场景中的数据处理效率和信息准确性，为地质灾害监控、森林火灾预警及公共安全事件快速响应提供灾害态势分析和后续应对调控的技术支持。

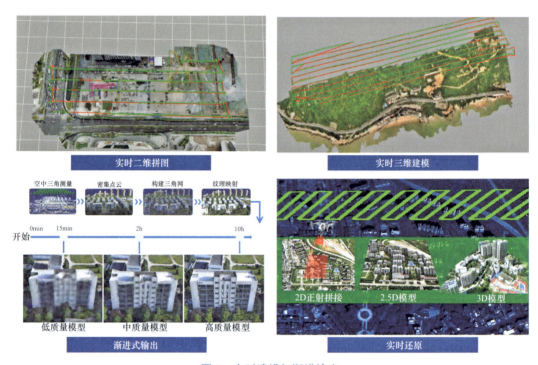

图 2 实时建模与渐进输出

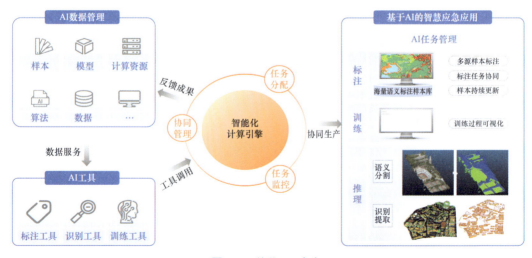

图 3 一体化 AI 中心

图 4　识别、分割、定位、跟踪

2.2　全要素三维数字底座构建

通过整合无人机遥感数据、实景三维数据、物联网感知数据及应急业务数据，实现跨部门、跨领域的数据采集与融合。将天上看、空中巡、地面查采集、生产的全要素数据进行配准融合，构建全要素实景三维数据底座，最终实现网上统一管理（见图5和图6）。满足地质灾害、森林火灾及应急安防等场景对数据全面覆盖的要求，并在应急监测预警过程中实时调用、精准呈现各类信息，为后续的快速决策和精准响应提供坚实的数据支撑。

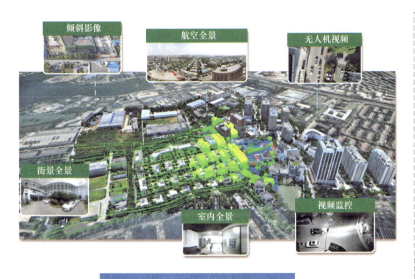

图 5　全要素实景三维数据底座

323

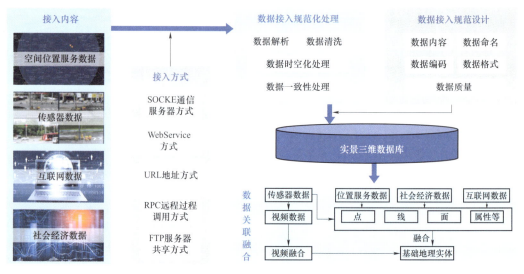

图 6　物联感知数据的接入与关联融合

采用分布式自适应计算引擎,实现对海量三维数据及多时相异构数据的高速处理与调度,同时满足无人机数据实时处理所需的算力需求。通过数据分片、并行调度与负载均衡等分布式算法与资源调度策略,优化数据处理效率,确保在突发应急事件下,各种复杂数据分析与计算能够快速响应,在紧急情形中提供快速、可靠的信息处理能力,支撑决策部门在灾害监测、风险评估与安全防范中的实时处理需求。

构建数据间的时空交互模型和语义关联机制,实现对不同数据间内在联系的深度挖掘和动态拼接(见图 7)。在突发事件和动态形势下提供系统化、立体化的信息表达,确保历史数据信息与实时采集数据在空间、时间维度上的精准对接。在地质灾害、森林火灾以及综合安防等实际应急场景中,提升异常变化的迅速识别能力和精确预警水平,从而有效增强对复杂灾害情境的应急响应能力。

图 7　异构数据的时空关联

2.3 软、硬件结合的应急支撑

通过软硬件结合，构建了灾害监测与预警系统，实现多角度、多层次的灾害信息收集与处理（见图 8）。采用无人机进行应急现场的快速感知，基于高精度三维模型对区域内各类地形、建筑和自然环境进行全面刻画，结合动态实时数据与静态存量数据，实现信息的迅速整合与动态更新。支持对地质灾害、森林火灾和公共安全事件等多种应急场景进行实时监测，有效识别潜在隐患，并以数据驱动方式提前发布预警信息，辅助决策部门制定科学合理的应急响应措施，提升整体预警能力与风险防控水平。

图 8 软硬件结合的灾害应急支撑体系

在灾害发生或灾害风险加剧的情形下，通过整合高分辨率三维数据与实时感知信息，实现灾情态势的精确呈现与迅速评估（见图 9）。利用多维数据之间的时空关联机制，对各类灾害的演变过程进行动态监控和态势感知，为综合处置提供全面的数据支撑（见图 10～图 12）。部门之间的数据互通与信息共享机制确保在应急场景中，灾情全貌能够即时透视，提升决策支持系统的智能分析与预测能力，有效引导现场救援及资源调度，保障灾害处置工作的高效、有序开展。

灾情发生后的恢复与重建阶段，依托精准的三维实景数据，为制定科学合理的恢复重建方案提供详细的空间信息与严密的数据支持。集成多维信息对灾后环境和基础设施进行全面监测，实现灾情评估与恢复指导的闭环管理，为各级政府和相关部门提供结构化数据支持，同时对恢复进程实施动态监控与分析，确保重建工作精准、高效地开展，为灾害区域的长效管理与安全防控提供持续性的技术支撑。

图 9 态势感知"一张图"

图 10 灾情分析

326

图 11　灾情定位可视化

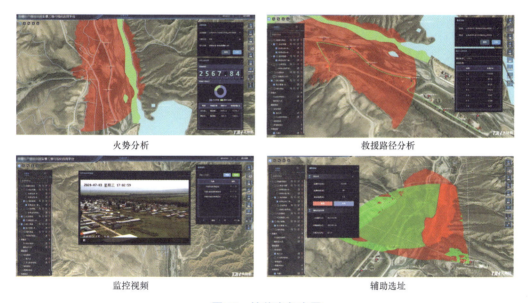

火势分析

救援路径分析

监控视频

辅助选址

图 12　林草应急应用

3　关键技术

3.1　基于无人机遥感的应急态势感知技术

无人机遥感技术能在有限的时间、空间内,以有限的资源提升无人机遥感作业能力,能够在短时间内快速响应,快速获取现势性强、高分辨率的遥感影像数据,通过软硬件结合的方式开展实时拼图、快速建模、全动态视频融合，快速生成数字正射影像（DOM）以及实景三维模型成果，实现灾害现场实景三维场景的高效还原并发布，为现场救援和灾情评估提供及时、立体的数据支持。

3.2 异构数据语义融合与配准技术

针对灾害应急场景中来源多样、类型各异的数据，采用从底层几何特征、中层抽象编码到高层结构化语义的多尺度分析方法进行场景内物体的精细分割与识别。利用深度卷积神经网络对影像、深度信息及点云数据进行特征提取和语义抽取，构建多层次的语义描述模型。通过对抽象特征和结构化语义之间相似性度量的优化，形成多源异构数据时空对象的语义关联库，从而实现数据的快速检索、精确配准与高效融合，为灾情监测、风险评估提供坚实的数据基础。

3.3 基于 AI 的智能预警与决策支持技术

针对灾害应急场景中数据处理与风险快速评估的需求，构建统一标准的 AI 应用框架，规范数据接口、模型部署及全流程应用标准，实现各类 AI 模型的快速配置和场景化部署。通过构建专业化数据处理流程，针对地质灾害、森林火灾等不同应急场景，实现从数据采集、样本标注到模型训练、实时推理和结果反馈的闭环体系。借助多场景数据协同与不断迭代的模型优化机制，持续提升预警准确性与决策支持效率，从而构建一个可持续、高效的 AI 应急应用生态。

3.4 BIM 与 GIS 集成交互技术

利用多源实景影像及增强现实技术，实现 BIM 数据与 GIS 数据的精准定位、定姿及配准。通过空间特征与影像特征的深度交互验证，构建基于多视角渲染的环境，支持用户全息浏览。在应急场景中，将高清影像、实景三维模型、点云数据、二维设计信息、无人机视频及 BIM 数据进行无缝整合，实现从宏观到微观多层级的应急管控与灾情评估。

3.5 大数据 ETL 技术

针对分散且异构的关系数据库、平面数据文件等数据源，采用 ETL（extract 提取、transform 转换、load 加载）技术将数据抽取到中间层，经清洗、转换和集成后，按照预设的数据仓库模型进行加载。通过优化数据清洗与转换过程，显著提高大数据处理的效率和准确性，为应急数据的在线分析处理、数据挖掘及应急决策提供高质量的数据支撑。

3.6 分布式数据存储技术

分布式服务总线采用数据服务驱动的架构作为系统设计和构建的主线，提供高容错、高性能的数据传输、交换及服务协作平台，支持大规模分布式服务之间进行通信协作、有机连接。通过标准化 Web 服务接口、消息传递机制及加密认证方式，实现跨系统、多方式数据访问与联动。内置的管理、监控与日志记录机制为实时数据交换和灾害应急信息传递提供稳健保障。

3.7 实景渲染增强现实技术

采用基于实景图像渲染的增强现实技术，将倾斜摄影、移动测量及手持设备采集的多源影像与三维数据无缝融合，通过海量时空数据库的集成管理实现真实场景的自由观察和交互体验。构建多视角、全息展示的渲染环境，不仅实现影像与二维、三维数据的精准配准，还支持多种信息的叠加展示，为灾情评估、应急响应和恢复重建提供直观、立体的信息支撑。

4 创新点

4.1 基于无人机的智慧应急快速响应

项目将无人机遥感技术与智慧应急响应深度融合，构建了数字化、智能化、自动化的应急处理流程。采用先进的实时建模和 AI 智能技术，基于无人机获取的实时数据获取高精度的应急现场孪生模型，实现灾情现场的全数字化还原。通过预案流程编排，将复杂的应急响应流程标准化和模块化，实现应急场景下的智能调度与自动执行，显著缩短了应急响应周期，提高了应急指挥与决策效率。

4.2 全要素数据融合，建立精细化三维底座

项目整合了无人机遥感数据、实景三维数据、物联网感知数据与应急业务数据，通过构建全要素数字底座，实现跨部门、跨领域的数据采集与实时融合。利用分布式自适应计算引擎和时空语义关联技术，可在多时相、多维度数据中迅速实现配准、融合与精细化管理，从而为各类灾害应急场景提供坚实、全面的数据支撑。

4.3 智能预警与决策支持体系

构建以 AI 技术为核心的三维数据识别、分割和异常检测模型，对应急场景进行语义化理解，实现对灾害风险的实时动态监测和预警。借助统一标准的 AI 应用框架和闭环数据处理流程，系统能够迅速迭代优化预警模型，从而提高决策部门在灾情评估和资源调度上的智能支撑能力。

4.4 软、硬件深度融合，构建应急支撑体系

该项目在应急响应支撑上实现了软硬件无缝结合，通过软硬件结合的应急数据处理工具箱等硬件提供从数据采集、实时重建、数据处理到应急应用于一体的解决方案，同时突破二维显示的局限，实现灾情的全景、多视角可视化。整合消息传递、分布式数据存储及在线分析处理，在各类应急场景中形成了完整、可持续的信息采集、处理及展示

体系，为灾害监控、风险评估与事后恢复构建了高效协同的技术生态。

5 示范效应

　　该项目以全要素三维数据为基础，构建起一套集数据采集、智能处理与实时可视化于一体的应急响应支撑系统，可在地质灾害、森林火灾及公共安全等多个应急场景中进行应用。系统不仅实现了跨部门、跨领域的信息共享和高精度数据呈现，而且在应急监测、灾情评估和后续重建过程中大幅提升了响应速度与决策准确性。通过技术集成创新，项目有效促进了数字政府与智慧城市建设，为各级政府部门提供了科学的数据支撑和精准的风险预测手段，显著提高了灾害应急处理效率和社会整体安全防控能力，为经济社会高质量发展和人民生活保障贡献了力量。

北斗 + 多技术融合地面沉降监测

天津市测绘院有限公司

1 建设背景

地面沉降是指由于自然因素或人类工程活动引发的地下松散土层压缩并导致地面高程降低的地质现象。京津冀平原是目前我国地面沉降最为严重的地区，沉降速率快、范围广，防控形势十分严峻。天津市平均海拔低，地质环境脆弱，受地面沉降损害尤为严重。持续的地面沉降直接导致地面高程不断降低，造成防汛设施的防御能力降低，城区内涝积水，加剧地裂缝和风暴潮灾害；造成河流桥梁净空减少，内河航运受阻，码头被淹；导致深水井井管抬升、倾斜，甚至脱落报废。不均匀地面沉降造成建筑物地基下沉，基础和墙体开裂，房屋等建筑物损坏，严重影响高速铁路、水利工程、机场和油气管线等重大工程的运行安全。局部突发地面沉降，严重威胁人民生命财产安全，造成巨大的经济损失和社会影响。

党中央、国务院高度重视京津冀平原地面沉降问题，自然资源部会同发展改革委等五部委，组织京津冀三省（市）有关部门，编制印发了《京津冀平原地面沉降综合防治总体规划（2019—2035 年）》（简称《总体规划》），明确了地面沉降防治的指导思想、基本原则、防治目标、重点任务和保障措施。全面、准确获取地面沉降信息是科学分析沉降原因、精准制定防治措施的基础和前提。然而，当前天津市地面沉降监测存在诸多挑战，集中体现在以下几个方面。

（1）作为地面沉降监测基准的李七庄基岩点，缺少行之有效的技术手段对其高程稳定性进行监测，导致监测结果的可靠性存在一定风险。

（2）传统以水准测量为主的监测手段，存在监测点密度低、监测频次少、监测精度不均等缺陷，无法满足地面沉降精细化管理的需求。

（3）国家考核天津市地面沉降防治工作的技术手段（InSAR）与天津市政府考核各区此项工作的技术手段（水准测量）不一致，不同技术手段的监测基准、监测精度不尽相同，缺少有效的交叉验证和融合分析方法，无法保障相关考核工作的有效衔接和有序推进。

（4）针对局部突发地面沉降的识别、预警和监测能力尚欠缺。

因此，地面沉降监测需要充分考虑监测基准稳定性的影响，在水准测量基础上，融合北斗、InSAR 等先进技术，建立点、线、面相互补充的立体化地面沉降监测体系，获取高密度、多频次、高精度的地面沉降监测结果，为控沉管理精细化、治理措施精准化提供科学支撑，保障《总体规划》确定的防治目标圆满完成。同时，提升局部突发地面沉降监测能力，实现对重点区域、重要设施、重要工程的沉降监测、风险识别和安全预警，为人民生命财产安全和地区经济可持续发展保驾护航。

2 建设内容

针对天津地面沉降监测及防治面临的痛点问题，综合运用北斗卫星导航、航空航天遥感、物联网传感器等现代先进技术，实现李七庄基岩点稳定性的自动监测与科学评估；建立点、线、面相互补充的多维立体地面沉降监测体系，在实现大范围缓慢地面沉降高密度、多频次、高精度科学可靠监测基础上，有效提升局部突发地面沉降监测能力，对重点区域、重要设施、重要工程的沉降监测、风险识别和安全预警，为科学分析沉降原因、精准制定防治措施、有效应对突发事件提供有力支撑。

2.1 北斗＋物联网传感器的基岩标稳定性监测

为了能够充分顾及李七庄基岩标和宝坻基岩标沉降影响，保证天津市地面沉降监测结果的真实性和可靠性，提出了北斗＋物联网传感器的基岩标稳定性监测技术，构建了宝坻基岩标和李七庄基岩标高程稳定性自动化监测系统，支持北斗卫星导航数据、静力水准数据的连续采集、无线传输、自动存储和快速处理分析，有效克服长距离水准测量累积误差影响，实现了天津市高程基准和地面沉降监测基准的自动监测和科学评估，该技术在天津市高程基准维持、地面沉降监测等工作中发挥了重要作用。北斗＋物联网传感器的基岩标稳定性监测系统如图1所示。

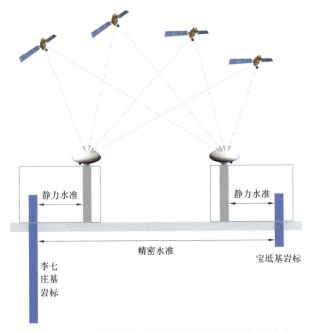

图1 北斗＋物联网传感器的基岩标稳定性监测系统

2.2 北斗＋多源数据融合处理方法

在深刻剖析水准、GNSS、InSAR 等地面沉降监测技术特点的基础上，围绕多源地面沉降监测数据差异分析和融合处理进行了较为深入、系统的研究，成功构建了 InSAR/水准/GNSS 多源监测数据融合处理方法，有效解决了单一监测手段监测点密度低、监测频次少、监测精度不均、监测可靠性不足等难题。

2.2.1 研究建立了 InSAR/GNSS 融合方法

针对利用 GNSS 监测结果对 InSAR 监测结果系统偏差补偿问题，提出了基于滑动窗口加权平均的任意时段 GNSS 沉降提取方法，分析给出了沉降提取精度随滑动窗口大小变化曲线（见图 2），滑动窗口越大，沉降提取精度越高，当滑动窗口大于 14 时，通过增加滑动窗口大小对提取精度的提高影响不显著。建议滑动窗口取值为 14，对应 GNSS 沉降提取精度从 10.8mm 提升到±2.9mm，显著提高了 InSAR 同时段 GNSS 沉降解算精度，解决了 GNSS 和 InSAR 观测时点匹配的难题。

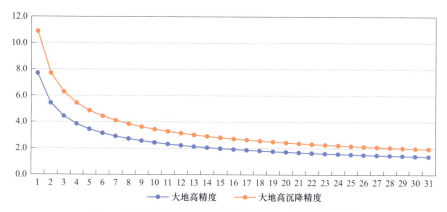

图 2　GNSS 沉降提取精度随滑动窗口大小变化曲线

在此基础上，提出了 InSAR/GNSS 数据融合方法（见图 3）。该方法能够对 InSAR 系统误差进行有效补偿，显著提高了多频次 InSAR 监测结果的准确度。实验结果表明，融合前 InSAR 监测结果偏差均值为 4.74mm、标准差为 6.27mm，偏差绝对值均值为 6.35mm、标准差为 4.64mm；融合后偏差均值为 -0.56mm、标准差为 6.27mm，偏差绝对值均值为 4.85mm、标准差为 4.02mm。融合后 InSAR 系统偏差得到有效补偿，偏差平均值减小了 4.2mm，偏差绝对值平均值减小了 1.5mm。该技术实现了天津市地面沉降每年 4 次监测，及时有效获取了全市，尤其是高速铁路等重大工程沿线地面沉降情况，为科学分析沉降原因、精准制定防治措施提供了有力支撑，成效显著。

2.2.2 研究建立了 InSAR/水准/GNSS 融合方法

设计了基于线性模型的水准/GNSS 联合动态平差方法进行水准和 GNSS 监测结果

融合，控制长距离水准观测累计误差影响，有效改善水准观测精度不均问题。利用水准/GNSS 融合结果对 InSAR 系统误差进行计算和修正，统一监测基准，科学有效地获取多频次、高精度、高可靠性的地面沉降监测结果。针对系统偏差计算点选择和系统偏差计算与修正两个关键问题，提出了参考点周边常数面法、全市均匀分布常数面法、全市二等水准常数面法、全市二等水准趋势面法、全市二等水准反向距离权重法和全市二等水准克里金法等多种方案。基于天津丰富的多源监测数据资料进行实验分析，给出了不同方案对 InSAR 监测结果准确度和精密度的提升效果。通过修正 InSAR 系统偏差，能够全面及时获取高密度、多频次、高精度、高可靠性的地面沉降监测结果。实验表明，融合前 InSAR 监测结果偏差均值为 4.16mm、标准差为 5.71mm，偏差绝对值均值为 5.66mm、标准差为 4.23mm；融合后偏差均值为 −0.43mm、标准差为 4.04mm，偏差绝对值均值为 2.92mm、标准差为 2.82mm。融合后 InSAR 系统偏差得到有效补偿，准确度提升了 2.7mm，精密度提升了 1.4mm。基于上述研究成果，首次实现了天津市地面沉降水准监测结果、GNSS 监测结果和 InSAR 监测结果的交叉验证和融合统一，有效解决了天津市水准测量监测密度低、监测频次少、监测精度不均等问题，为天津市地面沉降防治提供了权威、可靠的数据支撑。InSAR/水准/GNSS 数据融合方法如图 4 所示。

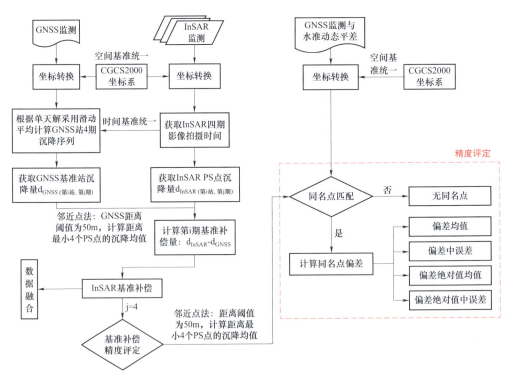

图 3　InSAR/GNSS 数据融合方法

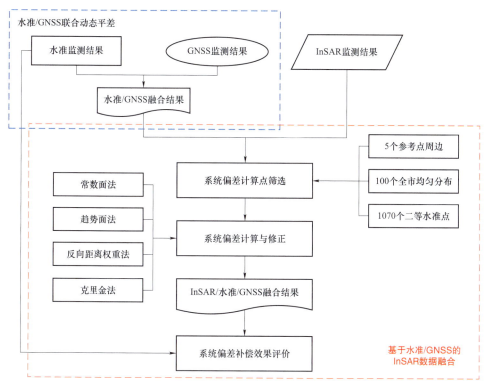

图 4　InSAR/水准/GNSS 数据融合方法

2.3　多源数据处理算力设施建设及软件工具研发

针对天津市水准、GNSS、InSAR 多技术并举地面沉降监测需求，通过整合计算资源和专业数据处理软件，构建了多源数据处理服务器集群，构建了系列地面沉降监测数据分析及成果制作工具，支持天津市全市域 SAR 数据、GNSS 数据和水准数据的快速处理，以及相关统计图表及报告成果的自动/半自动生成，大幅提高了地面沉降数据处理及成果编制效率。研制了水准点信息查询及照片采集工具，有效解决了水准外业观测"找点难""找错点"的问题，提高了水准点照片等信息采集和处理效率，保障了天津市地面沉降综合防治专项顺利实施。

2.4　研制地面沉降监测水准点运维装置和软件系统

针对天津地面沉降监测水准点每年损毁和丢失严重的问题，研制了"北斗＋物联网传感器"的地面沉降监测水准点运维装置和软件系统，总体架构如图 5 所示。系统包括智能监测终端、监控预警平台和监测预警 App，支持水准点周边环境的主动感知和实时监控。当水准点及保护盖遭到破坏时，能够及时预警，并支持语音警告、现场证据的自动采集和回传，在减轻水准点维保工作的同时，达到主动防御、减少破坏、实时防护、现场取证的目的。

图 5 水准监测点运维装置和软件系统总体架构图

2.5 北斗局部基准维持与关键点位实时连续监测系统构建

基于天津市北斗基准网,基于载波相位差分精密测量技术,辅助少量地面水准测量,研究构建了能够快速部署、动态更新的局部基准建立与维持技术方法,能够为局部重点区域的长期监测提供全局统一、连续稳定、动态更新的测绘基准。研究构建了北斗连续监测方法和软件系统(见图 6),对关键点位的水平位移和垂直位移进行 7×24h 连续

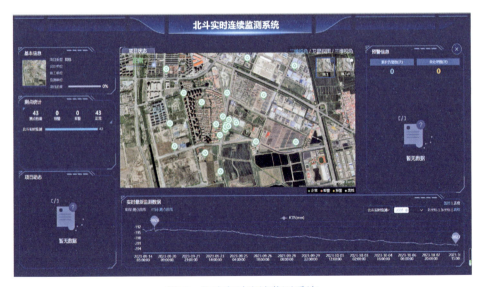

图 6 北斗实时连续监测系统

监测，水平监测精度±3mm，垂直方向监测精度±5mm，持续获取目标三维形变数据，为科学分析形变特征、准确研判变化趋势、及时采取有效应对措施奠定了坚实基础。

3 应用成效

紧跟《京津冀平原地面沉降综合防治总体规划》（2019—2035 年）部署，聚焦天津市地面沉降监测与防治需求，逐步构建了具有天津特色的北斗＋多技术融合地面沉降监测体系。该项目技术难度大，集成度高，整体达到国际先进水平，获 2023 年卫星导航定位科技进步奖二等奖，在天津市地面沉降防治和局部突发地面沉降监测应急处置等政府重点任务中发挥了重要作用，取得了显著经济效益和社会效益。

3.1 天津市地面沉降综合防治应用

依托北斗＋多技术融合地面沉降监测体系，连续 3 年圆满完成天津市地面沉降综合防治专项任务。首次实现了天津市地面沉降水准监测结果、GNSS 监测结果和 InSAR 监测结果的交叉验证和融合统一，有效解决了水准测量监测密度低、监测频次少、监测精度不均等难题，科学有效地获取了全市多频次、高精度、高可靠性的地面沉降监测结果，全面及时地掌握了高速铁路、高速公路、油气管线等重大工程沿线的地面沉降情况。项目成果为天津控沉管理精细化、治理措施精准化提供了有力支撑，保障了国家考核天津地面沉降防治工作和市政府考核各区政府此项工作的有效衔接和有序推进，为天津超额完成《京津冀平原地面沉降综合防治总体规划（2019—2035 年）》确定的防治目标作出了重要贡献，取得显著的社会效益和经济效益。

3.2 局部突发地面沉降应急处置应用

在局部突发地面沉降应急处置中，利用北斗卫星导航、LiDAR、InSAR 等先进技术，快速确定了沉降范围和沉降量级；利用北斗卫星导航技术，建立和维护了相对稳定的局部基准，对 23 个关键点位进行 7×24h 连续监测，持续获取了监测区域及周边地面沉降信息，为灾害的科学研判和应急处置提供了关键数据支撑。LiDAR 快速确定沉降范围、北斗实时连续监测点位分布、基于 LT－1 数据的地面沉降监测等多种技术综合应用，为局部突发地面沉降应急处置科学决策提供重要参考。

4 推广价值

地面沉降是一种形成时间长、影响范围广、治理难度大的缓变型地质灾害，严重影响地区经济可持续发展，威胁人民群众生命财产安全和重要设施运营安全。

通过北斗＋InSAR 多技术融合地面沉降监测技术，综合运用北斗卫星导航、航空航天遥感、物联网传感器等现代先进技术，建立点、线、面相互补充的立体化地面沉降监测体系，在充分顾及监测基准稳定性的基础上，实现大范围地面沉降的多频次、高精度、高可靠性监测。其创新点在于综合利用北斗＋静力水准开展基岩标稳定性监测，北斗＋InSAR 进行多源数据融合地面沉降监测，研发多源数据处理设施及软件工具。以上技术创新和实际应用情况，为其他沉降监测类项目提供了可供参考的技术和工作流程，可以为其他单位和项目提供借鉴，对地面沉降的监测、预报、处置具有重要意义，具有广阔的应用前景和推广价值。

天汇林草火情卫星监测云服务平台

江苏天汇空间信息研究院

1 项目背景

我国的森林火灾是一个长期存在的问题。由于我国地域广阔，气候复杂，地形多样，加之人类活动和自然因素等多种原因，每年都会发生森林火灾。

据统计，我国每年发生的森林火灾数量较多，特别是在春季和秋季易发生火灾。森林火灾不仅会对生态环境造成严重影响，还会威胁人们的生命和财产安全，给社会带来很大的损失。此外，由于我国森林覆盖率相对较低，森林面积又比较大，导致防火难度较大，加之我国部分地区气候干旱，易引发火灾。

2021 年，全国共发生森林火灾 616 起，受害森林面积 4456.62 公顷。

2022 年，全国共发生森林火灾 709 起，其中重大火灾 4 起，受害森林面积 6853.88 公顷。

2023 年，全国共发生森林火灾 328 起，受害森林面积 4000 公顷，主要集中在内蒙古、黑龙江、广西、云南 4 省（区），因灾死亡 2 人；共发生草原火灾 15 起，主要集中在内蒙古，因灾死亡 1 人。

森林草原火灾对自然生态系统造成了严重的破坏，同时也加剧了碳排放，进一步加剧了气候变暖的趋势。林草火灾的发生受到气候、气象条件、植被类型、火源以及人为火灾管理等多重因素的交织影响。尽管目前我们尚难以完全避免野火的发生，但通过科学技术、人为干预和管理，做到早发现、及时响应，可以控制野火的发展态势，从而减轻其对人类和自然生态系统的严重破坏，减少经济损失。

森林火灾具有突发性强、破坏性大、危害性广、扑救难度高等特点，如何对其进行快速有效的监管是政府部门面临的一大难题。当前，森林火点监测主要通过人工巡查、视频监控和卫星遥感监测三大主要手段。其中，人工巡查和视频监控在小范围内具有快速精确监测的优势，但因成本高、监控站点稀疏，在大范围监测中无法发挥有效作用。卫星遥感作为快速获取地表信息的新兴手段，具有低成本、高覆盖率及较强的时效性等优势，为大范围森林火点监测提供了可能。相关单位通过接收和处理卫星遥感传感器所采集的数据，来获取森林火灾的相关信息。遥感技术可以获取大范围、多时相、多光谱的图像数据，结合多种算法、AI 智能分析、反演算法等多种技术，能快速准确地识别出森林火灾的发生位置。

森林草原火情管控的重要前提是实现野外火情的高效监测。江苏天汇空间信息研究院基于自研的 AI 遥感智能解译云服务平台（AIRSAS）的算力、算据、算法优势，结合火情智能识别、信息快速分发等技术，构建了林草火情卫星监测云服务平台。该平台汇聚多个星座十余颗静止、极轨卫星，形成开放式星座组网模式，能够及时发现全国区域的野火火情，为大面积森林草场提供通用性火点预警、蔓延监控、灾后定损服务。实现早发现、早预警、早处置，最大限度地减少损失，避免造成重大火灾，尤其在无人与少人区，是不可或缺的火情监测预警技术手段。

2 项目内容

从我国森林草原防火的具体需求出发，利用卫星遥感视点高、视域广、多视角的特点，构建快速通道获取内外多源卫星数据资源，自主研发高精度火点判识算法、火点定制分析模型，结合先进的软硬件技术，实现多源数据直收、海量数据快速处理、火点点位准确提取、行业应用深度定制、火情信息自动预警，建立全时段、响应迅速、交互简便的林草火情卫星监测云服务平台。

平台服务覆盖全国区域，为用户提供灾前火点预警、灾中趋势研判、灾后评估定损等服务。平台在构建智能分析预警自动化系统的同时，配备 7×24h 值守团队，确保分析研判人员实时在岗，发现突发火点第一时间通过系统信息、短信、电话等多种信息链路通知用户值守人员，确保用户的快速应急响应。

平台面向全国各省、市、县、乡（林场、草场）用户，提供系统使用、预警通知、信息服务化接口的一站式服务。用户订阅服务后，可直接使用平台信息化系统获取管辖区域火情监测信息，且通过与平台服务人员对接，实现防护值守人员第一时间获取警情信息，平台服务人员通过维护用户联系人列表确保信息通知到位，避免信息延误、遗漏，为用户值守工作提质增效。

2.1 体系架构

林草火情卫星监测云服务平台软件采用云服务的微服务架构，能够实现各类服务能力的按需扩展、收缩，支撑功能模块独立升级迭代。

平台分为支撑层、数据层、平台层、服务层四个层级，如图 1 所示。

支撑层：依托天汇"空天"大数据中心，提供平台运行的软硬件支撑环境，包括存储系统、计算设备、网络环境、安全环境、运行环境、中间件和网络节点管理等基础设施。

数据层：实现平台承载数据资源的一体化存储和组织管理，包括卫星影像数据、行政区划数据、POI 查询数据、用户对接数据、分析成果数据、系统管理数据及平台运行的业务数据、元数据。

平台层：采用云原生的微服务架构，将各种软件功能构建成小型、独立运行的服务单元，通过统一的服务管理中心实现各功能单元的注册、发现、发布、更新、调用和分布式同步等功能，实现平台框架的弹性和可扩展性。并将服务整合成火点监测服务、蔓延预测服务、灾害评估服务三大服务集合，服务于森林草原火灾的灾前、灾中、灾后信息支撑。

图 1　林草火情卫星监测云服务平台架构

服务层：为用户提供在线服务系统、分析研判团队、服务化接口等服务。在线服务系统基于平台层能力，为用户提供在线告警、火点展示、空间信息一张图、路径指引、火情评估分析、信息统计分析等全周期系统服务能力。分析研判团队对系统生成的疑似火点进行人工复核，提供人工告警服务，确保警情及时通知到位。服务化接口提供各类REST 风格的服务接口，方便用户自建的业务系统接入相关服务能力。

2.2　森林草原火点监测服务

依托卫星遥感技术的广域覆盖优势，平台构建了"卫星数据获取—智能识别—人工核验—信息分发"全流程监测体系，实现对全国范围内森林、草原火点及秸秆焚烧事件的高效监测。森林草原火点监测如图 2 所示。

（1）多源数据融合监测。汇聚国内外十余颗静止/极轨卫星数据，结合空间地图、POI 定位、地面参照点等时空信息，构建全域监测网络，实现火点位置的准确定位与"一张图"可视化展示，支持矢量/影像地图的叠加分析，提升用户判读效率。

（2）智能识别与人工核验相结合。通过自动化处理流程，对卫星影像进行热异常检测，快速生成疑似火点清单。结合地形、气候等辅助信息排除误报，确保警情准确率。

（3）高效应急响应。火情处理及报送时效性可达10min/次，最小识别明火面积90m^2，覆盖森林火点、草原火点、秸秆焚烧等多场景。监测结果通过系统弹窗、短信、电话等多渠道推送，为用户提供火点位置、周边环境等关键信息，助力快速应急处置。

（4）延伸应用场景。针对秸秆焚烧管控需求，平台可实时监测农田区域热异常点，及时发现违规焚烧行为并通知监管部门，有效降低因秸秆焚烧引发的火灾风险，助力大气污染防治。

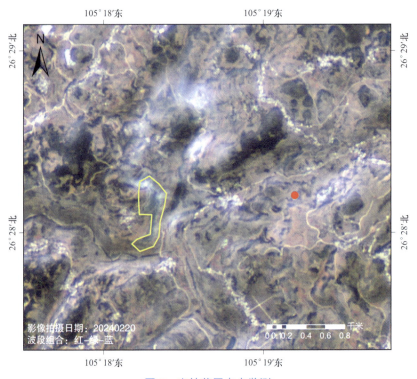

图 2　森林草原火点监测

2.3　火灾蔓延预测服务

火灾蔓延预测服务基于高频率火点监测服务成果，结合空间信息叠加分析、时间序列分析能力，构建野外火点蔓延预测算法，分析火点蔓延的起始位置、蔓延时间、蔓延趋势，预测火场蔓延趋势。

平台通过在线服务系统的空间展现能力，在"一张图"上实现火点蔓延的动态展示，包括火点的位置、范围以及蔓延速度。用户通过在线服务系统的"一张图"信息融合展现直观地了解火势的扩散情况。系统具备趋势回放功能，可以回放火灾发展的历史记录。这有助于分析火势发展趋势，从而更好地理解火势蔓延的规律和变化趋势。

结合平台的专家模型分析和预测能力，系统为用户提供对火场蔓延趋势的预测和评估。模型基于历史数据和火灾特征，预测火势的扩散方向、速度和可能影响的区域，为指挥决策提供科学依据。

系统将火场蔓延趋势的分析结果以可视化的形式呈现，为应急救援指挥提供重要的辅助决策信息。这些信息可以帮助指挥人员及时制定应对策略、调配资源，并有效地应对火灾发展带来的挑战。

火灾蔓延预测服务以最新科技手段，提供更加有效的火情监测和应对手段，提高应急救援的效率和准确性，最大限度地减少森林、林草火灾造成的损失。

2.4 森林草原火灾灾害评估服务

森林草原火灾灾害评估服务是利用高分辨率遥感影像，通过卫星遥感变化监测技术，比对火灾前后的高分辨率影像，精确计算过火区面积和范围，评定过火区内的资源损失等级，为灾后损失评估提供信息支持（见图3～图5）。

其基本原理是通过卫星搭载的传感器，如高分辨率光学遥感器和热红外遥感器，对森林火灾过火区域进行图像采集。通过对这些图像进行数据处理和分析，可以识别出过火区域，并计算出过火面积。

平台基于变化监测模型对受灾前后的遥感数据，通过多源高分辨率卫星数据，智能检测火灾前后差异，评估过火状况。通过变化监测大模型对过火区域精准识别，准确计算过火面积。并自动将对比遥感影像、分析结果同步到在线系统中，为后续决策分析、信息统计提供信息支撑。

灾害评估服务通过遥感智能解译模型实现对火灾导致的森林生物量、碳汇量及碳储量损失的评估分析，以及对灾害植被恢复提供周期性定量评估分析。

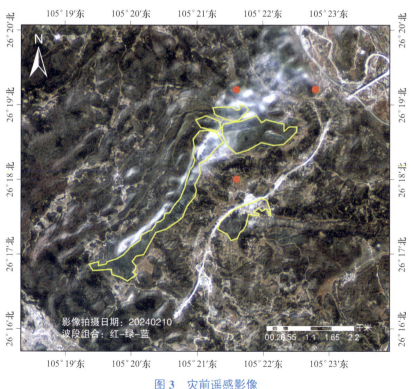

图 3　灾前遥感影像

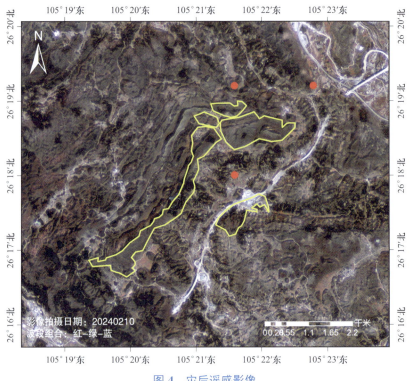

图 4　灾后遥感影像

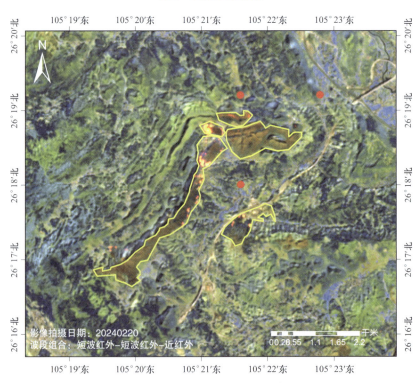

图 5　灾后红外波段遥感影像

3 关键技术

3.1 平台架构采用云服务的微服务架构

微服务架构是一种灵活、可扩展且高效的软件架构，适用于构建分布式应用程序和系统。在这种架构中，应用程序被拆分成多个小型、独立部署的服务单元，每个服务单元都专注于完成特定的功能或任务。以下是采用云服务的微服务架构的一些关键特点和优势。

（1）分布式部署。每个服务节点都可以独立部署和运行，无须整个应用程序停机或影响其他服务。

（2）松耦合。服务节点之间通过定义良好的接口进行通信，彼此之间松耦合，这使得对一个服务的修改不会影响其他服务的功能。

（3）独立伸缩。由于每种微服务都是独立的，因此可以根据需求独立地扩展或缩减每个服务的实例数量，从而更好地应对流量和负载的变化。

（4）技术多样性。采用微服务架构可以使用不同的编程语言、框架和技术栈来构建不同的微服务，使得服务多样，集成方便。

（5）高可用性和容错性。微服务架构通过在系统中引入冗余和自动化故障处理机制来提高系统的可用性和容错性，即使一个服务出现故障，整个系统也可以保持可用状态。

在云服务环境下，微服务架构可以更好地利用云平台提供的弹性计算、自动化部署和管理工具，实现快速部署、持续升级迭代。

3.2 高精度火点识别算法

作为平台核心技术之一，该算法融合多源遥感数据与智能解译技术，突破复杂环境下火点识别精度与效率瓶颈，具备以下优势：

（1）多技术融合的智能解译。基于自研发模型深度学习算法，训练超百万量级的火点样本库，覆盖森林、草原、农田等多场景热异常特征，实现对火点、热源的智能分类（区分森林火点、草原火点、秸秆焚烧、工矿热源等）。

结合热异常点反演算法与噪声准确滤除技术，针对云遮挡、地形阴影、地表温度波动等干扰因素，构建多光谱特征融合模型，提升复杂环境下火点识别准确率，误报率低于行业平均水平 30%。

（2）极致性能指标。

时效性：结合卫星组网观测能力，全国范围检测频次可达 30min/次，重点区域加密至 10min/次。

分辨率：基于高分辨率卫星数据，最小可识别 90 ㎡明火区域，满足早期小火情的监测需求。

（3）全域适应性。通过迁移学习技术，自动适配不同区域的地形地貌及气候条件，无须人工调整参数即可实现全国范围稳定运行,解决传统算法区域适配性差的问题。

4 创新点

4.1 一体化服务模式

通过中心一体化服务模式,构建标准化产品服务全国各区域用户,实现集约化发展。

(1)集中资源管理。集中管理和调配资源,包括硬件设备、软件系统和人力资源,从而实现资源的高效利用和优化配置。

(2)统一监控与管理。通过专业的运维团队管理平台,及时发现并解决问题,确保服务的稳定性和可靠性。

(3)降低成本。一体化服务避免各用户单位构建孤立的监测系统,组建运维值班团队,从而大幅降低用户使用先进技术进行森林草原火情监测的成本,并且可以通过规模化采购进一步降低成本。

(4)系统持续迭代升级。技术团队不断积累经验,能更快地推出新的产品和功能,保持竞争优势。持续为用户提供前沿遥感监控、智能解译等服务。

4.2 智能分析结合专业研判团队

采用智能分析实现火点的自动化监测,并配有专业的分析研判团队24h值守,对智能分析结果进行研判审核,并负责信息传达,确保整个平台的健壮性、稳定性,避免重要信息遗漏。

智能分析结合自研的大模型深度学习算法、丰富的样本库、热异常点反演算法、噪声准确滤除技术等多种技术成果,实现火点、火情分析研判的智能化、自动化。

分析研判团队对系统生成的疑似火点进行人工复核,确认警情后,提供人工告警服务,确保警情及时通知到用户单位,并持续跟进,提供专业技术支撑。

5 示范效应

天汇林草火情卫星监测云服务平台已经为江苏、安徽、贵州、山西等省份多个区县及林场提供森林草场火情监测、秸秆焚烧监测服务。相关用户的值守人员通过使用在线系统、人工对接服务,可快速获取火情信息、火点位置、核验路径规划等信息,大幅缩短了响应时间。并在应急处置及灾害评估中,利用平台提供的服务,提高应急处置效率,实现高效控制损失规模的目标。

2024年2月19日,贵州六盘水市水城区花水村发生山火,火势蔓延至邻近的黔西南州普安县龙吟镇红旗社区一带。通过火点监测服务分析,快速确定域内的7处火点,支撑应急单位快速处置(见图6)。

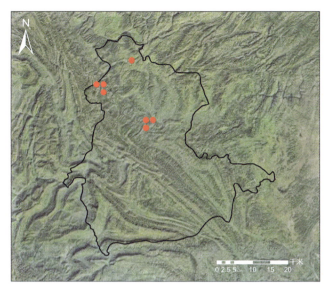

图 6　点监测分布信息

进行灾后评估分析时，该区域有大片的浓烟分布，因红、绿、蓝波段波长较短，受烟雾影响较大。灾害评估服务采用遥感数据的两个短波 SWIR 以及 NIR 波段进行波段组合，采用 B12B11B8A 的组合方式，减轻烟雾的影响，使健康植被呈现蓝色，火烧迹地呈现红褐色（见图 7 和图 8）。经过统计，该区域内受火灾影响的面积为 6226062m²。

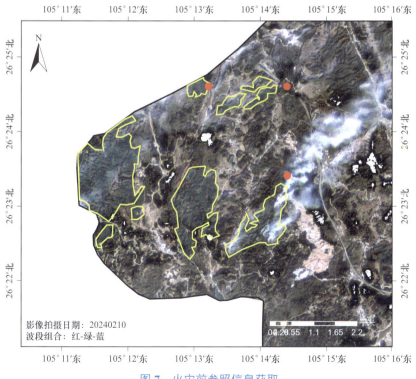

图 7　火灾前参照信息获取

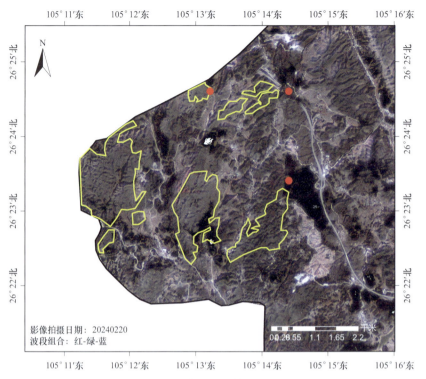

图 8 火灾后灾情评估

最小应急单元综合管理平台

中科智城（广州）信息科技有限公司

1 项目背景

随着城市社会经济的持续发展、生产及生活日益活跃及多样化，以及人口规模及密度的不断上升，城市人口的聚集、城市治理以及公共安全防控面临的挑战也在不断加大。城市公共安全防控的脆弱性、社会安全风险也不断凸显。任何自然灾害、生产事故、公共卫生、社会安全等突发事件导致的公共安全事件都极易造成难以估量的损失。我国在不断地推进城市公共安全以及社会治理的现代化路径。

中共中央、国务院《关于加快推进社会治理现代化开创平安中国建设新局面的意见》（中发〔2020〕11号）提出要增强推进社会治理现代化的向心力，构建党委领导、政府负责、群团助推、社会协同、公众参与的社会共治格局。党的二十大报告强调，建设人人有责、人人尽责、人人享有的社会治理共同体。

应急管理能力是超大城市治理能力的重要组成部分，应急信息系统的支撑是提升城市治理能力的重要手段之一。目前，国内相关信息系统开发企业在应急管理信息系统的设计、开发、场景应用已积累相当丰富的经验，用户群体遍及城市治理、消防、交通安全、水上救援等领域，这些经验并在应急处置实际过程中得到了检验。同时，在社会公共安全防控新形势下，国内公共安全相关部门已开展最小应急处置单元、最小管理单元、最小作战单元等城市治理现代化的重要举措，各地已逐步在本辖区构建由单位、场所、重点目标等安全防范责任单位的"最小应急单元"，协助专业力量先期制止正在进行的各类违法犯罪行为及其他危害公共安全的突发事件，解决突发公共安全事件处置"最后一公里"问题的公共安全管理体系。

2 项目内容

最小应急单元综合管理平台主要是对各个最小应急单元的相关信息进行管理，并对从业人员的值岗情况进行统计和管理。平台以"一张图"形式，使用户直观了解应急单元的分布及各区从业人员的报岗情况。大屏提供多级行政区划维度，可层层下钻查看各区的明细数据。后台管理系统为管理员提供高效简便的系统设置与维护功能，以及全面细致的数据统计功能。

最小应急单元综合管理平台是相关公共安全管理部门开展最小应急处置单元报备

管理及效能监督的辅助决策、综合监管、指挥调度的主要工作台，主要聚焦监管、辅助决策与指挥调度的相关应用。系统依托微警基础数据源，基于最小应急处置单元的"一图通览"，实现"实名、实人、实岗"上图展示。系统功能涵盖最小应急处置单元的人员报备、人员值岗、未满岗、脱岗、休息等方方面面。该系统能够与现有微警系统协同配合处置，也能够完成与辖区最小应急处置单元前端的数据对接，实现值岗效能全局统一监管与调度。系统的建设依托大数据分析支撑，支持丰富的数据分析报表展示，具备数据可视化、交互性等特点，让最小应急单元综合管理平台的建设数据价值最大化，具体的报表类型支持但不限于分布、趋势、频数、表格、文字结论等，支持对区域、类型、时间、人员、进度等不同维度进行统计分析。同时，相关报表类型可支持下钻分析，便于用户做出更精准的决策。系统框架如图 1 所示。

2.1 可视化综合监控中心——一图统览

最小应急单元丰富了图层叠加。集约各类最小应急单元（ABCD 类）、社区警务、最小应急单元装备等监管要素信息，并运用 GIS 地理位置信息系统的基础地图以及卫星影像底图等作为平台应用的底层地图，将最小应急单元、最小应急单元值岗状态、从业人员、配置设备等图层，结合地理位置经纬度信息叠加在 GIS 电子地图上，实现相关最小应急单元监管要素的实时呈现与展示。支持对各监管要素的图例说明。同时，归集学校、医院、公共场所、小区、办公楼等各类最小应急单元、对讲机等图层，以脱岗、值岗、休息等最小应急单元上岗状态为监管要素，对社会面防控态势实施监管。

（1）值岗效能统计专题。系统支持以折线图、柱状图、饼状图等数据图形化的方式，展示报岗统计、执勤统计、应急单元统计等监管要素。系统支持统计日期的选择以及对各统计图形的下载。其中，报岗统计是对各管辖区域当前从业人员报岗率的统计与排名。执勤统计是对包括 ABCD 类的最小应急单元值岗数据的统计，包括值岗、脱岗、休息等最小应急单元数量，监管并掌握各行政区域的值岗效能。

（2）支持分级分权查询。支持从最小应急单元、从业人员、行政区域等维度，对值岗、脱岗、未达标、休息中、放假中的执勤情况进行统计，支持通过统计上岗率、上线数、值岗达标数等统计，监管并掌握各行政区域的值岗效能（见图 2）。

2.2 可视化综合监控中心——拉动调度

（1）在线通话功能。服务平台通过与电话盒子等硬件设备进行对接与调用，支持在平台上的电话拨打与通信应用，实现指挥中心与一线从业人员的快速联动调度（见图 3）。

（2）拉动测试。主要用于联动与集结最小应急单元一线从业人员。在应急处置与应急演练时，公安指挥部门发起"拉动测试"，一线从业人员收到指令并快速到达指定地点时，点击"到达现场"按钮，完成"拉动测试"的签到到岗。系统将相关到达现场信息上报至最小应急单元监管中心进行到岗展演。

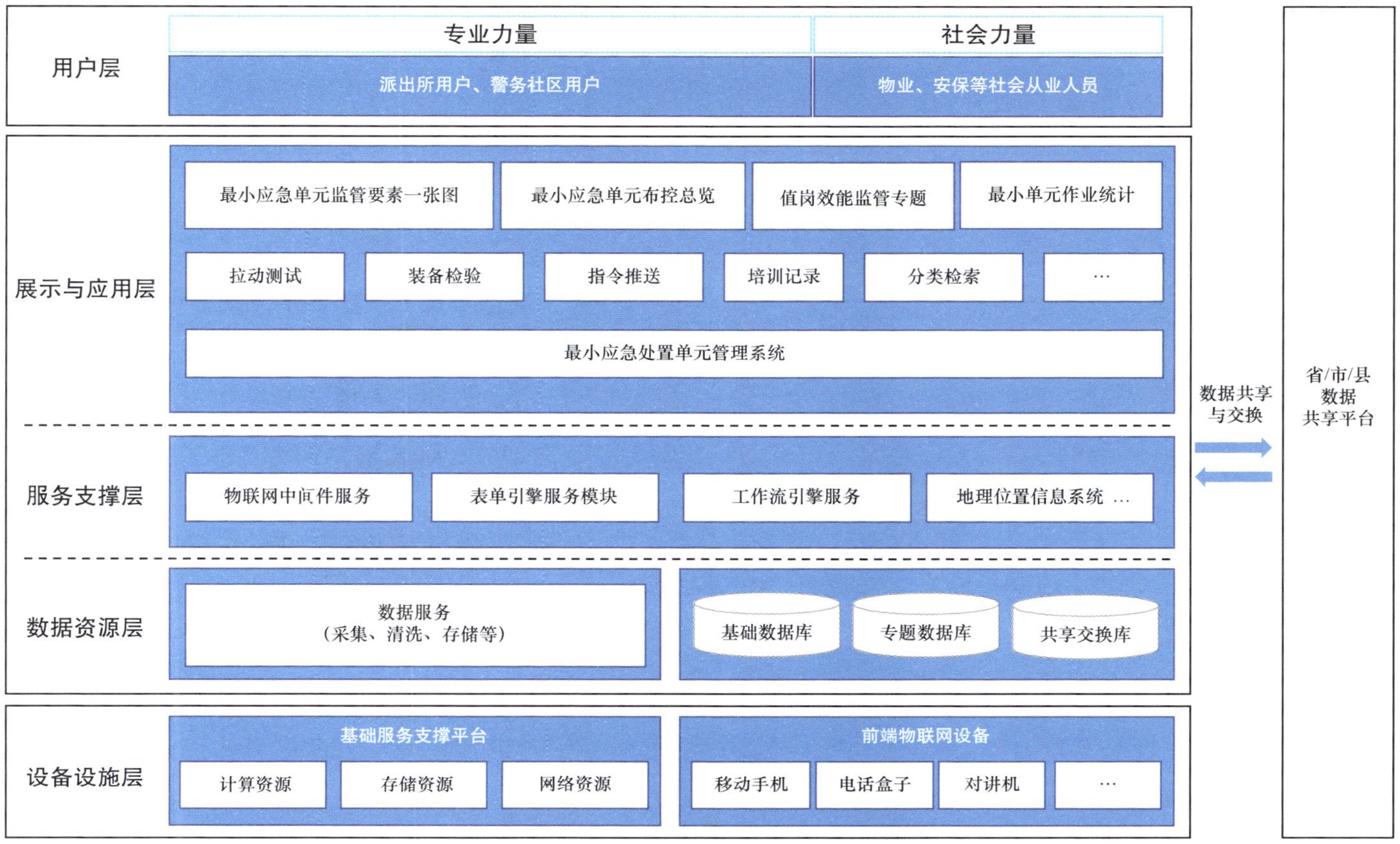

图 1　系统框架图

省/市/县数据共享平台

数据共享与交换

用户层
- 专业力量：派出所用户、警务社区用户
- 社会力量：物业、安保等社会从业人员

展示与应用层（最小应急处置单元管理系统）
- 最小应急单元监管要素一张图
- 拉动测试
- 装备检验
- 最小应急单元布控总览
- 指令推送
- 值岗效能监管专题
- 培训记录
- 最小单元作业统计
- 分类检索
- …

服务支撑层
- 物联网中间件服务
- 表单引擎服务模块
- 工作流引擎服务
- 地理位置信息系统…

数据资源层
- 数据服务（采集、清洗、存储等）
- 基础数据库
- 专题数据库
- 共享交换库

设备设施层
- 基础服务支撑平台：计算资源、存储资源、网络资源
- 前端物联网设备：移动手机、电话盒子、对讲机、…

图 2　一图统览

（3）应急发布。系统支持对应急事件发布范围的圈选，并向周边最小应急单元发布应急联动级别响应信息：Ⅰ级（特别重大）、Ⅱ级（重大）、Ⅲ级（较大）和Ⅳ级（一般），最小应急单元根据相应的应急级别，按照应急预案开展联动。

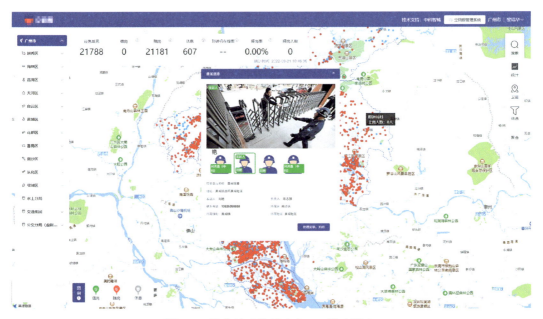

图 3　可视化综合监控中心——拉动调度

2.3 最小应急单元综合管理后台

最小应急单元综合管理后台主要是对整体服务系统的综合管理，包括相关台账信息的增删改查、业务工作流的上报审批、系统账号权限管理等，主要聚焦于信息系统管理员等相关用户应用，同时对最小应急单元、对讲机、应急单元责任人等进行增加、删除、修改、查询，对从业人员值岗考勤数据进行统计与管理，支持对服务系统组织机构、机构用户、用户管理、角色管理等操作（见图4）。

图 4　综合管理后台

2.4 最小应急单元移动应用

以微警可信认证为统一入口，用于社区警务人员、应急单元责任人对其辖内最小应急单元的管理以及相关从业人员的日常上班考勤。移动应用端面向社区警务人员、应急单元负责人、一线从业人员三类用户，提供不同的场景应用（见图5）。

图 5　移动端

2.4.1 最小应急单元移动应用端

移动管理权限。社区警务人员拥有对最小应急单元、从业人员、应急装备的管理权限。

应急单元管理内容。包括单元名称、行政区域、详细地址、经纬度、应急单元类别、单位类型、值岗时间、状态、打开范围、责任人等信息。

应急单元考勤查看。可通过扫描应急单元二维码，查看应急单元的基本信息和今日值岗情况。

2.4.2 应急单元负责人移动应用

最小应急单元的管理。其拥有最小应急单元的新增、编辑、修改的权限。应急单元负责人对最小应急单元调整时，需要由社区警务人员审批确认，方可完成操作。

从业人员管理。联动微信群，完成对从业人员的信息填报、收集、审核等操作。

2.4.3 从业人员移动应用

从业人员信息录入。社区警务人员或应急单元负责人通过微信群下发的从业人员信息填报链接，从业人员通过微警可信认证后，完成从业人员信息录入。

从业人员报岗。系统支持微信扫码、小程序报岗两种方式完成日常值岗。

从业人员撤岗。系统支持从业人员通过微信扫码撤岗、手动撤岗、自动撤岗等三种方式撤岗。其中，超过值岗时间未到岗的值岗人员，系统将进行自动撤岗。

3 关键技术

3.1 数据可视化技术

数据可视化技术指的是运用计算机图形学和图像处理技术，将数据转换为图形或图像在屏幕上显示出来，并进行交互处理的理论、方法和技术。简单来说，就是将看似毫无意义的数据、信息、知识等以一种容易理解的视觉方式展示出来的技术。数据可视化主要是借助于图形化手段，清晰有效地传达与沟通信息。主要应用于海量数据关联分析，由于所涉及的信息比较分散、数据结构有可能不统一，借助功能强大的可视化数据分析平台，可辅助人工操作将数据进行关联分析，并做出完整的分析图表，简单明了、清晰直观，更易于被接受。

3.2 工作流引擎技术

工作流引擎技术使用定制工具，对平台业务元素进行定义，以描述业务的发生、发展、完成过程，并实现对过程的监控（见图 6）。工作流引擎技术构件可以使得业务流程的建立和修改更规范、更便捷。从平台业务的角度来看，使用目标、业务功能、限制等来代替流程所需资源信息对业务流程进行描述是非常重要的。工作流引擎为管理者提供了一种有效的决策雇主方法，正确地执行管理决策依赖于清晰的业务流程。工作流引擎技术能够为管理者提供定义、变更、实施业务流程的方法，并保证业务系统的灵活性和一致性，管理者不必考虑更多的细节问题。

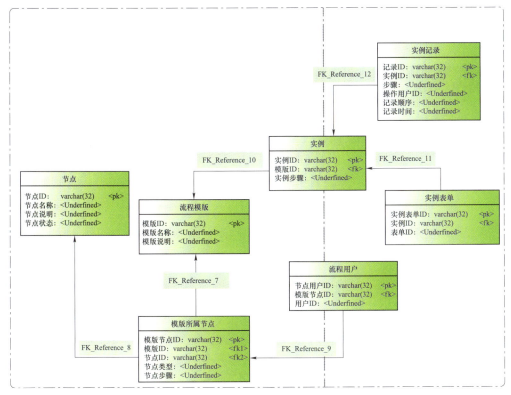

图 6　工作流引擎技术

该项目采用 Activiti 流程引擎，它是覆盖了业务流程管理、工作流、服务协作等领域的一个开源的、灵活的、易扩展的可执行流程语言框架。Activiti 是基于 Apache 许可的开源 BPM 平台，支持对象管理组（OMG），具有互操作性和云架构等特性。

工作流参考模型标识了构成工作流管理系统的基本部件和这些基本部件交互使用的接口。这些基本部件包括工作流引擎、工作流执行服务、流程定义工具、客户端应用、调用应用、管理监控工具；基本部件交互使用的接口包括接口一、接口二、接口三、接口四和接口五。

5 个接口与工作流执行服务共同组成了工作流系统（见图 7）。

接口 1（工作流定义交换），用于在建模和定义工具与执行服务之间交换工作流定义。主要是数据交换格式和 API。数据交换通过 XPDL，API 通过 WAPI。

接口 2（工作流客户端应用接口），用于工作流客户端应用访问工作流引擎和工作列表，通过 WAPI 完成。

接口 3（被调用的应用接口），用于调用不同的应用系统。

接口 4（工作流系统互操作接口），用于不同工作流系统之间的互操作。

接口 5（系统管理和监控），用于系统管理应用访问工作流执行服务。

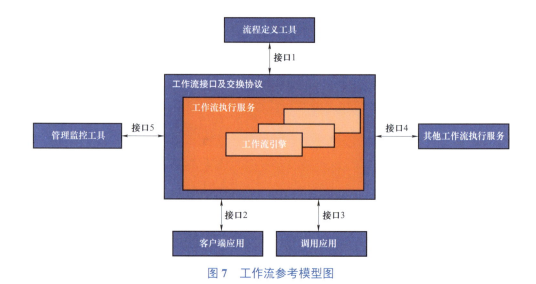

图 7　工作流参考模型图

4　创新点

4.1　强化联防联控机制与全方位培训管理体系

全面整合社会各界安保力量，包括公共场所安保人员、场所负责人、物业管理团队等，与公安专业队伍紧密合作，构建高效协同的群防共治队伍。该队伍实施定点、定位、定时的精准上岗模式，确保能在第一时间与公安部门无缝对接，迅速控制并稳定公共治安局势。

在培训管理方面，推出融合线上线下资源的创新学习平台，提供应急培训、系统操作教程等多样化课程资源，并特设线下实操培训环节。参训人员通过扫描专属二维码完成签到，确保培训覆盖率，有效解决公众应急处置能力参差不齐的问题，全面提升应急响应速度与水平。

4.2　深化重点区域安全防控与实战演练体系

将学校、医院、商场、办公楼宇、社区等关键场所作为安全防范的基本单元，紧密配合公安机关，强化这些区域的秩序维护、警戒部署、人流疏导、应急处突、治安维稳及违法制止等综合能力。

引入常态化的拉动测试机制，通过后端系统及移动端应用，支持最小应急单元、民警及互助力量共同参与联合测试，实时评估响应速度、装备到位情况及协同效率，并定期进行评优，确保每个应急单元保持最佳状态，加深公众对应急处置流程的理解与掌握。

4.3　构建全景式研判预警平台

以实现"勤务可视化、共治精准化"为核心，构建全景研判中心，该中心集实时态势感知、精准协同调度于一体，成为群防共治工作的中枢平台。平台不仅监控基层勤务的每一个角落，还运用大数据分析辅助研判，为决策提供科学依据。

同时，强化联动协防机制，严格执行重点区域巡岗巡查制度，提升一线从业人员的治安防控技能，确保在日常工作中能敏锐捕捉安全隐患，迅速预警上报，实现隐患的早发现、早报告、早处置。

4.4　优化协同联动与高效应急处置流程

构建由社会群防群治力量与公安机关警力紧密协作的联勤巡防、联动指挥、联合处置体系。该体系以高度的相互配合、协防与策应为特点，有效防范公共安全风险。通过不断优化协同流程，提升应急响应速度与处置效率，确保在面对突发事件时能够迅速集结力量，科学有序地开展处置工作，维护社会安宁。

5　示范效应

据统计，从 2021 年 5 月开始，广州市在 1 年内投入 2365 万元，建成"八统一"最小应急单元 2.3 万个，聚合广州街坊 26.1 万人，协助处置各类突发案事件 447 起，全市打架斗殴等伤害类警情同比下降 29.9%。相关工作在全国市域社会治理现代化体制机制试点交流会、中央政法委简报等获得宣传推介（见图 8）。

图 8　广州最小应急单元宣传截图

据悉，最小应急单元坚持多方共建，推动全域覆盖。依据风险等级，按照治安保卫重点单位、人流密集场所、企业事业单位、村居社区等四类标准，由易到难，从点到面，实行分类布点拓面，基本实现最小应急处置单元对城市基层单位、重点场所、重点部位全覆盖。

在日常管理运作方面，最小应急单元实行名称、领导、人员、装备、标识、职责、流程、口径"八统一"管理规范，为上岗人员统一配备安全钢叉、防护盾牌、标识标牌等标准化装备，做到以制度促规范、以管理促活力，不断推动城市群防共治工作提档升级。全市最小应急处置单元基础装备（哨子、长棍、防护盾牌）配备率达 100%，对讲机配备率达 100%，帽子、马甲、袖标等标识统一率也达 100%。自 2021 年 1 月至 2024 年 6 月，共处理 2.6 万余件隐患苗头，协助处理 600 多宗突发事件，2022 年伤害类警情同比下降 29.9%，2023 年伤害类警情同比下降 16.8%。荣获中央、省、市级领导表扬和媒体报道近 70 次，中央政法委领导对最小应急单元的建设给予肯定。

最小应急单元综合管理平台获得了客户的肯定与认可，有效推动了平安广州建设，共建共治共享社会治理格局初步形成。

深圳市智慧森防案例

深圳市城市公共安全技术研究院有限公司

1 项目背景

森林火灾是一种突发性强、破坏性大、危险性高且处置救助较为困难的自然灾害。森林防灭火工作涉及多行业、多部门，具有点多、线长、面广的特点，透过森林防灭火工作可以看到其背后承载的是人与自然、应急管理与经济社会发展的关系。近年来，随着全球气候变暖、极端天气增多，各地森林火灾呈易发、频发态势。深圳市属于典型的亚热带季风气候，依山临海，森林覆盖率高，植被资源丰富，林区地形复杂，森林防火形势依然严峻。

《全国森林防火规划（2016—2025 年）》要求充分发挥科技引领作用，充分利用信息化手段，加强预警监测、森林防火通信和信息指挥能力建设，构建森林防火信息化体系。《广东省自然灾害防治能力建设行动方案》要求完善森林火险预警系统、卫星遥感系统和林火远程视频监控系统，实现森林火险等级预警、自动识别报警的林火远程监控等功能。《深圳市自然灾害防治能力提升行动方案》要求完善森林火险预警和林火远程视频监控系统，构建森林火灾三维数据支撑和林火预测平台，全面提升森林防火智能化水平。

为贯彻落实《全国森林防火规划（2016—2025 年）》《广东省自然灾害防治能力建设行动方案》《深圳市自然灾害防治能力提升行动方案》等国家、省、市相关政策文件要求，充分发挥粤港澳大湾区和先行示范区的"双区"驱动作用，通过深圳市智慧森防建设与创新实践，切实全面提高全市防灾减灾救灾能力，提升森林火灾防控智能化水平。

2 项目内容

2.1 需求导向：智慧森防全周期安全防控

面对森林防灭火新形势、新任务、新要求，通过需求调研和实地踏勘全面梳理当前森林防灭火工作实际，形成整体设计方案。情景化设计森林火灾场景，开展森林防火智能视频监控实测，集中评估设备烟火识别准确率、火情误报率、透雾、防抖、定位等各项参数指标，定制化前端应用，合理优化布局，形成深圳市智慧森防建设标准体系，统一市、区、街道建设标准，实现全市数据资源流转共享。

2.2 资源统筹：构建"天—空—塔—地—人"一体化林火监测体系

利用卫星遥感林火监测功能，同步国家、省极轨卫星、静止卫星林火监测热点，自动识别定位火点位置信息。加强直升机巡护、无人机侦察建模、激光雷达（LiDAR）等新技术、新装备的应用，做好火情监测及火场动态信息采集。随着通信基站的不断覆盖，创新试点应用社会资源为智慧森防提供基础设施条件，解决供电、网络、运维等配套资源限制问题，加快前端感知体系建设，完善监测预警体系，解决了林火视频监控点覆盖不足及后续运营维护难题。强化地面巡护管理，开发移动终端，完善森防责任人体系，做好火险数据采集和管理；充分发挥森防应急队伍扑火员、巡查员、督察员、宣传员"四员"作用。林火监测体系架构如图 1 所示。

图 1　林火监测体系架构

2.3 系统应用：完善监测预警与态势分析功能应用

基于深圳应急管理"一库四平台"，按照"全面感知、深度应用、精准指挥"模式，构建智慧森防监测预警系统，打通了"感、传、知、用"的交互体系（即能感知、会思考、可进化、有温度），形成一体化的协同智能体，健全森林火灾防控体系和应对工作机制。依托指挥信息网络整合前端数据资源汇聚至后端系统平台，构建林火数据库，包括森林档案模型库、林火蔓延模型库、案例数据库、数字预案库等，实现风险隐患排查、实时监测预警、智能辅助决策、可视化指挥调度、宣传教育等一系列智慧应用。研发林火蔓延模拟与推演电子沙盘，实现二、三维场景下全过程、全方位动态辅助作战指挥，满足日常演练需求，为决策指挥提供重要参考依据。智慧森防监测预警系统架构如图 2 所示。

智慧森防监测预警系统主界面如图 3 所示。火灾发生前，该系统作为日常森林防灭火工作的互动平台，提供火情监测预警服务，实现"打早、打小、打了"的目标；火灾发生时，为处置森林火灾提供应急指挥和辅助决策，实现森林防灭火业务的闭环管理；扑火工作结束后，辅助做好森林火灾的灾后调查评估和复盘总结工作，分析火灾发生原因和扑救经过。

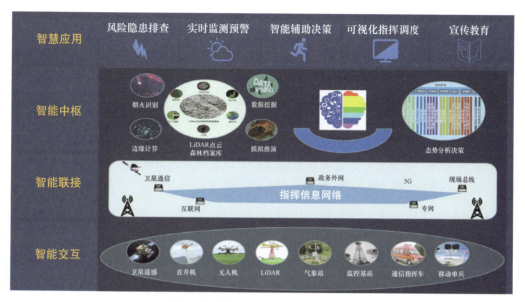

图2　智慧森防监测预警系统架构图

图3　智慧森防监测预警系统主界面

3　关键技术

3.1　优化林火监控选点布局，实现重点林区全覆盖

依托现有及待建各类铁塔资源，使用重载和中载云台、一塔多机等方式对区域内的

山林进行覆盖。合理布局森林火灾监测点，一是能通过少量的摄像头最大化地覆盖监控范围，二是能及时发现火灾并确定火灾位置。

通过对区域内坡度、坡向、可视范围等的空间技术分析，优化备选监测点的布局，选出满足一定海拔、空间布局合理且监测覆盖范围尽可能大的点位，实现火灾监测点的最优选址。若覆盖区域为盆地地貌，四面环山，或者部分环山，山体走势平缓，盆地中间地势开阔，有较大的纵深，无明显遮挡，适合采用长距离重载云台，进行大面积覆盖。若覆盖区域一面为山，或者部分环山，山体险峻，走势陡直，山地下平地面积有限，纵深不足，但无明显遮挡，适合采用中距离重载云台，进行大面积覆盖。若覆盖区域较小，山顶有铁塔资源，如部分开放的城市公园等，山顶制高点视野开阔，无明显遮挡，适合采用多个热成像球形摄像机，多视角进行全面积覆盖。

3.2 优化烟火识别算法，提高林火监测效率

为减少自然环境中云、水雾、沙尘、灯光、日出、日落等干扰因素对烟雾、火焰目标检测准确性的影响，改进优化了烟火检测算法。采用现场采集和网络爬取的方法获取烟雾、火焰目标图像和干扰类图像数据集，加强筛选目标预测框的能力，降低目标相邻较近或相互遮挡导致的漏检率，广泛采集相关的烟雾、火焰图像与各种干扰类图像作为数据集，降低算法误报率，提高对烟火目标的识别检测精度，以期为森林火灾监测预警提供参考。

3.3 机载激光雷达技术应用，构建森林档案模型

随着激光雷达技术的出现和不断发展，其作为一种新兴主动遥感技术逐渐应用于地震、滑坡、森林火灾、火灾调查、文物古迹保护、无人驾驶等业务领域。激光雷达具有高穿透性、高精度和高密度、高效快速等优势，能快速构建完成三维模型，获取林相、地形、林下道路等关键地物信息，为森林火灾的预防、蔓延分析、辅助决策等提供重要的技术支撑，全面提升森林防灭火工作的风险管控和应急响应能力。

该项目提出一种基于机载 LiDAR 点云数据的森林档案模型构建方法，获取森林火灾预防和扑救中需要的重点保护目标、植被类型、地形、林下道路、水源等各类矢量数据，实时动态掌握林木生长状态，为林火蔓延模型优化提供数据支撑。另外，激光雷达不受天气、光照、烟雾、植被遮挡等自然条件的影响，可快速精准获取研究对象的三维空间信息，实现从二维到三维的跨越式转变升级；可进一步融合森林防火前端感知数据共同构建时空信息平台，赋能数字孪生智慧城市建设。

3.4 虚拟现实（VR）技术应用，研发林火蔓延模拟与推演电子沙盘

在日常应急演练及宣传培训中，现有应急演练方法不能全面满足实际演练需求，且评估因素单一，缺乏对演练过程数据的收集、处理、评估的系统。电子沙盘含有交互屏、显示屏、识别卡和交互系统，可以应用地理信息（GIS）、三维数字化、物体识别和虚拟现实（VR）等技术，具备地形数据调取、场景全方位漫游、图形文字标绘、信息查询

与资源调度等功能，可实现二、三维场景下全过程、全方位动态辅助作战指挥，实时展现火场信息、火情发展态势、扑火力量分布等，为森林火险的预测、火点定位、林火扑救、决策指挥和灾后评估提供决策依据。通过电子沙盘的应用，能够真实模拟森林火灾扑救流程，辅助演练复盘总结，提高了队伍处置森林火灾的实战能力（见图4）。

图4　林火蔓延模拟与推演电子沙盘

4　创新点

4.1　资源统筹，充分利用现有挂载铁塔及网络链路等优势资源

在森林防火领域，资源统筹是提升工作效率、降低成本的关键。全面盘点并高效利用现有的基础设施资源很重要。通过合理规划，在不增加额外基础设施投资的前提下，可快速部署高清摄像头、气象监测站等前端感知终端，形成覆盖广泛的森林防火监控网络。同时，利用已建成的网络链路，实现监控数据的实时传输与处理，确保信息的准确性和时效性，为快速响应火灾提供坚实基础。

4.2　定制化应用，森林防火智能视频监控实测

针对森林防火的特定需求，根据林区的地形、植被分布、气候条件等因素，设计监控点位布局和摄像头参数设置，以确保监控的全面性和有效性。通过优化智能分析算法，系统能自动识别火情、烟雾等异常现象，并进行初步判断与报警。最后，通过对定制化应用的实际运行效果进行评估，包括监控覆盖范围、识别准确率、误报率等关键指标，不断优化调整，以达到最佳性能。

4.3　激光雷达（LiDAR）技术森林防火创新应用实践

激光雷达（LiDAR）技术以其高精度、高分辨率的特点，在森林防火中展现出巨大的应用潜力。通过向目标区域发射激光束并接收反射信号，LiDAR 能够构建出三

维地形地貌图，精确测量树木高度、冠层密度等参数，为火灾风险评估提供科学依据。此外，LiDAR 还能穿透烟雾，实时获取火场内部的详细情况，辅助消防人员进行精准扑救。

4.4　精准监测，实时预警，态势分析，辅助决策

基于"全面感知、深度应用、精准指挥"的建设理念，依托人工智能、物联网、大数据等新兴信息化技术手段，构建全天候、全覆盖的森林防火立体监测网络。通过智慧森防系统的开发建设，形成火险预警、火灾蔓延分析、周边智能分析、火灾态势标绘等模型。火灾发生后，可初步预测指定时间段火灾蔓延的范围以及火场态势，有助于科学高效开展林火监测预警、智能辅助指挥决策、灾害损失评估等工作。

4.5　林火蔓延模拟与扑救推演电子沙盘应用

为了进一步提高森林防火的应急响应能力，引入林火蔓延模拟与扑救推演电子沙盘应用。通过模拟不同气象条件、地形地貌、植被类型等因素下的火势蔓延情况，为森防队员提供直观的火灾发展预测。同时，结合扑救资源的分布情况，进行多种扑救方案的推演与评估。电子沙盘的应用不仅降低了传统沙盘制作的成本与复杂度，还提高了推演的效率与准确性，为实际扑救行动提供了宝贵的参考依据。

4.6　市、区统一标准，资源流转共享

在森林防火工作中，统一标准是实现资源高效流转与共享的前提。通过制定统一的监控设备标准、数据传输协议、数据分析方法等规范，确保各级管理部门之间的信息互通无阻。在此基础上，建立资源流转共享机制，实现监控数据、扑救资源、技术成果等关键要素的跨层级、跨区域共享，不仅有助于提升整体森林防火能力，还能在紧急情况下迅速调动各方力量，形成合力，共同应对森林火灾的挑战。

5　示范效应

依托人工智能、物联网、大数据等新兴信息化技术手段，通过智慧森防建设与创新实践，形成专利、论文、软件著作权等系列核心知识产权成果，借助科技信息化技术优势保障城市生态安全，突出引领性、创新性和代表性。深圳市智慧森防监测预警系统在市、区部署应用，为做好森林火灾监测预警，科学、高效、快速处置森林火灾和应急救援提供重要基础支持，全力辅助做好森林防灭火工作，推进应急管理体系和能力现代化建设。

参 考 文 献

[1] 杨金山，许军，张明振，等. 深圳市智慧森防建设与创新实践［J］. 中国应急管理，2022（03）：56－59.

［2］张明振，段江忠，梁肇伟，等. 基于改进 YOLO－V5 算法的烟火检测方法［J］. 中国安全科学学报，2024，34（05）：155－161.

［3］张明振，段江忠，卢世航. 机载激光雷达在森林火灾防控中的关键技术应用［J］. 科技和产业，2024，24（16）.

［4］张明振，李灿峰，许军，等. 森林防灭火工作中人员安全保障分析及启示［J］. 森林防火，2022，40（02）：48－51.

城阳区森林防灭火一体化智慧管理平台

青岛浩海网络科技股份有限公司

1 项目背景

1.1 背景

2022年10月，中共中央办公厅、国务院办公厅印发《关于全面加强新形势下森林草原防灭火工作的意见》，指出要进一步压紧压实网格化责任措施，以最严标准抓好火源管控，加强监测预警和隐患排查，最大限度避免火灾发生。进一步提高火情早发现、早处置能力，积极打早灭小，安全科学扑救，严防人员伤亡。抓紧补齐防范应急短板漏洞，加强防灭火知识宣传教育，扎实做好安全生产和防灾减灾工作，守牢守好安全发展底线，切实维护社会大局安全稳定。

青岛市城阳区应急管理局结合当前城阳区森林防火形势和历史火情经验教训，分析得出短板和不足，主要体现在三个方面。

（1）监测覆盖不够。林区监测仍存在较大盲点，监测预警手段单一，监测准确度、精度应提高。

（2）互联互通不畅。通信手段不能互联互通；感知手段不能互相补充；应用平台不能互相协同。

（3）指挥决策不科学。资源数据不能直观展现、全要素表达；基础设施掌握不全，地形地貌不实景；趋势研判能力低；指挥业务链条不完善。

因此，有必要开展森林防灭火数字化建设，用以加强火情监测预警和火源管控能力，提升森林防火调度指挥工作的信息化水平，全面强化该区森林防灭火工作的决策能力和保障能力。

1.2 现状

城阳区辖区主要防火区域位于城阳东部山区（崂山山脉），面积约 64km²。其中，山林面积为 7 万余亩，主要山头有罗圈涧山、丹山、瑞云山、云头崮山、南屋石山、太和山、少山、华阴山、山色峪山、毛公山、宫家村山、傅家埠山、超然山、霞沟山、铁骑山、演礼山、棉花山、书院山、东葛山、驯虎山、白云山等。城阳区现有区全域视联网平台森林防火视频监控点位 40 处，街道自建森林防火视频监控点位 9 处，区森林防火电子围栏监控系统 68 个。

1.3 需求

在防火业务上，实现东部山区火情视频监测的全域覆盖，融合现有与森林防火相关的信息系统，实现"一平台集中管理"，建立"空、天、地、人、围栏"立体化防火感知体系，以夯实人员管控为核心，压实防火责任体系的防火管理体系。在灭火业务上，实现多层级、多类型的应急通信手段融合，形成互联互通的格局；以"一张图"全息呈现为基础，融合预警预案流程、数字预案、一山一预案，感知实时数据叠加模型分析，连接灭火专家库，实现前后指、远程的协同研判；对各类事件、闭环处置、人员、物资资源进行统计，为预警预测和后期防灭火工作改进提供数据支撑。

2 项目内容

系统实现"防""灭"两大业务板块应用，整合形成一套平台，各分系统主要建设内容如下。

2.1 防火业务板块

2.1.1 建设全区"森林防火一张图"

基于实景三维地图，采集、汇聚、整合各类森林防火资源，建立森林防火资源数据库，全面真实地反映山体的地形地貌、周边和进出山路线以及防火基础设施、防火资源设施分布等，在一体化三维电子沙盘上可视化地清晰体现（如防火通道宽度、四方水塔具体高度、水量等），形成全区"森林防火一张图"，如图1所示，辅助防灭火工作的防控部署、资源调配，为防火基础设施建设提供三维辅助决策分析，为区森林防火工作提供信息化支撑（注：地图采用二、三维可切换模式，辅助决策，精细化可视操作可选择三维地图；对轨迹、导航等采用二维地图，如嵌入高德地图）。

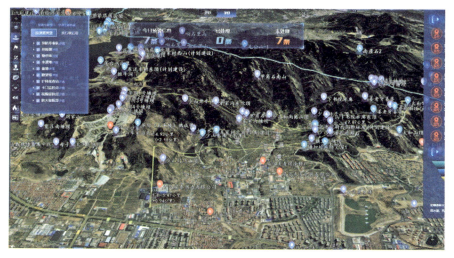

图 1　平台"森林防火一张图"资源可视化界面

2.1.2 建设优化"空—天—地"一体化感知网

在全域视联网一期二期的基础上（对接大数据局系统），对接规划的无人机系统、原有卫星火情监测、电子围栏和语音卡口系统，形成"空—天—地"一体化感知网，对原有火情视频预警增加二次识别算法，提高报准率；对电子围栏及语音卡口增加人流统计、行为分析（如林区吸烟行为，在划定禁止吸烟的区域，通过吸烟检测算法对吸烟行为进行识别，联动卡口或其他前端设备进行告警广播，并以报警的方式通知相关工作人员，现场抓拍的照片、视频以及报警记录都将汇总成证据链，以备查证）等算法，如图 2 所示，将传统的"事后被动式调阅"转变为全域全网的"事前实时化监测预警""事中可视化指挥救援""事后全程化回溯分析"。

图 2 平台卡口人员统计分析功能界面

2.1.3 建设防火责任网格化系统

以"平台＋终端定位"为核心，明确责任网格，区、镇街、社区三级联动，呈现出职责清晰、分工明确、应急响应措施到位的格局。建设移动巡护系统，对区直队伍及全区护林员实现轨迹、考核等日常管理，事件处置闭环反馈。一是在平时防火管理时，基于地理信息技术和一体化事件全过程管理，结合移动端信息采集上报＋电脑端管理监督考核，建立网格化巡查监管系统，实现对森林防火责任网格、防火资源、物资储备、护林员、巡护人员的轨迹、考勤等的精细化管理。二是在指挥决策时，实现各级联动、任务下发及反馈机制联动。健全完善组织责任网，压紧压实责任链条。

2.2 灭火业务板块

2.2.1 建设应急通信保障网

整合各类指挥调度、应急通信资源，有效融合多厂家、多种类、多型号通信设备，打造一套多网融合、科学高效、横向联通、纵向贯通的应急通信系统，如图 3 所示，提高应急指挥效率，实现救援行动"统一指挥"和"多级调度"，融合通信"一网呼传"，使应急指挥趋向多元化、互动性更强、协同更高效。应急通信系统同步嵌入平台中。

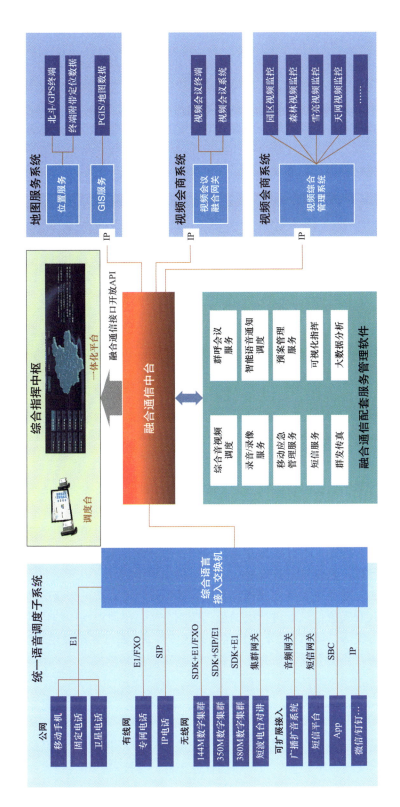

图 3　融合应急通信系统架构示意图

369

2.2.2　建设辅助指挥决策平台

以火情处理辅助决策模型为核心，结合防火物资库、防火设施基础、防火专家库等防火要素，融合基础地理信息、音视频应急态势信息、历史数据综合应用（历年森林火灾扑救案例中的重要数据，包括案例火灾事故级别、报警时间、火点位置、起火面积、扑救战术、扑救时间、气象信息、负责人信息等）等各类信息于一体，通过联动防灭火专家远程实时研判，在辅助领导决策扑救指挥调度方案时提供数据和专家意见支撑、可视化展示及信息化手段，如图4所示。

图4　平台辅助指挥决策功能界面

辅助指挥决策平台的基础功能包括：在三维电子地图上展示山区地形地貌和上山道路；山体各区域的连通性；辅助摄像头、巡查路线设计，接入视频图像；支持两点间的通视性分析；划定缓冲区，根据设定的缓冲区距离调取周边的相关信息资源；实现态势符号标绘，在电子地图上进行管理决策与指挥作战标注；根据林区范围、道路、河流、风向、风速等参数，系统可进行森林火灾实时模拟推演。

该平台的高阶功能可实现集成模型算法，具备周边资源按需分级分布显示功能，具备自动或手动获取气象信息后进行火情蔓延影响分析，自动识别周边危险源、辅助指挥人员制定撤离方案等功能；联动平台后备防灭火专家库，通过系统及现场通信交流情况，在系统平台上进行协同会商、研判、部署，提高决策的科学性。

3　关键技术

该项目的特点是一平台实现防灭火业务全流程管理，将原有平台以监测预警为主的功能转变为"早发现、早处置"的一体化管理平台。其技术原理（技术路线）是通过在森林区域布设物联网传感监测设备，实现全面监测、实时预警。

一是对火情监测设备进行全面更新和升级，如红外热像仪、无人机和卫星遥感技术，能够高效、准确地探测火源，并迅速判断火势大小和蔓延情况。

二是建立完善的监测预警系统。通过将监测设备与云平台相连接，能够实现对火情数据的集中管理和分析。系统能够自动识别异常火源，并及时发出预警信息，并与通信系统对接，实现信息的传输和共享。

三是加强人工智能技术在监测预警中的应用。通过对大量历史火情数据的分析和挖掘，建立了火情预测系统和火险评估系统。系统能够根据气象数据、地形地貌和森林植被等因素，实现火源管控。

四是建立了统一的监控系统。通过该系统，对不同类型的监控设备（如火情监测设备、视频监控设备）进行统一管理和控制，实现了设备管理的集中化、信息交互的互通性，大大提高了设备的利用率和效能。

五是扩大了监控设备的布设和覆盖范围。通过对森林地域进行全面分析和评估，合理规划并布设监控设备，提高了监控设备的效能和覆盖范围。

六是加强监控设备的实时监控和远程控制能力，随时获取设备的状态和运行情况，大大提高了监控设备的管理和维护效率，为灭火行动的实施提供了强有力的支持。

4 创新点

该系统利用卫星遥感、人工智能、三维建模、物联网等多项先进技术，打造集网格管理、闭环处置、履职考核、指挥调度等功能于一体的特色平台，助力城阳区构建森林防灭火工作的"四梁八柱"。

4.1 创新应用亮点一：立足预防，实现监测预警全覆盖

一是搭载全新一代森林火情探测设备，能够更精准地对森林区域进行全天候、全天时的监测，大大提升了火情掌控能力。

二是"监测＋预警"双线并行，实现对火情数据的集中管理和分析，如图5所示。

图 5 平台历史火情数据分析和挖掘功能界面

通过对大量历史火情数据的分析和挖掘，建立了火情预测系统和火险评估系统。系统根据气象数据、地形地貌和森林植被等因素，能够预测未来一段时间内可能发生的火情，并给出相应的预警级别。

三是"空—天—地"监测手段紧密结合，形成监测感知一张网，如图6所示。平台集成慧眼卫星火点监测、无人机系统、高山远程监控、卡口及电子围栏、App 上报等，实现火点定位联动，形成对城阳东部山区基本全覆盖。

图6 "空—天—地"监测感知一张网示意图

4.2 创新应用亮点二：立足实战，实现系统设备全联通

通过系统平台，对不同类型的探测设备（如火情监测设备、视频监控设备、水位传感设备等）进行统一管理和控制，并实现多种通信手段（如移动 App、单兵电台设备、手机固话、两车一机、会议会商、短信、对讲设备等）的互联互通。实现了设备管理的集中化、信息交互的互通性，大大提高了设备的利用率和效能。同时，还通过引入物联网技术，实现了设备之间的数据共享和交互，进一步提高了监控设备的整合度和响应速度。

4.3 创新应用亮点三：防灭一体化，辅助决策科学化

4.3.1 打造三维电子沙盘，彻底说清底数，避免应急指挥变成临场指挥

系统打造实景三维电子沙盘，如图7所示，装备、物资、人员队伍、工程设施、道路、山形地貌、坡度坡向在高精度电子指挥沙盘上"一屏展现"，实现火情信息快速展现、应急预案快速联动，让应急指挥更可视。

4.3.2 结构化预案和一山一预案体系的数字化搭建，让指挥更可视、更直观、更高效

通过应急预案结构化管理，如图8所示，快速定位预案体系相应责任人；通过一山一预案实现围绕火点定位，明确具体处置方案，快速实现人网、水网、路网、通信网等

扑救资源联动，实现火情快速处置。

图 7　平台三维电子沙盘功能界面

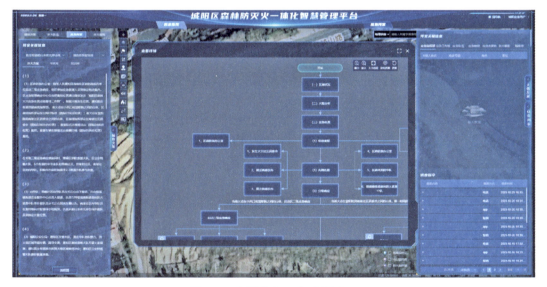

图 8　平台结构化预案功能界面

4.3.3　蔓延模型等辅助决策科学化系统，提升灭火指挥决策的效果和效率

通过数据分析和挖掘，建立了一套火势蔓延辅助决策的科学模型，如图 9 所示，对不同灭火方案进行综合评估和比较，给出最优的灭火方案。同时，系统还能够实时监控灭火行动的进展和效果，并根据实际情况做出及时调整和优化。大大提高了灭火指挥决策的科学性和准确性，为灭火行动的成功提供了可靠的指导和支持。

4.3.4　AI 算法赋能进出卡口，数据统计分析让"技防"手段更智能

系统引入吸烟行为、人数统计、人员入侵等人工智能算法，能够根据实时的监测数据，对人员出入频繁及火点多的区域加强巡护管理和防火宣传，实现精准火源管控。

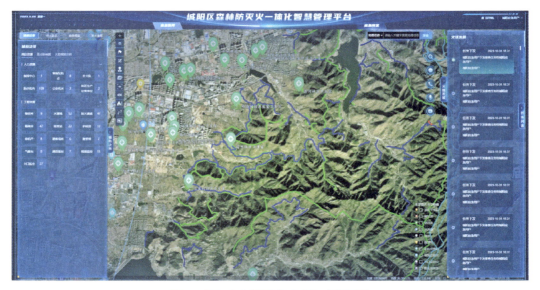

图 9   平台火势蔓延辅助决策功能界面

5   示范效应

该系统自 2023 年 8 月开始研发设计，2023 年 12 月正式启用，已在 2023 年秋冬防火季和 2024 年春防实战场景中得到应用，取得明显成效。进入防火期以来，平台已推送处置预警信息 10271 条，核实查处 16 起违规用火行为，行政罚款 6500 元。

自系统平台正式上线以来，每天处理百余条报警信息，本着"宁可误报，不能漏报"的原则，对村民在自家院落或田间用火行为，及时通知街道负责人进行处置和教育。

系统实现城阳区东部山区森林防灭火资源在高精度三维电子沙盘上的精细化管理，为全区科学、高效应对森林火灾提供三维地理信息大数据服务支持。通过划分森林防灭火责任网格，明确责任范围，实现森林防灭火责任的层层压实，落实属地责任、行业监管责任、包干责任和经营管理单位主体责任，建立健全区、街道、社区（村）三级防灭火责任制，推动各项防灭火措施落细、落小、落地、落实，最终以不发生森林火情或不发生较大森林火情为目标，提升城阳区森林防灭火治理水平。

同时系统可在各个街道按权限进行使用，避免各个街道自行重复建设，大大提高财政资金的使用效率，使其有限的资金发挥最大的经济效益。

安徽省应急指挥协调能力提升项目
——基于融合通信中台底座的应急指挥信息系统

杭州叙简科技股份有限公司

1 项目背景

为了深入贯彻落实习近平总书记关于应急管理、防灾减灾救灾、安全生产系列重要论述，全面提升自然灾害防治、安全生产事故预防和应急管理能力，切实保护人民群众生命财产安全和国家安全，应急管理部先后编制了《应急管理信息化发展战略规划框架（2018—2022 年）》《2019 年地方应急管理信息化实施指南》等文件，要求全国应急管理部门有序推进全国应急管理信息化建设发展。

应急管理部围绕"以信息化推动应急管理能力现代化"的总体目标，提出加快现代信息技术与应急管理业务深度融合，全面支撑现代应急管理体系建设，既是国家加强和改进应急管理工作的关键举措，也是安徽省应对日益严峻的应急管理形势、满足人民群众不断增长的公共安全需求的迫切需要。为全面提升安徽的应急管理信息化水平，根据应急管理部《地方应急管理信息化实施指南》和《应急管理信息化 2019 年第一批地方建设任务书》关于指挥信息系统的建设要求，建设省级应急指挥信息系统，并与上一级应急指挥信息系统互联互通。

2 项目内容

该项目依据应急指挥信息系统地方建设任务书要求，结合安徽省应急管理工作实际需求，形成了一个基于 AI 赋能的应急指挥核心，N 个指挥调度场景的城市应急安全智能体系。提供包括值班值守、协同会商、辅助决策、指挥调度、应急指挥体系管理、总结评估、业务应用移动化、模拟演练、结构化预案、专题指挥等主要业务功能，其中专题指挥包括防汛、森林防火、安全生产、地震等，实现应急救援智能化、扁平化和一体化指挥作战。

2.1 系统架构

2.1.1 应急指挥信息系统

应急指挥信息系统架构分为前端感知层、基础支撑层、数据支撑层、应用支撑层、业务应用层、智能交互层六个层次，如图 1 所示。

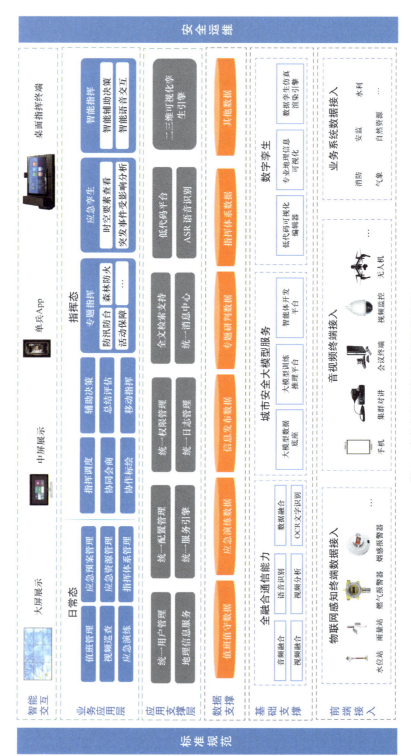

图 1　应急指挥信息系统总体架构图

376

2.1.2 融合通信

安徽省应急融合通信中台系统是以 IP 链路为基础，为安徽省、市、县、（市区）应急指挥中心提供各类音视频系统统一接入、融合交换和丰富指挥调度业务应用服务，提供纵向上联应急管理部，下联安徽省 16 个市、105 个县（区）、镇（街道办），横向与省政府指挥系统、省其他厅局指挥系统、现场指挥部之间通信的能力。系统具备语音通信调度、视频通信调度、会商调度、短信调度、传真调度、GIS 调度、即时消息、录音录像等功能模块，满足用户日常通信联络、值班通信和战时统一指挥、一键调度的需求（见图 2）。

2.2 系统规模

项目在建设过程中，为了实现全省融合通信中台级联，进行了省厅本级及下辖的 16 个市、105 个县（区）应急管理部门级联接口规划、号码段统一规划和 IPv4、IPv6 地址规划。

目前，系统用户规模涵盖安徽省厅本级及下辖的市、县（区）应急管理部门约 2000 人的日常使用，同时可应对大灾种全民动员的应急调度需求。

2.3 主要功能

2.3.1 值班值守子系统

主要实现省、市、县、乡多级应急管理机构日常值班工作，落实值班排班制度和应急值守信息报告制度，接报信息的查询、基于图表的统计分析、值班管理的应用，有效提高值班管理部门对值班信息的接报及相关分析与处理能力（见图 3）。

2.3.2 综合分析研判子系统

实现对突发事件动态、应急资源、应急处置情况、监测预警、应急预案等各类应急信息的可视化展示，便于领导决策分析，主要包括综合信息可视化、综合查询、综合统计等功能（见图 4）。

2.3.3 辅助决策子系统

辅助决策子系统是体现应急救援系统智能决策的重要方面，它主要利用智能检索和匹配技术，结合应急预案、历史事件、处置方案等内容，系统自动推荐有针对性的辅助决策方案，包括救援方案、保障方案和指挥方案（见图 5）。

2.3.4 协同指挥子系统

整合现场监控图像、单兵设备、移动终端和视频会议等多媒体手段，全面覆盖各灾害现场，建立数据传输、语音通话、视频接入的融合通信中台系统，为指挥中心平时和战时的指挥通信需求提供平台支撑（见图 6）。

2.3.5 指挥调度子系统

通过考虑不同类型事件所涉及的事件发生范围、响应人员、响应物资等多方面不同，提供应急总览、应急资源分析、现场指挥调度、预案指挥、事件跟踪反馈等功能（见图 7）。

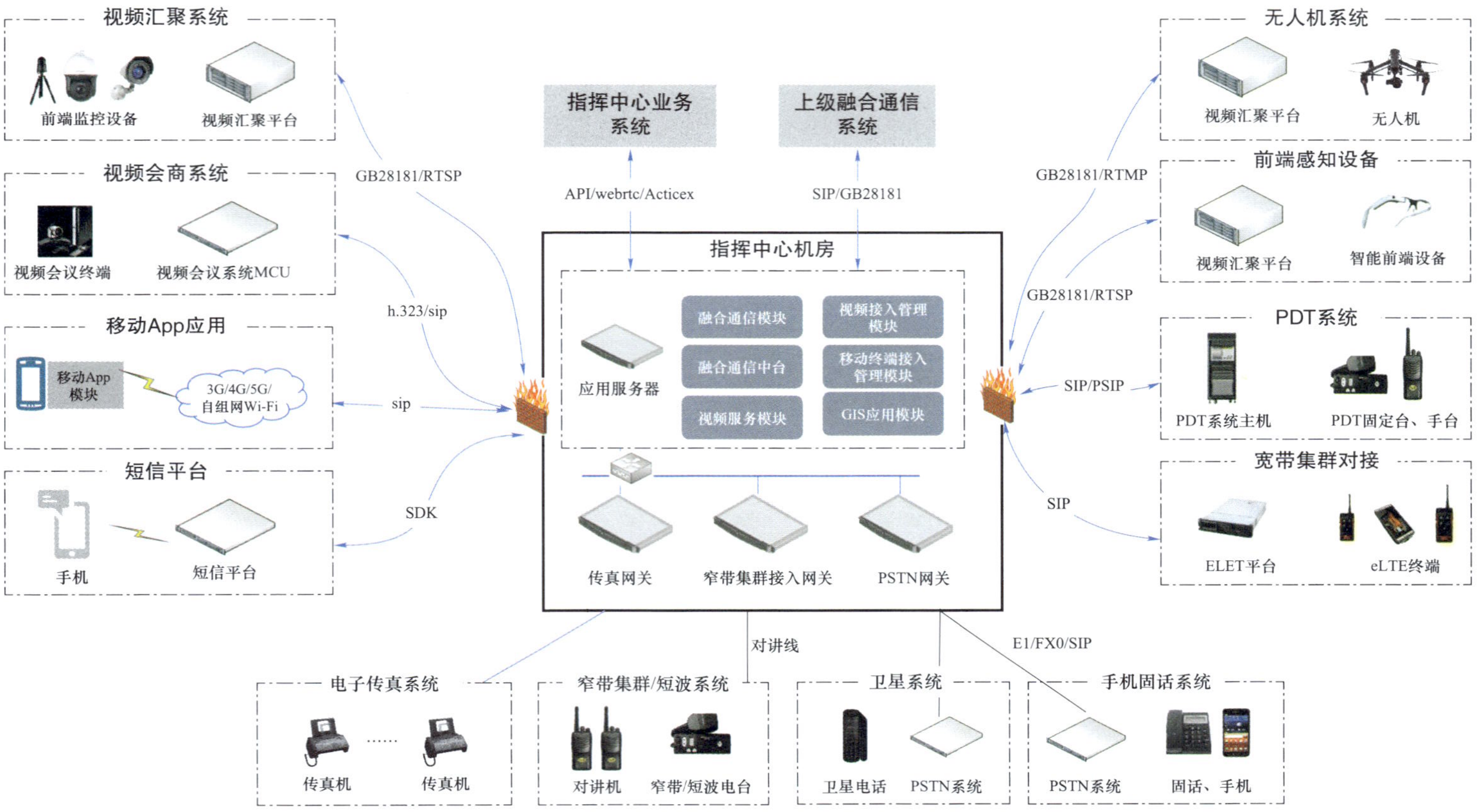

378

图 2 融合通信组网架构图

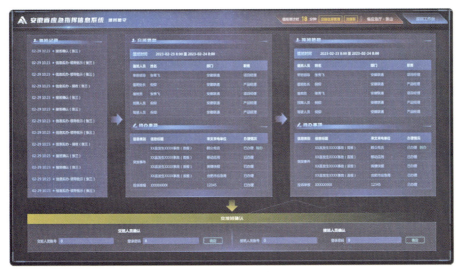

图 3 值班值守系统界面

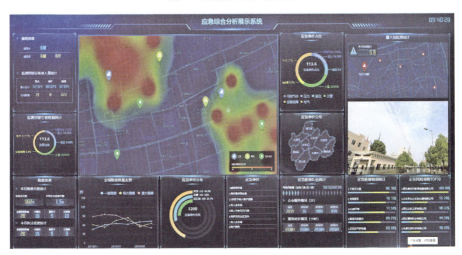

图 4 综合分析研判子系统界面

图 5 辅助决策子系统界面

图 6　协同指挥子系统界面

图 7　指挥调度子系统界面

2.3.6　安全生产专题研判子系统

通过对接安全生产风险监测预警系统、安全生产监管平台、智慧安监平台、危险化学品监测预警系统等，为安全生产专题可视化展示提供支撑（见图8）。

针对安全生产类事件，安全生产专题可视化功能根据安全生产类事件处理特点，在应急管理一张图上，细化安全生产重点关注的企业分布情况、危险品运输车辆信息、危险化学品重大危险源、各类物联监测点等数据，提供安全生产专题图、安监专题功能面板、安全生产事故信息、周边资源分析、现场指挥调度、事件跟踪与反馈等功能。

图 8　安全生产专题研判子系统界面

2.3.7　地质灾害专题研判子系统

汇聚地质相关监测数据和预警数据，具体包括位移、裂缝、地温、沉降、倾斜角、含水量、水位、水量、水文、雨量、泥位、地声、孔隙水压力、岩土压力、视频、地质灾害预警数据、地质灾害预警反馈数据（速报数据）等感知数据，为智能指挥调度提供数据支撑。同时，根据地质灾害类事件处理特点，在应急管理一张图上，细化地质灾害重点关注的物联网地质灾害监测感知设备、地质灾害隐患、地质灾害危险区等数据，提供地质灾害专题图、地质灾害专题功能、地质灾情事件、资源分析、现场指挥调度、事件跟踪与反馈、地质灾害参考信息等功能，来辅助领导进行地质灾害专题指挥（见图 9）。

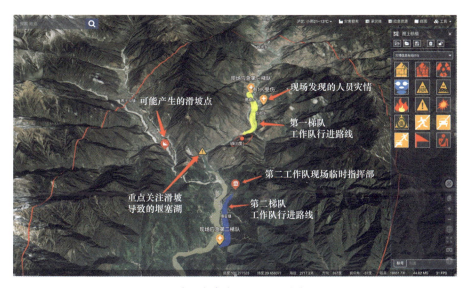

图 9　地质灾害专题研判子系统界面

2.3.8 地震专题研判子系统

通过对接 EQIM 系统、本辖区地震局的地震目录列表、地震台网速报结果等，实现地震专题信息的接入，保障实时接收地震（AU、CC、CD）地震速报信息，系统针对地震事件，提供地震专题可视化功能，根据地震事件处理特点，在应急管理一张图上，细化地震灾害重点关注的地质、震中、历史地震、地震数据等内容，提供地震专题图、地震事件、资源分析、综合研判、现场指挥调度、事件跟踪与反馈等功能，来辅助领导进行地震专题指挥（见图 10）。

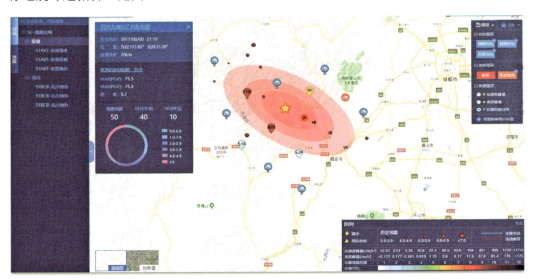

图 10　地震专题研判子系统界面

2.3.9 森林防火专题研判子系统

通过汇聚多源火情预警预报、扑火应急保障等数据，融合各部门空、天、地防火通信资源，全面提升森林火灾的提早预防、科学扑救、统筹指挥能力，从事件发现、事件研判、联动指挥全方位赋能森林防火（见图 11）。

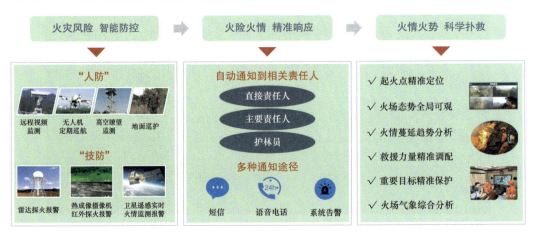

图 11　森林防火专题研判子系统

此外，该系统还包含信息发布子系统、应急指挥体系管理子系统、应急保障子系统、应急预案子系统、总结评估子系统、城市消防专题研判子系统、防汛专题研判子系统等模块。

3　关键技术

3.1　全域通信融合技术

项目创新性地整合卫星通信、5G 公网、PDT 集群、短波电台、无人机中继五大通信链路，实现"空天地"立体覆盖，构建了多网协同通信系统。同时，采用智能路由与抗毁设计，当某条通信链路中断时，系统可自动切换至备用链路，确保指挥通信不中断。通过卫星链路、MESH 链路、4G/5G 与数字化战场便携式指挥箱等现场应急指挥系统进行对接互联，连接现场指挥部、救援人员的通信装备，形成前指、后指的协同指挥，数据资源互通。

3.2　智能实时核验技术

系统支持一键生成结构化预案，通过自然语言分析与 AI 结构化提取算法，对预案文本进行语义理解，识别关键信息，拆解与提取文字内容，自动生成结构化预案，系统还会进行内容的实时校验和修正，检查结构化预案的完整性、逻辑性和一致性。

运用行业级语音识别结合大模型能力，构建生成式智能事件接报。接报通话语音实时转写，通过大模型生成事件接报内容纪要。运用 OCR 识别技术对传真接报文件，快速进行上报内容文字摘取。

3.3　多维协同联动技术

核心设备进行国产化替代实践，实现关键技术自主可控，满足国家安全要求。同时，构建了标准化与开放生态，制定《安徽省应急指挥系统接口规范》，定义了 32 类数据接口和 18 项通信协议，系统开放 API 接口，可快速接入第三方应用，形成弹性扩展的应急生态。

3.4　智能决策支撑技术

打造了智慧应急行业大模型底座，实现多个感知维度接入，覆盖重点风险领域的感知网络，对城市区域风险的研判及应急感知立体化监测，综合运用大数据、物联网、人工智能等先进信息化技术，做到感知对象全覆盖、感知终端全接入、感知手段全融合、感知数据全汇聚。在满足日常值班值守、战时指挥调度的基础上，以专题化思路，对典型突发事件提供围绕主题事件全生命周期管理，为应急指挥提供重要依据和参考。实现以灾害事故事前、事发、事后"预警—研判—处置"全周期，事发地点全场景空间，次生衍生灾害预案全链条的全维解析支撑体系构建的专常兼备、平战结合、反应灵敏的应急指挥智能中枢。

4 创新亮点

4.1 超融合协同指挥

系统实现异构通信系统、各类通信指挥终端的音视频入会，实现全融合调度会商。用户可超融合协同会商，组建救援工作统筹、专家会商研判、社会力量联动等联合会商。支持邀请智能手机、视频监控、视频会议终端机、记录仪、无人机、视频监控、智能头盔、单兵等各类现场救援指挥人员、装备入会；支持与指挥网、政务网、互联网视频会议系统互联，横向联通人民政府、应急、水利、公安、气象等各委办局、协同单位入会；同时支持 H5 小程序、微信小程序、会议邀请 URL 链接等入会方式实现外部应急专家、社会救援队伍等外部社会力量快捷入会。

4.2 指挥调度全程可控

系统提供值班值守、监测预警、信息接报、舆情监测、灾情研判、辅助决策、通信调度、应急处置、总结评估、现场移动应用等应急全流程业务模块，实现一体化值班值守、事件接报、处置响应、信息汇总展示等。可同时跟踪、记录多起、多级、多类事件的事前、事发、事中、事后及处置的全过程信息，包括感知、预警、会商、决策、指挥、救援等各阶段情况。指挥人员可以时间轴的方式查看各阶段、各区域的灾情位置、周边情况、力量调派部署情况、现场处置情况、物资保障等任务演变过程，根据不同情况类型查阅相关信息，分析评估，做出指挥决策，并与现场指挥部、参战力量保持实时通信、信息共享和作战指令的上传下达等。

4.3 多灾种的专题指挥与灾害评估模型分析

系统针对安全事故与自然灾害，汇聚呈现专项监测预警、应急资源、应急处置等数据信息，形成多灾种的专题指挥应用。系统可构建危化事故专题、防汛防台专题、森林防火专题、地震灾害专题、融雪防冻专题等专题场景，为应急指挥提供多灾种的精准指挥，辅助指挥人员迅速响应，调配救援力量保障救援有序进行。

系统通过底座模型能力，根据不同事故灾难进行专项评估模型分析，实现事故灾难演变趋势与潜在影响评估，提供针对性的研判分析与智能辅助决策，精准推荐救援资源配置、救援方案、应急预案。

5 示范效应

该项目的成功实施将为全国其他地区的应急指挥体系建设提供宝贵经验和示范效应。通过推广和应用该项目的技术成果和经验做法，可以大幅提升我国应急指挥体系的整体水平和能力，为应对各类突发事件提供更加有力、高效和智能的支持。

提升应急指挥效率：通过基于一个融合通信基座，实现全省规划分级应用新思路，实现各类异构通信系统的统一接入和高效融合，提高应急指挥的响应速度和准确性。

增强协同作战能力：加强各部门间的协同作战能力并形成合力，共同应对各类突发事件。

推动信息化建设：推动应急管理体系的信息化建设，促进信息技术在应急管理领域的广泛应用和深度融合。

提高决策科学性：通过构建综合分析研判和决策支持系统，提高应急决策的科学性和准确性，降低决策风险。